D1749206

Erinnerungszeichen
Die Tagebücher der Elisabeth Block

Quellen und Darstellungen zur Geschichte
der Stadt und des Landkreises Rosenheim

Band XII

Rosenheim 1993

Erinnerungszeichen

Die Tagebücher der Elisabeth Block

Herausgegeben vom
Haus der Bayerischen Geschichte
und vom
Historischen Verein Rosenheim

Mit Beiträgen von Peter Miesbeck
und Manfred Treml

© 1993 Bayerische Staatskanzlei
Haus der Bayerischen Geschichte, Augsburg

Redaktion: Manfred Treml, Peter Miesbeck, Evamaria Brockhoff
Edition: Peter Miesbeck
Layout: Evamaria Brockhoff
Schutzumschlag: Renate Rüdel, Nik Thäle
Lithographie: Repro-Studio Terme
Belichtung: Rosenheimer Satzstudio
Druck: Wendelstein-Druck, Rosenheim

Gedruckt auf chlorfrei gebleichtem Papier

ISBN 3-9803204-0-5

Vorwort des Direktors des Hauses der Bayerischen Geschichte

„Judensiedlung Milbertshofen in München, Knorrstraße 148" und „Piaski - verschollen": so lauten die „offiziellen" Vermerke zum Schicksal der Familie Block. Oftmals sind solche Einträge in Einwohnermeldekarten und Deportationslisten die einzigen Spuren, die das Leben, die Verfolgung und Ermordung einer jüdischen Familie bezeugen. Diese „amtlichen" Quellen ergeben aber nur einen äußerst schmalen Rahmen, in dem das eigentliche Bild, das Porträt der Menschen und ihrer Lebenswelt, gänzlich fehlt.

Umso wichtiger sind daher Zeugnisse wie die Tagebücher der Elisabeth Block, die Gedichte und Briefe ihrer Schwester Gertrud und ihrer Eltern. Zusammen mit den Erinnerungen von Verwandten und den Aussagen von Zeitzeugen entsteht ein zwar nicht vollständiges, aber doch deutlicheres Bild eines jüdischen Familienschicksals. In vielem gleicht der weitgehend friedliche Alltag dem vieler anderer Menschen in der Umgebung der Familie. Umso bedrückender ist der Einbruch der vernichtenden Gewalt.

Das Haus der Bayerischen Geschichte knüpft mit dieser Publikation an bisherige Projekte zur Zeitgeschichte an. Eine direkte Verbindung besteht zu der 1988/89 in Nürnberg gezeigten Ausstellung zur „Geschichte und Kultur der Juden in Bayern", in der erstmals eine Fotografie und Auszüge aus den Tagebüchern von Elisabeth Block zu sehen waren.

Der Auftrag unseres Hauses, das Geschichtsbewußtsein zu fördern, wird auch mit kleineren Projekten wie der Ausstellung „Juden auf dem Lande" in Ichenhausen (1991), den Exkursionsblättern zur Geschichte der Juden in Bayern oder dem Kolloquium zur didaktischen Arbeit in KZ-Gedenkstätten erfüllt. Der vorliegende Band macht deutlich, daß wir nicht nur große landesgeschichtliche Themen aufgreifen, sondern auch Beiträge zur Regionalgeschichte leisten, wo diese Exemplarisches sichtbar machen kann.

Mein Dank gilt zuerst den Verwandten von Elisabeth Block, vor allem Herrn Prof. Dr. Asher Frensdorff und Herrn Dr. Klaus E. Hinrichsen, daß sie einer Veröffentlichung der Tagebücher zustimmten und weitere Materialien aus Familienbesitz zur Verfügung stellten. Ganz besonders danke ich allen Zeitzeugen, die bereit waren, sich zu erinnern und bei der Spurensuche mitzuhelfen. Die Beschaffung schriftlicher Quellen wurde von den staatlichen und städtischen Archiven in Hannover, München und Rosenheim, der Gemeinde Prutting und einer Reihe weiterer Institutionen unterstützt. Nicht zuletzt aber danke ich dem Historischen Verein Rosenheim für die Bereitschaft, diesen Band in seine Publikationsreihe aufzunehmen.

Prof. Dr. Claus Grimm

Vorwort des 1. Vorsitzenden des Historischen Vereins Rosenheim

Elisabeth Block hat mit ihren Tagebüchern eine wichtige regionalgeschichtliche Quelle hinterlassen, die der Historische Verein Rosenheim und das Haus der Bayerischen Geschichte als gemeinsame Publikation jetzt wissenschaftlicher Forschung und interessierter Öffentlichkeit zugänglich machen. Elisabeth Blocks Aufzeichnungen mögen auf den ersten Blick als unspektakuläres Dokument erscheinen. Gerade aber, weil sie aus der Feder eines Kindes und jungen Mädchens stammen, sind sie besonders geeignet, zu Nachdenklichkeit anzuregen.

Im Rahmen der 1989 im städtischen Heimatmuseum gezeigten Sonderausstellung „Rosenheim im Dritten Reich" rief das Schicksal der Familie Block große Anteilnahme hervor. Zahlreiche Erinnerungen an diese Menschen, die durch ein verbrecherisches System ermordet wurden, ließen den Völkermord an den Juden durch den regionalen Bezug und das konkrete Beispiel in seiner Schrecklichkeit besonders deutlich werden. Der Holocaust hatte seine Anonymität verloren, seine Opfer hatten Namen und Gesichter bekommen.

Elisabeth Blocks schriftliches Vermächtnis hält die mahnende Erinnerung daran wach, wohin Rechtsradikalismus und Rassismus führten: zur Zerstörung aller Werte, zur Ausgrenzung und Entrechtung und schließlich zur Vernichtung von Mitmenschen. Dieses Kapitel unserer Geschichte kann niemals geschäftsmäßig „bewältigt" werden. Wir müssen uns ihm vielmehr stellen und daraus Lehren für unser Denken und Handeln ziehen.

Elisabeth Blocks Tagebücher können dazu beitragen. Darüber hinaus verfolgen wir mit ihrer Veröffentlichung zwei weitere Ziele: Neben der Familie Block soll dadurch aller Menschen jüdischen Glaubens aus Rosenheim und Umgebung dauerhaft gedacht werden, die verfolgt, beraubt, entrechtet, vertrieben, verschleppt und ermordet wurden.

Außerdem ist diese Publikation auch als Appell zu verstehen, jedem andersgläubigen oder ausländischen Mitmenschen unvoreingenommen gegenüberzutreten, sich seiner anzunehmen, ihm die Integration in unsere Gesellschaft zu erleichtern und ihn gegebenenfalls auch zu schützen.

Die Veröffentlichung von Elisabeth Blocks Tagebüchern war dem Historischen Verein Rosenheim ein großes Anliegen. Mein besonderer Dank gilt daher dem Haus der Bayerischen Geschichte für die gute Zusammenarbeit bei der Realisierung dieses Projekts im Rahmen unserer Reihe „Quellen und Darstellungen".

Dr. Michael Stöcker, Oberbürgermeister

Inhalt

Asher Frensdorff / Margarete Hinrichsen
Erinnerungen 9

Manfred Treml
Stationen einer Spurensuche 13

Peter Miesbeck
Einführung 17

Die Tagebücher 53

Lektüre- und Bücherliste 267

Gedichte von Gertrud Block 286

Briefe von Mirjam Block 307

Briefe und Gedichte von Fritz Block 316

Fotografien und Dokumente 325

Quellen und Literatur 348

Abkürzungen und Bildnachweis 353

Register 354

Erinnerungen

Dieses Buch erscheint 50 Jahre nach jenen Tagen, an denen die Einträge im Tagebuch von Elisabeth Block jäh abbrechen und zwei weiße, unbeschriebene Seiten den Leser stumm anstarren. Es sind auch an die 50 Jahre seit dem Holocaust und nach den Schrecken der 40er Jahre vergangen. Aber erst jüngst sind die Hoffnungen auf ein friedliches Europa – an Jugoslawien – endgültig zerschellt.
„Ethnische Säuberungen" (wir dachten nach den Nürnberger Prozessen: „Das wird es nie wieder geben") werden erneut – diesmal in Bosnien – praktiziert. Im wiedervereinigten Deutschland aber dürfen und können zunehmender nationalistischer Radikalismus und Fremdenhaß, die schon zur offenen Aggression gegen Immigranten geführt haben, nicht mehr bagatellisiert werden. Es ist, als hätten viele – besonders aus der Nachkriegsgeneration – die bitteren Lektionen der Vergangenheit nicht gelernt.
Dieses Tagebuch, welches das Schicksal eines einzelnen heranwachsenden Mädchens und seiner Familie bis zur Deportation in die Vernichtung begleitete, soll eben nicht nur eine Erinnerung an Lisi Block – sie wäre heute eine siebzigjährige Frau – und ihre Familie sein, sondern ein schlichtes Denkmal an die Schrecken des Holocaust überhaupt – Schrecken, die mit der Zeit zwar weiter zurück in die Vergangenheit rücken, aber weder vergessen werden können, noch dürfen.
Für mich bedeutet das Erscheinen dieses Buches gewissermaßen das Schließen eines Zyklus, der im Sommer 1985 mit der völlig unerwarteten und zufälligen Auffindung der Tagebücher meiner Cousine Elisabeth (Lisi) Block begonnen hatte. Knapp vor Ausbruch des Krieges als Siebenjähriger aus Nazi-Deutschland nach Israel, dem damaligen Palästina, entkommen, wo ich seitdem lebe, brauchte ich nach dem Kriegsende noch mehrere Jahrzehnte, um mit meinen eigenen, düsteren, wenn auch lückenhaften Erinnerungen aus der Nazi-Zeit fertig zu werden. Vor allem beschäftigte mich der durch die Nazis verursachte Tod meines Vaters (1938), dessen genauere Umstände ich erst 20 Jahre später, langsam, aus lückenhaften Informationen rekonstruieren konnte. Es hat Jahrzehnte gedauert, bis ich wieder ohne Hemmungen Deutsch sprechen konnte und noch länger, bis ich mich zum ersten Mal nach dem Krieg mit sehr gemischten Gefühlen entschloß, einer beruflichen Einladung nach Deutschland nachzukommen. In der Hoffnung, in Niedernburg, wo ich im Sommer 1936 als Fünfjähriger einige Tage bei meiner Tante verbracht hatte, tiefer in die verschleierte

Welt meiner Kindheitserinnerungen eindringen zu können, suchte ich den Ort auf, an dessen Namen ich mich nicht einmal mehr genau erinnern konnte. Obwohl ich nur schemenhafte Erinnerungen, vor allem an die Landschaft, bewahrt hatte, erkannte ich das Haus der Familie Block. Durch die jetzigen Besitzer kam ich zu Herrn Alfred Wagner, einem ehemaligen Freund der Kinder Block, und durch ihn wiederum zu Herrn und Frau Bauer, die mit den Eltern Block eng befreundet gewesen waren. An Frau Bauer hatten sich Mirjam und Lisi Block vor ihrer Deportation gewandt und ihr einige ihrer wertvollsten Sachen „zum Aufbewahren" anvertraut – so ein oder zwei Gemälde von Vater Block, Lisis Tagebücher, den Band mit den „Gedichten" von Trudi, ein Familienfotoalbum und anderes.

Als wir nach einigen im Gespräch verbrachten Stunden wieder Abschied von den Bauers nahmen, überreichte mir Frau Bauer die sechs dünnen Bände des Tagebuchs, den Band mit den Gedichten und das Fotoalbum. Wie durch Zufall öffnete sich das Album von selbst auf einer Seite, auf der leicht vergilbte, im Sommer 1936 während meines Besuchs aufgenommene Bilder von den drei Geschwistern Block mit mir und meinem Bruder aufgeklebt waren.

Es dauerte noch mehrere Wochen, bis ich mich – wieder in Israel – endlich dazu durchringen konnte, Lisis Tagebuch zu lesen. Ich las es schließlich in einem Zug – bis ich an jene wie ein stummer Aufschrei anmutenden, weißen Seiten kam.

Die Möglichkeit, die Tagebücher und dadurch das Schicksal von Lisi Block und ihrer Familie nun als Buch der Öffentlichkeit vorstellen zu können, ist nicht nur Frau Bauer, die die Tagebücher treu aufbewahrt hat, und dem Zufall zu verdanken, sondern an erster Stelle dem unermüdlichen Tun von Dr. Manfred Treml, dem es gelang, mein Vertrauen zu erwerben, und von Dr. Peter Miesbeck, der die umfassende Forschungsarbeit leistete, die diesem Werk den Rang eines gründlich recherchierten historischen Dokumentes verleiht.

Prof. Dr. med. Dr. rer. nat. Asher Frensdorff
Rechovot, Israel, im August 1993

Elisabeth Block, genannt Lisi, war meine Cousine; unsere Mütter waren Schwestern. Im Herbst 1928, als ihre Mutter ein drittes Kind erwartete, kam Lisi für fünf Monate zu uns nach Bad Polzin in Pommern. Meine Eltern hatten vier Töchter und Lisi, damals fünfeinhalb Jahre alt und zweieinhalb Jahre jünger als meine jüngste Schwester, wurde sogleich die fünfte Tochter. Allerdings trug sie, im Gegensatz zu uns blondhaarigen Kindern, dicke schwarze Zöpfe. Auch konnte zunächst niemand ihren bayerischen Dialekt verstehen. Es gibt noch ein Foto von uns mit dem Kinderfräulein Lena aus Gumbinnen im Alpengarten des Kurparks von Bad Polzin.

Bei uns wurden jüdische Gebräuche und Traditionen befolgt, und das war etwas ganz Neues für Lisi. In ihrem Elternhaus in Niedernburg wurden nur christliche Feiertage wie Ostern und Weihnachten begangen, und Nachbarskinder nahmen sie mit zum katholischen Gottesdienst. Nun ging sie mit uns in die Synagoge. Im Frühjahr 1940, siebzehnjährig, blickt Lisi unter der Überschrift „Aus der ersten Kinderzeit" auf diese Monate zurück und berichtet über das Laubhüttenfest, bei dem die Frauen von dem Balkon in der Synagoge den unten stehenden Kindern Süßigkeiten zuwarfen; und über eine Chanukka-Aufführung, bei der sie mit gepuderter Perücke, weißen Strümpfen und einem hellblauen Kleid ein Menuett tanzte. Besonders erinnert sie sich an Fahrten in einer Pferdekutsche zu unserem Landgut, wo sie rohe Kohlrabi und Gelberüben verzehrte.

Ich habe Lisi nie wiedergetroffen, aber zwei meiner Schwestern, die sich in Wolfratshausen und Frankfurt zur Ausbildung aufhielten, besuchten die Familie in Niedernburg und erinnern sich an den arbeitsamen, einfachen und idealistischen Lebensstil der Blocks, die sich neben ihrem Gartenbaubetrieb auch der Herstellung von Kunstgewerbe widmeten. So malte der Vater Fritz Block, kriegsbeschädigt und offenbar depressiv, kleine Landschaftsbilder und Stilleben. Mit Lisi unternahmen meine Schwestern Radfahrten und Bergwanderungen. Meine Eltern und andere Verwandte unterbrachen Reisen, um die Blocks in Niedernburg zu besuchen, und Lisis Tagebücher berichten über diese Gäste.

Am 9. November 1938 wurde mein Vater in unserer Wohnung von SA-Schergen ermordet, und einige Tage danach schreibt Lisi in ihr Tagebuch: „16. November 1938, Buß- und Bettag: Um uns von den traurigen Gedanken und Sorgen, die der Tod unseres lieben Onkel Leos und überhaupt die letzten zehn Tage mit sich brachten, zu befreien, machten wir einen schönen Spaziergang zu unserem lieben See, wo wir am Ufer in der warmen Herbstsonne saßen ..." Bis zu diesem Eintrag der Fünfzehneinhalbjährigen vermitteln die Tagebücher das Bild eines lebenslustigen, tüchtigen und unbeschwerten jungen Mädchens in dörflicher Umgebung. Dann kommen Schulverbot, Abschied von auswandernden Verwandten, Briefe von anderen, die nach Polen abtransportiert wurden, die zwangsweise Aufgabe des Elternhauses, der Judenstern, und – ein Lichtblick – die Freude an der Arbeit bei einem freundlichen Bauern und seiner Familie, und dann ein paar leere Seiten.

So viele Namen, die Lisi erwähnt, sind auch meine Verwandten gewesen, die umgebracht, deportiert und verschollen sind. Die letzten Seiten der Tagebücher sind auch heute noch, 51 Jahre später, herzzerbrechend.

Margarete Hinrichsen
London, im September 1993

Stationen einer Spurensuche

Die Tagebücher der Elisabeth Block geben Zeugnis von einer jüdischen Familie und von einer zerstörten Lebenswelt. Die Verfasserin könnte als Siebzigjährige noch unter uns leben, hätte nicht eine rassistische Ideologie ihr und ihren Angehörigen das Lebensrecht bestritten. Weniger als zehn Jahre waren ihr nur gegeben, um in kleinen Notizen erlebten Alltag niederzuschreiben. Im Jahr 1942 ist die Familie Block zunächst nach Milbertshofen „verzogen", in das Sammellager für Südbayern. Das letzte Lebenszeichen stammt aus dem Lager Piaski; dann verliert sich die Spur. Nur die Tagebücher bewahren ein Stück Erinnerung; sie blieben erhalten als ein Dokument wider das Vergessen. Diese privaten Aufzeichnungen werden gerade in ihrer Alltäglichkeit und Naivität zu besonders bewegenden Erinnerungszeichen, sie legen eine scheinbar längst verwehte Spur frei, zurück zu einer jüdischen Familie, die wie 9000 andere bayerische Juden dem Holocaust zum Opfer fiel.

Die Tagebücher gaben den Anstoß, die Geschichte und das Schicksal dieser Familie zu erforschen und zu rekonstruieren. Aus der bloßen Recherche wurde aber sehr bald eine Begegnung, die mich nicht mehr losließ. Was als Nachforschung für die Nürnberger Ausstellung des Hauses der Bayerischen Geschichte zur „Geschichte und Kultur der Juden in Bayern" begonnen hatte, führte mich in den Jahren seit 1988 hinein in eine Vergangenheit, deren Spuren vom Vergessen verweht und von Verdrängung zugeschüttet waren. Nie zuvor ist mir die Gegenwärtigkeit des Vergangenen bewußter geworden, nie zuvor war am Verstehen so sehr das Fühlen beteiligt. Nicht die Statistik des Grauens, nicht die gelehrte Vernichtungsarithmetik, nicht einmal die bedrängenden Inszenierungen und Bilder im israelischen Holocaust-Museum Yad Vashem hatten erreicht, was im Verlauf dieser Spurensuche sich einstellte: Mitleiden und Trauer.

In der Nürnberger Ausstellung waren nur ein Foto und ein Tagebuchauszug von Lisi Block gezeigt worden. Diese bescheidene Präsentation ergriff aber viele Besucher, darunter auch einige entfernte Verwandte. Auf deren Bericht reagierte schließlich Prof. Asher Frensdorff, ein in Israel lebender Cousin der Elisabeth Block. Er hatte 1985 bei einem Besuch in Niedernburg die Tagebücher mitgenommen. „Mit Rührung und Trauer", so schreibt er in einem Brief, „nahm ich diese persönlichen Mementos mit mir nach Israel, um sie mit anderen überlebenden Familienmitgliedern zu teilen."

Von Dr. Klaus Hinrichsen, einem in London lebenden Kunsthistoriker, der mit einer Cousine der Elisabeth Block verheiratet ist, erhielt ich schließlich die beiden ersten Tagebücher in Kopie, Aufzeichnungen eines jungen Mädchens, das, beginnend mit dem 10. Geburtstag im Februar 1933, seinen Alltag schildert. Aber gerade von dieser scheinbar belanglosen Alltäglichkeit, von der Veränderung der Handschrift, von den Blümchen am Rande, den Zeichnungen und Gedichten ging der melancholische Zauber einer menschlichen Begegnung aus, die zugleich vom Wissen um Verfolgung und Vernichtung überschattet war. Bald folgten die Kopien der restlichen vier Tagebücher nach. Aus ihnen und zusätzlichen Informationen entstand so allmählich das Mosaikbild einer kultivierten jüdischen Familie, die den ungewöhnlichen Weg ins ländliche Oberbayern gewählt und dort zunächst ein leidliches Auskommen gefunden hatte.

Nach der großen Ausstellung in Nürnberg und einer kleineren in Rosenheim wurde das Tagebuch der Lisi Block plötzlich zum Thema. Schnell war eine „bayerische Anne Frank" geboren, die sich gut für Schlagzeilen eignete, aber auch übersteigerte Erwartungen weckte. Manche witterten eine schnelle Story und versuchten um jeden Preis, an die Tagebücher heranzukommen. Anfragen von Funk und Fernsehen und von einzelnen Verlagen gingen bei mir ein. Aber so begierig sich Journalisten dieses Themas bemächtigt hatten, so schnell vergaßen sie es wieder. Ein ganzseitiger Beitrag in einer Münchner Tageszeitung, der gründlich recherchiert und solide abgefaßt war, fachte das Interesse nocheinmal an. In Rosenheim erinnerte die Festschrift zum Jubiläum der Mädchen-Realschule an das Schicksal der ehemaligen Schülerin; einen Augenblick lang flackerte sogar eine Diskussion darüber auf, ob die Schule nicht nach Elisabeth Block benannt werden sollte. Doch das Thema versprach keinen Gewinn, das Transkribieren der Tagebücher und die Rekonstruktion des Lebens dieser einen vernichteten Familie war den Medien zu mühsam, den Verlagen zu kostspielig und den Wissenschaftlern zu unergiebig. So blieb nur der Weg, sich um der Sache willen weiter mit dieser Familiengeschichte zu beschäftigen, ohne über die spätere „Verwertbarkeit" nachzudenken.

Nach vielen Briefen und Telefonaten fand schließlich im Juli 1989 das entscheidende Treffen mit Dr. Hinrichsen statt. Im Garten seines Londoner Reihenhauses sprachen wir über Einzelheiten des Tagebuchs, über Möglichkeiten einer Veröffentlichung, über Details der Familiengeschichte. Dann traf das Ehepaar Frensdorff ein, er, ein international renommierter Krebsforscher, sie, eine Psychologin in leitender Funktion bei der Stadt Tel Aviv. Ihre Fragen nach den Gründen für mein Engagement oder nach der Einstellung der jungen Generation in Deutschland zum Dritten Reich waren nicht mit gängigen Formeln abzutun; da war kein Raum mehr für Belanglosigkeiten und Konversation. Der Besuch wurde zur Begegnung, die mir bewußt machte: Wir Nachgeborenen haben die Verpflichtung, diese Brücke der Erinnerung und des Gedenkens zu bauen, wir müssen Spuren suchen, Gespräche führen und Zeugnisse bewahren, wo immer es uns möglich ist. Wenige Monate später besuchte mich das Ehepaar Hinrichsen in Rosenheim. Die Gegend war Dr. Hinrichsen vertraut, er hatte in München studiert. Wir fuhren nach Niedernburg, ein Ausflug in die Vergangenheit, bei dem das Tagebuch als Wegweiser diente.

Wenige Tage danach stand Elisabeth Stilke, die Jugendfreundin von Elisabeth Block, in meinem Büro. In der Hand hielt sie ein vergilbtes Jugendfoto ihrer Freundin. Der Bericht einer Münchner Tageszeitung, so erzählte sie erschüttert, hatte bestätigt, was sie längst vermutet hatte. Sie sprach von einer langjährigen innigen Freundschaft, von guten Kontakten bis 1941, einem Brief nach Niedernburg, der unbeantwortet blieb, und ihren Versuchen nach 1945, über das Schicksal ihrer Freundin Klarheit zu erhalten. Nun, da am Weg ins Vernichtungslager kein Zweifel mehr bestand, fühlte sie sich vor allem durch den Gedanken belastet, daß sie beide im gleichen Jahr 1942 nach Polen gekommen waren, sie selbst auf der Seite der Täter, ihre Freundin als Opfer.

Im Juli des Jahres 1990 besuchte ich auf Einladung von Freunden mit meiner Familie Israel. Wir trafen das Ehepaar Frensdorff und erlebten mit ihm einen eindrucksvollen Abend in Jaffa. Die politische Situation Israels, nach außen wie nach innen, war eines unserer Gesprächsthemen. Wir unterhielten uns über unsere Kinder und ihre unterschiedlichen Lebensbedingungen. Natürlich gab die Entwicklung in Deutschland Stoff für skeptisch unsicheres Fragen und für Vermutungen über einen neuen Nationalismus. Am nächsten Tag besuchte ich mit meiner Familie Yad Vashem, die Holocaust-Gedenkstätte. Im neu errichteten Children-Memorial, der Gedenkstätte für die ermordeten jüdischen Kinder, leuchteten im dunklen Gedenkraum zahlose Lichtlein, durch Spiegelung schier ins Unendliche reflektiert. Hier nun wußte ich, daß ich es auch meinen Kindern schuldig bin, das Gedenken wenigstens eines einzigen dieser unzähligen Lichter zu bewahren.

Mit den Tagebüchern drei bis sechs hatte ich auch die Genehmigung erhalten, diese zu bearbeiten und zu veröffentlichen. Längst waren wir uns darüber einig, daß die Tagebücher als Zeugnis aufbewahrt und vielen, vor allem jungen Menschen, zugänglich gemacht werden sollten. Peter Miesbeck, Historiker aus Rosenheim und mit der regionalen Zeitgeschichte bestens vertraut, unternahm nun im Auftrag des Hauses der Bayerischen Geschichte die erforderliche Forschungsarbeit. Er befragte Zeitzeugen, sammelte archivalische Belege, stellte Fotos und Briefe zusammen und transkribierte sämtliche Texte.

Die Gespräche mit Zeitzeugen waren informativ, aber auch aufschlußreich für den unterschiedlichen Umgang mit dieser ungeliebten Vergangenheit. Gerade frühere Freunde der Familie zeigten sich sehr auskunftswillig und halfen durch ihr Erinnern und Erzählen mit, das Andenken zu bewahren. Andere jedoch reagierten vorsichtig zurückhaltend bis ängstlich abweisend. Nicht erspart blieb uns die Erfahrung verweigerter Auskunft; Gegenstände und Dokumente der Familie Block werden bis heute zurückbehalten. Manche fühlten sich sogar gestört und verwünschten die Tagebücher noch nachträglich. Immerhin gibt es in Niedernburg eine Initiative, eine Straße nach Elisabeth Block zu benennen. Daß ein überdimensionierter Persönlichkeitsschutz, der sich meist zugunsten der Täter auswirkt, und ein akribischer Datenschutz bei den Angaben über ermordete Juden bis heute die historische Aufklärung behindern, stellte eine besonders trübe Erfahrung dar.

Mühselig war die Suche nach einem Verlag. Außer emphatischen Bekundungen, wie wichtig dieses Thema sei, konnte ich keinen Erfolg verbuchen. Umso glücklicher war ich, als ich im Historischen Verein Rosenheim einen Partner fand, der sich zur Veröffentlichung entschließen konnte. Damit erscheinen die Tagebücher nun mit dem Bezug zur Region und sind zugleich einer breiten Öffentlichkeit zugänglich, als Exempel für Wissenschaft und Bildungsarbeit, als mahnendes Zeugnis und als Zeichen wider das Vergessen. Denn der Mühsal des Erinnerns stellen sich heute längst nicht mehr alle; manch einer wünscht sich über fünfzig Jahre nach der Wannseekonferenz, auf der die Vernichtung der Juden beschlossen wurde, sogar die Verleugnung dieser Vergangenheit. Wer die Lebens- und Todeswirklichkeit dieser Jahre aufzuhellen versucht, stößt so oft auf Abwehr, Ängste und Schuldgefühle oder wird gar zum Störenfried.

Diesem zweiten Tod durch Vergessen aber müssen wir uns widersetzen. Das Tagebuch ist ein weiterer trauriger Beleg für das Ende einer großen Hoffnung, die Leo Baeck, der Berliner Rabbiner, 1945 nach seiner Befreiung aus dem KZ Theresienstadt so umschrieb: „Unser Glaube war es, daß deutscher und jüdischer Geist auf deutschem Boden sich treffen und durch ihre Vermählung zum Segen werden können. Dies war eine Illusion; die Epoche der Juden in Deutschland ist ein für alle Mal vorbei."

So bleiben nur Fassungslosigkeit und Trauer, aber auch die Verpflichtung, Erinnerung zu bewahren in dem Sinne, in dem Karl Jaspers dies 1945 in der Zeitschrift „Die Wandlung" formulierte: „Was und wie wir erinnern, und was wir darin als Anspruch gelten lassen, das wird mit entscheiden über das, was aus uns wird."

Manfred Treml

Einführung

Elisabeth Block ist keine „bayerische Anne Frank".[1] Ihre Tagebücher erheben keinen literarischen Anspruch, sie reflektiert nur selten ihre eigene Lage, erwähnt kaum politische Ereignisse. Man sollte auch den Maßstab, das Klischee der „Anne Frank" beiseite lassen, denn bei jüdischen Tagebüchern oder Memoiren aus der Schreckenszeit des Dritten Reichs dürfte wohl nicht allein der literarische, sondern vor allem der dokumentarische Wert maßgebend sein.[2]

Elisabeth Block führte auch kein „politisches Tagebuch" wie etwa Hertha Nathorff dies tat, deren ambitionierte, zum großen Teil erst aus der Erinnerung geschriebenen Aufzeichnungen hier als Beispiel für zahlreiche weitere Zeugnisse dieser Art stehen mögen.[3]

Elisabeth Blocks Tagebücher, die Gedichte ihrer Schwester Gertrud sowie die Briefe und Gedichte ihrer Eltern sind weniger historisch-politische als vielmehr zutiefst persönliche, familiäre Zeitdokumente, sie zeugen von der nahezu vollständigen Anpassung einer jüdischen Familie an ihre bayerische Umgebung und von der scheinbaren Integration in eine Gesellschaft, aus der sie aber durch Gesetze und Verordnungen des Unrechtsstaates mehr und mehr ausgegrenzt wurde. Auch das Verdrängen der zunehmenden Entrechtung wird aus den Texten deutlich, das sich Ein- und Abfinden in bzw. mit einer immer beengteren Lebenswelt und das vergebliche Hoffen auf eine bessere Zeit.

---

1 So Wulf Petzoldt in der Münchener Abendzeitung vom 28. 2. 1990, S. 3 und Georg Storz in Bayerland Nr. 4, April 1990, S. 46–49.
2 Siehe Benz, Wolfgang (Hg.): Die Juden in Deutschland 1933–1945. Leben unter nationalsozialistischer Herrschaft. München 1989, S. 11: „Im gleichen Maße, in dem notwendigerweise die Verfolgungsgeschichte im Vordergrund der Betrachtung stand, verflüchtigte sich das Bild der Verfolgten selbst. Von den Juden als konkreter Gemeinschaft, vom sozialen, kulturellen, religiösen Leben der deutschen Juden ist im öffentlichen Bewußtsein nicht viel mehr geblieben als schlimmstenfalls einige Klischees." Zur Editions- und Rezeptionsproblematik („Opferklischee") der Tagebücher der Anne Frank siehe auch die Rezension von Jasper, Willi: Das Wort bewahren. In: Die Zeit Nr. 40, 26. 9. 1991, S. 49. Siehe auch: Enzyklopädie des Holocaust. Die Verfolgung und Ermordung der europäischen Juden. Bd. 3, Berlin 1993, S. 1392–1395.
3 Benz, Wolfgang: Das Tagebuch der Hertha Nathorff. Berlin-New York. (Schriftentreihe VfZ, 54) München 1987.

Elisabeth Block wurde am 12. Februar 1923 in Niedernburg bei Rosenheim geboren. Ihre Eltern, Mirjam und Fritz Block, hatten sich in dem kleinen Ort im Jahr 1921 ein Anwesen gekauft und eine Gärtnerei aufgebaut. 1927 kam Gertrud zur Welt, 1928 Arno. Im Alter von zehn Jahren, 1933, begann Elisabeth ihr Tagebuch und führte es bis Anfang März 1942. Am 3. April 1942 wurde die Familie Block nach Piaski bei Lublin deportiert, von wo aus sie in ein Vernichtungslager verbracht und ermordet wurde.

Familiengeschichte

Die Eltern Elisabeths stammten beide aus wohlhabenden und angesehenen Hannoveraner Bürgerfamilien.[4] Der Vater von Fritz Block war der Geheime Sanitätsrat Dr. Wolf Block, der mit seiner ersten Frau Pauline drei und mit seiner zweiten Frau Rebekka zwei Kinder hatte.[5] Fritz Block war der jüngste Sohn, geboren 1892, seine Frau Mirjam, geboren 1896, war das jüngste von fünf Kindern der Familie Frensdorff.[6] Ihr Vater Julius Frensdorff war Kaufmann und unter anderem Mitglied des Wohltätigkeitsvereins in Hannover.[7]
Mirjam Frensdorff absolvierte wahrscheinlich 1912 das Abitur, über ihren Lebensweg bis zur Heirat mit Fritz Block 1920 ist bislang nichts bekannt. Fritz Block besuchte das Königliche Goethe-Gymnasium in Hannover, machte im Februar 1910 das Abitur[8] und studierte anschließend in Hanno-

---

4   Viele Angaben zur Geschichte der Familien Block und Frensdorff sind der freundlichen Hilfe von Peter Schulze im Stadtarchiv Hannover zu verdanken.
5   Geschwister von Friedrich Michael (Fritz) Block: Hans Block, geb. 1879, Rechtsanwalt, Kurator des jüdischen Waisenhauses in Hannover und in der zionistischen Bewegung engagiert, gest. 1965 in Israel; Marie, geb. 1881, verh. Arndt, lebte in Berlin und ging 1938 nach Argentinien; Ernst, geb. 1883, wanderte 1902 nach Argentinien aus und betrieb dort eine Gummifabrik; Elisabeth, geb. 1890, verh. Rosental, starb 1921 nach der Geburt ihrer Tochter Marianne.
6   Geschwister von Mirjam Block, geb. Frensdorff: Fritz Frensdorff, geb. 1889, Kinderarzt in Hannover; Else geb. 1890, verh. mit Dr. Leo Levy, lebte in Bad Polzin, Pommern; Iska, geb. 1892, verh. mit Willy Redelmeier, Vorstand der Holländischen Bank; Erich, geb. 1893, Ingenieur, lebte in Berlin, ging 1938 nach Argentinien.
7   Julius Frensdorff, geb. 1852, gest. 1912, verh. mit Hulda, geb. Packscher, die 1939 nach Palästina auswanderte. Sein Vater war der Professor und Seminardirektor Salomon Frensdorff. Siehe Schulze, Peter: Juden in Hannover. Hannover 1989, S. 102 und S. 105 mit Zitaten von Prof. Salomon Frensdorff sowie S. 131 mit dem Plan des historischen jüdischen Friedhofs „An der Strangriede" in Hannover.
8   Nach Auskunft des Schulleiters gibt es über Fritz Block keine Unterlagen mehr.

ver und für ein Semester in München Elektrotechnik.[9] Am Ersten Weltkrieg nahm er als Flieger-Unteroffizier der preußischen Armee teil.[10] Im November 1917 setzte er das Studium fort und schloß es im April 1918 mit dem Diplom ab.

Aus einem kurzen Lebenslauf, den sein Bruder Hans Block 1952 verfaßte, geht hervor, daß Fritz Block sich ab 1917 dem Zionismus zuwandte: „Während dieser Zeit hatte er eine vollständige Sinnesänderung. Während er früher für jüdische Dinge wenig Interesse gehabt hatte, schrieb er mir im Mai 1917, daß die zionistische Auffassung wohl doch die richtige sei."[11] Ebenso wie seine spätere Frau Mirjam schloß er sich dem „Blau-Weiß" an, dem ersten zionistisch geprägten Jugendbund Hannovers, der Heimabende, Diskussionen und Wanderfahrten durchführte und die Arbeitsweise der später gegründeten Bünde vorwegnahm.[12]

Fritz Block und Mirjam Frensdorff heirateten am 10. Juni 1920 im Hachscharahzentrum Halbe. Sie hatten sich wahrscheinlich im „Blau-Weiß" kennengelernt und zunächst Pläne für eine Auswanderung nach Palästina entwickelt. Mit dem hebräischen Wort für Ertüchtigung, „Hachscharah", bezeichnete man die berufliche und sprachliche Vorbereitung auf die Emigration nach Palästina, das unter britischer Mandatsverwaltung stand und das von den Einwanderern den Nachweis einer gesicherten Existenz forderte. Das deutsche Palästina-Amt organisierte für junge, meist mit wenig finanziellen Mitteln ausgestattete Juden Umschulungen in handwerkliche Berufe und verschaffte ihnen so die Möglichkeit, mit einem „Arbeiterzertifikat" nach Palästina gehen zu können.[13]

Fritz und wahrscheinlich auch Mirjam Block hatten an einem landwirtschaftlichen Kurs, der eineinhalb Jahre dauerte, teilgenommen, denn Fritz Block bezeichnete sich bei der Anmeldung in Niedernburg als Landwirt.

---

9 Niedersächsisches Hauptstaatsarchiv Hannover, Matrikelbücher der Universität Hannover, Hann. 146 A Acc. 7/67 Nr. 116 und Acc. 134/81 Nr. 1. Die zu dem alphabetischen Matrikelbuch (Acc. 134/81 Nr. 1) gehörige Personalakte ist nicht vorhanden. Archiv der Technischen Universität München, Akt Friedrich Block, immatrikuliert vom 29. April bis zum 18. Juli 1911.
10 Diensteintritt am 15.9.1914, vom 19. bis 22.8.1916 als Unteroffizier des Armee-Flugparks 12 zur Untersuchung im Feldlazarett 130 Lida; Bescheinigung des Krankenbuchlagers in Berlin vom 6.2.1992. Weitere Unterlagen sind nicht vorhanden. Siehe Abb. 1.
11 Materialsammlung im Haus der Bayerischen Geschichte, Halderstraße 21, 86150 Augsburg. Im folgenden zitiert als HdBG, Materialien.
12 Schulze, Juden in Hannover, S. 40.
13 Siehe Wetzel, Juliane: Auwanderung aus Deutschland. In: Benz, Juden in Deutschland, S. 450 ff.

Unklar ist, weshalb das junge Paar die Alijah, die Auswanderung, nicht vollzog. Hans Block bemerkt hierzu: „Aus den Äußerungen meiner Schwägerin [Mirjam Block] habe ich entnommen, daß sie sich von dem geringen Zusammengehörigkeitsgefühl und der Ichsucht der Mitglieder des Blau-Weiß abgestoßen fühlten. Es ist ja Tatsache, daß nur wenige die Alijah vollzogen haben."[14]

Fritz Block erwarb mit Datum vom 22. Dezember 1921 das 2,77 Hektar große Anwesen in Niedernburg von der Bayerischen Siedlungs- und Landesbank für 140.000 Mark[15] und baute mit seiner Frau eine bald gutgehende Gärtnerei auf. Elisabeth durfte noch im September 1933 zweimal wöchentlich mit auf den Grünen Markt nach Rosenheim fahren und dort Obst und Gemüse verkaufen.[16] Neben der Gartenarbeit ging Fritz Block auch seinen künstlerischen Neigungen nach, er malte, töpferte gekonnt auf der Drehscheibe und übersetzte englische und spanische Texte.

Über die ersten Jahre der Familie Block in Niedernburg ist nur wenig bekannt. Es existieren keine Tagebücher der Eltern, bislang sind auch keine Briefe an Verwandte aus dieser Zeit aufgetaucht, und es gibt auch keine Zeitzeugen mehr, die etwas über die Ankunft der „Großstädter" und ihre Beziehungen zur neuen ländlichen Umgebung berichten könnten. Im Sommer 1922 und 1923 erhielten sie Besuch aus Halbe, vermutlich von Freunden aus dem dortigen Hachscharahzentrum. Rebekka Block, die Mutter von Fritz Block, verbrachte seit 1921 den Sommer meist in Niedernburg. Zusammen meldeten sie sich am 13. März 1930 für zwei Monate nach Hamburg ab. Wahrscheinlich unternahmen sie eine Schiffsreise, vieles spricht für eine Fahrt nach Venezuela, wo Verwandte von Rebekka Block lebten.[17]

In der Erinnerung der überlebenden Verwandten erscheint Fritz Block als „ein schwieriger Charakter, der oft und ganz plötzlich wochenlang auf Kunstreisen verschwand und ebenso plötzlich wieder zurückkam."[18] Auch von den Zeitzeugen wird Fritz Block als ernst und zurückhaltend beschrieben. Paula Bauer hatte sogar den Eindruck, er sei nicht zugänglich gewesen, da er nicht viel geredet habe und etwas von einem Leutnant an sich gehabt habe, zu den Kindern sei er aber eigentlich nicht streng gewesen,

---

14 HdBG, Materialien.
15 HdBG, Materialien. Die Bank hatte das Anwesen am 3. Oktober 1921 von Josef Osterholzer gekauft. Siehe Abb. 3.
16 Tagebücher, S. 60.
17 Gemeindearchiv Prutting, Verzeichnis der zu vorübergehendem Aufenthalt in der Gemeinde Prutting gemeldeten Personen 1919 – 1935.
18 Mitteilung von Dr. Klaus E. Hinrichsen, London. HdBG, Materialien.

„er hat sie gern mögen, seine Kinder, wirklich".[19] Für Albert Wagner war Fritz Block „mehr Künstler", er töpferte und malte, arbeitete zwar auch in der Gärtnerei, aber „vielleicht nicht so überwältigend fleißig als wie seine Frau".[20]

Die Briefe von Fritz Block an seine Tochter Elisabeth gestatten zumindest einen kleinen Einblick in seine Ansichten. Aufschlußreich ist besonders der Brief vom 27. April 1941, kurz nach dem gescheiterten Auswanderungsversuch, in dem er Elisabeth seine Gedanken und seine grundsätzliche Einstellung zur Arbeit darlegt; wenige Tage später, am 2. Mai 1941, begann Elisabeth in Benning zu arbeiten: „Was Du beginnen magst, immer liegt der Sinn und die Bedeutung in dem, wie Du es tust. Es ist so sehr die Stimmung, in der man eine Sache vollbringt, daß daneben die Tätigkeit selbst gar nicht mehr so wichtig ist. Natürlich empfindet man für das eine gerade mehr Lust als für ein anderes. Aber das ist oft ein Vorurteil, eine vorübergehende ‚subjektive' Empfindung, die durch irgendwelche Nebenumstände hervorgerufen sein kann. Oft wird eine solche Abneigung einen von der betreffenden Arbeit ablenken und abhalten. Und nur äußerer Zwang und eine dringende Notwendigkeit bringen einen dann zu solchen unangenehmen Arbeiten. So geht es Dir seltener, um so öfter bisher dem Arno. – Du hast eine glücklichere und stetigere Veranlagung, eine kräftige Gesundheit und gute Entwicklung helfen einem und erleichtern einem die Aufgaben, denen man sich gegenübersieht. Und nun kommen wir wieder zum ‚wie', wie wir uns der Arbeit unterziehen, wie wir sie in der freudigen Stimmung beginnen, die das glückliche Gelingen verbürgt. Und da ist es denn der gute Wille, mit dem Dir, gottlob, schon manches in Deinen Jahren gelungen ist. Hat man nun eine Sache oft gemacht, so soll sie einem drum nicht langweilig erscheinen, gerade wenn man sie nun mit gleicher Aufmerksamkeit ausführt, könnte man wohl neue Gesichtspunkte dabei entdecken. Dieses Betrachten und sich Vertiefen ist sehr lehrreich und der Quell vieler Freuden."[21]

Fritz Block selbst versuchte, bei seiner sicher nicht leichten Arbeit im Gleisbau mit Optimismus und gutem Beispiel voranzugehen: „Ein Tag bei der Arbeit hat mir wieder die beste Stimmung gebracht."[22]

---

19 Paula Bauer ist die Tocher von Kathi Geidobler, die der Familie Block in Haus und Garten half; sie bewahrten die Tagebücher und andere Gegenstände, die ihnen die Familie vor der Deportation anvertraute, sorgsam auf. Transkription der Gespräche mit Zeitzeugen im Haus der Bayerischen Geschichte, Halderstraße 21, 86150 Augsburg, S. 106. Im folgenden zitiert als HdBG, Gespräche.
20 Albert Wagner war der Spielgefährte von Arno Block. HdBG, Gespräche, S. 48.
21 Tagebücher, S. 317 f.

Elisabeth Stilke hat Mirjam Block als „eine ganz fröhliche Frau" in Erinnerung.[23] Paula Bauer beschreibt sie als eine sehr „mütterliche Frau, wirklich. Richtig mütterlich. Die hat sich also um alles gesorgt, um die ganze Umgebung hat sich die gesorgt, wenn da etwas gewesen ist".[24] Auch für Albert Wagner war Mirjam Block eine sehr intelligente, feine Frau. „Die hat so eine nette Art gehabt, die Frau, so eine ruhige Art, und... wenn sie dir was erklärt hat, die hat das so nett machen können."[25]

Elisabeth Stilke hat den Eindruck, daß die Kinder „sehr zur Toleranz erzogen worden sind. Und nicht zur Neugierde, also... sie war nie neugierig, und die Eltern haben mit Sicherheit die Kinder vor all dem bewahrt, so lange es ging. Denn die waren vollkommen unbeschwert. Vollkommen unbeschwert, alle drei Kinder." In ihren Augen hat sich Elisabeth, im Gegensatz zu ihrer Schwester Gertrud, nicht zur Wehr gesetzt, „die Lisl, die hat das geschluckt."[26] Für Paula Bauer war Elisabeth „die nettere, am Wesen netter", denn „die Lisi habe ich wirklich lieber mögen". Sie sei „ein sauberes Dirndl, ... so eine richtige Schwarze" gewesen.[27] Albert Wagner: „Die jungen Burschen waren immer ganz begeistert von dem Madl, gell, war ja so ein hübsches Mädchen. Und war aber ein sehr anständiges Mädchen."[28] Einen Freund hatte Elisabeth nicht. Regina Zielke meint, Elisabeth sei im Vergleich zu ihr selbst „aufgeklärter" gewesen.[29]

Mirjam Block schildert in einem Brief vom 24. Februar 1940 an Hete Lehmann, eine Verwandte in der Schweiz, über die Briefe nach Argentinien und Palästina ausgetauscht werden konnten, und an ihre Schwester Else Levy kurz die Wesenszüge ihrer Kinder. Über Elisabeth äußert sie sich nur knapp, sie erwähnt ihre Geschicklichkeit im Nähen, und daß sie trotz oder vielleicht wegen der wenigen Abwechslung immer bei guter Laune sei. Ausführlicher schreibt sie über Gertrud: „Trudi ist sehr ähnlich wie ich war, nur daß sie zum Glück so viel Bewegung in frischer Luft hat, sie zeichnet nett, spielt nett Zither, lernt nett, alles nicht aufregend, aber doch

---

22 Tagebücher, S. 318.
23 Elisabeth Stilke („Liesel Weiß") war lange Zeit die beste Freundin von Elisabeth Block. HdBG, Gespräche, S. 22.
24 HdBG, Gespräche, S. 106.
25 HdBG, Gespräche, S. 77.
26 HdBG, Gespräche, S. 37, 26.
27 HdBG, Gespräche, S. 117.
28 HdBG, Gespräche, S. 71.
29 Elisabeth arbeitete ab Mai 1941 zusammen mit Regina („Regerl") Zielke auf einem Bauernhof in Benning; sie waren eng befreundet. HdBG, Gespräche, S. 129.

leicht auffassend und dabei das Phlegma wie bei mir: Ich höre ordentlich Mutter sagen: ‚man muß nur sehen, wie sich das Mädchen dreht.' Bei uns sagt so was aber eher Lisi. Lesen tut Trudi auch möglichst jeden Tag ein Buch, und dabei fast den gleichen Geschmack, wie ich. Sehr gut spielt sie Schach für ihr Alter."[30]
Elisabeth Stilke erschien Gertrud sehr lebhaft, sogar „ein bißchen aufrührerisch", sie habe sich nichts gefallen lassen und sei richtig frech gewesen.[31] Auch Regina Zielke schätzte Gertrud im Vergleich zu Elisabeth als couragierter ein. Sie sei „bayerischer" gewesen, zumal sie auch Zither spielte.[32] Als frech und „unwahrscheinlich gescheit" beschreibt sie auch Albert Wagner, und er erzählt eine Episode mit dem Zaiseringer Lehrer Heinrich Graßer: „Sind wir an den Hofstätter See runtergegangen zum Baden, und da war der Lehrer Graßer auch drüben, und ... an dem Tag ist ein ziemlich kalter Wind gegangen. Und wie wir raus gegangen sind, hat man sich abgetrocknet, mei, damals ist man nicht so... hat man keinen Bademantel dabei gehabt und nichts, gell. Und dann sind wir so dortgehockt... und einen jeden hat gefroren. Dann sagt die Trudi ganz laut: Mei, mich friert wie einen nackerten Schullehrer. War er so... eingeschnappt der Lehrer Graßer. Das hat er ihr in der Schule vorgehalten. Weil die Trudi gesagt hat: Mich friert wie einen nackerten Schullehrer."[33]
Auch Gertrud Block hatte ein Tagebuch geführt, das wohl verloren gegangen ist.[34] Lediglich der Band mit ihren Gedichten blieb, zusammen mit Elisabeths Tagebuch, erhalten. Gertruds Gedichte stammen überwiegend aus den Jahren 1940 und 1941. Sie entwarf sie auf kleinen Zetteln und trug sie erst später in Reinschrift in ihr Buch ein. Zum Teil schuf die Dreizehn- bzw. Vierzehnjährige keine eigenständigen Gedichte, sondern adaptierte Gelesenes.
Im Vergleich zu den Mädchen war Arno Albert Wagner zufolge eher „ein fauler Hund", doch „sehr gescheit".[35] Paula Bauer: „Den Arno habe ich auch gern mögen, das war so ein richtiger Lausbub, gell, so wie halt so Kinder sind da in dem Alter noch."[36] Die Mutter beschreibt ihn im Brief vom 24. Februar 1940: „Arno ist ein ganzes Kapitel für sich, und ich muß schon sagen, daß Jungens ja wesentlich schwieriger als Mädels sind. Be-

---

30 Tagebücher, S. 310.
31 HdBG, Gespräche, S. 26.
32 HdBG, Gespräche, S. 149.
33 HdBG, Gespräche, S. 88.
34 HdBG, Gespräche, S. 139 f.
35 HdBG, Gespräche, S. 78.
36 HdBG, Gespräche, S. 117.

gabt ist er wohl hauptsächlich fürs ‚Schrauben', anders kann ich mich nicht ausdrücken, denn weder Lesen noch Lernen interessiert ihn, nur so zusammengesetzte und zusammengebastelte Sachen, und dann mag er gern draußen sein, er läuft, so wie er Zeit hat, Ski und kommt klitschnaß heim. Vorlesen hören abends ist seine ganze Wonne, aber zum selbst Lesen muß man ihn trietzen. Meine Sprachstunden mit ihm sind jedesmal ein Theater, von Lernen oder Konzentrieren hat er gar keine Ahnung, wenn etwas hängen bleibt, ist es ein reiner Glückszufall."[37] Ähnlich äußert sich Elisabeth an Weihnachten 1941 über ihren jüngeren Bruder, der selbst einige Geschenke bastelte, „worin er sich gewaltig verbessert hat, wenn er nur nicht bei der geringsten Schwierigkeit die Flinte ins Korn werfen würde und somit Mutti vielen Kummer und Sorgen machte."[38]

Die Tagebücher

Selbstverständnis und Milieu

Die zehnjährige Elisabeth beginnt ihr Tagebuch mit einer Beschreibung des Bildes „Die Hülsenbeckschen Kinder" von Philipp Otto Runge und einem Eintrag zum Geburtstag ihres Vaters am 12. März 1933. Sie notiert noch nichts über das Zeitgeschehen, über die „Machtergreifung" Hitlers und die Gleichschaltung der Länder, ihr sind die persönlichen Erlebnisse wichtig, eine Radtour, die Osterfeiertage, der Besuch von Verwandten und die erste Begegnung mit ihrer fortan besten Freundin Liesel Weiß (Elisabeth Stilke).

Mit Vorliebe schildert Elisabeth die eigenen Geburtstage und die ihrer Eltern, breiten Raum nehmen stets auch die Weihnachtstage, der Muttertag oder Ostern ein. Detailliert berichtet sie von ihren Bergtouren und von sämtlichen Ausflügen per Rad, Auto oder Bahn, die sie bis nach Innsbruck, Garmisch-Partenkirchen, Salzburg und Burghausen führten. Mit Tante Helme und Onkel Erich Frensdorff durfte sie 1934 einen vierwöchigen Urlaub in den Dolomiten verbringen, in den Sommerferien 1936 besuchte sie Verwandte im thüringischen Sondershausen, zur Jahreswende 1936/37 war sie in Hannover, und im August 1939 durfte sie noch mit Helme Frensdorff nach Berlin fahren. Von April bis Dezember 1939 hält sie in Stichpunkten fast nur noch ihre täglichen Arbeiten in Haus und Garten fest. Insgesamt finden sich nur sehr wenige Einträge, in denen sie ihre

---

37 Tagebücher, S. 310.
38 Tagebücher, S. 262.

Entrechtung anspricht, ihre Angst vor einer ungewissen Zukunft ausdrückt oder den Wunsch äußert, doch endlich auswandern zu können.

Wüßte man nicht, daß die Blocks eine jüdische Familie waren, aus den Tagebüchern von Elisabeth ginge es zunächst nicht direkt hervor. Sie schreibt nur an einer Stelle „wir Juden", und zwar erst in dem Eintrag vom 21. September 1941, als sie den Judenstern tragen müssen. Der erste indirekte Hinweis erscheint Anfang 1936, als Elisabeth davon berichtet, daß ihre Großmutter nach Palästina fährt. Das Adjektiv „jüdisch" taucht erstmals im Zusammenhang mit Elisabeths Besuch bei Verwandten in Hannover zur Jahreswende 1936/37 auf, wo sie das jüdische Altersheim, das Waisenhaus und die Gartenbauschule in Ahlem besuchte.[39]

Der jüdische Festkalender spielte im Hause Block offenbar überhaupt keine Rolle mehr, Elisabeth berichtet stets nur von den christlichen Feiertagen. Wie selbstverständlich wirkte sie auch bei der Jubiläums- und der Abschiedsfeier des Zaiseringer Expositus mit, im Wohnzimmer hing zwischen den Bildern von Fritz Block auch eine Marienfigur. Elisabeth verstand sich aber dennoch als jüdisch. Ihre erste Freundin Elisabeth Stilke berichtet, daß sie, da sie selbst bald Firmung hatte, auch Elisabeth Block danach fragte, worauf sie zur Antwort erhielt, daß sie Jüdin sei und keine Firmung haben werde.[40]

Im März 1940 trägt Elisabeth schließlich einige Ereignisse „aus der ersten Kinderzeit" nach. Hier erfahren wir, daß sie etwa ein halbes Jahr auf dem Gut ihres Onkels Leo Levy in Bad Polzin in Pommern verbrachte, und zwar von August 1928 bis Januar 1929. Sie erlebte dort das Laubhüttenfest, ging „fast jeden Freitag und Samstag mit den Großen in den Tempel" und feierte Chanukka mit.[41]

In Niedernburg aber besuchte sie wie selbstverständlich mit den Nachbarskindern an den Sonn- und Feiertagen die Kirche. Es bestand auch keine

---

39 Tagebücher, S. 253, 103, 118. Siehe auch Lowenthal, E. G.: Das Experiment Ahlem. Ein kurzer Überblick über die Jüdische Gartenbauschule. Dt. Übersetzung des Aufsatzes: The Ahlem Experiment – A Brief Survey of the „Jüdische Gartenbauschule" in: Year Book XIV des Leo-Baeck-Instituts, London 1969, S. 163. [Hannover o. J.]. Buchholz, Marlies: Die hannoverschen Judenhäuser. Zur Situation der Juden in der Zeit der Ghettoisierung und Verfolgung, 1941 bis 1945. (Quellen und Darstellungen zur Geschichte Niedersachsens 101) Hildesheim 1987, S. 155 ff. Homeyer, Friedel (Bearb.): Beitrag zur Geschichte der Gartenbauschule Ahlem, 1893–1979. Hg. vom Landkreis Hannover in Zusammenarbeit mit der Landwirtschaftskammer Hannover. [Hannover o. J.]. Siehe auch Tagebücher, Anm. 99, S. 118 f.
40 HdBG, Gespräche, S. 6.
41 Tagebücher, S. 203 f. Siehe Abb. 2 und die Erinnerungen von Margarete Hinrichsen, S. 11 f.

Möglichkeit, die jüdischen Festtage in einem größeren Kreis zu feiern, da die nächstgelegene Synagoge und Israelitische Kultusgemeinde sich in München befanden.

Elisabeth Block hat viel und gerne gelesen. Die umfangreiche Lektüreliste am Ende des vierten Tagebuchs gestattet einen guten Einblick in ihre literarischen Vorlieben und in den großen Bücherbestand im Hause Block.[42] Es finden sich neben Werken der zeitgenössischen Kinder- und Jugendliteratur, so zum Beispiel mehrmals Selma Lagerlöf, Jo van Ammers-Küller, Ernst Zahn oder Jakob Christoph Heer, ebenso Ganghofers Heimatromane oder bayerische Autoren wie Lena Christ und Hans Carossa. Der literarische Horizont war aber auch geöffnet für Vertreter der Weltliteratur wie Charles Dickens, Oscar Wilde, Mark Twain, Henrik Ibsen, August Strindberg, Leo Tolstoi oder Maxim Gorki. Die „bürgerliche" Literatur des 19. Jahrhunderts war mit E. T. A. Hoffmann, Adalbert Stifter, Theodor Storm, Gottfried Keller, Conrad Ferdinand Meyer, Wilhelm Raabe und Theodor Fontane repräsentiert. Elisabeth erwähnt, daß sie mit besonderem Vergnügen die Werke von Theodor Storm las. Es fehlten auch nicht wichtige modernere Autoren wie Gerhart Hauptmann, Hugo von Hofmannsthal, Hermann Hesse, Arthur Schnitzler und Thomas Mann.

Daneben findet sich Triviales wie die Familiengeschichte „Die Ahnen" von Gustav Freytag und dessen Kaufmannsroman „Soll und Haben". In diesem Roman, 1855 erschienen, personifizierte Freytag in der Figur des jüdischen Kaufmanns Veitel Itzig „das schlimmste Wesen und den bösesten Charakter, die allem, was bürgerlich und deutsch hieß, völlig entgegengesetzt und total fremd waren, die bei ihrer spezifischen Beschaffenheit überdies eine außerordentliche und ständige Gefährdung der Deutschen und der Deutschheit darstellten."[43] Mit der tausendfachen Rezeption von „Soll und Haben" breitete sich auch das Bild des geld- und machtgierigen, häßlichen, skrupellosen Juden aus, gewann das Wort „Jude" neue, negative semantische Merkmale hinzu. In die Reihe von Autoren mit nationalistischen oder rassistischen Tendenzen gehörten im Hause Block unter anderem Gustav Frenssen oder Hans Dominik. Dezidiert jüdische Themen boten nur die Bücher von Israel Zangwill („Kinder des Ghetto", 1897) und Karl Emil Franzos („Der Pojaz", postum 1905), der Erzählungen über das Leben der Juden in Osteuropa schrieb. Insgesamt läßt die Bücherliste auf einen eher konservativ-bürgerlichen Geschmack schließen.

---

42 Tagebücher, S. 267–285.
43 Graml, Hermann: Reichskristallnacht. Antisemitismus und Judenverfolgung im Dritten Reich. München 1988, S. 56.

Fritz Blocks Bücher von Stefan George sind nicht in dieser Liste enthalten. Regina Zielke konnte die bibliophilen Ausgaben der Übersetzungen von Baudelaires „Die Blumen des Bösen" und von Dantes „Göttlicher Komödie" sowie Georges „Der Stern des Bundes", „Hymnen, Pilgerfahrten, Algabal" und „Die Bücher der Hirten und Preisgedichte der Sagen und Sänge und der Hängenden Gärten" in Benning ausfindig machen.[44] Fritz Block war von den Dichtungen Stefan Georges stark beeindruckt und ahmte dessen feierlich-esoterischen Stil in seinen eigenen Gedichten nach. Georges Streben nach einem neuen, an antiken Vorbildern orientierten Menschen gipfelte in „Maximin" (1907), in dem er die Inkarnation eines neuen Gottes sah (dagegen Thomas Mann mit „Tod in Venedig") und in dem 1913 erschienenen Werk „Stern des Bundes", in dem er die Gesetze eines beispielhaften Menschentums verkündete. Rezipiert wurde dieser Mythos gerade auch von der Freideutschen Jugend, die sich erstmals 1913 in der Erklärung vom Hohen Meißner zum Leben aus dem Geiste des deutschen Idealismus bekannte, und die mit diesem Werk in den Krieg zog. Aber auch nach 1918 setzten sich die Verehrer und Bewunderer des bis heute umstrittenen Werkes von Stefan George aus nahezu allen Kreisen der Gesellschaft zusammen, zu ihnen zählten Kunstkenner und Literaten ebenso wie Studenten, Großbürger oder Militärs.[45]

„Politische" Einträge
Der erste „politische" Eintrag findet sich unter dem 28. März 1934. Zum Schulende fand in der Zaiseringer Volksschule eine Feier statt, von der Elisabeth berichtet: „Das Hitlerbild und Hindenburgbild, welche an den beiden Tafeln hingen, umkränzten schöne, grüne Girlanden und Fähnchen. Die Feier begann mit einem Vortrag. Ein Rückblick auf das Jahr der deut-

---

[44] George, Stefan: Der Stern des Bundes. 2. Aufl., Berlin 1914. (In diesem Band befanden sich unter anderem zwei kleinere Blätter im Postkartenformat mit Bleistiftzeichnungen von Fritz Block. Eines davon ist auf der Rückseite beschriftet: „CERTOSA 30 APR 35". Nach den Aufzeichnungen von Elisabeth war Fritz Block vom 17.4. bis zum 10.5.1935 in Italien.) Ders.: Hymnen. Pilgerfahrten. Algabal. 4. Aufl., Berlin 1915. Ders.: Die Bücher der Hirten und Preisgedichte der Sagen und Sänge und der Hängenden Gärten. 7. Aufl., Berlin 1921. Baudelaire, Charles: Die Blumen des Bösen. Umdichtungen von Stefan George. 5. Aufl., Berlin 1920. Dante Alighieri: Göttliche Komödie. Übertragungen von Stefan George. 4., erw. Aufl., Berlin 1925. Alle Ausgaben bei Georg Bondi, Berlin.
[45] Siehe Hoffmann, Friedrich G. und Rösch, Herbert: Grundlagen, Stile, Gestalten der deutschen Literatur. Frankfurt am Main 1980, S. 249 ff. Martini, Fritz: Deutsche Literaturgeschichte. Stuttgart 1978, S. 489 ff.

schen Wende, welchen die Knaben der 6. Klasse vortrugen."[46] Ähnlich verlief die Schulfeier 1935. Die erste vom Rundfunk übertragene Ansprache hörte sie in der Schule am 1. Mai 1934: „Es sprach zuerst Dr. Goebbels und dann unser Führer."[47] Am 3. Juni 1935 sah sie erstmals einen Propagandafilm: „Wir durften den gewaltigen Film vom Parteitag 1934 ‚Triumph des Willens' anschauen." Für sie war dies „eine große Freude",[48] ebenso die Vorführung des „interessanten Tonfilm[s] ‚Stoßtrupp 1917'".

Für die Zwölfjährige mag die erste Begegnung mit dem für sie neuen Medium Film sicher faszinierend gewesen sein. Die Begeisterung, mit der sie den Kriegsfilm „Stoßtrupp 1917" schildert, erscheint aus heutiger Sicht befremdend: „Da sahen wir einmal, wie es in dem gewaltigen Weltkrieg zuging! Wie die Kanonen krachten! Wie die Erdmassen in die Höhe spritzten! Es ist unmöglich, das alles zu schildern. Aber ich kann nur sagen, daß ich um mich herum nichts mehr sah und hörte. Dieser Film hat mich ganz hingerissen."[49] Schon ein BdM-Treffen am 15. Juli 1934 in Rosenheim sah sie mit Begeisterung, hob sich sogar das Programm auf und fügte es dem Tagebuch bei.[50] Es ist schwer zu sagen, ob Elisabeth zunächst nicht begriff oder nicht begreifen wollte, was sich um sie herum zusammenbraute oder wie sehr sie von ihren Eltern abgeschirmt wurde. Selbst die Nürnberger Gesetze von 1935 erwähnt sie an keiner Stelle. Knapp verzeichnet sie im März 1938 den „Anschluß" Österreichs.[51]

Im August 1939 durfte Elisabeth mit ihrer Tante Helme Frensdorff nach Berlin reisen. „Wegen der politisch gespannten Lage zwischen Deutschland und Polen" fuhr Elisabeth am 28. August 1939 mit der Bahn nach Hause.[52] Albert Wagner kann sich noch daran erinnern, daß Mirjam Block nach Berlin telegraphierte „Lisi sofort heimkommen". Er erlebte die Rückkehr am nächsten Tag mit: „... hat die Frau Block schon heraußen gewartet, und dann sind sie sich in die Arme gefallen und haben alle beide bitterlich geweint, bitterlich geweint. Auf den Krieg hin. Und ich glaube, daß die Lisi schon da was gewußt hat, und... irgendwie bei Block überhaupt... Frau Block, daß die schon was gewußt hat, was da los ist."[53] Elisabeth hingegen notiert eher lapidar, daß sie zu Hause „höchst glücklich

---

46 Tagebücher, S. 66 f.
47 Tagebücher, S. 68.
48 Tagebücher, S. 88.
49 Tagebücher, S. 91.
50 Tagebücher, S. 71 f.
51 Tagebücher, S. 146.
52 Tagebücher, S. 186.
53 HdBG, Gespräche, S. 74.

empfangen" wurde. Die Kriegsereignisse sind ihr keine einzige Zeile wert. Lediglich unter dem 1. September heißt es in wenigen Stichworten: „Täglich Verdunkelung, Dachboden für Luftschutz geräumt."[54]

Das Wort Krieg taucht nur wenige Male in den Tagebüchern auf, das erste Mal im Zusammenhang mit der schon erwähnten Schilderung des Films „Stoßtrupp 1917", das zweite Mal an Weihnachten 1939, als die Geschenke „trotz des Krieges mindestens ebenso reichlich und fast noch sinniger als in anderen Jahren ausgesucht waren", und schließlich im Februar 1940, als sie nach einem gewaltigen Schneesturm die Landstraße freischaufeln müssen, heißt es: „Die ältesten Leute können sich eines solchen strengen und langen Winters nicht erinnern, und dazu dann dieser Krieg!"[55]

Daß Elisabeth von den politischen Ereignissen nicht viel wissen wollte, verdeutlicht auch ihr Aufenthalt vom 13. bis 16. Juni 1940 bei ihrer Freundin Elisabeth Weiß in Obing. Wegen einer Fußverletzung mußte sie die meiste Zeit auf dem Sofa verbringen. Die „unaufhörlichen Nachrichten vom Radio" sind ihr ganz ungewohnt, ebenso die „ewige Politisiererei von Liesels Patin".[56] Elisabeth notiert ansonsten nie etwas über die Kriegsereignisse, sie äußert sich nicht über die deutschen „Erfolge", den Beginn der einzelnen Feldzüge. Nur am 23. November 1941 fällt das Wort nochmals, als Arno einen „Kriegs-Geburtstag" feiert. Den Krieg gegen die Sowjetunion erwähnt sie zweimal, allerdings nur indirekt, indem sie von Soldaten aus der Nachbarschaft schreibt, die in Rußland kämpften.

Stationen der Entrechtung

Schule

Am 7. April 1936 wurde Elisabeth aus der Volksschule entlassen. Sie besuchte dann eine Nähschule und ab dem 12. April 1937 die von katholischen Schulschwestern geleitete Haustöchterschule in Rosenheim. Elisabeth war in die Klassengemeinschaft der 44 Mädchen integriert, sie erzielte gute Noten und gehörte zu den zehn Besten.[57] Den Aussagen ehemaliger Mitschülerinnen zufolge wurde sie in keiner Weise diskriminiert.

---

54 Tagebücher, S. 186.
55 Tagebücher, S. 91, 194, 199.
56 Tagebücher, S. 216.
57 Städtische Realschule für Mädchen Rosenheim, Verzeichnis der Jahresnoten für die Klasse 1b 1937/38, dort auch weitere Unterlagen. Siehe auch Fischer, Anton: Das kurze Leben der Elisabeth Block. In: Festschrift Städtische Realschule für Mädchen Rosenheim, Rosenheim o.J. [1991], S. 68–70.

Die Armen Schulschwestern selbst waren den Nationalsozialisten ein Dorn im Auge, im April 1938 mußten sie „weltlichen" Lehrkräften weichen. Die ehemalige Klassenleiterin M. Immolata Rödel wußte um die Gefahr und die Bedrohung, in der sich Elisabeth befand. In einem Brief an eine ehemalige Schülerin schreibt sie: „Block Elisabeth kann ich mir noch gut vorstellen. Sie hatte tiefschwarzes Haar zu einem Zopf geflochten, große, dunkle Augen. Sie blickte immer traurig drein. Ich habe sie als gute Schülerin in Erinnerung. Weil ich wußte, was Juden im ‚1000jährigen Reich' erwartete, hatte ich großes Mitleid mit ihr. Wenn ich ein Stückchen Brot oder ein Plätzchen hatte, steckte ich es ihr heimlich in die Manteltasche. Sprechen wagte ich nicht mir ihr. Ich fürchtete damals die BDM-Führerinnen in Deiner Klasse ... Von Block Elisabeth habe ich nichts mehr erfahren. Gefürchtet habe ich das Schlimmste ... Von einer Diskriminierung in der Klasse ist mir nichts bekannt. Ich glaube schon, daß sie an Eurem Religionsunterricht teilgenommen hat. Mir ist nicht bekannt, daß ich ihr einen anderen Raum zugewiesen hätte während der Religionsstunden."[58]
Den Wechsel der Lehrkräfte im April 1938 erwähnt Elisabeth mit keinem Wort. Auch an dem Abschiedsgottesdienst, den Stadtpfarrer Bernrieder für die verdrängten Schulschwestern hielt und der für beträchtliches Aufsehen in Parteikreisen sorgte, nahm sie nicht teil.[59] Zum neuen Schulleiter wurde Dr. Adam Haas bestimmt, Mitglied der NSDAP seit 1933, Kreispropagandaleiter und später Kriegsberichterstatter,[60] der neue, bei den Mädchen schnell beliebte Klassenlehrer wurde Felix Graf.[61]

---

58 Brief von M. Immolata Rödel an Ruth Lentner, eine Mitschülerin von Elisabeth Block, vom 7.11.1991. HdBG, Gespräche, S. 208.
59 StAM, NSDAP 983, Bericht von Kreisleiter Kiesmüller des NSLB an die Gauleitung in München, ohne Datum, weitergeleitet an die Reichswaltung in Bayreuth, 1.7.1938. Siehe Rosenheim im Dritten Reich, S. 57. Stapf, Heribert: Chronik des Karolinen-Gymnasiums 1890–1969. Rosenheim [1969], S. 36 f. und 40 ff. Festschrift Städtische Realschule für Mädchen, S. 67.
60 Dr. Adam Haas, geb. 1902. StadtA Ro, Protokolle B/N 1515, Verzeichnis der Beamten des Stadtkreises Rosenheim. Haas galt als begeisterter Nationalsozialist, weshalb die Anstalt in den Ruf einer „Nazischule" geriet. Stapf, S. 42.
61 Felix Graf, geb. am 8.9.1903 in Dinkelsbühl, studierte in München Wirtschaftswissenschaften und Geographie und kam 1930 nach Rosenheim, wo er zunächst fünf Jahre Präfekt am ehemaligen Schülerheim war. Danach war er Lehrer in München und Kempten und kam im April 1938 als Studienrat wieder nach Rosenheim an die Mädchenoberschule. 1952 wurde er zum Oberstudiendirektor des Karolinen-Gymnasiums ernannt. Graf war ab 1953 Vorsitzender der Bayernpartei Rosenheim und Mitglied des Stadtrats. Er starb Anfang Juni 1963 im Alter von 59 Jahren. Siehe Nachruf in OVB, 7.6.1963. Graf war Mitglied der NSDAP seit 1937 und SA-Rottenführer. StadtA Ro, Protokolle B/N 1515, Verzeichnis der Beamten des

Auch unter der neuen weltlichen Leitung scheint Elisabeth zunächst keine Nachteile erlitten zu haben. Umso härter traf sie das nach der „Reichskristallnacht" am 15. November 1938 verkündete Schulverbot, das alle jüdischen Jugendlichen von „deutschen" Schulen ausschloß. Aus der Sicht der Mitschülerinnen verlief der Abschied Elisabeths eher sang- und klanglos, sie war „eben nicht mehr da".[62] Da Mirjam und Fritz Block vielseitig gebildet waren, konnten sie den Unterricht in allen Fächern für Elisabeth, Gertrud und Arno zu Hause fortführen.

Der erzwungene Rückzug ins Private drückt sich ab April 1939 auch in der veränderten Schrift und für einige Zeit in der Art und Weise aus, wie Elisabeth ihr Tagebuch führt. Sie formuliert nun nicht mehr aus, sondern gibt stichwortartig den Tages- und Wochenablauf wieder. Die Ausflüge, die sie nun seltener unternimmt, schildert sie nicht mehr mit der früheren Begeisterung und Liebe fürs Detail. Erst ab Weihnachten 1939, als sich mit den Auswanderungsabsichten eine neue, hoffnungsvollere Perspektive zu eröffnen schien, werden die Einträge wieder ausführlicher.

Im Lauf des Jahres 1938 wurden einige Gesetze und Verordnungen zur weiteren Entrechtung und Ausgrenzung der Juden erlassen, die einem davon betroffenen fünfzehnjährigen Mädchen nicht verborgen geblieben sein dürften, über die Elisabeth aber kein Wort verliert. Am 26. April 1938 erging die Verordnung über die Anmeldung des Vermögens von Juden über 5.000 Reichsmark, am 23. Juli wurde die Einführung der Kennkarte für Juden zum 1. Januar 1939 verkündet; daß sie ab diesem Zeitpunkt die Zwangsvornamen Sara und Israel zu führen hatten, wurde am 17. August 1938 festgelegt.[63]

Novemberpogrom 1938
Erst die „Reichskristallnacht" markiert einen Wendepunkt im Tagebuch. Elisabeth spricht aber nur „von den traurigen Gedanken und Sorgen, die

---

Stadtkreises Rosenheim.
62 HdBG, Gespräche, S. 186. Siehe Abb. 11.
63 RGBl 1938 I, S. 414 f., 922, 1044. Die Anträge für die neuen Kennkarten mußten bis 31.12.1938 gestellt werden; mit dem 5.10.1938 erfolgte die Einziehung der Reisepässe von Juden und die erschwerte Neuausgabe mit der Kennzeichnung „J", RGBl 1938 I, S. 1342. Grundsätzlich siehe die Sammlung von Walk, Joseph (Hg.): Das Sonderrecht für die Juden im NS-Staat. Heidelberg 1981. Krausnick, Helmut: Judenverfolgung. Anatomie des SS-Staates, Bd. 2, 5. Aufl. München 1989, S. 272 f., 274 f. Siehe auch Barkai, Avraham: Vom Boykott zur „Entjudung". Der wirtschaftliche Einzelkampf der Juden im Dritten Reich 1933–1943. Frankfurt a. M. 1988, S. 129 ff. Hilberg, Raul: Die Vernichtung der europäischen Juden, Frankfurt a. M. 1991, S. 128 f.

der Tod unseres lieben Onkel Leos und überhaupt die letzten zehn Tage mit sich brachten",[64] sie erwähnt keine Einzelheiten, keine politischen Ereignisse, sie schimpft auch nicht auf die Nazis oder auf die Deutschen. Der Tod ihres Onkels Leo Levy, der von SA-Männern ermordet wurde, machte ihr wohl erstmals das wahre Ausmaß der Bedrohung deutlich, unter der sie als Jüdin stand. Auf dem Weg zur Schule dürften ihr auch nicht die Verwüstungen der letzten noch in Rosenheim verbliebenen jüdischen Geschäfte entgangen sein.

Elisabeths Eintrag zum Schulverbot – „Nun ist das von Mutti schon so lang Geahnte geschehen: Ich und auch Trudi und Arno dürfen nicht mehr zur Schule gehen" –[65] ist zu entnehmen, daß in der Familie nicht alles verdrängt wurde, daß zumindest die Mutter auch den Kindern gegenüber ihre Ängste und Befürchtungen äußerte. Andererseits waren aber die Eltern offensichtlich doch bemüht, die Kinder von vielem abzuschirmen.

Spätestens hier wird auch deutlich, daß Elisabeth zwar durchaus von der zunehmenden Entrechtung und den Benachteiligungen wußte und sie auch begriff, daß sie aber ihre sich daran knüpfenden Ängste und Sorgen im wesentlichen für sich behielt und nicht in ihr Tagebuch schrieb. Es scheint fast so, als wollte sie es davon frei halten und nur die schönen Erlebnisse aufzeichnen.

Die letzte gemeinsame Autofahrt der Familie fand am 27. November 1938 statt.[66] Wenige Tage später, am 3. Dezember, wurden den Juden die Führerscheine und Kraftfahrzeugpapiere weggenommen.[67] Elisabeth schreibt hiervon nichts. Von Elisabeth verständlicherweise unerwähnt bleibt auch die Zwangssterilisation ihres Vaters, obwohl sie vielleicht davon wußte. In Privatbesitz findet sich noch die Mitteilung des Erbgesundheitsgerichtes Rosenheim vom 16. Februar 1939:[68]

„Rosenheim, den 16. Februar 1939

I. Es wird das Verfahren zur Unfruchtbarkeitmachung des verheirateten Landwirtes Friedrich Block, geboren am 12. III. 92 in Hannover, wohnhaft in Niedernburg b. Rosenheim, eingeleitet... Es wird Ihnen anheim gege-

---

64 Tagebücher, S. 162. Siehe auch die Erinnerungen von Margarete Hinrichsen, S. 11 f.
65 Tagebücher, S. 162.
66 Tagebücher, S. 163.
67 Siehe Benz, Juden in Deutschland, S. 747.
68 Ein Einspruch gegen die Zwangssterilisierung war sicher sinnlos. Das Schreiben lag in dem Buch: Gesetz zur Verhütung erbkranken Nachwuchses vom 14. Juli 1933 nebst Ausführungsverordnungen. Bearbeitet und erläutert von Arthur Gütt, Ernst Rüdin, Falk Ruttke. Mit medizinischen Beiträgen von Erich Lexer und Heinrich Eymer. 2. Aufl., München 1936. HdBG, Materialien. HdBG, Gespräche, S. 147 f.

ben, binnen einer Woche nach Zustellung gegen die Unfruchtbarkeitmachung Einwendungen zu erheben."

„Arisierung"
Am 3. Dezember 1938 trat mit der Verordnung über den Einsatz des jüdischen Vermögens die bedeutendste Maßnahme im Zuge der „Arisierung" in Kraft. Inhabern von Gewerbe- oder land- und forstwirtschaftlichen Betrieben konnte „aufgegeben" werden, den Besitz „ganz oder teilweise binnen einer bestimmten Frist zu veräußern".[69]
Einen „Kaufvertrag" schloß Fritz Block mit Heinrich Hochstetter am 31. Mai 1939, die Eintragung ins Grundbuch erfolgte am 16. August und die Bestätigung am 4. September 1939. Fritz Block mußte das 2,77 Hektar große Grundstück samt Wohnhaus, Stall und Stadel zum Preis von 10.000 Reichsmark abtreten. Für die Rechtswirksamkeit des Vertrags waren die Genehmigungen des Landrats, der Preisprüfungsstelle und des Regierungspräsidenten von Oberbayern aufgrund der „Verordnung über den Einsatz des jüdischen Vermögens" vonnöten. Die in derartigen Verträgen der Zeit üblichen entwürdigenden Formulierungen finden sich auch hier: „Der Verkäufer erklärt, daß er Jude ist. Auf Ersuchen des Beauftragten des Gauleiters versichert die Kaufspartei, daß sie gemäß den gesetzlichen Vorschriften das vorläufige Reichsbürgerrecht besitzt. Ferner versichert die Kaufspartei, daß sie über das mit diesem Vertrag erworbene Grundstück seine Verwertung oder Nutzung, keinerlei Abreden oder Sonderabkommen in irgendeiner Form mit Juden oder zugunsten von Juden getroffen hat und solche auch nicht treffen wird."[70]
Elisabeth trägt erst am 4. Oktober 1939 lapidar ein: „Erfuhren dieser Tage, daß die Bewilligung zur Übergabe unseres Hauses kam, dürfen aber die oberen Zimmer noch bewohnen und richten uns die Waschküche als Wohnküche, Obstkammer und Werkstatt als Vorratskammer ein."[71] Nur in den sehr knappen Formulierungen meint man etwas von ihrer Enttäuschung oder eine Spur von Verärgerung wahrzunehmen. Nun wurde auch noch das Zusammenleben im eigenen Haus eingeengt, für die neuen Be-

---

69 Zugleich wurde der Depotzwang für Wertpapiere angeordnet. RGBl 1938 I, S. 1709 ff. Siehe Hilberg, Vernichtung, S. 133. Graml, Reichskristallnacht, S. 179 f. Schon am 12.11.1938 wurde verordnet, daß bis zum 31.12.1938 sämtliche jüdischen Einzelhandelsgeschäfte und Handwerksbetriebe zu schließen hatten. RGBl 1938 I, S. 1580. Siehe Hilberg, Vernichtung, S. 132 f. Kwiet, Stufen der Ausgrenzung, in: Benz, Juden in Deutschland, S. 549 f.
70 HdBG, Materialien.
71 Tagebücher, S. 188.

sitzer mußten Zimmer geräumt werden und als Wohnküche blieb den Blocks nur der ehemalige Stall, der zuletzt als Waschküche benutzt worden war.

Aus den Aussagen der Zeitzeugen geht aber hervor, daß der erzwungene Verkauf des Hauses nicht so einfach hingenommen wurde. Zumindest Mirjam Block zeigte sich gegenüber ihrer treuen Helferin Kathi Geidobler sehr verärgert, wütend und betroffen über das Unrecht.[72] Mit der Gärtnerei wurde der Familie ja zugleich die Existenzgrundlage entzogen, sie durfte nur noch einen kleinen Teil für den Eigenbedarf bebauen, die übrige große Gärtnerei wurde in eine Wiese umgewandelt.

Wie sich das Verhältnis zu den neuen Hausbesitzern entwickelte, geht aus Elisabeths Tagebuch nicht eindeutig hervor. Anfangs dürften die Beziehungen wohl kaum sehr herzlich gewesen sein, wenngleich Elisabeth nie einen Streit erwähnt. Sie äußert sich nur einmal im Juni 1940 in einem etwas abfälligen Ton über die „Hausleute", die ja nichts von ihrer Gartenarbeit verstünden. Am 16. November 1939, also kurz nach der Übergabe des Hauses, fuhr Elisabeth mit Christina Hochstetter zu deren Schwester nach Pfraundorf, um dort Nüsse für Weihnachten zu holen, im Sommer 1940 half sie den „Hausleuten" mehrmals bei der Arbeit, Christina bekam zum Namenstag von Blocks einen Kuchen, Mirjam Block wiederum wurde zum Geburtstag mit einer Torte beschenkt, an Weihnachten 1940 wurden Hochstetters zu Blocks ins Wohnzimmer gebeten, da sie selbst keinen Christbaum hatten und an Sylvester war Christinas kleine Tochter Walli zu Gast.[73] All dies spricht für ein nicht unbedingt freundschaftliches, wohl eher für ein erzwungenermaßen „gut nachbarliches" Verhältnis.

Alltagssorgen

Am 19. Dezember 1939 war Elisabeth mit Gertrud im Nachbardorf, um Lebensmittelmarken zu holen, „auch Kleiderkarten, die wir aber nicht bekamen".[74] Ab November 1939 erhielten Juden keine Reichskleiderkarte mehr, ab Januar 1940 auch keine Spinnstoffe, Schuhe und Ledermaterial. Zudem waren ab Januar 1940 die Lebensmittelmarken für Juden mit einem „J" gekennzeichnet.[75]

---

72 HdBG, Gespräche, S. 51, 97.
73 Tagebücher, S. 216, 191, 215, 219, 231.
74 Tagebücher, S. 193.
75 Siehe Die jüdische Emigration aus Deutschland 1933–1941. Die Geschichte einer Austreibung. Eine Ausstellung der Deutschen Bibliothek, Frankfurt am Main, unter Mitwirkung des Leo-Baeck-Instituts, New York. Frankfurt a.M. 1985, S. 282 f. Elisabeth führt am 26. Januar 1941 die monatlichen Rationen genau auf. Tagebücher, S. 233.

Frau Block hatte zu Weihnachten stets Päckchen an die Familien im Ort verteilt, sie enthielten meist Kleider für die Kinder. Sie selbst bekamen die Sachen von den wohlhabenderen Verwandten aus Berlin und Hannover, und was sie nicht brauchen konnten oder selbst abgelegt hatten, wurde von den Nachbarn dankbar angenommen.[76] Sogar 1941, als sie selbst längst schon weniger hatten als ihre „arischen" Nachbarn, verschenkten sie noch Bücher, Malstifte und Malbücher an die Kinder im Ort.[77]

Regina Zielke berichtet von einem Vorfall in Zaisering: Frau Block konnte die Lebensmittelmarken für Gertrud und Elisabeth behalten, als sie auf den Höfen in Vogtleiten und Benning arbeiteten. Eigentlich hätten sie die Marken dem Bauern abliefern müssen. Beim Einkaufen in Zaisering regten sich dann einige Frauen auf, die Juden hätten mehr Fleischmarken als sie selbst. Mirjam Block war darüber sehr entsetzt, denn jahrelang hatte sie alle beschenkt, und nun gönnte man ihnen nicht einmal das.[78]

Bisweilen gab es für die Familie Block aber auch Hilfe und heimliche Unterstützung. Von Christina Hochstetter erhielt Elisabeth 41 Punkte der Kleiderkarte und konnte sich so Unterwäsche und einen Schürzenstoff in der Stadt besorgen.[79] Dies war freilich nur ein sehr magerer Ausgleich für die Versorgungsdefizite, die sie als Juden insgesamt erdulden mußten. Elisabeth berichtet oft davon, daß sie ihre Bekleidung ausgebessert oder ein altes Stück umgenäht hat.

Von der Bäuerin in Benning bekam sie im September 1941 Schafwolle und strickte sich eine Jacke, später fertigte sie für den Bruder des Bauern eine Weste an, wofür sie wieder Wolle und Honig erhielt. An Weihnachten 1941 schenkte ihr die Bäuerin einen für Elisabeth wertvollen Kleiderstoff, eine Hose sowie Lebensmittel, wovon sie noch etwas an ihre in Berlin und Hannover verbliebenen Verwandten schicken konnten. Elisabeth bemerkt dazu bereits am 26. Januar 1941: „In den Städten muß es schon sehr mager zugehen!"[80]

Auswanderungspläne

Fritz Block wollte ursprünglich nicht auswandern. Die Zeitzeugen berichten übereinstimmend, er habe dies abgelehnt mit der Begründung, seine Familie habe niemandem etwas getan, Mirjam Block und die Kinder hät-

---

76 HdBG, Gespräche, S. 49, 65.
77 Tagebücher, S. 261.
78 HdBG, Gespräche, S. 131 f.
79 Tagebücher, S. 245. HdBG, Gespräche, S. 83.
80 Tagebücher, S. 252, 258, 261, Zitat S. 233.

ten hingegen schon früher Deutschland verlassen wollen.[81] Der Bruder von Mirjam Block, Fritz Frensdorff in Hannover, hatte wahrscheinlich bereits im Juli 1937 versucht, Fritz Block umzustimmen und davon zu überzeugen, daß er mit seiner Familie nicht länger in Deutschland bleiben könne.[82]

Schon 1938 gingen Marie Arndt, eine Schwester von Fritz Block, und ihr Mann Paul nach Argentinien, was aber Elisabeth nicht erwähnt. Am 30. Dezember 1938 wollte Mirjam Block mit den Kindern die Familie Redelmeier, Verwandte aus Sondershausen, bei ihrer Durchfahrt am Bahnhof Rosenheim treffen, es scheiterte jedoch daran, daß diese erst an einem späteren Tag losfahren konnten.

Am 7. Februar 1939 befand sich die Familie von Hans Block, dem Bruder von Fritz Block, auf der Reise nach Palästina. Merkwürdig erscheint, daß wieder nur Mirjam Block und die Kinder gekommen waren, um während des nur zwei Minuten dauernden Aufenthalts des Zuges in Rosenheim die Verwandten noch einmal zu sehen.

Wenige Tage später verließen auch die Frensdorffs aus Hannover Deutschland. Vom 13. bis zum 16. Februar 1939 war Mirjam Block in München, um sich noch einmal mit ihrer Mutter, Hulda Frensdorff, zu treffen. Mit ihr gingen die Schwester von Mirjam Block, Else Levy, deren Mann in der „Reichskristallnacht" ermordet worden war, ihre Tochter Ruth sowie Anne Frensdorff mit ihren Söhnen Justus und Reinhold nach Palästina. Elisabeth bedauerte, daß sie ihre Verwandten nicht mehr sehen konnte. Der Ingenieur Erich Frensdorff, ein Bruder von Mirjam Block, war schon Ende 1938 nach Argentinien emigriert, was Elisabeth nicht in ihrem Tagebuch erwähnt, auch nicht im August 1939, als sie mit ihrer Tante Helme Frensdorff, der nichtjüdischen Frau von Erich Frensdorff, nach Berlin fuhr. Ende April 1940 traf in Niedernburg die überraschende Nachricht ein, daß auch Helme Frensdorff mit ihren Söhnen bereits auf der Fahrt nach Argentinien war.[83] Eine weitere Schwester von Mirjam Block, Iska Redelmeier, lebte mit ihrem Mann Willy in Holland und wanderte nach Kanada aus.

Im Frühjahr 1940 waren somit fast alle näheren Verwandten emigriert; zumindest alle Schwestern und Brüder sowohl von Fritz als auch von Mirjam Block sowie deren Mutter Hulda Frensdorff hatten Deutschland verlassen können. Über eine entfernte Verwandte in der Schweiz, Hete Lehmann, konnte Mirjam Block den Briefkontakt vor allem zu ihrer Mutter und zu

---

81 Gespräche, S. 95, 104, 135.
82 Siehe Tagebücher, S. 131 f. mit Anm. 122.
83 Tagebücher, S. 172, 183–186, 209; 314.

ihrer Schwester Else Levy in Palästina sowie zu ihrem Bruder Erich Frensdorff in Argentinien über längere Zeit aufrechterhalten.[84]
Spätestens bis Oktober 1939 hatte aber auch Fritz Block seine Meinung geändert, Elisabeth erwähnt zu diesem Zeitpunkt erstmals, daß sie nun Spanisch lernen. Das erste Ziel war Venezuela, denn in Caracas lebte eine Cousine von Fritz Block.[85] In den Briefen vom 24. Februar und 5. Mai 1940 berichtet Mirjam Block kurz über die Schwierigkeiten, die sich dabei ergaben. Zum einen kamen mehrere Briefe nicht an, zum anderen war Fritz Block nicht dazu zu bewegen, „irgendeinen Schritt zu tun, ehe er endgültige Nachricht aus Caracas hat". Mirjam Block versuchte über ihren Bruder in Argentinien, Erich Frensdorff, die Sache voranzutreiben, was aber offensichtlich nicht gelang.[86] Elisabeth erwähnt die Auswanderungsversuche zuerst nicht direkt. Lediglich am 20. April 1940, als sie von der Abreise von Helme Frensdorff nach Argentinien erfährt, drückt sie ihren Wunsch aus: „Wenn wir nur auch schon so weit wären".[87] Während des ganzen Jahres 1940 berichtet sie mit keinem Wort über die Angelegenheit oder den Entschluß, nun die Auswanderung nach Argentinien zu betreiben. Erst am 23. März 1941 notiert sie: „Auch hatten wir diese Woche eine fabelhafte Nachricht von Onkel Erich [Frensdorff] in Form eines Telegramms: *Antrag läuft bestens!* Man kann sich denken, wie glücklich wir darüber waren und schon am Abend alles über Berichte aus Argentinien durchstöberten und die schönsten Luftschlösser bauten. Unser aller Wunsch ist ja: Nur endlich drüben zu sein."[88]
Nachdem ein Telegramm am 6. April 1941 schließlich die Einreiseerlaubnis verkündete, wurden schon Koffer hergerichtet, Kleider umgenäht und Amtsgänge erledigt. Elisabeth holte sich ihre Zeugnisse von der Haustöchterschule ab, die ganze Familie war beim Fotografen für Paßbilder. Es waren aber längst nicht alle bürokratischen Hürden genommen. Die Hoffnungen zerschlugen sich am 27. April 1941 mit der Nachricht, daß der Konsul das Visum verweigere.[89]

---

84 Die „Verordnung über den Nachrichtenverkehr" vom 2. April 1940 und die Durchführungsverordnung vom 13. Mai 1940 verboten den direkten Brief- und Nachrichtenverkehr mit dem „feindlichen Ausland", wozu unter anderem Großbritannien und dessen Mandatsgebiet Palästina gehörten. Auch der „Post- und Fernmeldeverkehr mit dem nichtfeindlichen Ausland" wurde „auf das äußerste" eingeschränkt. RGBl 1940 I, S. 823 ff.
85 Tagebücher, S. 190, 313.
86 Tagebücher, S. 313 f.
87 Tagebücher, S. 209.
88 Tagebücher, S. 238.

Die Einwanderung nach Argentinien war seit Kriegsbeginn ohnehin erschwert, seit 1938 war sie von der Einladung durch nahe Verwandte abhängig.[90] Spätestens ab 1. Oktober 1941 wurde dann insgeheim die Auswanderung von Juden generell verhindert, nachdem die „Endlösung" durch Deportation und Ermordung beschlossen war.[91] Die anfangs von den Nationalsozialisten sogar geförderte Emigration war so gut wie unmöglich geworden. Die Hoffnungen der Familie richteten sich nun darauf, wenigstens in Deutschland, wenn auch unter schwierigen Bedingungen, überleben zu können.

Familienschicksale
Mehrere entfernte, ältere Verwandte waren ebenfalls in Deutschland geblieben. In Hannover lebte Johanna Seligmann, die Schwiegermutter von Hans Block. Sie mußte aus dem jüdischen Altersheim, in dem sie seit 1930 lebte, am 19. Dezember 1941 in das „Judenhaus" in der Ohestraße 9 umziehen, am 13. Februar 1942 wurde die 72jährige nach Ahlem in die ehemalige jüdische Gartenbauschule verbracht, die der Gestapo nun als Sammellager diente. Johanna Seligmann wurde am 23. Juli 1942 nach Theresienstadt deportiert und kam dort ums Leben.[92]
Nahezu das gleiche Schicksal erlitt eine Tante von Mirjam Block, Helene Frensdorff. Sie mußte am 15. November 1938 in das „Judenhaus" in der Brabeckstraße 86 ziehen, am 19. Dezember 1941 in das in der Ohestraße 8 und am 13. Februar 1942 in das Sammellager in Ahlem. Helene Frensdorff wurde wie Johanna Seligmann am 23. Juli 1942 in das sogenannte „Altersghetto" nach Theresienstadt verbracht, wo sie ums Leben kam.[93]
Ihre Tochter Martha Rosenfeld und ihr Mann Friedrich wurden am 15. Dezember 1941 von Hannover nach Riga deportiert.[94] (Von ihrer Cousine

---

89 Tagebücher, S. 240.
90 Siehe Wetzel, Auswanderung, in: Benz, Juden in Deutschland, S. 493: Nach Beginn des Zweiten Weltkriegs habe die Emigration nach Argentinien sogar den „Nullpunkt" erreicht.
91 Siehe Wetzel, Auswanderung, in: Benz, Juden in Deutschland, S. 430 f. Jäckel, Eberhard: Hitlers Herrschaft. Vollzug einer Weltanschauung. Darmstadt 1991, S. 94 ff.
92 Stadtarchiv Hannover, Einwohnermeldekartei jüdischer Bürger. Buchholz, Judenhäuser, S. 230 mit einem Zitat aus dem Bericht von Obermedizinalrat Dr. Felix Bachmann über die Transporte nach Theresienstadt, von Dr. Siegel am 7.12.1946 protokolliert (Yad Vashem 08/33).
93 Stadtarchiv Hannover, Einwohnermeldekartei jüdischer Bürger und Angaben von Peter Schulze. Siehe Buchholz, Judenhäuser, S. 228 ff.
94 Siehe Buchholz, Judenhäuser, S. 215 ff. Schulze, Juden in Hannover, S. 63 ff. Schwarz, Gudrun: Die nationalsozialistischen Lager. Frankfurt am Main u. a. 1990, S. 38. Siehe

„Marthchen Rosenfeld" hatte Elisabeth Block zu ihrem 18. Geburtstag am 12. Februar 1941, ebenso wie von Johanna Seligmann, noch Geschenke erhalten.)

In dem gleichen Transport nach Riga befand sich auch die Familie von Gertrud Michelsohn (später Sonnenberg); nur Gertrud und ihre Schwester überlebten die Konzentrationslager.[95] Gertrud Sonnenberg, die nun in den USA lebt,[96] war im Sommer 1940 und 1941 jeweils für mehrere Wochen in Niedernburg zu Besuch. Sie kann sich vor allem an einen Ausflug nach Kufstein am 4. Oktober 1940 erinnern: „Ich erinnere mich an den Ausflug nach Kufstein sehr genau. Wie könnte ich das jemals vergessen. Auf dem Rückweg von unserem Kufsteinbesuch bin ich auf dem Bahnhof mit meiner sogenannten Tante gewesen, um auf den Zug zu warten, wenn auf einmal durch einen Lautsprecher bekannt gegeben wurde, daß Hitler gleich vorbeikommt, er ist auf dem Wege zum Brenner, um Mussolini zu sehen. Den Schrecken, den wir beide mit durchgemacht [haben], können Sie sich überhaupt nicht vorstellen. Wir warteten, bis der Sonderzug kam, der gerade dort gehalten hat, wo wir standen. Und Hitler ist am Fenster gestanden und hat seine Hand ausgestreckt in seiner gewöhnlichen Pose ‚Heil Hitler', und die ganzen Leute, die auf dem Bahnhof waren, haben natürlich ‚Heil Hitler' zurück geschrieen. Wir haben nur den einzigen Wunsch gehabt, daß keiner gemerkt hat, daß wir nicht die Hand hochgehoben haben. Und bevor wir uns umdrehen konnten, mit anderen Worten, war der Zug auch schon weitergefahren, Gott sei Dank."[97]

Gertrud Sonnenberg weiß von ihrem Besuch 1941 zwar, daß Elisabeth auf einem Bauernhof arbeitete, sie kann aber sonst nichts darüber berichten. Die Mädchen sprachen über ihre Ängste und über die Entrechtung der Juden und die wachsende Bedrohung durch Deportation. Anfangs habe man gedacht, daß es nicht so schlimm werden würde.[98]

---

auch Benz, Juden in Deutschland, S. 648 f. zu den „Judenhäusern" in Hannover.

95 Beim Rückzug der Deutschen kamen sie über Libau nach Fuhlsbüttel bei Hamburg, von dort aus mußten sie in das Lager Kiel-Hassee marschieren. Kurz vor Kriegsende wurden sie durch einen Transport des schwedischen Roten Kreuzes gerettet. Siehe Hilberg, Vernichtung, S. 1054.

96 Peter Schulze in Hannover konnte die Adresse von Gertrud Sonnenberg übermitteln. Auf die Anfrage, mit der sie auch Auszüge aus dem Tagebuch von Elisabeth Block erhielt, schickte Frau Sonnenberg auch eine Kassette mit ihren Erinnerungen, die sie bis zum 23.8.1991 aufgenommen hatte. HdBG, Gespräche, S. 169 ff.

97 HdBG, Gespräche, S. 169. Hitler traf sich am 4.10.1940 vormittags mit Mussolini am Brenner. Auf der Rückfahrt traf der Sonderzug Hitlers gegen 15.30 Uhr in Innsbruck ein. Rosenheimer Anzeiger, 5./6.10.1940, S. 1; im folgenden zitiert als RA.

98 HdBG, Gespräche, S. 170.

In Berlin lebten weitere entfernte Verwandte, Lotte und Paul Levy, die im November 1940 zu Besuch in Niedernburg waren, um sich, wie Elisabeth notiert, „ein wenig von der gräulichen Stadtluft mit Fliegerangriffen, knappem Essen usw. zu erholen, was ihnen hier bei unserem ruhigen Leben wohl auch gelang". Elisabeth erwähnt letztmals am 26. Januar und am 16. Februar 1941 Kontakte zu den Berlinern, die öfters Lebensmittel, vor allem Gemüse, aus Niedernburg bekamen.[99]

Alice und Hans Pfleiderer, entfernte Verwandte aus Heilbronn, waren im Sommer 1938 und 1940 zur Kur in Bad Aibling und besuchten bei dieser Gelegenheit auch die Familie Block.[100] Sie müssen nichtjüdisch gewesen sein oder zumindest in „Mischehe" gelebt haben, denn ein Kuraufenthalt wäre für Juden 1940 nicht mehr möglich gewesen. Ortsgruppenleiter August Bastianelli teilte der Rosenheimer NSDAP-Kreisleitung im Januar 1938 mit, daß Bad Aibling eigentlich nie von jüdischen Kurgästen frequentiert worden sei, da man in dem kleinen Kurort keinen Luxus treibe und daher „diese ... Sorte von Menschen" ausgeblieben sei. Durch die seit langem am Ortseingang angebrachten Tafeln „Juden sind in unserem Kurort unerwünscht" seien auch die früheren zwei oder drei jüdischen Gäste nicht mehr gekommen. Außerdem habe er schon gleich nach der Machtübernahme veranlaßt, daß Anfragen von Juden, die nicht mit Rückporto versehen waren, überhaupt nicht beantwortet wurden. Ansonsten habe man den Juden bedeutet, daß ihr Aufenhalt auf eigene Gefahr erfolge und sie im Grunde unerwünscht seien. Das städtische Ludwigsbad behandle gemäß seiner Satzung ohnehin keine Juden.[101]

Zwangsarbeit des Vaters
Parallel zur Verdrängung aus dem Wirtschaftsleben und dem Raub des Vermögens wurden Schritt für Schritt auch der Arbeitseinsatz und schließlich die Zwangsarbeit der Juden vorangetrieben. Bereits am 20. Dezember 1938 richtete Friedrich Syrup als Präsident der Reichsanstalt für Arbeitsvermittlung und Arbeitslosenversicherung einen geheimen Erlaß an die Arbeitsämter, demzufolge der Einsatz arbeitsloser Juden, „abgesondert von der Gefolgschaft", vorgesehen war: „Der Staat hat kein Interesse daran, die Arbeitskraft der einsatzfähigen, arbeitslosen Juden unausgenutzt zu lassen und diese unter Umständen aus öffentlichen Mitteln ohne Gegenlei-

---

99 Tagebücher, S. 228, 233, 235. Dem weiteren Schicksal der Berliner Verwandten wurde bisher nicht nachgegangen.
100 Tagebücher, S. 155 ff., 219 f.
101 StAM, NSDAP 244.

stung zu unterstützen. Es ist anzustreben, alle arbeitslosen und einsatzfähigen Juden beschleunigt zu beschäftigen und damit nach Möglichkeit die Freistellung deutscher Arbeitskräfte für vordringliche, staatspolitisch wichtige Vorhaben zu verbinden."[102] Am 4. März 1939 erging die Weisung, daß arbeitslose Juden zu Aufbau- und Ausbesserungsarbeiten dienstzuverpflichten seien.[103] Vor allem nach Kriegsausbruch wurden Juden zum Arbeitseinsatz herangezogen.[104]

Aus dem Bezirk des Arbeitsamtes Rosenheim wurden am 26. April 1940 zwei „volleinsatzfähige" Juden für Gleisbauarbeiten an das Landesarbeitsamt Bayern gemeldet, einer der Betroffenen war Fritz Block.[105] Er mußte am 27. Mai 1940 nach Kempten fahren und zunächst bis 1. November 1940 die harte Arbeit beim Gleisbau verrichten, bei der er sich ein Rheumaleiden zuzog. Ab dem 24. Januar 1941 mußte er die Arbeit wieder aufnehmen. Aus einem Brief vom 27. April 1941 geht hervor, daß er unter anderem in Igling nordwestlich von Landsberg bei Kaufering eingesetzt war, und am 16. November 1941 notiert Elisabeth: „Papa ist jetzt bei Lindau am Bodensee und schreibt sehr zufrieden, wird dadurch aber erst zu Weihnachten auf Urlaub kommen".[106]

Die harte körperliche Arbeit war für den fast 50jährigen Fritz Block sicherlich eine schwere Belastung. Fraglich ist auch, ob er mit dieser Arbeit tatsächlich so zufrieden war, wie Elisabeth es mehrmals erwähnt, oder ob er seine Familie nur beruhigen wollte, die jedesmal sehr froh war, wenn er am Wochenende für nur wenige Stunden nach Hause kommen konnte.

Das Arbeitsamt Rosenheim hatte im November 1940 erneut zu berichten, wie viele Juden bereits im Arbeitseinsatz waren und wie viele „beschäftigungslose aber voll arbeitsfähige Juden und Jüdinnen im Alter von 18 bis 55 Jahren" noch zur Verfügung stünden. Die Anfrage war von der Geheimen Staatspolizei München an den Präsidenten des Landesarbeitsamtes Bayern gerichtet und geht zurück auf einen Erlaß des Reichssicherheitshauptamtes vom 31. Oktober 1940. In der vertraulich zu behandelnden Anfrage heißt es: „Es ist beabsichtigt, die zur Zeit noch beschäftigungslosen aber voll arbeitsfähigen Juden und Jüdinnen im Alter von 18 bis 55 Jahren für den geschlossenen Arbeitseinsatz vorzuschlagen. Gedacht ist

---

102 Zitiert nach Kwiet, Stufen der Ausgrenzung, in: Benz, Juden in Deutschland, S. 574.
103 Hilberg, Vernichtung, S. 153.
104 Siehe Kwiet, Stufen der Ausgrenzung, in: Benz, Juden in Deutschland, S. 574 ff. Barkai, Boykott, S. 173 ff. Hilberg, Vernichtung, S. 152 ff.
105 StAM, Arbeitsämter 1246. Siehe Abb. 15.
106 Tagebücher, S. 214, 228, 232, 258, 318.

hierbei, die männlichen Juden bei Bodenverbesserungs- Gleis- Oberbau-Arbeiten der deutschen Reichsbahn und vor allem an den Reichsautobahnen, die weiblichen Juden in Fabriken einzusetzen."
Nicht erfaßt werden sollten „Ehefrauen, die einen Haushalt zu versehen haben und demnach als voll beschäftigt gelten, sowie in Mischehe lebende Juden und Jüdinnen".[107] Das Arbeitsamt Rosenheim hatte jene zwei Juden zu melden, die schon im April 1940 zu Gleisbauarbeiten verpflichtet worden waren.

Arbeitseinsatz von Elisabeth und Gertrud
Am 4. März 1941 schließlich befahl der Reichsarbeitsminister den zwangsweisen Einsatz aller arbeitsfähigen Juden. Um den Kontakt mit der Bevölkerung auf ein Mindestmaß zu beschränken, sollten sie gruppenweise und getrennt von der übrigen „Gefolgschaft" beschäftigt und möglichst in Lagern untergebracht werden.[108]
Erst am 3. Oktober 1941 wurde dem Erlaß mit der „Verordnung über die Beschäftigung von Juden" eine gesetzliche Grundlage gegeben, die ausführlichen Durchführungsbestimmungen folgten am 31. Oktober.[109] Darin wurden schon praktizierte Benachteiligungen festgeschrieben oder verschärft. Juden hatten keinen Anspruch auf bezahlten Urlaub und Lohnfortzahlung bei Krankheit, sie erhielten keine Zulagen, keine Geburts- oder Heiratsbeihilfen, keine Sterbegelder, keine Zulagen für Arbeiten an Sonn- und Feiertagen und keinerlei Gratifikationen. Zugleich wurden die 14–18jährigen Juden vom Jugendschutzgesetz ausgenommen und Erwachsenen gleichgestellt, die zugewiesene Arbeit konnte nicht abgelehnt werden. Vieles spricht dafür, daß Elisabeth und Gertrud im Zuge dieses verstärkten Arbeitseinsatzes von Juden als landwirtschaftliche Helferinnen „vermittelt" wurden. Elisabeth begann am 2. Mai 1941 auf dem Hof von Wolfgang Loy, einem Verwandten der neuen Hausbesitzer, in Benning zu arbeiten, Gertrud half auf einem Hof in Vogtleiten.[110] Mehrere Zeitzeugen behaupten zwar, daß es sich keinesfalls um Zwangsarbeit gehandelt habe,[111] dem stehen aber die genannten eindeutigen Erlasse und Gesetze entgegen, wo-

---

107 StAM, Arbeitsämter 1246. Siehe Abb. 16.
108 Barkai, Boykott, S. 175. Walk, Sonderrecht, S. 174.
109 RGBl 1941 I, S. 675 und 681 f. Siehe auch Küpper, Hans: Die vorläufige arbeitsrechtliche Behandlung der Juden. Reichsarbeitsblatt 1941, Teil V, S. 106–110.
110 Tagebücher, S. 241 f. HdBG, Gespräche, S. 90, 124 f.
111 HdBG, Gespräche, S. 50, 127 f., 141.

nach die einmal zugewiesene Arbeit auch nicht abgelehnt werden konnte. Zwar stieß die Beschäftigung von Juden in der Landwirtschaft bei manchen Parteifunktionären auf Widerwillen,[112] und wie aus einem Erlaß des Reichssicherheitshauptamtes vom 31. Oktober 1940 hervorgeht, war für Jüdinnen vor allem ein Einsatz in Fabriken vorgesehen,[113] aber im Bereich des Arbeitsamtes Rosenheim lebten 1941 nur mehr sehr wenige, überwiegend ältere Juden über 55 Jahre, und Arbeitskräfte fehlten hier vor allem in der Landwirtschaft. Elisabeth erwähnt nirgends, ob sie vom Arbeitsamt verpflichtet wurde, oder ob sie und ihre Schwester – wenngleich wenig wahrscheinlich – die Arbeit auf den Bauernhöfen in der Überlegung annahmen, damit einem Einsatz an einem weiter entfernten Ort zuvorzukommen. Daß sie mit dieser Möglichkeit rechnen mußten, dürfte ihnen der Arbeitseinsatz ihres Vaters eindringlich vor Augen geführt haben. Sicher bedeutete für die Mädchen die Arbeit nicht eine Zwangsarbeit im Sinne der „Vernichtung durch Arbeit", wie sie in den Konzentrationslagern praktiziert wurde. Ohne Zweifel wurden Elisabeth und Gertrud gut behandelt und von den Bauern freundlich, ja familiär aufgenommen. Als die Bedrohung durch Deportation wuchs, fuhr, so berichtet Regina Zielke, der Bauer Wolfgang Loy sogar zweimal zum kommissarischen Kreisleiter Johann Gmelch[114] nach Rosenheim und bat darum, die beiden jüdischen Helferinnen behalten zu können. Er sei jedesmal sehr wütend nach Hause gekommen, da ihm der Kreisleiter erwidert habe, wenn er schon auf die Jüdin angewiesen sei, könne er ja gleich seinen Hof verkaufen.[115]

Benning liegt etwa zwei Kilometer südöstlich von Vogtareuth, von Niedernburg sind es etwa fünf Kilometer. Elisabeth legte diese Wegstrecke zu ihrer Arbeitsstelle mit dem Rad zurück, wofür sie etwa eine halbe Stunde benötigte. Sie arbeitete anfangs vor allem im Haus, half aber dann auch

---

112 Siehe Kwiet, Stufen der Ausgrenzung, in: Benz, Juden in Deutschland, S. 575 mit dem Zitat aus einem Brief eines Kreisleiters an ein Arbeitsamt: „Diejenigen Bauern, die heute noch Juden zur Arbeit in ihrem Hause aufnehmen, sind diejenigen, die diese Juden von früher her sehr gut kennen, mit ihnen Geschäfte gemacht haben und womöglich noch Schulden bei den Juden haben, denn ein anständiger deutscher Bauer, der nur einen Dunst von Nationalsozialismus in sich aufgenommen hat, wird niemals einen Juden in sein Haus aufnehmen. Es fehlt dann nur noch, daß die Juden auch dort noch übernachten, dann sind aber unsere Rassegesetze illusorisch."
113 StAM, Arbeitsämter 1246. Siehe Abb. 15.
114 Johann Gmelch war von Februar 1938 bis Kriegsende Oberbürgermeister von Rosenheim, seit 1935 NSDAP-Ortsgruppenleiter und von Juni 1940 bis Januar 1942 kommissarischer Kreisleiter. Rosenheim im Dritten Reich, S. 94. RA, 17.2.1938 und 28.1.1942.
115 HdBG, Gespräche, S. 127 f.

bei der teilweise anstrengenden Ernte. Sie freute sich sogar über ihre neue Arbeit: „Ich habe mir sowas ja schon lange gewünscht und gehe schrecklich gerne hin... Aber es macht mir wirklich furchtbar viel Spaß und ich komme mir immer wie ein Landjahrmädel vor. Vor allem ist es auch so sehr nett, daß die angenommene Tochter Regerl grad so alt ist wie ich, und die dicke, gutmütige Bäuerin so lustig und nett ist, und dann sind da noch der Bauer selbst, der auch immer gut gelaunt ist, der Bruder von ihm und Christel, ein dicker, gutmütig lachender Franzose, die alte 80jährige Mutter, die Mutti so zugetan ist, Christels Tochter Wallei, die ich ja schon gut kannte und Regerls vierjährige, reizende kleine Schwester Marei ..."[116] Elisabeth notierte von nun an meist an den Sonntagen die Ereignisse der vergangenen Woche, sie schien mit ihrer Arbeit sehr zufrieden zu sein. Schnell fand sie in Regerl eine gleichaltrige neue Freundin.

Verfolgung und Deportation
Anfang 1940 wurde Elisabeth aber auch erstmals mit der Bedrohung durch Deportation konfrontiert. „Annchen L[ewy]", eine Cousine von Mirjam Block, wurde am 12. und 13. Februar 1940 mit den Stettiner Juden nach Polen verschleppt.[117] Elisabeth notiert hierzu Mitte April 1940: „... aber ein Paar Handschuhe habe ich jetzt selbst gemacht nach Kathis Anweisung, das zweite Paar schon. Dies ist für Muttis Cousine aus Stettin bestimmt, Annchen L[ewy], die mit Mann und Tochter erst kürzlich nach Polen verbracht wurde und nichts, als was sie grad anhatten, mitnehmen konnten und bei der Kälte! Wir schicken ihnen nun öfters Sachen von uns." Und am 26. Januar 1941 schreibt sie: „Dann schicken wir auch jede Woche ein Päckchen mit Lebensmittel und alten, abgetragenen Sachen an Annchen L[ewy], einer Cousine von Mutti, die noch immer in Polen sind mit keinem Pfennig Geld."[118]
Dann aber, ab dem 15. September 1941, mußten alle Juden den gelben Stern tragen, außerdem war es ihnen verboten, den Wohnort ohne Polizeierlaubnis zu verlassen.[119] Elisabeth traf dies sehr hart, und in dem Eintrag vom 21. September 1941 drückt sie auch ihre Wut darüber aus. Es bleibt aber dies die einzige Stelle, an der sie, schon in einem leicht resignierten Ton, ihrer Betroffenheit Luft macht: „Leider können wir nun gar nicht mehr fortfahren und in unsre geliebten [Berge] wandern: Es ist uns Juden

---

116 Tagebücher, S. 241 f.
117 Siehe Krausnick, Judenverfolgung, S. 291 f.
118 Tagebücher, S. 208 f., 233.
119 RGBl 1941 I, S. 547.

seit 19. September verboten, ohne Erlaubnis außerhalb unseres Polizeigebietes zu gehen und außerdem müssen wir jetzt alle einen riesigen gelben Davidstern, mit ‚Jude' in der Mitte, angenäht in der Öffentlichkeit tragen, was allerhand Schwierigkeiten mit sich bringt, sowohl beim Einkaufen in den Geschäften, wie auch sonst, und besonders auch für Papa. Man kann sich denken, daß die Stimmung ziemlich schlecht ist ob solch einer Gehässigkeit und Boshaftigkeit, denn weiter ist es doch nichts, als die pure Boshaft[igkeit]. Endlich wird doch einmal wieder eine andere, bessere Zeit für uns kommen, man hofft eben von Jahr zu Jahr und vergleicht immer wieder mit der Zeit von Napoleon."[120]

Wenig später, am 19. Oktober 1941, erhielt Elisabeth von Gertrud Michelsohn (Sonnenberg) die Nachricht von der bevorstehenden Deportation und dem Freitod entfernter Verwandter:[121] „Aber durch einen Brief von Gertrud wurde alles verpfuscht und Mutti und ich in große Aufregung versetzt. Gertrud schrieb nämlich, daß ihre alten Verwandten in Elberfeld Befehl erhalten hätten, bis in kurzer Zeit ohne Gepäck nach Polen abzureisen, ebenso wie Tante Annchen vor zwei Jahren – und sie sich daraufhin das Leben genommen hätten. Auch ihre 20jährige Schwester aus Köln wäre dort hin verbracht worden, ebenso mehrere hundert Hannoveraner, so schrieb mit gleicher Post eine Bekannte aus Berlin. Man kann sich denken, welche Angst sich unser bemächtigte, sowohl um unsere Verwandten, als auch um uns selbst. Wie leicht kann uns das selbe schreckliche Los treffen, ohne irgendwelche Sachen jetzt im Winter in dieses wüste Land mit seinen fast unmöglichen Lebensverhältnissen. Entsetzlich, dieses Ungewisse, diese Angst um sein bißchen Leben, und beinah kein Ausweg, grauenhaft; nur noch an Gott kann man sich klammern und immer wieder bitten und nicht verzagen. Es kann doch nicht ewig mehr dauern, diese Zeit. Nur die Arbeit bringt einen auf andere Gedanken."[122]

Die Arbeit in Benning blieb Elisabeths einzige und letzte Hoffnung: „Die Arbeit hat mich wieder ins Gleichgewicht gebracht, ich bin so glücklich und dankbar, daß ich sie habe, und möge sie mir lange erhalten blei-

---

120 Tagebücher, S. 253.
121 Gertrud Sonnenberg berichtete von dem Selbstmord des Bruders und zweier Schwestern ihres Vaters. Siehe auch Kwiet, Stufen der Ausgrenzung, in: Benz, Juden in Deutschland, S. 651 ff. über den Freitod zahlreicher, vor allem älterer Juden: „Charakteristisch war die soziale Herkunft, die Zugehörigkeit zum unteren und gehobenen Bürgertum. Gerade diese stark assimilierten und akkulturierten Juden hatten fest an die Existenz einer deutsch-jüdischen ‚Symbiose' geglaubt. Mit ihrem Freitod nahmen sie Abschied von dieser zertrümmerten Lebensgemeinschaft."
122 Tagebücher, S. 256.

ben!"[123] Wenige Zeilen darunter drückt sie nochmals ihre Angst vor einer ungewissen Zukunft aus, zumal sie im Winter bisweilen die ganze Woche über in Benning blieb: „Nur wenn ich länger nicht heimkomme, werde ich unruhig und schlimme Gedanken und Ahnungen wollen sich meiner bemächtigen; denn wie leicht könnte es sein, daß ich ein leeres Haus anträfe und ich nur noch allein übrig geblieben wäre! Es ist undenkbar grauenhaft und bedrückend. Man darf gar nicht an so etwas denken."[124]

Von ihren Ängsten schreibt Elisabeth bis zum Schluß des Tagebuchs nichts mehr, sie berichtet nur von der Arbeit, von den Weihnachtsfeiertagen und von den Besuchen bei Freunden und Nachbarn. Zu überlegen ist jedoch, ob es nicht Vorsicht war, die Elisabeth daran hinderte, sich offener zu äußern. Das Tagebuch endet mit dem Eintrag vom 8. März 1942. Elisabeth Block faßt die sieben Wochen seit Mitte Januar kurz zusammen, wobei das für sie wichtigste Ereignis die Geburt von Reginas Tochter Frieda am 28. Januar war. Zur Tauffeier war auch Mirjam Block nach Benning gekommen: „Zur großen Überraschung und Freude kam am Nachmittag, grade recht zum Taufschmaus, Mutti, um sich nach dem Ergehen von Mutter und Kindchen zu erkundigen, da war nun die Bäuerin ganz gerührt, daß sich Mutti bei solchem Wetter und zwei Stunden Marsch da herunter wagt, aber ich hab' mich schon sehr gefreut, mich mal wieder aussprechen zu können." Dann berichtet sie nochmals von ihrer Arbeit und der Fahrt mit dem Pferdeschlitten am 2. Februar durch die winterliche Landschaft nach Hause, wo sie zu ihrer Freude auch ihren Vater traf: „... welche Überraschung, Papa war daheim, er hatte sich seine Finger erfroren und hatte grad' Urlaub, das paßte wirklich fabelhaft. Wir tranken alle zusammen Kaffee, und dann ging's wieder los, aber froh war ich auch wieder, als ich in die warme Stube kam, da ich vollständig ausgefroren angekommen war."[125]

Ihre letzten, sicher traurigen und angstvollen Tage in Niedernburg hat Elisabeth nicht mehr festgehalten. Sie hatte sonst immer vorwiegend die schönen Erlebnisse eingetragen, die schlechten Nachrichten ausgespart oder nur knapp erwähnt. Wann und wie der Befehl eintraf, das Haus zu verlassen und sich in das Sammellager München-Milbertshofen zu begeben, das schönfärberisch als „Judensiedlung" bezeichnet wurde, ist unbekannt. Die Familie begann aber spätestens in den ersten beiden Märzwochen damit, den Haushalt aufzulösen und die, wie sie meinten,

---

123 Tagebücher, S. 256.
124 Tagebücher, S. 257.
125 Tagebücher, S. 265 f.

notwendigen und erlaubten Dinge mitzunehmen und einen Teil ihrer Möbel nach Benning und Vogtleiten zu schaffen. Der langjährigen Haushälterin und treuen Freundin der Familie, Kathi Geidobler, wurden Wertsachen, Arnos Modelleisenbahn, die Tagebücher von Elisabeth, Gertruds Gedichte und ein Familienalbum anvertraut.[126] Sie bewahrte, wie nach ihrem Tod 1979 ihre Tochter Paula Bauer, alles sorgsam auf.

Vor dem Abschied wurden die Freunde und Nachbarn mit Andenken beschenkt, so etwa Maria Rottmüller mit einem Medaillon, das Mirjam Block zu Weihnachten 1917 erhalten hatte.[127] Regina Zielke berichtet, daß ab Herbst 1941 die Familie Block in der ständigen Angst vor Deportation lebte: „Und die Frau Block, die hat halt immer gemeint, wenn sie bloß die Kinder retten könnte. Die hat halt mit dem schon gerechnet." An den Abschied in Benning, einen Tag vor der Abreise, kann sie sich sehr gut erinnern, vor allem deshalb, weil Mirjam Block so traurig war: „Die Erziehungsmutter hat ihr dann Weihwasser gegeben, ... da hat man halt noch, trotzdem, daß sie jüdisch waren... auch noch gedacht, das könnte was helfen. Das war ein trauriger Abschied. Schon auch vom ganzen Dorf. Die waren schon alle... Da war keiner dabei, der Hintergedanken gehabt hätte, wirklich nicht."[128] Albert Wagner: „Naja, das war natürlich schon schlimm. Die hat sich ja überall verabschiedet, die Frau Block, die ist da herumgegangen und hat sich überall verabschiedet... Da hat es schon viel Tränen gegeben. Also, die Frau Block, also ich glaube, die Frau Block wußte... wußte, was ihnen blüht."[129]

Den Freunden und Nachbarn im Dorf und auch der Familie Block selbst blieb beim Abschied nur noch die letzte vage Hoffnung, vielleicht eines Tages wieder zurückkehren zu können. Regina Zielke: „Sie haben ja doch gehofft, daß sie wieder vielleicht heimkommen. Wenigstens die Dirndln." „Hat man gedacht, sie könnten noch kommen. Hat man gehofft. Bis man gewußt hat, wie... wie sie halt dann das... veröffentlicht worden ist, daß die alle vergast... und so schrecklich ums Leben gekomen sind manche, da hat man ja schreckliche Sachen gehört."[130] Albert Wagner: „Ja, freilich, ich habe ja schon immer gewartet, habe ich mir gedacht, ja Herrgott, könnte doch mal jemand kommen. Ich habe ja immer schon gewartet

---

126 HdBG, Gespräche, S. 110 f., 122 f., 130 f., 137 f., 139, 146 f.
127 HdBG, Gespräche, S. 153. Handschriftlicher Text auf der Rückseite: „Vor bösen Menschen, frühem Tod, behüt' dich, Maidi, lieber Gott. Laß fröhlich ihren Weg sie geh'n, Herrn Jesus ihr zur Seite steh'n. 24 / 12 1917"
128 HdBG, Gespräche, S. 127 f.
129 HdBG, Gespräche, S. 56.
130 HdBG, Gespräche, S. 130, 127.

drauf, daß einmal jemand kommt."[131] Die „Evakuierung" bedeutete für die Familie Block sicher das schlimmste Unrecht, denn Fritz und Mirjam Block war in Niedernburg ebenso integriert und geachtet wie ihre Kinder Elisabeth, Gertrud und Arno. Von den Nationalsozialisten aber wurde der Familie Block die Existenzgrundlage zerstört, der Besitz geraubt und die späten Auswanderungsversuche zerschlagen.

Wann genau die Abfahrt nach München-Milbertshofen erfolgte, ist nicht eindeutig zu klären, die Aussagen der Zeitzeugen hierzu sind unterschiedlich.[132] Am zutreffendsten dürfte das in der Einwohnermeldekartei in Prutting angegebene Datum, der 16. März 1942, sein.[133] Aus einem Brief von Kathi Geidobler, den sie am 26. Dezember 1946 an die Mutter von Mirjam Block in Palästina schrieb, geht jedoch hervor, daß sich zuerst nur Frau Block und ihr Sohn Arno in das Münchener Sammellager begeben mußten. Fritz Block war nach wie vor beim Gleisbau in der Nähe von Weilheim, die beiden Mädchen arbeiteten bei den Bauern, und man hoffte, daß sie dort bleiben könnten. Kurz vor Ostern 1942 schrieb Mirjam Block jedoch an Kathi Geidobler, daß auch die Mädchen in das Lager kommen müßten, sie dürften nur einen Handkoffer mitnehmen. Nochmals bekam Kathi Geidobler Nachricht: „Von München aus schrieben sie mir, daß sie alle beisammen sind, auch Herr Block, und daß es am Karfreitag fort geht."[134]

In dem Milbertshofener Barackenlager wurde die Familie Block zunächst aller Habseligkeiten beraubt.[135] Am 3. April 1942 verließ dann ein Transport mit 989 bayerischen Juden das Lager Milbertshofen mit dem Ziel Piaski im Distrikt Lublin.[136] Von dort bekam Kathi Geidobler noch zweimal Post; die Blocks waren in Piaski angekommen nur mit dem, was sie am

---

131 HdBG, Gespräche, S. 79.
132 Regina Zielke gibt als Datum den 1. April 1942 an, Albert Wagner meinte, es sei Anfang März gewesen, kann es aber nicht mehr genau sagen, und Maria Rottmüller glaubt ebenfalls, es sei Anfang April gewesen. HdBG, Gespräche, S. 128, 55, 153, 158.
133 Dieses Datum ist sowohl auf der Einwohnermeldekarte als auch in einer weiteren Einwohnermeldeliste der Gemeinde Prutting angegeben. Siehe Abb. 24.
134 HdBG, Materialien.
135 Siehe Benz, Wolfgang: „Evakuierung", in: Ders., Herrschaft und Gesellschaft im nationalsozialistischen Staat. Studien zur Struktur- und Mentalitätsgeschichte. Frankfurt a. M. 1990, S. 176: „In München ging es, wie in Berichten Überlebender bezeugt ist, vor allem bei der Ausplünderung der Opfer wohl noch brutaler zu als in Würzburg oder Nürnberg. Die Münchner Gestapo ermunterte die zur Deportation Vorgeladenen, möglichst viel Geld und Wertsachen mitzubringen, die dann beim Appell in Milbertshofen konfisziert wurden."
136 Siehe ebenda, S. 177.

Leibe hatten, die Koffer waren ihnen gestohlen worden.[137] Leider scheinen diese Briefe nicht mehr zu existieren; Paula Bauer, Frau Geidoblers Tochter, hat sie nicht mehr gefunden. Noch vorhanden ist der Adressenanhänger eines Pakets, das Frau Geidobler am 16. Juni 1942 der Familie Block nach Piaski schicken wollte, das aber wieder zurückkam.[138]
Aus Piaski erhielt auch Regina Zielke im Mai 1942 noch einen längeren Brief, der jedoch verlorenging. Elisabeth erkundigte sich darin nach dem Befinden ihrer Freundin, die ja erst Ende Januar eine Tochter bekommen hatte, und bat sie darum, ein paar Sachen zu schicken, da sie kein Gepäck mehr hatten. In die Kleider würden sie zweimal hineinpassen, überhaupt sei alles sehr häßlich, dreckig und öde, sie, die Kinder, dürften auf einem Tisch, die Eltern aber müßten auf dem Boden schlafen. Regina Zielke schickte noch ein Paket nach Piaski, sie weiß jedoch nicht, ob es Elisabeth jemals erhielt oder ob sie überhaupt noch lebte.[139] Auch an die Besitzer ihres Hauses hatte Mirjam Block im April 1942 nochmals geschrieben. Diese Postkarte ist erhalten:[140]

„Maria Sara Block
Piaski über Lublin
Ul. Krofka 13
Deutsche Post Osten
21. IV.
Liebe Christl und lieber Heinrich. Nun sind wir schon über 14 Tage hier und sicher haben Regerl und Kathi Euch schon die Grüße bestellt, die wir auf den beiden Karten angeschafft haben. Gut, daß Du nicht hier bist, Christl, denn die Mäuse laufen am hellichten Tage in unsrer Hütten umeinander und im Dreck bleiben die Schuhe stecken. Aber jetzt sind wir froh, daß es wärmer wird, besonders, weil wir nicht viel Wäsche zum wechseln haben, die Sommerkleider werden uns nicht abgehen, aber bald können wir aus einem Kleid zwei machen, so dick werden wir bei der reichlichen Kost. Schreibt uns nur bald mal, wir warten sehnlichst auf Post. Antwortkarte, Doppelbrief, Päckchen freuen uns riesig. Im Brief kannst Du vielleicht das einlegen, was Du noch für Arnos Laubsägearbeiten hast, oder vielleicht kann Kathi von Onkel Hans etwas bekommen

---

137 Angaben in dem Brief Kathi Geidoblers vom 16.12.1946 an Hulda Frensdorff, die Mutter von Mirjam Block. HdBG, Materialien.
138 Auf der Rückseite mit dem Vermerk des Finanzamtes Rosenheim „Zum Transport freigegeben". HdBG, Materialien.
139 HdBG, Gespräche, S. 129, 131.
140 HdBG, Materialien. Siehe Abb. 25.

zum einlegen. Wir haben noch immer keine [ein bis zwei Wörter fehlen] Lohnarbeit gefunden, hoffen aber weiter, solche zu finden und noch unsre Koffer zu bekommen. Wir sind zum Glück gesund. Lisi hilft in der Gemeinschaftsküche, wir was es noch zu helfen gibt. Von Äckern und Wiesen sieht man hier nicht viel, weil wir zwischen den Häusern bleiben müssen, aber Abends singen wir doch manchmal und denken oft an Euch. Grüßt alle lieben Nachbarn und seid selbst herzlich gegrüßt von Lisi, Arno und Euren Blocks."

Gertrud fügte hinzu: „Wir denken oft an Knödel und Sauerkraut und es läuft uns das Wasser im Mund zusammen. Richtige Bäume sieht man nur von weitem. Die Häuser sind alle mit Holzschindeln und Stroh gedeckt, Dachplatten sieht man gar nicht. Schreibt auch recht klein, dass ihr viel schreiben könnt. Trudi."

In Piaski verliert sich die Spur der Familie Block. Von dort wurde sie weiter in eines der Vernichtungslager, wahrscheinlich Belzec oder Sobibor, verschleppt und ermordet.[141] In den vom Bundesarchiv Koblenz zusammengestellten Deportationslisten findet sich für die Familie Block nur der Eintrag „Piaski – verschollen".

Reaktionen und Spuren nach 1945

Elisabeth Weiß (Stilke) schickte noch im April 1942 einen Brief an Elisabeth, auf den sie aber keine Antwort mehr erhielt. Sie selbst war seit April 1942 in Krakau und erlebte dort die Deportation der Juden mit. Kurz nach Kriegsende, im Juni 1945, fuhr sie nach Niedernburg, um sich nach ihrer Freundin zu erkundigen, mit der sie zuletzt im April 1941 Kontakt hatte. Sie erhielt die Auskunft, die Familie Block sei nach Lublin gekommen, von dort hätten sie noch einmal geschrieben. Elisabeth Stilkes Vorahnung wur-

---

[141] Siehe Schwarz, ns-Lager, S. 118: Demnach wurde das Lager Piaski am 1. April 1941 eröffnet und bis zum 1. November 1942 liquidiert, das Ziel der Deportationen war ab 30. März 1942 Belzec. Siehe Hilberg, Vernichtung, S. 956 und 509: Ziel der Deportationen aus dem Distrikt Lublin waren die Vernichtungslager Sobibor, Belzec, Lublin. Siehe auch Benz, „Evakuierung", S. 178: „Von den nach Piaski und Izbica Verbrachten muß man vermuten, daß sie im Frühjahr 1943 in den Gaskammern der Vernichtungslager Belzec und Sobibor den Tod fanden. Aus Piaski, 20 Kilometer südöstlich von Lublin gelegen, wurden im Juni 1942 6.000 Menschen nach Trawniki transportiert, im November 1942 ging ein Transport unbekannter Größe ins Vernichtungslager Sobibor, im Februar/März 1943 wurde das Lager liquidiert, die Insassen kamen nach Trawniki und ins Vernichtungslager Belzec."

de zur traurigen Gewißheit: „Denn, also mich hat das Schicksal so verfolgt. Jahrelang bin ich schweißgebadet nachts aufgewacht und wir haben uns immer auf einer Brücke... sind aufeinander zugelaufen und sind nie mehr zusammen gekommen. Das war jahrelang ein Alptraum. Mindestens vier, fünf Jahre habe ich diesen Traum gehabt."[142]

Kathi Geidobler schrieb in dem schon erwähnten Brief Ende 1946 an Hulda Frensdorff, Mirjam Blocks Mutter: „Was mag aus unseren Lieben geworden sein? Man kann sich nichts Gutes denken, wenn man von den Greueln des Deutschen Volkes hört. ... Ich kann Ihnen nur sagen, was die Frau aushielt, das kann eine Märtyrerin nicht besser. Die letzte Zeit war sie ja sehr offen zu mir, denn sie hatte ja niemand, wo sie ihr Leid erzählen konnte. Sie umarmte und küßte mich, wie ihre Lieben am letzten Tag und es würde mich im Leben reuen, wenn ich sie in ihrer Not verlassen hätte."[143] Angeblich mußten die neuen Hausbesitzer eine Entschädigung im Rahmen der Wiedergutmachung leisten, an wen und in welcher Höhe, ist bislang unklar, die Akten dieser Verfahren unterliegen noch der gesetzlichen Sperrfrist von 80 Jahren.[144]

Im Juni 1951 erkundigte sich Hans Block bei der Gemeinde Prutting nach dem Schicksal der Familie seines Bruders, die Antwort lautete: „Auf Ihr Ersuchen teilen wir Ihnen mit, daß die Familie Block wenige Wochen oder Monate nach der Deportierung nach Polen nochmals nach Niedernburg geschrieben hat, seither wurde jedoch von der Familie Block nichts mehr bekannt."[145]

Kurz darauf, im Oktober 1951, erhielt Alice Pfleiderer aus Heilbronn auf ihre Anfrage nach Lebensdaten und Geburtsurkunden einen bürokratisch vorsichtig formulierten, die Tatsachen verschleiernden Bescheid: „Amtliche Hinweise auf die Deportierung nach dem Osten liegen hier nicht vor. Laut Aufzeichnung in der Einwohnerkartei hat sich die Familie Block am 16. März 1942 nach München, Knorrstraße 148, abgemeldet."[146] „Knorrstraße 148" war die „Judensiedlung" München-Milbertshofen.

---

142 HdBG, Gespräche, S. 34.
143 HdBG, Materialien.
144 HdBG, Gespräche, S. 51. Anfragen bei der Wiedergutmachungsbehörde in Bayern und beim Bayerischen Landesentschädigungsamt erbrachten eine negative Auskunft.
145 Gemeindearchiv Prutting, Akt. 150. Siehe Abb. 27.
146 Ebenda. Siehe Abb. 28.

Editorische Notiz

Für die Edition stand von vornherein fest, daß der Charakter der Texte zu bewahren ist und stilistische Eingriffe nicht in Frage kommen. Die Texte sind deshalb wortgetreu wiedergegeben. Nur an wenigen Stellen mußten der Verständlichkeit halber unvollständige Sätze ergänzt werden. Diese Eingriffe sind stets nachgewiesen: Ergänzungen, Tilgungen, Hinweise auf durchgestrichenen Originaltext sowie auf markante Schreibfehler stehen in eckigen Klammern oder finden sich in den Anmerkungen. Die wenigen nicht lesbaren oder unverständlichen Wörter sind mit [?] gekennzeichnet. Hinweise auf Zeichnungen und Beilagen stehen ebenfalls in eckigen Klammern, Unterstreichungen im Original sind kursiv wiedergegeben. Wo dies nötig erschien, wurden Interpunktion und Orthographie stillschweigend den heute gültigen Regeln angeglichen; falsch geschriebene Ortsnamen wurden berichtigt, die Datumsangaben wurden vereinheitlicht.
Die Originaltagebücher von Elisabeth und der Band mit den Gedichten von Gertrud werden von Prof. Dr. Asher Frensdorff in Israel aufbewahrt. Die Briefe von Mirjam und Fritz Block sind im Besitz von Dr. Klaus E. Hinrichsen, London. Für die Transkription standen zunächst Kopien zur Verfügung, vor der Drucklegung konnte der Text jedoch nochmals mit den Originalen verglichen werden, die sehr gut erhalten und vollständig sind. Dr. Klaus E. Hinrichsen danke ich für die Durchsicht der Transkription, für Rat und Hilfe danke ich Ingeborg Armbrüster, Karl-Heinz Brauner, Peter Kahle, Mag. Christa Mair, Richard Prechtl, Dr. Carlos Sanchez und Peter Schulze.

Peter Miesbeck

Die Tagebücher

1. Tagebuch
Vom 12. Februar 1933 bis 28. Juli 1935

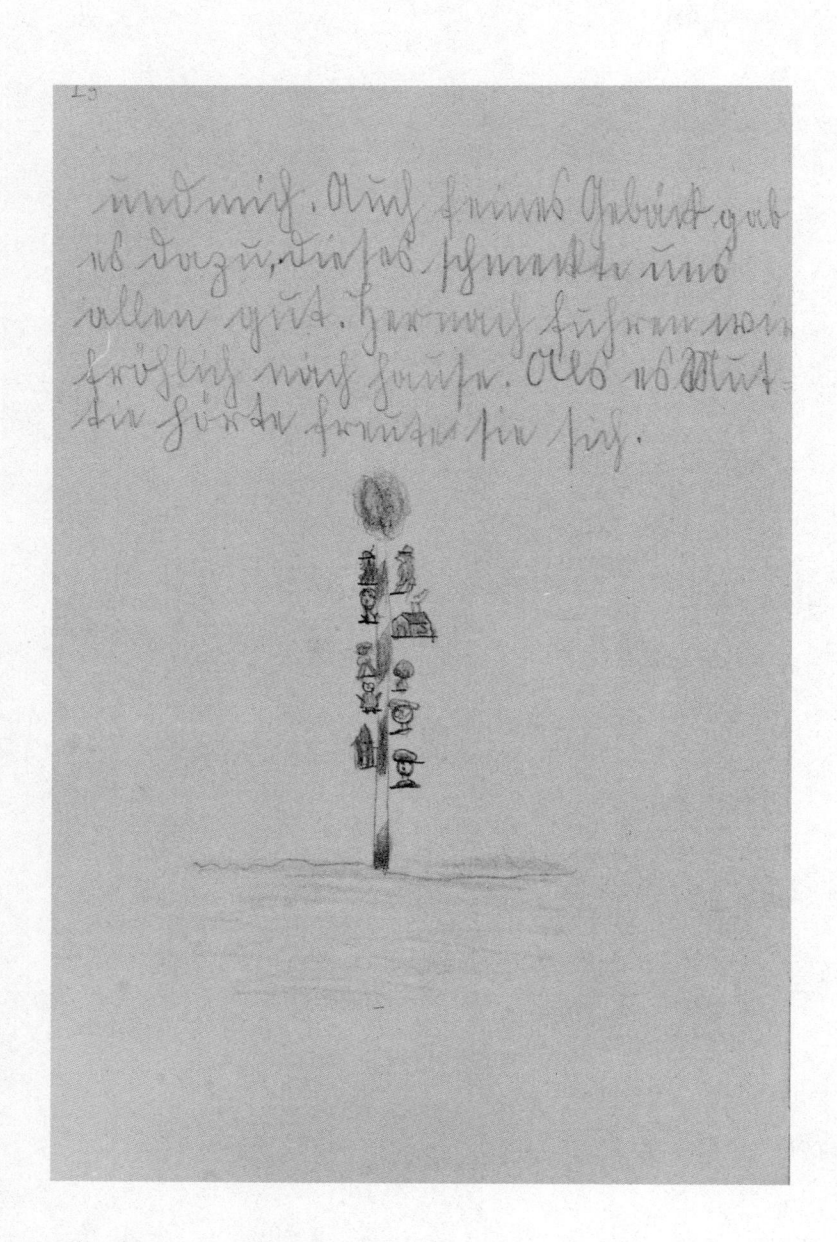

54

Kinderbildnis
Ph. O. Runge[1]
Vorwort.
Anneliese und Paul fahren ihre kleine Schwester Gretchen im Wagen spazieren. Sie fahren durch einen wunderschönen Garten, bei einer Villa vorbei. Paul hat eine Peitsche in der Hand. Und Anneliese paßt auf, daß das kleine Schwesterchen nicht aus dem Wagen fällt. Gretelchen gefällt es sehr gut und sie lacht. Dann fahren sie nach Hause.

Zu Papas Geburtstag, [12. März] 1933
Aller guten Ding' drei wünsch' ich dir zum Feste, daß das Leben freundlich sei, Gesundheit stets die beste! Daß der Garten Früchte trag', die dich sehr erfreuen, und dies' soll dir jedes Jahr stets der März erneuen!
[Einfache Zeichnung einer Blume.]

19. März 1933
[Drei kleine Zeichnungen: Eine Blume in der Mitte des oberen Blattrandes, je zwei Schneeglöckchen links und rechts des Datums.]
Heute bin ich mit Maria[2] und Rosel[3] nach Kolbermoor gefahren. Finy hat Namenstag gehabt, sie hat viele Sachen bekommen. Ich habe ihr ein Buch geschenkt. Es war sehr schön. Wir haben viele Schneeglöckchen mit nach Hause gebracht.

21. April 1933
Wir haben seit dem 14. April Ferien, sie dauern bis zum 27. April. Am Gründonnerstag und Karfreitag haben Maria und ich 54 Eier gefärbt. An den Feiertagen war es sehr schönes Wetter. Wie ich am Ostersonntag in mein Nest geschaut habe, waren zwei große Eier, ein kleines Schokoladenei und ein kleiner Osterhase drinnen, das hat mich recht gefreut. Nachmittag bin ich zum Eierscheiben gegangen.[4] Ich habe zwei Pfennig gewonnen.

---

1 Im folgenden „Vorwort" beschreibt Elisabeth Block das Bild „Die Hülsenbeckschen Kinder" (1805/06, Kunsthalle Hamburg) von Philipp Otto Runge (1777–1810).
2 Maria Windstoßer war bis zum 1. Januar 1934 Hausmädchen bei Blocks, ihre Mutter wohnte in Kolbermoor.
3 Rosel Rottmüller aus Aign, eine Freundin von Maria Windstoßer. HdBG, Gespräche, S. 177.
4 Bei diesem in Südbayern verbreiteten Osterbrauch werden die gefärbten Ostereier, ähnlich wie beim Bowling-Spiel, um die Wette gerollt. Siehe auch Handwörterbuch des deutschen Aberglaubens, Nachdruck Berlin 1987, Bd. 2, Sp. 622.

Ich mußte Papa viel helfen, weil Mutti 14 Tage krank war. Das tue ich gerne. Es blüht schon alles; vorgestern hat es auf einmal geschneit.
[Zeichnung: Osternest mit bunten Eiern.]

27. Mai 1933
Heute war ein schöner Frühlingstag. Papa, Trudi und ich sind nach Wasserburg geradelt. Wir sind viele steile Berge hinunter gefahren. Innerhalb zwei Stunden sahen wir die alte Stadt liegen. Wir sind über einen langen Berg hinunter geradelt, da standen wir vor Wasserburg, dann ging es wie der Wind in die Stadt hinein. Wir durchfuhren sie. Dann gingen wir in ein Kaffee. Nachher sahen wir uns eine alte Kirche an. Als wir diese besichtigt hatten, radelten wir zum Rathaus und sah'n uns zwei große Säle an. Ich schrieb in ein Buch meinen Namen ein. Als wir alles gesehen hatten, fuhren wir nach Hause.

30. Mai 1933
Auf einige Tage war Hanna Levy da,[5] denn sie ist jetzt in der Nähe in einer Schule. Es war zwar immer schlechtes Wetter. Einmal gingen wir an den See, wir konnten aber nicht baden. Ein andermal half sie mir bei der Hausaufgabe. Es war sehr schön und wir freuten uns.

Pfingstsonntag, [4. Juni] 1933
Gestern war sehr schönes Wetter. Arno, Trudi, Papa und ich sind mit dem Radel, über Holzleiten und Prutting, nach Krottenmühl gefahren. Als wir bei der Hinfahrt auf dem Radfahrerweg von Rosenheim nach Krottenmühl radelten, begegnete uns ein Zug. Endlich hatten wir unser Ziel erreicht. Und man sah eine große Wiese am Simssee, auf der viele Leute waren.

---

5   Hanna Levy (Slijper), geb. 1914, eine Cousine von Elisabeth Block. Ihre Eltern waren Else Levy, geb. Frensdorff, eine Schwester von Mirjam Block, und Dr. Leo Levy aus Bad Polzin, Pommern. Hanna Levy nahm an einem hauswirtschaftlichen Kurs in Wolfratshausen teil. Im Oktober 1933, nach dem Kurs, besuchte sie nochmals die Familie Block. Über ihren Aufenthalt in Niedernburg schreibt sie: „Fritz war damals nicht dort, jedenfalls eines der beiden Male: Er zog regelmäßig (oder unregelmäßig) mit Mal-Ausrüstung für einige Zeit in die Berge – ich weiß nicht, wohin –, und kam dann – anscheinend relaxed – wieder nach Hause. Die häusliche Atmosphäre war sehr warm und harmonisch, einfach und geschmackvoll. Mirjam war eine ungewöhnlich starke, ruhige (beruhigende) und fleissige Frau (‚stille Wasser sind tief'). Radio gehörte damals nicht unbedingt zu dem häuslichen Inventar, und ich kann mich nicht erinnern, ob sie eines hatten ... Ob man in Niedernburg auch keine Zeitungen las, weiß ich nicht. Ich glaube, es gab Zeitschriften für Gartenbau oder ähnliches." Zitat nach Dr. Klaus E. Hinrichsen, London. HdBG, Materialien.

Wir fuhren zu einer Krämerei und kauften uns etwas Gebäck, dann eilten wir zu einer gemütlichen Wirtschaft und tranken zwei Limonaden. Hierauf radelten wir zum See. Nachher fuhren wir mit vielen Leuten nach Hause. Wir erzählten nun der Mutti alles.
[Zeichnung: Runder Tisch und zwei Stühle.]

Pfingstmontag, [5. Juni] 1933
Am zweiten Pfingsttag war wieder schönes Wetter. Dieses benützten wir, um über Straßkirchen und Söchtenau nach Halfing zu fahren. Als wir dort ankamen, sahen wir auf einem großen Platz vor einer Wirtschaft einen hohen Maibaum, welcher weiß-grün angestrichen war. Auf diesem waren, immer um eine Stufe weiter, zwei eiserne Bauern. Wir radelten aber zu einer kleineren Wirtschaft, dort bestellte Papa zwei Limonaden, eine für Arno und ihn und die andere für Trudi und mich. Auch feines Gebäck gab es dazu, dieses schmeckte uns allen gut. Hernach fuhren wir fröhlich nach Hause. Als es Mutti hörte, freute sie sich.
[Zeichnung: Maibaum.]

25. Juni 1933
Am Sonntag war nicht besonders schönes Wetter, aber das machte uns nichts aus. Es ist so fast immer Regenwetter. Rosina, Maria[6] und ich sind nach Aibling zum Volksfest geradelt. Als wir bei dem Häuschen von Windstoßers vorbei kamen, gingen wir hinein und tranken ein Zitronenwasser; wir fuhren aber gleich wieder. So schnell als wir konnten eilten wir nach Aibling. Es waren schon viele Leute an den Straßen. Wir stellten die Räder ein und gingen etwas in die Stadt hinein. Nach langem Warten kam der lange Zug Wägen. Auf einem war eine Wiese mit Blumen, auf dieser saßen einige kleine Kinder, welche nackt waren und Flügel und Kränzlein hatten. Auf einem anderen waren Bauleute, welche ein Haus bauten. Auf dem nächsten waren Schmiede, diese standen vor dem Amboß. Auf einem anderen sah man, wie die alten Bauern mit Schlegeln gedroschen haben. Auf einem nächsten war gerade Bauern-Hochzeit. Es waren 30 Wägen, diese haben mir am besten gefallen. Dann gingen wir zur Wiese, dort gab es noch vieles zu sehen, eine Rutschbahn, Karussell, Schaukeln und vielerlei Buden. Ich kaufte mir um 20 Pfennig Gutteln.[7] Dann besichtigten wir die Stadt, ich bekam noch etwas Eis. Dann nahmen wir die Räder und fuhren zu Windstoßer. Wir aßen, tranken, ich spielte

---

6   Wahrscheinlich Rosel Rottmüller und Maria Windstoßer.
7   Bonbons.

mit Resei. Es goß fest, als wir heimfuhren.
[Zeichnung: Umzäunter Baum mit Tischen.]

Peterstag, [29. Juni] 1933
Gestern war wie immer Regenwetter. Am Abend ging ich an den Platz, wo das Petersfeuer angezündet wurde. Es waren schon viele Leute da. Wir mußten warten bis es dunkel war, dann wurde es angezündet. Es war sehr schön! Bald brannte der Peter auch![8] Um 9 Uhr ging ich mit Wimmer Rosie heim. [Zeichnung: Petersfeuer.]

8., 9. Juli 1933
Der 8. und 9. Juli waren schöne Tage. Am Samstag, den 8., sind Papa, Mutti und ich mit dem Postauto nach Rosenheim gefahren. Wir wollten eigentlich nach Burghausen fahren, aber das Auto fuhr nicht. Deshalb gingen wir in den Riedergarten, in eine Konditorei und Mutti und ich ins Heimatmuseum. In diesem gefiel mir die Küche am besten, da hat gerade so eine Sparbüchse gestanden wie ich habe, aber sonst lauter alte Sachen. Dann habe ich einen neuen Badeanzug bekommen.
Am Sonntag sind wir schon in aller Frühe mit dem Postauto nach Rosenheim gefahren. Dann sind wir mit dem Zug nach Oberaudorf gefahren, von da aus gingen wir nach dem Hechtsee. Als wir eine Weile gegangen waren begegnete uns Frau von Bippen,[9] die hie und da im L.H.V. [?] war. Sie führte uns in ihr Haus, ich durfte mich in einen Strandkorb setzen. Das war fein! Ihre zwölfjährige Tochter „Rehlein" brachte uns sehr gute Erdbeeren. Trudi, Rehlein und ich besahen uns den großen Stall. Rehlein erzählte mir viel davon. Dann zeigte sie uns ihren Geburtstagstisch. Nachdem spielten wir in dem großen Park. Hierauf verabschiedeten wir uns und gingen an den Hechtsee und badeten. Das war herrlich! Dann sind wir zum „Kurzenwirt" zum Mittagessen gegangen. Das Essen war fein! Dann sind wir nach Kiefersfelden gewandert. Da war gerade Theater, in dieses sind wir hineingegangen, das war recht schön. Wie es aus war, sind wir mit der Bahn nach Rosenheim gefahren. Und mit der Post nach Hause; es hieß „Kaiser Octavianus".[10]

---

8 Der 29. Juni ist der katholische Gedächtnistag zu Ehren der Apostel Petrus und Paulus. Siehe auch „Aus der ersten Kinderzeit", S. 207.
9 Kurt Oskar von Bippen und seine Frau waren Gutsbesitzer in Häusern bei Kiefersfelden. Einwohnerbuch für das Bezirksamt Rosenheim 1937, umfassend 56 Gemeinden nach den amtlichen Einwohnerlisten. 2. Ausgabe. München 1937, S. 51.
10 Kaiser Oktavianus oder: Der Tag des Gerichtes. Schauspiel von Josef Schmalz (1793–1845). Die Kiefersfeldener Ritterspiele feierten 1933 ihr 100jähriges Bestehen.

20., 21. und 22. August 1933
Am 20. August war es sehr schönes Wetter. Wir erwarteten um 11 Uhr Tante Else.[11] Um halb elf ging Mutti mit uns Tante Else entgegen, sie kam mit einem Auto. Der Chauffeur hielt, und wir durften auch mitfahren. Zu Hause schenkte sie uns Schokolade und Pralinen. Dann zeigten wir ihr die Zimmer und den großen Garten. Nachmittags sind wir zum Baden gegangen, das war lustig! Ich durfte mit Tante Else abends nach Aibling fahren und bis zum Dienstag dortbleiben. Als wir in Aibling waren, suchten wir uns im Dunklen ein Hotel. Wir wohnten im Hotel „Lindner". Onkel Leo kam auch.
Am nächsten Tag standen wir um 7 Uhr auf und tranken Kaffee. Dann besahen wir uns den Kurpark. *Der* war schön! Hierauf gingen wir zur Marmorfabrik, ich nahm mir vier Steinchen mit. Nach dem Essen machten wir ein Mittagsschläfchen. Dann gingen wir nach Maxlrain, da ist eine Brauerei und ein Schloß. Wir gingen in eine kleine Wirtschaft. Dort fragte Onkel Leo, wo man auf einem anderen Weg noch nach Aibling gehen kann. Dann gingen wir den anderen Weg zurück, wir verliefen uns ein wenig. Das war komisch! Dann fanden wir den richtigen Weg und gingen nach Hause.
Am anderen Tag in der Frühe holte Onkel Leo Mutti ab. Inzwischen erfüllte Tante Else die Wünsche von Trudi, Arno und mir. Zuerst kauften Tante Else und ich vier Bücher für die Kinder, und dann bekamen Trudi und ich je ein Deckchen. Nachher kaufte sie noch ein Schiffchen für Arno und für mich schöne Perlen. Da holte uns auch schon Mutti. Dann tranken wir Kaffee. Hierauf sind wir im Kurpark spazieren gegangen. Dann ist Onkel Leo und Mutti nach Harthausen gegangen und Tante Else und ich haben die Koffer gepackt. Nach dem Essen ist Mutti nochmal weg gegangen und wir schliefen. Nachmittag[s] gingen wir in ein Kaffee, und dann sind Mutti und ich heimgefahren.

27. August 1933
Am 27. August war wunderschönes Wetter. Arno, Trudi, Maria und ich sind nachmittags mit dem Milchmann nach Rosenheim ins Herbstfest gefahren. Ich bin mit der Wasserrutschbahn gefahren und mit dem Tobog-

---

Siehe Moser, Hans und Feldhütter, Wilfried: Der Bauernshakespeare von Kiefersfelden. In: Unbekanntes Bayern Bd. 6, Nachdr. München 1976, S. 160–169.
11 Else Levy, geb. Frensdorff, verheiratet mit Dr. Leo Levy, aus Bad Polzin, Pommern.

gan[12] und mit dem Karussell vom Wagner. Es war sehr schön. Ich war noch öfter oben. Eines abends fuhr ich spazieren, da kamen zwei Mädels, diese fragte ich, ob sie meine Freundinnen werden mögen; sie sagten „Ja". Eine hieß Liesel Weiß[13] und die andere Marile, sie wohnten in Höhensteig. Marile war aus München.

9. September 1933
Ich darf jetzt alle Donnerstage und Samstage auf den Markt fahren und Sachen verkaufen.[14] Ich bringe sie jedesmal los. Das tue ich gerne. Papa ist jetzt krank und ist nicht da. Das darf ich alle Donnerstage tun.

17. September 1933
Gestern sind Trudi, Arno, Rosl, Maria, Betty und ich auf den Tatzelwurm gefahren.[15] Zuerst mußten wir durch ein langes Tunnel. Endlich waren wir oben. Wir besuchten den wunderschönen Wasserfall und die Rosengasse, von da aus sahen wir den Breitenstein. Da war es sehr schön.

24. September 1933
Heute fuhren wir nach Kolbermoor. Dort spielten wir den ganzen Tag. Wir gingen auch zu Zenthas Freundin. Und in eine Kiesgrube, dort spielten wir recht schön mit Zenthas großer Puppe. Abends fuhren wir wieder heim.

10. Oktober 1933
War Hanna[16] da, das war sehr schön. Sie war vorher in Wolfratshausen in einer Schule, sie war jetzt fertig.

Kirchweihsonntag, 15. Oktober 1933
Heute besuchten Frau und Herr Engelmaier[17] und ich in Rosenheim den Handwerker-Umzug. Wir stellten uns um 1/2 3 Uhr am Max Joseph Platz auf. Endlich kam der Zug, es kamen viele schön geputzte Handwerker.

---

12 Eine Rutschbahn, die mit Schlitten befahren wird; Elisabeth schreibt „Topogan".
13 Elisabeth Weiß (später Stilke) ist in den nächsten Jahren Elisabeth Blocks engste Freundin.
14 Der „Grüne Markt" auf dem Ludwigsplatz in Rosenheim.
15 Rosel Rottmüller und Maria Windstoßer; um wen es sich bei „Betty" handelt, ist unklar. Der Tatzelwurm ist ein beliebtes Ausflugsziel in den Bergen zwischen Brannenburg und Bayrischzell.
16 Hanna Levy. Siehe Anm. 5.
17 Engelmeier Matthias, Bauer in Niedernburg 125 1/3. Einwohnerbuch 1937, S. 96.

Die Bäcker trugen einen langen, langen Brotwecken, die Buchdruckerei hielt ein riesengroßes Buch. Es kamen auch schön geschmückte Wägen und die Märchen „Hänsel und Gretel" und „Rotkäppchen". Dieser Zug hat mir sehr gut gefallen.
[Zeichnung: Rotkäppchen.]

Kirchweihmontag, 16. Oktober 1933
Heute wollte ich zum Scherzer[18] zum Hutschen gehen, ich war schon am Berg, da schrie mir auf einmal Liesel, meine Freundin, und sie sagte, sie hole mich ab. Wir fuhren zum Schloßberg, da kam noch eine Freundin, Anni. Wir fuhren zu Liesel, dort spielten wir. Nachher tranken wir Tee und aßen Gebäck dazu. Dann begleiteten Liesel und ich Anni. Sie wohnte in Ziegelberg, dort war es ganz schön. Dann fuhr ich heim.
[Zeichnung: Kirchweihschaukel („Kirtahutsche").]

Vor einigen Wochen brannte die Mühle in Buch ab. Am anderen Tag besuchte ich die Brandstätt', es war gruselig anzuschauen, es waren das Haus und die Ställe abgebrannt. Das Vieh wurde noch gerettet. Man wußte nicht, wer das Feuer gestiftet hat.

19. Oktober 1933
Heute nachmittag kam der Höß,[19] um unser Kartoffelfeld aufzuackern. Es war lustig, denn wir klaubten fleißig. Wir hatten heuer viele Kartoffeln!

21. Oktober 1933
Heute war wieder ein schöner Tag, wir erwarteten Onkel Erich.[20] Als er da war, machten wir einen kleinen Spaziergang. Er hatte seinen Photoapparat dabei und er knipste auch. Zu Hause schenkte er uns viele Schokolade. Dann blieb er noch eine Weile da. Ich lerne jetzt Französisch, das ist fein. Mutti gibt mir Stunden.
[Zeichnung: Tisch mit Blumen und Süßigkeiten. Beschriftet: Schokolade.]

---

18 Fischbacher Georg, Landwirt in Zaisering, Hausname Scherzer. Adreßbuch für das Bezirksamt Rosenheim 1934, umfassend 56 Gemeinden nach den amtlichen Einwohnerlisten. München o.J. [1934], S. 135.
19 Höß, Georg, Landwirt in Aign. Adreßbuch 1934, S. 133. Im Hausgang des Hofes hängt immer noch ein von Fritz Block gemaltes Bild. HdBG, Gespräche, S. 161.
20 Erich Frensdorff, ein Bruder von Mirjam Block, verheiratet mit Helme („Tante Helme"), Ingenieur in Berlin.

5. November 1933
Heute erwarteten wir meine Freundin Liesel Weiß. Sie kam um 1/2 2 Uhr. Wir spielten einige Spiele, das war sehr nett. Dann tranken wir Kaffee. Sie schrieb auch in mein Album. Abends fuhr sie wieder heim.

11. November 1933
Wir bekamen ein Glashaus, heute war das Dach fertig. Wir wollten ein kleines Richtfest halten, wir bereiteten alles vor. Es gab Würstchen, Brot und Bier. Es war sehr schön.

12. November 1933
Maria und ich fuhren heute nach Kolbermoor, ich mußte meinen Mantel anprobieren. Als ich dort war, war Frau Windstoßer in der Kirche. Als sie kam, tranken wir Kaffee, dann probierte ich den Mantel. Hierauf fuhren wir nach Hause.

Am 19. November 1933
fuhr ich zu Liesel. Wir gingen nach Rosenheim in ein Theater, es hieß: „Der Lausbub",[21] es war sehr nett. Es war so: Ein Bube war immer sehr böse. Da kamen Zigeuner, sie sagten, ob er mit gehen wolle, und der Knabe ging mit. Sie fuhren tief in einen Wald hinein. Der Knabe mußte arbeiten, aber er wollte nicht. Bei den Zigeunern war noch ein Mädchen, Hilde. Es mußte tanzen. Es waren auch zwei Pilze in dem Wald, sie konnten reden. Das Mädchen und der Knabe kamen dann doch wieder nach Hause.

5. Dezember 1933
Heute war Nikolaustag. Am Abend saßen wir alle beisammen. Auf einmal rasselte eine Kette und der Nikolaus kam herein, er hatte einen großen Sack, in dem waren viele Sachen darinnen. Wir sagten ein Verschen.

Der Heilige Abend 1933
Erst fuhren wir die Gaben im Dorf herum und fuhren Schlitten. Dann gingen wir heim. Bald darauf klingelte es. Im Weihnachtszimmer war ein schöner Weihnachtsbaum mit vielen Lichtern. O, wie er glänzte. Dann sa-

---

21 Das „Neue Theater" in Rosenheim unter der Leitung von Peter Führlbeck brachte am 18. und 19. November 1933 (Samstag und Sonntag) nachmittags um 3 Uhr die Kindervorstellung „Lausbub Peter" des „beliebten Komikers Walter Baetz". RA, 18. 11. 1933.

hen wir drei gedeckte Tische, ich erkannte meinen gleich, weil auf ihm eine Puppe war. Ich schenkte Maria einen Gürtel, Trudi und Arno Handschuhe, Papa strickten Mutti und ich zusammen Socken, und Mutti stickte ich etwas. Auf meinem Tisch lag eine Puppe mit vielen Kleidern, ein kleines Taschenmesser, ein Tafelschoner, sehr schönes Briefpapier, ein nettes Bügeleisen mit zwei Bolzen, eine wunderschöne Gürtelschnalle aus Kupfer, welche Papa gemacht hat, zwei Bücher, von Maria ein sehr feiner Taschentuchbehälter, ein „Strickflott", eine Hose, zwei sehr schöne Schürzen und, was mich am besten freut, ist ein Skianzug. Ich durfte mit Papa nach den Feiertagen Skifahren lernen. Ich zog den neuen Skianzug an. Es war sehr lustig, ich fiel auch hin. Das schadete aber nichts.
[Zeichnung: Beim Skifahren.]

Jahresschluß
Mit der Freude zieht der Schmerz
traulich durch die Zeiten.
Schwere Stürme, wilde Weste,
bange Sorgen, frohe Feste
wandeln sich zur Seiten.

War's nicht so im alten Jahr?
Wird's im neuen enden?
Sonnen wallen auf und nieder,
Wolken gehn und kommen wieder,
und kein Wunsch wird's wenden.

Gebe denn, der über uns
wägt mit rechter Waage,
jedem Sinn für seine Freuden,
jedem Mut für seine Leiden
in die neuen Tage.[22]

1. Januar 1934
Heute kam unerwartet meine Freundin Liesel mit Skiern. Zuerst spielten wir, dann tranken wir Kaffee. Nachher fuhren wir Ski. Das war lustig.

---

22 Elisabeth zitiert das Gedicht „Neujahrslied" von Johann Peter Hebel; sie schreibt allerdings „wilde" statt „milde Weste". Siehe Conrady, Karl Otto (Hg.): Das große deutsche Gedichtbuch. Königstein 1978, S. 788.

Beim Aufsteigen fiel ich immer hin. Liesel konnte es besser. Sie hatte keinen Skianzug. Gegen Abend verabschiedeten wir uns und sie fuhr heim.

7. Januar 1934
Ich fuhr mit dem Rade zu Liesel. Als ich ankam, strickte sie an einem Puppen-Pullover. Später tranken wir Kaffee und hörten im Radio schöne Lieder und die Märchen: „Das kleine Mädchen mit dem Schwefelhölzchen" und „Die Prinzessin auf der Erbse". Sie waren sehr nett. Um 4 Uhr fuhr ich nach Hause.

18. Januar 1934
Ich strickte gerade mit „Strickflott", da hörte ich auf einmal ein Freudengeschrei von meinen Geschwistern. D'Liesel ist da! Ich verstand „Lisei" und meinte Wimmers Lisei. Aber, wer kam bei der Türe herein? Meine Freundin Liesel Weiß! War das eine Freude! Wir spielten Kinder-Post. Das war schön. Als uns das keinen Spaß mehr machte, zeigte ich ihr meine Papierpuppen, sie gefielen ihr außerordentlich und ich schenkte ihr eine „Trachtenpuppe". Nach dem tranken wir Kaffee. Dann zeigte ich ihr meine drei Webstühle. Ich gab ihr noch ein Buch zum Lesen mit. Am Abend ging sie heim.

19. Januar 1934
Heute ist meine kleine Schwester Trudi mit mir zur Schule gegangen. Sie durfte sich zu den ABC-Schützen hinsetzen, sie konnte fast alles, obwohl sie erst Ostern heurigen Jahres zur Schule kommt.
Unser Mädchen ist seit dem 1. Januar nicht mehr da. Sie hieß: Maria Windstoßer. Sie wohnte in Kolbermoor.

25. Januar 1934
Heute bin ich zu Liesel nach Höhensteig gefahren. Sie nähte an einem Kleid. Dann fuhr sie Ski und ich Schlitten. Hierauf tranken wir Kaffee, und dann gingen wir noch nach Schloßberg. Und dann fuhr ich mit dem Radel nach Hause.

11. Februar 1934
Ich hab' eigentlich am 12. Februar Geburtstag, aber heuer hatten wir ausnahmsweise an meinem Geburtstag Handarbeitsschule, diese dauert immer bis 5 Uhr, deshalb bekam ich meine Geschenke schon am 11. Februar. Auf meinem Geburtstag-Tisch lagen: Ein sehr nettes Markenalbum, „Einer vom Hause Lesa",[23] ein schönes Buch, einige Briefe, ein sehr schönes, grünledernes Photographiealbum, schöner blauer Stoff für ein

Kleid, von Mutti gemacht eine warme Mütze, eine sehr nette, rosa umhäkelte Bluse und eine blaue Schürze, eine Kokosnuß, viele Schokolade, viererlei Paar Haarschleifen, zwei sehr schöne Schlafanzüge, ein seidener Schal, ein roter Geldbeutel, eine Tasche und sehr schöne schwarze Spangenschuhe. Und natürlich auch ein sehr guter Kuchen stand inmitten dieser schönen Sachen.

13. Februar 1934
Heute hatte ich mich mit einer Schulkameradin verabredet, um mit dem Rad nach Rosenheim zu fahren, denn dort sollte ein herrlicher Faschingszug durch die Straßen ziehen. Als wir in Rosenheim waren, mußten wir eine Weile warten. Es war sehr voll von Menschen. Endlich hörte man Musik. In dem Festzug war ein riesengroßer Zeppelin auf Geleisen, viele bunt geschmückte Autos mit maskierten Insassen, auch ein Schwanenauto, ein Wagen vom Flötzingerbräu, auf welchem [ein] riesengroßes Männchen saß, ein sehr hoher Wagen, auf welchem Prinz und Prinzessin Karneval waren, ihnen folgten feine Hofdamen in seidenen Gewändern, diese warfen Papierschlangen in die Luft, man konnte auch einen Affen, der in einem Kinderwagen von einem putzigen Mann geschoben wurde, sehen, unser Auge erblickte auch ein nettes Häuschen auf einem Wagen, in diesem waren Max und Moritz, und noch viele andere Dinge. Allen Leuten wird wohl der Faschingszug gefallen haben.

15. Februar 1934
Ich hatte zu heute fünf Freundinnen zum Geburtstagfeiern eingeladen. Um 1/4 nach 2 Uhr kamen sie. Die Erwarteten waren: Gaßner Marianne, Zanker Marile, Wimmer Lisei, Weichselbaumer Rosa und Liesel Weiß.[24] Erstere brachte mir ein sehr hübsches selbst gesticktes Nadelbuch und sehr gute Plätzchen, zweitere ein sehr nettes Hufeisen aus Schokolade mit einem Marzipanschweinchen und Seife, Lisei Gebackenes und Bonbons, Rosa überreichte mir mit Glückwünschen eine Tüte, in der sich drei Mandari-

---

23 Erzählung von Johanna Spyri (1827–1901), die vor allem mit „Heidi" Weltberühmtheit erlangte.
24 Marianne Gaßner (Kerer) ist die Tochter von Peter Gaßner, Gemeindeschreiber in Aign, Marile Zanker ist die Tochter von Engelbert Zanker, Gastwirt in Leonhardspfunzen, Lisei Wimmer (Teichner) die von Johann Wimmer, Landwirt in Aign, Rosa Weichselbaumer die von Alois Weichselbaumer, Mühlenbesitzer in Mühltal (1937 nicht mehr verzeichnet). Später wird auch die Schwester von Lisei, Rosi Wimmer (Dangl), erwähnt. Adreßbuch 1934, S. 133, 116, 106. Einwohnerbuch 1937, S. 123, 127, 97. HdBG, Gespräche, S. 64, 109, 113, 162 f.

nen und eine Tafel Schokolade befanden. Ich freute mich sehr mit den schönen Gaben. Ich zeigte ihnen, was ich alles zum Geburtstag bekommen habe. Hierauf tranken wir Kakao mit Schlagsahne und aßen uns an Kuchen satt. Dann spielten wir zusammen bis gegen Abend schöne Spiele. Mutti spendierte immer sehr schöne Preise dazu. Dann gingen sie alle fröhlich mit ihren schönen Preisen beladen nach Hause.
Meine Tischkarte vom Geburtstag 1934.
[Zeichnung der Tischkarte: Geburtstagskuchen mit einer Kerze, vierblättriges Kleeblatt. Beschriftet: Elisabeth Block.]

25. Februar 1934
Heute war ein wunderschöner Frühlingstag. Die Sonne schien warm und die Stare zwitscherten. Da kam unerwartet eine Schulkameradin namens Anna Herfurter aus Öd.[25] Zuerst zeigte ich ihr meine vielen Spielsachen, dann spielten wir auf der Altane Puppenküche. Wir holten uns: Wasser, ein Stück Kuchen, Kakao, Zucker und Mehl. Hieraus kochte ich gute Speisen und Anna zog den beiden Puppen andere Kleider an. Später trugen wir 148 Eier zu Sterzers[26] und warfen Ball. Dann fuhr Anna heim. Papa, Arno und Trudi waren inzwischen in Mühltal gewesen und haben ein blaues, kleines Leberblümchen gefunden. Ich war jetzt acht Tage krank.

Zu Papas Geburtstag [12. März] 1934
Ich wünsche dir, daß alle Sorgen schwinden
Vor Sonne und vor warmen Frühlingswinden,
Daß voller Freude schlägt dein Herz,
Beginnt dein neues Jahr im März.
Ein Zeichen sollen diese ersten Blumen sein,
Daß Frücht' und Blüten dich dies' ganze Jahr erfreun.
[Zeichnung: Zwei Blumen.]

28. März 1934
Wir hatten am Ende des Schuljahres eine sehr schöne Schulentlassungsfeier. Als wir an diesem Tag in das Schulzimmer traten, staunten wir. Das Pult war mit einem weißblauen Tuch geschmückt und mit duftenden Schlüsselblumen geziert. Das Hitlerbild und Hindenburgbild, welche an den beiden Tafeln hingen, umkränzten schöne, grüne Girlanden und

---

25 Tochter von Modest Herfurter, Landwirt in Öd, Hausname „Öder". Adreßbuch 1934, S. 134.
26 Paul Sterzer, Landwirt in Hofstätt. Adreßbuch 1934, S. 134.

Fähnchen. Auf den Bänken, welche bei den Fenstern waren, lagen unsere Handarbeiten, die wir gemacht hatten. Mit der Zeit kamen immer mehr Leute, und bald konnte angefangen werden. Die Feier begann mit dem Vortrag. Ein Rückblick auf das Jahr der deutschen Wende, welchen drei Knaben der 6. Klasse vortrugen. Hierauf wurde das Lied „O, Deutschland hoch in Ehren" gesungen. Ihm folgte das Gedicht „Erhebung", dieses trugen zwei Schüler der 7. Klasse vor. Dann hielt unser Herr Hauptlehrer[27] eine schöne Ansprache. Ihr folgte ein Sprechchor, dieser hieß: „Der Deutsche Frühling". In diesem war ich auch dabei und noch viele Mädchen, wir hatten alle Blumenkränze auf und Stöcke in der Hand. In diesem Chor wurde das Lied „Sehnsucht nach dem Frühling" gesungen. Dann sagten drei Mädchen der Fortbildungsschule das Gedicht „Gelöbnis". Nach diesem ertönte das Lied „Ich hab' mich ergeben". Bald darauf hielt Herr Hauptlehrer wieder eine Ansprache. Zuletzt konnte man die Lieder „Die Fahnen hoch" und „Deutschland, Deutschland über alles" hören. So endete das Schuljahr 1933/34.

2. April 1934
Heuer sind die Osterferien am 28. März angegangen, sie dauern bis zum 12. April. Am Ostersonntag war schönes Wetter und wir rollten Eier. Am Ostermontag durfte ich mit Friedl Maria[28] nach Rosenheim fahren und den Cirkus Krone besuchen, der ja einige Tage in Rosenheim war. War [das] eine Freude!
[Eingeklebtes „Programm der Tierschau".]
Als wir in Rosenheim waren, gingen wir auf die Loretowiese, wo Circus Krone stand. Wir schauten uns erst um, dann kauften wir uns Eis. Bald darauf entschlossen wir uns, in die Tierschau zu gehen. Wir bekamen gleich ein Programm. Wir sahen allerhand seltene Tiere, zum Beispiel Löwen, Tiger, Känguruhs, Meerschweinchen, Riesenschlangen, große und kleine Elefanten, schöne und vielerlei Pferde und noch allerhand andere Tiere und einen richtigen Indianer. Als wir alles besichtigt hatten, gingen wir auch noch in die Vorstellung, den Anfang konnten wir nicht mehr sehen. In der Vorstellung mußten vielerlei Tiere Kunststücke machen. Es waren auch komische Clowns da. Und zuletzt machten noch einige Turner Kunststücke auf dem Seil. Um 1/2 7 Uhr waren wir zu Hause.
[Eingelegte Postkarte: Indianer.]

---

27 Heinrich Graßer. Adreßbuch 1934, S. 136. HdBG, Gespräche, S. 86, 88, 99 f.
28 Wahrscheinlich die Tochter von Peter Friedl, Krämer und Maurer in Aign. Adreßbuch 1934, S. 133.

17. April 1934
Wir waren heute zum ersten Mal beim Baden. Es war sehr schön.

19. April 1934
Zu heute hat mich Zanker Marile zum Geburtstagfeiern eingeladen. Es waren noch mehr da. Zuerst tranken wir Kaffee, da lag auf unseren Plätzen eine Tischkarte. Dann spielten wir einige Spiele, das war sehr lustig. Es gab auch Preise. Ich brachte Marile einen Taschentuchbehälter mit drei Taschentüchern. Wir blieben bis um 5 Uhr dort. Meine Tischkarte von Mariles Geburtstag. [Eingeklebte Tischkarte, beschriftet: Lisi Block.]

1. Mai 1934
Überall flatterten die Fahnen. Es war ja der Tag der Arbeit! Um 9 Uhr früh hörten wir Schulkinder beim Hell'n im Radio die große Kundgebung im Lustgarten zu Berlin. Es sprach zuerst Dr. Goebbels und dann unser Führer.[29] Am Nachmittag machten wir mit Mutti eine kleine Waldwanderung, dieselbe war sehr schön. Wir pflückten auch Trollblumen.
[Zeichnung: Blumenwiese vor einem Haus.]

13. Mai 1934
Der Muttertag
Heute ist Muttertag. Ich kochte frühmorgens den Kaffee, was ich sonst auch immer tat. Dann deckte ich den Tisch, stellte den von Friedl Marie und mir gebackenen Kuchen darauf und legte schöne Blümchen drum 'rum. Hierauf pflückte Papa für uns drei Kinder je einen schönen Blumenstrauß. Trudi und ich setzten unsere beiden Kränzchen auf. Als Mutti runter kam, nahmen wir unsere Geschenke und sagten nacheinander ein Gedichtchen auf. Arno schenkte ihr ein mit Wasserfarben bemaltes Papier, Trudi ebenso, und ich überreichte Mutti einen selbstgemachten Untersatz aus Perlen und ein kleines Büchlein, in das ich etwas hinein malte. Nach dem Kaffeetrinken begaben wir uns zum Baden. Dort war es sehr schön. So verbrachten wir den Vormittag des Muttertages.

---

29 Mit „Hell" ist ein Nachbar der Familie Block gemeint. Im Lustgarten in Berlin fand eine Jugendkundgebung statt, auf der Hitler in Vertretung des Reichspräsidenten Hindenburg eine Ansprache hielt. Abgedruckt im Völkischen Beobachter Nr. 122, 2.5.1934. Vgl. Domarus, Max: Hitler. Reden und Proklamationen. Bd. 1, S. 378 ff.

Mein Gedicht vom Muttertag:

Mutter, Du Nimmermüde,
heut' laß' die Sorgenschar!
Heut' setzen wir Dir ein Kränzlein
von Freude in das Haar.

Und küssen Deine Hände
und legen Blumen hinein.
Mutter, Du Nimmermüde,
Heut' laß' die Sorgen sein!
[Zeichnung: Blumenstrauß.]

17. Mai 1934
Heute war von Muttis Freundin die Tochter da. Sie heißt Ursel[30] und besucht in Rosenheim eine höhere Schule. Ich holte sie ab. Als wir zu Hause ankamen, war Liesel auch da. Wir tranken alle zusammen Kaffee. Nachdem machten wir einige nette Spiele, wozu uns Mutti schöne Preise spendierte. Später mußte Liesel nach Hause. Wir machten auch ein Versteckspiel, welches sehr lustig war. Um 6 Uhr holten Ursel und ich die Milch. Dann aßen wir Abendbrot. Hierauf begleitete ich Ursel bis Schloßberg.

27. Mai 1934
Heute fuhr ich mit Paula Zeller, die jetzt bei uns Mädchen ist, und ihren Eltern nach Rohrdorf.[31] Dort besichtigten wir den Friedhof und die Kirche. Was sahen wir da? An der Decke waren große schöne Bilder. Der Marienaltar war mit unzähligen Blumen geschmückt. An den beiden Seiten des Altares waren zwei große Engel, die je eine große, dicke Kerze trugen. Wir konnten uns gar nicht satt sehen, so schön war es in dieser Kirche. Hierauf begaben wir uns zu einer kleinen Krämerei. Dort kauften wir eine Tafel Schokolade. Wir besahen uns das Dorf und das dort befindliche Kriegerdenkmal. Um 1/2 7 waren wir zu Hause.

---

30 Bislang ist nichts Näheres zu „Ursel" bekannt, sie wird nur einmal erwähnt.
31 Paula Zeller (Bauer) ist die Tochter von Kathi Geidobler, die der Familie Block in Haus und Garten half; 1934/35 arbeitete zusätzlich auch Paula Zeller mit. Die Familie bewahrte unter anderem die Tagebücher von Elisabeth Block auf. HdBG, Gespräche, S. 96, 110, 122.

28. Juni 1934
Heute abend ging ich mit Paula nach Zaisering, um den dort befindlichen Fackelzug anzuschauen, welcher von acht Paar Kindern gebildet war. Dieser Zug wurde zu Ehren [des] Herrn Expositus[32] von unserm Lehrer geführt. Unser Herr Expositus hatte ja morgen 25jähriges Priesterjubiläum. In Zaisering konnte man herrliche Triumphbögen sehen, die die Jungfrauen unserer Umgebung banden. Die Kirche war herrlich geschmückt. Um 1/2 10 Uhr sah man Lichter aufschimmern und man konnte nahes Schießen vernehmen. Eine Menge Leute wich zurück. Da kamen auch schon die Schulkinder mit den roten, grünen, gelben und blauen Lampions, hinter ihnen die Musiker, nach diesen noch die Sänger und Sängerinnen. Der Zug marschierte in den Pfarrhof und die Menschenmenge hinterdrein. Zuerst ertönten die Trompeten, dann erklangen die Stimmen der Sänger. Sie sangen vielstimmig. Hierauf erschallten noch einmal die Trompeten. Zwei echte Fackeln leuchteten den Menschen auf die Straße.
[Zeichnung: Baum, Laterne.]

29. Juni 1934
Wir hatten erst mehr als acht Tage geübt, als auch schon der 29. Juni vor uns lag. Wir mußten ein Theater aufführen zum 25jährigen Priesterjubiläum unseres Expositus. Das war ein großes Ereignis für ganz Zaisering und Umgebung. Alle Jungfrauen banden Girlanden und zierten die Kirche. An diesem großen Tag führten wir das Theater „Der Jubelkranz" auf. Trudi war der Zwerg „Wunibald" und ich die Elfe „Flinklein". In diesem Theater kamen sechs Elfen, sechs Zwerge mit roten und braunen Kitteln, sechs Kinder und eine Elfenkönigin vor. Wir Elfen mußten den Jubelkranz winden und die Zwerge mit ihren Hämmern und [dem] Amboß den Reifen dazu schmieden. Am Schluß wurde noch von den Elfen und der Königin ein Reigen vollführt. Ich hatte ein lila Kleid an, und wir mußten die Haare geöffnet haben. Vor dem Theater ertönten die Trompeten einige Male, dann sangen alle Schulkinder das Lied „Gott grüße Dich", darauf trugen zwei Knaben ein Gedicht vor. Auch die Ministranten gratulierten dem Jubilar durch ein Gedicht. Einige Männer hielten eine Rede. Nach dem Theater ertönte eine Rede des würdigen Jubilars. Er bedankte sich für die schönen Geschenke. Dann sangen noch vier Jungfrauen Lieder aus den Bergen, dabei ertönten Kuhglocken. Um 6 Uhr ging ich nach Hause. Mutti

---

32 Josef Altmann. RA, 2.7.1934, S. 3.

hatte auch zugesehen. Die ganze Feier spielte sich im Zaiseringer Wirtshaus ab.

15. Juli 1934
Heute war ein grauer, regnerischer Sonntag. Es war sehr langweilig. Da fiel mir ein, ich könnte ja gut zu Liesel, meiner Freundin, fahren. Und so fuhr ich dann auch. Als ich bei ihr ankam, traf ich Gusti, das Dienstmädchen, die sehr nett ist. Sie wollte gerade in die Stadt gehn. Sie erzählte mir, Liesel wär' auch in Rosenheim beim Bundestreffen der B.D.M., bei denen Liesel auch ist. Gusti sagte, ich solle mitkommen, ich willigte ein, und so gingen wir zwei denn nach Rosenheim. Dort hatte das große Treffen schon begonnen und wir konnten gerade den Reigen, in dem Liesel war, nicht mehr sehen. Ein Kasperltheater hatte auch schon begonnen, dieses war sehr nett. Es sangen auch zwei Jodlerinnen aus Riedering sehr schöne Lieder. Man sah auch viele schöne Reigen von allerhand Ortsgruppen. Mädchen hatten Instrumente: Geigen, Flöten, Zithern, Violinen usw. Zu den Reigen wurde gesungen. Zwei Mädchen trugen je ein Gedicht vor. Die Priener B.D.M. turnten sehr nett. Ein sehr nettes Lustspiel führten die Halfinger auf, nämlich zwei Schwatzbasen schwatzten so lange, bis sie von einigen Mädchen umwickelt waren durch eine Schnur. Auch Dornröschen wurde durch einen Reigen vorgeführt. Um 1/2 5 Uhr stellten sich alle 1000 B.D.M. der Umgegend Rosenheims zum Festzug auf. Sie hatten viele Girlanden und Wimpeln. Als sich der Zug fortbewegte, war es eine lange, bunte Schnur, mit Musik begleitet. Vorne waren Hitlerbuben, die Lieder auf den Trommeln schlugen, und in der Mitte Mädchen mit Mundharmonikas. Das war ein schöner Sonntag.

[Eingelegtes Blatt: Programm des BdM-Bundestreffen vom 15. Juli 1934.]
   Sonntag
   Flaggenhissung: Auf der Lorettowiese.
   Morgenspruch: Im Morgenrot der Freiheit.
   Lied: Vorwärts...
   Kath. Gottesdienst in der Stadtpfarrkirche.
   Evang.   "   " " evang. Kirche.
   Totenehrung am neuen Kriegerdenkmal

   Festzug durch die Stadt zur Festwiese
   Auf der Festwiese:
   1. Gedicht: Volkslied und Tanz.
   2. Gemeinsames Lied: Am Brunnen vor dem Tore ...
   3. Reigen: (Halfing, Karolinenfeld)

4. Volkslieder: (Stefanskirchen, Schloßberg)
5. Reigen: (Prien, Bernau)
6. Kasperltheater von Aschau [Von Hand unterstrichen]
7. Jodlerinnen (Riedering)
8. Volkstanz: (Thansau, Schloßberg)
9. Volkslied: Söchtenau
10. Heimatlieder: (Aschau)
11. Dialektgedichte
12. Reigen: (Törwang, Aschau ? Prutting ?)

PAUSE
1. Turnerische Vorführungen (Prien)
2. Reigen: Sommertraum (JM Rosenheim)
3. Laienspiel: (Lustspiel: Halfing)
4. Reigen: Dornröschen (Neubeuern)
5. Gedichte
6. Musizieren: Reigen: BDM Rosenheim
7. Gemeinsames Lied: Ich bin ein deutsches Mädchen

FLAGGENEINHOLUNG
Ausklang: An die Fahne ...
Ansprache: Zum Geleit.
Sprechchor: Treuegelöbnis
Schluß: Deutschland- und Horst Wessel- Lied.

21. Juli 1934
Schon lange vorbereitet für die Reise. Wir fuhren am 21.7.34 mit dem Postauto nach Rosenheim, von da aus mit dem Zug nach Kufstein. Da trafen Mutti und ich Tante Helme,[33] wie es verabredet war. Mit ihr fuhr ich im Schnellzug. Wir gingen dann in den Speisewagen und tranken Kaffee. Erst fuhren wir durch Österreich, das war schon schön. Aber durch Italien zu fahren war *noch* schöner. Wir sahen alte Ruinen und fuhren durch viele Tunnels. Der Zug hielt einigemale, dann ging es langsam in die Höhe. Nach einigen Stunden kam der Brennersee und dann der Brenner-Paß. Hierauf ging es wie der Blitz so schnell nach Franzens[feste]. Hier mußten wir umsteigen. Nach einer Stunde waren wir in Brunnico. Dort sahen wir auch schon Klaus und Peter und Onkel Erich. Wir fuhren alle mit einem

---

33 Helme Frensdorff, verheiratet mit Erich Frensdorff, Ingenieur aus Berlin. Ihre Kinder sind die Zwillinge Klaus und Peter.

Auto nach unserem Wohnhaus. Da waren die schönen Dolomiten-Berge. Als wir angekommen waren, zeigten mir die beiden Jungens unser Zimmer, das sehr nett war. Wir gingen an den Bach und spielten. Um 1/2 7 Uhr waren wir wieder da. Da gingen wir in den Speisesaal und aßen Abendbrot. Dann gingen wir ins Bett.

22. Juli 1934
Heute früh waren wir um 6 Uhr schon aufgestanden. Wir gingen auf die Wiese. Um 10 Uhr fuhren wir mit dem Autobus nach Colfosko.[34] Von da aus gingen wir alle einen kleinen Weg nach einem Bach, der da gerade vom Berg herunterkam. Wir lagerten uns und pflückten allerhand Blumen, dabei waren viele Alpenrosen. Nachher gingen wir auf einem Waldweg nach Hause. Nachmittag spielten wir an einer Bank.
[Ganzseitige Zeichnung und eingeklebte Buskarte. Beschriftet: Blumen, Bach, W[eg], B[rücke].]

23. Juli 1934
Heute war regnerisches Wetter. Wir fuhren wieder alle nach Colfosko. Dort stiegen wir in ein Tal hinein. Da gab es viele Edelweiß. Wir Kinder kletterten auf den Felsblöcken herum und pflückten ein Sträußchen davon. Zum Mittagessen waren wir wieder zu Hause. Nachmittag spielten wir zu Hause.
[Zeichnung: Edelweiß.]

24. Juli 1934
Heute war schöneres Wetter. Wir machten eine Tagestour auf die Rodella. Um 10 Uhr fuhren wir mit einem Privatauto über das Grödnerjoch [Rest der Zeile radiert] und bis zum Sellajoch und von da aus kletterten wir auf die 2500 Meter hohe Rodella. Oben steht ein Gasthaus. Oben aßen wir zu Mittag. Dann gingen wir oben auf die Dachveranda, von da aus sahen wir die Marmolata, das ist ein Gletscher, die Sellagruppe, die Zillertaler Alpen, den Großvenediger und den Großglockner, Langkofel, die Fünffingerspitzen. Es war eine herrliche Aussicht. Gegen 5 Uhr waren wir zu Hause.
[Zeichnung: Berg mit Gasthaus, beschriftet: Rodella.]

---

34 Colfosko in Badia, Grödner Joch.

26. Juli 1934, 2 Uhr nachts
Heute Nacht wurde ich durch lauten Gesang geweckt, dazu kam noch Trommelklang und anderes Instrument. Wir schauten auf die Straße: Da sahen wir viele italienische Soldaten, die marschierten durch Corvara. Das war sehr interessant.
Heute vormittag um 10 Uhr fuhren wir mit dem Postauto auf den Passa di Gardena. Aber Tante Helme war nicht dabei, weil sie sich ausruhen sollte. Von dem Paß-Haus aus gingen wir auf einen kleinen Hügel. Dort bauten wir ein Zelt auf, das machte Spaß. Darunter waren wir vor Hitze und Wind geschützt. Als wir mit dem Bauen fertig waren, aßen wir unter dem Schutz des Zeltes Mittag. Als wir uns gestärkt hatten, wurden wir von Onkel Erich photographiert. Hierauf sahen wir uns mit dem Opernglas die Berge an. Dann gingen wir den ganzen Weg zurück. Wir spielten auch noch an einem Bach bei vielen Alpenrosen.
[Zeichnung: Zelt.]

31. Juli 1934
Heute nachmittag besuchten wir das nahe Kaffee „La Villa". Wir gingen auf einem schönen Waldweg dorthin. Da tranken wir Kaffee und aßen Kuchen. Wir spielten auch noch. Dann fuhren wir mit dem Auto nach Hause.

1. August 1934
Heute nachmittag gingen wir nach Colfosko, dort tranken wir Kaffee und aßen Butterbrot, das schmeckte fein. Dann spielten wir noch ein wenig. Und dann gingen wir nach Hause.

5. August 1934
Heute gingen wir einen Weg in der Richtung des Campolongo-Passes und weiter hinaus, fast bis zum Boesee. Dort hatten wir eine wunderbare Aussicht auf die Marmolata. Zum Essen waren wir wieder zu Hause.

6. August 1934
Heute war sehr schönes Wetter. Wir fuhren wieder auf den Passo di Gardena [radiert:Paß]. Aber Tante Helme war auch dabei. Wir bauten auf einem Hügel wieder das Zelt. Wir aßen das mitgebrachte Mittag. Dann ruhten wir einige Stunden aus. Nachher räumten wir auf und dann stiegen wir ab, da kam uns Herr Kleinert entgegen. Er sitzt bei uns im Speisesaal am selben Tisch. Als wir an das Paßhaus kamen, sahen wir auf der Wiese viele junge Männer in Boznertracht. Sie hatten weiße Hemden, rote Leibchen und grüne Hosenträger an. Das war ganz bunt. Es waren auch

noch drei Mädchen in der Tracht dabei. Wir tranken Himbeersaft und aßen Kuchen. Da kam auf einmal ein Pfau, der war sehr schön, blau und grün. Auf einmal fingen die Männer an, eine Musik zu machen, das war sehr schön. Dann gingen wir wieder nach Hause.
Gestern, am 11. August, haben wir am Abhang des Col Alt Erdbeeren gepflückt. Es ist jetzt nicht besonders schönes Wetter.

9. August 1934
Ich war heute mit Tante Helme und Onkel Erich in Colfosko. Klaus und Peter waren auch dabei. Dann sind wir weiter gegangen an der Kirche vorbei, und sind das Tal herauf auf die Kapelle zu gegangen, an der sich der Weg gabelt. Wir haben sie jedoch nicht erreicht, denn es begann zu regnen. Wir machten daher kehrt und liefen schnell zu der Schutzhütte zurück, an der wir vorher vorbeigekommen waren. Hier warteten wir kurze Zeit ab, um zu sehen, ob der Regen aufhören würde, dann gingen wir schnell nach Hause.

14. August 1934
Heute gingen Klaus, Peter, Tante Helme und ich zum Ciampatsch-See. Wir fuhren mit dem 10 Uhr-Omnibus nach Colfosko. Von da aus stiegen wir einen ziemlich steilen Weg bis zu einer Kapelle, von da aus ging es noch ein Stück hinauf, dann sah man schon den See glitzern. Wir gingen noch ganz an den Rand des Sees, er war sehr klein. Wir ruhten ein wenig aus, dann begaben wir uns wieder nach Hause.

15. August 1934
Vormittags suchten wir Erdbeeren am Col Alt, wir fanden sehr viele. Nachmittags gingen wir zu einem Fest, das in der Nähe von Corvara war. Dort wurde getanzt. Es war auch ein Angelspiel dort, in dem habe ich einen geschnitzten Hirten geangelt. Es waren auch noch viele andere Dinge zu sehen. Wir gingen bald wieder nach Hause.
[Zeichnung: Hotel Posta Zirm]

16. August 1934
Heute war wunderschönes Wetter. Wir fuhren mit dem Postauto nach dem Campolongo-Paß. Von da aus stiegen wir erst einen steilen Weg hinauf. Er wurde immer steiler und immer steiler, zuletzt wurde es ganz steil. Es ging an Felswänden vorbei. Wir waren schon eine Stunde gegangen. Endlich sah man ein kleines bißchen von dem See. Wir gingen an ihn ran. Er war nicht groß, aber sehr tief. Er war ganz dunkelgrün. Wir setzten uns in den Schatten und aßen Mittag. Dann kuckten wir uns noch alle Berge

an. Dann gingen wir langsam auf einem anderen Weg nach Hause. Dieser war aber auch sehr steil. Abends waren wir wieder zu Hause.

18. August 1934
Heute fuhren wir mit dem Auto nach Bozen. Onkel Erich hat uns diese wunderbare Fahrt geschenkt. Wir fuhren von Corvara aus über den Campolongo-Paß (1875 m) nach Arabba, rechts die Sella, links den Col di Lana, sahen in der Richtung gegen Pieve di Livinalongo den Mt. Pelmo (3169 m) mächtig gegen den Himmel ragen, rechts davon einen Teil der Civetta, und fuhren dann aufwärts zum Pordoi-Joch (2839 m). Dort stiegen wir aus, kletterten ein wenig herum, um uns die Marmolata etwas näher anzusehen, gingen aber bald wieder zurück, um weiter zu fahren. Wir fuhren über Canazei, Karer-See, durch wunderbare Gebirgslandschaften und herrliche Wälder nach Bozen. Auf der Fahrt sahen wir die mächtigen Sella-Wände vom Sella-Joch aus, [die] Cirspitzen am Grödner-Joch, den Langkofel, die Fünffingerspitzen und die Rodella. Bald sah man bei Canazei wieder die Marmolata. Hinter dem Karer-Paß kommt man an den wunderbaren, tiefgrünen Karer-See, hinter dem der Latemar mächtig aufsteigt, gegenüber der Rosengarten und die Spitzen der Vajolet-Türme. Dann fuhren wir durch das Eggental, durch enge Felswände, dann durch grüne Wälder bis wir in der Nähe von Bozen an riesigen Weinbergen und Weingärten vorüber kamen. Bozen selbst ist eine Stadt mit alter Kultur. Auf dem Walter-Platz steht das Denkmal Walters von der Vogelweide. Weltberühmt ist der Obstmarkt, auf dem man das herrlichste Obst findet. In der gotischen Pfarrkirche, die aus dem 14. bis 15. Jahrhundert stammt, waren wir auch. Sie hat ein lombardisches Portal mit zwei säulentragenden Löwen aus rotem Marmor. Die Kirche hat ein Altarbild von Lazzarini, einem Schüler Tizians. Interessant ist auch die Laubengasse, in der viele Geschäfte sind. Die Straßen sind wie in den meisten Städten eng. Die grünen Fensterläden, gegen die Sonne zeigend, zeigen, daß man in einer sehr südlichen Stadt ist. Von Bozen aus sieht man den Rosengarten, den wir in der untergehenden Sonne dann glühend rot erstrahlen sahen. Die Rückfahrt durch das Etschtal und Grödnertal, vorbei an Ortisei, Selva und Plun de Gralba war auch wunderschön, das letzte Stück ging steil hinauf zum Grödner-Paß an den mächtigen Sella-Wänden entlang, dann wieder langsam abwärts an den Cir-Spitzen entlang in unzähligen [Kurven] gegen Colfosko, Pescosta, Corvara. Das letzte Stück des Weges fuhren wir in völliger Dunkelheit, über uns die strahlenden Sterne und im magischen Mondlicht die riesigen Berge und steilen Felswände. Von den Hochwiesen stieg der Duft der Blumen und Kräuter. Im Scheinwerferlicht sahen wir Nachtfalter und Käfer, die bei der raschen Fahrt aussahen, als wären es Funken, die

vom Auto absprangen. Am Hotel wurden wir schon erwartet und unsere Sachen auf die Zimmer gebracht. Nach einem kurzen Abendbrot schliefen wir bald, müde und sonnengebräunt. Zum Andenken an diese Fahrt habe ich von Tante Helme eine Korallenkette bekommen. Einen sehr guten Kaffee tranken wir im „Cafe-Luna".

Am 23. August sind wir heimgekommen. Mutti hat uns in Brannenburg mit den beiden Kleinen abgeholt. Wir haben in einer Wirtschaft Kaffee getrunken und sind ein bißchen herumgegangen. Dann sind wir noch bis Rosenheim, alle zusammen, gefahren. Als wir zu Hause ankamen, begrüßte uns Papa. An der Vordertüre war ein Eichenkranz mit der Inschrift „Glückliche Rückkehr", an der Hintertür stand „Herzlich willkommen in Niedernburg". [Zeichnung: Kranz mit der Inschrift „Glückliche Rückkehr".]

Donnerstag, 6. September 1934
Heute war sehr launisches Wetter. Arno, Trudi, Paula und ich wollten heute das Rosenheimer Herbstfest besuchen. Wir nahmen uns je einen Mantel mit, falls es regnen sollte. Arno durfte sich hinten auf mein Rad setzen und Trudi auf Paulas. Wir fuhren dann ungefähr um 1/2 2 Uhr fort. In Schloßberg stellten wir die Räder ein und begaben uns auf die Festwiese. Als wir dort angelangt waren, sahen wir schon eine Menge Leute. Wir erblickten sogleich den „Glückshafen", das Riesenrad, welches alles andere überragte. Man konnte auch vielerlei Buden sehen und große Bierhallen. Beim Weitergehen sahen wir die Schiffs-Schaukel, die Achterbahn, das Kettenkarussell, das Kasperletheater und eine Luftschleife oder den sogenannten „Schnellflug". Auch eine Geisterbahn war zu sehen. Wir sahen uns alles genau an, da erblickten wir auch noch ein Karussell mit kleinen hölzernen Pferden, auf einem solchen durfte Arno herumfahren. Es waren auch kleine Autos da, in denen man selbst steuern mußte. Nachdem wir alles genau besichtigt hatten, fuhren wir drei Kinder mit dem „Schnellflug", das war wunderschön! Wir sahen die Leute nur noch ganz klein. Als dieser schöne Flug vorbei war, löschten wir unseren Durst an einem süßen Eis, dasselbe schmeckte uns vorzüglich. Trudi durfte angeln. Sie angelte ein kleines nettes Kätzchen. Später holte ich Maria Windstoßer ab. Wir hatten uns mit ihr verabredet, ich solle sie abholen, weil sie jetzt in Rosenheim eine Stelle hat. In einer halben Stunde waren Maria und ich wieder auf der Wiese. Wir hatten die anderen drei gleich wieder gefunden. Ich schaukelte mit Maria einmal auf der Schiffschaukel. Das war sehr fein. Mit Maria durfte Arno einmal mit den Autos fahren. Dann fuhren Paula, Trudi, Arno und ich mit dem Riesenrad. Das war das Allerschönste. Ganz oben konnte man die ganze Wiese übersehen. Als wir da auch wie-

der ausgestiegen sind, war es Zeit zum Nachhausefahren. Maria begleitete uns noch ein Stück. Dann fuhren wir alle zufrieden nach Hause. Ich war *noch* einige Male im Herbstfest.

Sonntag, 30. September 1934
Bei schönem Wetter fuhr ich mit einem Blumenstrauß zu Liesel. Bei Liesel angekommen, steckten wir die Blumen ins Wasser. Bald darauf gingen wir nach Rosenheim ins Kino. Es hieß „Pat und Paterchon"[35] Es war zum Lachen. Als [es] zu Ende war, blieben wir noch sitzen, da kamen noch schöne Landschaften. Nachdem wir alles gesehen hatten, gingen wir nach Hause. Liesel fuhr noch bis zu uns mit. Zu Hause aßen wir Abendbrot. Liesel blieb bis 1/2 8 Uhr da. Dann begleiteten Mutti und ich Liesel ein Stück. Vom 12. Oktober [bis] zum 13. waren die Schreiner da. Wir bekamen einen schönen neuen Balkon.

Kirchweih, 20. und 21. Oktober 1934
Heute war richtiges Kirchweihwetter. Am Sonntagnachmittag gingen Paula, Trudi, Arno und ich zum „Rauchöder" in Buch, weil sie da eine „Kirtahutschn" hatten. Als wir dort waren, waren fast keine Kinder da, aber wir schaukelten doch. Und bald kamen Kinder, und es war sehr lustig. Um 1/2 6 Uhr waren wir wieder zu Hause.
Am Montag war dasselbe schöne Wetter. Paula hatte frei. Sie nahm mich aber doch mit. Wir fuhren wieder nach Buch. Dort war es sehr lustig. Ungefähr um 4 Uhr fuhren wir nach Zaisering. Dort schaukelten wir beim Scherzer. Es war wieder sehr lustig. Um 1/2 6 Uhr war ich zu Hause.

Sonntag, 28. Oktober 1934
Heute war Trudis Geburtstag. Sie bekam sehr viele Sachen. Paula und ich schenkten ihr jedes ein kleines Körbchen mit Wolle umwickelt und mit Süßigkeiten gefüllt. Nachmittag war große Kindergesellschaft. Bei schönem Wetter tranken wir draußen Kaffee. Dann machten wir schöne Spiele und Topfschlagen. Es gab auch schöne Preise dazu. Wir hatten auch nette Tischkarten gemacht.
[Zeichnung: Zwei Körbchen.]

---

35 Elisabeth schreibt „Paterpaterchorn". Das dänische Komikerpaar Carl Schenström (1881–1942) und Harald Madsen (1890–1949) wurde in Europa durch zahlreiche Filme als Vorläufer von „Dick und Doof" bekannt. In den Rosenheimer Kammer-Lichtspielen lief vom 28.9. bis 1.10.1934 „Pat und Paterchon – Schritt und Tritt". RA, 28.9.1934.

Sonntag, 18. November 1934
Heute war nochmal richtiges Sommerwetter. Die Sonne schien so schön und warm, da fuhren wir alle mit den Rädern nach Rosenheim. Dort war nämlich „Kinderhort".[36] Das ist immer sehr schön. Auch dieses Jahr war es so. Als wir glücklich im „Hofbräusaal" gelandet waren, war er noch ziemlich leer. Aber bald füllte er sich, und nach langem Warten ging der Vorhang auf. Die erste Vorführung war ein kleines Theater. Dann kam ein sehr hübscher Reigen, dann ein Postillion und sang ein hübsches Lied. Dann kam noch ein nettes Theater, dann Trachtenmädchen und dann Schuhplattler. Der Kinderhort war wieder sehr hübsch.
[Zeichnung: Theaterbühne.]

6. Dezember 1934
Heute war Nikolaustag. Nach der Schule fuhr ich in die Stadt. Abends um 1/2 7 Uhr kam der Nikolaus. Er hatte einen großen Sack voll süßer Sachen mitgebracht.

Samstag, 8. Dezember 1934
Heute nachmittag um 1/2 3 Uhr spielten wir ein Theater. Zuerst den Einakter „St. Niklas", in diesem Stück war Trudi der Zwerg „Flock". Dann kam das Gedicht „Die verkrüppelte Tanne". Das mußten drei Engel vortragen, da war ich auch dabei. Dann kam noch das Stück „Die Adventmännlein". Hierbei war Trudi der Zwerg „Fips" und ich ein Begleitengel der Adventfee. Am Abend mußten wir nocheinmal spielen.

Sonntag, 22. Dezember 1934
Heute war eine Kinderbescherung in Zaisering. Da wurde ein kleines Theater aufgeführt, „Die blinde Martha". Ich war der Erzengel. Ich mußte auch noch ein Gedicht vortragen, „Weihnachtszeit". Zuletzt machten wir noch ein Krippenbild. Ich mußte einen knieenden Engel machen. Vor der Theatervorführung war noch ein Fackelzug zum Kriegerdenkmal. Nach dem Theater war die Bescherung. Wir bekamen eine Tasse Punsch und einen Teller voll Gebäck, einen Bleistift, zwei Griffel, eine Tafel Schokolade. Um 3/4 12 Uhr war ich zu Hause.
[Zeichnung: Tasse, Teller mit Gebäck.]

---

36 Im „Kinderhort-Theater" spielten „die Hortkinder zum 30jährigen Bestehen des Hortes im Hofbräu-Saal" am Sonntag, 18. November 1934 um 15 Uhr und 19.30 Uhr sowie am Dienstag, 20. November um 19.30 Uhr. Die Hortleitung oblag Stadtpfarrer Josef Bernrieder. RA, 17.11.1934, S. 8.

Heiliger Abend, 24. Dezember 1934
Nachmittags gingen wir zuerst mit Mutti nach Zaisering und brachten Sachen hin, dann gingen wir noch überall herum. Dann zogen wir uns um. Da, auf einmal klatschte Papa in die Hände und wir durften rauf kommen. Da sahen wir zuerst einen brennenden Lichterbaum, dann drei Tische. Ein kleiner, der gehörte zur einen Hälfte Trudi und zur zweiten Arno. Dann sahen wir einen runden Tisch, der gehörte Paula und mir. Ich bekam: Eine Sparbüchse, einen Geldbeutel mit Reißverschluß, einen hübschen Knäulbecher, vielerlei Spiele, zwei Bücher, eine Schürze, Unterrock, ein Deckchen zum Sticken, Postkarten, zwei Kalender und von Paula eine Waschtischgarnitur zum Sticken und eine Lampe. Ich schenkte Papa eine Zeitungsmappe, Mutti stickte ich etwas, Paula einen Taschentuchbehälter, Trudi webte ich ein Scherenband und Arno strickte ich Handschuhe. Wir bekamen auch noch neue Vorhänge für's Kinderzimmer.
[Zeichnung: Weihnachtsbaum.]

Sylvester 1934
An Sylvester blieben Papa, Mutti und ich bis 1/2 1 Uhr auf. Wir tranken Punsch und aßen Gebäck dazu. Das war sehr schön. Das war das erste Mal, daß ich aufbleiben durfte. Heuer hatten wir Weihnachten *ohne* Schnee. Die Rosen blühten noch im Vorgarten.
[Zeichnung: Rosen.]

Zum Geleit
Auf Mitternacht der Zeiger rückt,
Das alte Jahr will gehen –
Nochmal an uns vorüber zieht
Entschwundner Zeit Geschehen.
War gut, war schön der Tage Lauf,
Laßt still dafür uns danken,
Und hat die Not den Weg geteilt,
Kleinmut macht uns nicht wanken.

Ein starkes Herz, ein deutsches Herz,
Dazu ein fröhlich Sinnen,
Gott gebs. Dann sind gerüstet wir
Zu jeglichem Beginnen.
Jetzt, Uhr, ruf aus das neue Jahr!
Es soll bereit uns sehen.
Wir wollen, wie's auch kommen mag,
In Glück und Leid bestehen.

Januar 1935
Mutti war jetzt 14 Tage verreist. Sie brachte mir zwei Bücher, eine niedliche, blaue Taschenlampe und Schokolade mit.
[Zeichnung: Schokolade.]

4., 5. Januar 1935
Diese Tage war Konrad Arndt[37] bei uns zu Besuch. Er ist sehr groß und nett.
Vom 5. bis 11. Februar war ich krank, ich hatte die Grippe. Wir haben vom 11. bis 18. Februar Grippeferien, weil so viele Kinder an Grippe krank sind.

12. Februar 1935
Heute, an meinem Geburtstag, schulfrei! Das war doch das Schönste, was ich mir je denken konnte. – Morgens, ungefähr um 1/2 8 Uhr, durften wir ins kleine Wohnzimmer kommen. Was sahen wir da alles? Auf dem großen Tisch stand inmitten ein Kuchen mit rundherum zwölf brennenden Kerzen, und in der [Mitte] stand das Lebenslichtlein. Der kleine runde Tisch war mit Geschenken sozusagen überhäuft. Da lag neben einem hellblauen Kartenalbum ein Buch von Johanna Spyri,[38] eine wunderschöne Mundharmonika, die mir am meisten Freude bereitet. Ich bekam auch noch von Paula Albumbilder, einen Tafellappen und einen Radiergummi, von Arno ein niedliches, blaues Lesezeichen. Von Trudi bekam ich ein Glastellerchen mit Süßigkeiten. Auf dem Tisch lag auch noch ein kleines Päckchen von Tante Helme. Als ich es geöffnet hatte, sah ich zwei kleine Bücher, ein Portemonnaie und eine kleine Reiseuhr in Ledertasche. Eine wunderschöne Reiseuhr. Außerdem bekam ich noch von Mutti und Papa ein Paar Strümpfe, Hausschuhe, einen blauen Kleiderstoff, einen Schlüpfer, Handschuhe und eine Kokosnuß. Nachträglich kam noch von Tante Else[39] ein Kartenalbum und ein hellgrüner Kleiderstoff. Von Tante Iska[40] kam noch ein schönes Buch, „Heimat um Heimat" von Tony Schumacher.[41] Von Tante Marie[42] kommt auch noch ein kleines Buch.

---

37 Konrad Arndt, ein Cousin von Elisabeth Block. Seine Eltern sind Marie Arndt, geb. Block, eine Halbschwester von Fritz Block, verheiratet mit dem Graphiker Paul Arndt. Sie lebten in Berlin. Konrad Arndt emigrierte 1935 nach Argentinien.
38 Siehe Anm. 23.
39 Else Levy.
40 Iska Redelmeier, geb. Frensdorff, eine Schwester von Mirjam Block, verheiratet mit Willy Redelmeier. Sie lebten in Amsterdam und emigrierten später nach Kanada.
41 Schumacher, Tony von (1848–1928): Heimat um Heimat (1926).

24. Februar 1935
Heute feierte ich meinen Geburtstag mit meinen Freundinnen. Schon am frühen Nachmittag kam Liesel. Sie überreichte mir ein Päckchen, in welchem sich eine Pralinenschachtel befand. Bald nachher kamen: Marile, Marianne, Annemie, Rosa und Lisei.[43] Sie schenkten mir allerhand nette Kleinigkeiten. Wir setzten uns an den langen, weiß gedeckten Tisch und probierten sogleich die Kuchen, die feine Schlagsahne und den guten Kakao. Nach dem Kaffee machten wir allerhand Spiele mit schönen Preisen, verlosten auch und spielten Topfschlagen im Garten, da es sehr schönes Wetter war. Dann stärkten wir uns mit einem feinen Obstsalat. Um 1/2 6 Uhr verabschiedeten sich alle und begaben sich nach Hause. Das war ein schöner Tag!

Faschingsdienstag, [5. März] 1935
Ich besuchte heute den Rosenheimer Faschingszug. Als ich in Rosenheim ankam, konnte ich zuerst noch meine Besorgungen machen, dann stellte ich mich ans Mittertor, um den Faschingszug zu sehen, aber ich mußte noch lange warten. Endlich kam er. Er war nicht besonders lang, aber doch ganz nett. Mehrere Wägen mit drolligen Menschen, Prinz Karneval und sonstige Dinge zum Lachen.
[Zeichnung: Harlekin.]

Zu Papas Geburtstag, [12. März] 1935
Dies Lebensjahr, es mög' dir bringen
Bald schönen Frühling vor allen Dingen!
Den Sommer mit Bildern in lieblichen Farben,
Reich von Früchten und schweren Garben.
Einen klaren Herbst und ein frohes Herz,
Einen sonnigen Winter, kurz, ohne Schmerz.
Gesundheit, Gelingen und Freude am Leben,
Das möge das Schicksal dir alles geben!
[Zeichnung: Kerze.]

17. März 1935
Heute nachmittag fuhr ich mit Mutti in der Post nach Rosenheim, um dem Vortrag vom Obstbauverein Rosenheim beizuwohnen. Als wir im Flötzin-

---

42 Marie Arndt, geborene Block, aus Berlin.
43 Marile Zanker, Marianne Gaßner, Anni Berger, Rosa und Lisei Wimmer. Siehe Anm. 24.

ger-Saal angekommen waren, sahen wir schon eine Menge Leute. Wir setzten uns an einen Tisch und warteten. Es kamen noch viele Leute, so daß sie nicht mehr Platz hatten und man sie bat, erst um 5 Uhr wieder zu kommen. Endlich konnte man anfangen. Wir sahen wunderschöne Lichtbilder in bunten Farben. Schöne Gärten, herrliche Steingärten und entzückende Fensterblumen. Es war sehr schön, und man sah ungefähr 50 Bilder. Um 1/2 5 Uhr war es schon zu Ende.[44] Wir gingen noch ins Kaffee und dann begaben wir uns nach Hause. Um 1/2 7 Uhr kamen wir zu Hause an. [Zeichnung: Blumenkasten.]

10. April 1935 (Vormittag)
Heute hatten wir die Schulfeier. Sie begann mit dem Lied „Lobt froh den Herrn". Das ganze Schulzimmer war aufs Schönste geziert. Auch die Handarbeiten konnte man sehen. Endlich konnte angefangen werden. Nach dem Anfangslied kam ein Vortrag von drei Schülern der 6. Klasse mit dem Titel „Dieser Hindenburg ist tot!" Ihm folgte das Lied „Ich hatt' einen Kameraden". Dann kam ein Sprechchor: „Der 1. März 35", an dem ich auch beteiligt war. Nach diesem ertönte das Saarlied. Ihm folgte ein Vortrag über Hans Schemm, den Bayerischen Kultusminister. Dann erscholl das Lied „Die Fahne hoch!". Darauf folgte eine kleine Pause. Die Schüler und Schülerinnen der 7. Klasse führten einen Sprechchor vor. Hierauf kamen zwei nette Gedichte. Dann kam ein Theaterstück in bayrischer Mundart mit dem Titel „s' Münchnerkindl". Ich hatte hier die Rolle des Münchnerkindls. Dann erklang das Lied „Schön ist die Jugend" und das „Deutschlandlied". Mit dem Austeilen der Zeugnisse endete die schöne Schulschlußfeier.

10. April 1935 (Nachmittag)
Ich war gerade bei Engelmaiers, da rief man mich. Ich kam und vernahm von meiner Mutter, daß ich mit unserem Herrn Hauptlehrer nach Sollach fahren dürfe. Ich zog mich schnell um und eilte zum Auto, da erblickte ich auch noch Marianne Gaßner, Annemarie Lechner und Hans Wagner,[45]

---

44 Elisabeth und ihre Mutter fuhren mit dem Postbus („in der Post") zum Vortrag von Gartenbaudirektor Rothmund aus Fürstenfeldbruck über „Blumenschmuck und Gartenschönheit" mit über 200 Lichtbildern, organisiert vom Bezirksverband für Obst- und Gartenbau, am 17.3.1935 im Flötzinger-Saal in der Kaiserstraße um 14 Uhr; vormittags fanden in Rosenheim Heldengedenktag-Feiern vor dem Kriegerdenkmal statt. RA, 15.3.1935, S. 5.
45 Hans Wagner, geb. 1921, ist der ältere Bruder von Albert Wagner, dem Freund von Arno Block. HdBG, Gespräche, S. 68 f.

welche auch mitfahren durften. Bald begann eine herrliche Fahrt. Wir fuhren über Rosenheim, Kolbermoor, Bad Aibling, Kirchdorf, Feldkirchen, Aschbach, Grub und Kreuzstraße nach Sollach. Um 13.30 Uhr kamen wir in der Heimat des Herrn Expositus von Zaisering an. Es war ein riesiger Bauernhof. Dort empfing man uns und bewirtete uns aufs Beste. Nachdem wir den großen Stall mit 45 Kühen, vier Pferden und Schweinen besichtigt hatten, fuhren wir nach der Autostraße. Dort sahen wir einen mächtigen Brückenbau hoch in der Luft.[46] Es war sehr interessant. Als wir alles genau gesehen hatten, fuhren wir wieder nach Sollach zurück, wo wir uns noch einmal zu Tisch setzten und uns vollständig sättigten. Danach spielten wir und liefen herum. Gegen Abend setzten wir uns auf einen Daxenhaufen,[47] um uns vom Herrn Hauptlehrer knipsen zu lassen. Als das geschehen war, begaben wir uns ins Haus und hörten den Erwachsenen zu. Später lauschten wir den beiden Töchtern des Hofes, denn sie sangen ein schönes Lied. Um 20.30 Uhr (8 1/2 Uhr) abends eilten wir durch die Nacht nach Hause. Das war wirklich eine schöne Überraschung für uns, und wir werden noch oft daran denken! Am anderen Tag mußten wir das Auto vom Herrn Hauptlehrer putzen und erhielten dafür 10 Pfennig.

Am 17. April 35 fuhr Papa nach Italien.[48]

Ostern, 21. und 22. April 1935
Dieses Jahr begannen die Osterferien am 10. April und endeten am 24. April. Am Karfreitag färbten Paula und ich viele Eier. Am Ostersonntag und Ostermontag spielten wir und scheibten Eier.[49] Wir bekamen auch noch [Besuch] von Frau Hoffmann.[50]

---

46 Autobahnbrücke über das Mangfalltal bei Weyarn.
47 Bayerisch für Fichten- oder Tannenzweige.
48 Fritz Block war unter anderem in Certosa, wie aus einer vom 30. April 1935 datierten Zeichnung hervorgeht. Siehe S. 27, Anm. 44.
49 Osterbrauch des "Eierscheibens"; Elisabeth schreibt "schieben Eier".
50 Elsbeth Hoffmann und ihr Mann Rudolf wohnten in Hochstätt bei Rimsting am Chiemsee. Sie zählten offenbar zu den engeren Freunden der Familie Block, vielleicht auch deshalb, weil Elsbeth Hoffmann Jüdin war. In den folgenden Jahren besuchten vor allem Mirjam Block und die Kinder öfters die Familie Hoffmann. Rudolf Hoffmann widmete sich der Malerei, in den gängigen Künstlerlexika ist er jedoch nicht verzeichnet. Im Einwohnerbuch 1937, S. 101 ist er als Studienprofessor eingetragen. (Kein Eintrag 1934.) Im Fragebogen der historischen Kommission von 1946, mit dem festgestellt werden sollte, wieviele Juden 1938 im Landkreis Rosenheim wohnten, wird auch Elsbeth Hoffmann genannt, geb. am 2.5.1893 in Emden. Gemäß dieser Liste, in

Ich erhielt eine sehr nette kleine Teetasse. An Ostern war es sehr schönes Wetter.

5. Mai 1935

Heute war ein schöner Maien-Sonntag. Diesen benützten meine Cousine Eva Levy,[51] die jetzt bei uns ist, um die Landwirtschaft kennen zu lernen, und ich, um nach der schönen alten Stadt Wasserburg zu fahren. Ungefähr um 9 Uhr morgens fuhren wir auf den Rädern dahin. Es war noch nicht sehr heiß, darum konnten wir noch ganz schnell fahren. Aber als wir hinter Vogtareuth waren, wurde es schon bedeutend heißer. Wir kamen an vielen kleinen Ortschaften vorbei. Als wir nun endlich nach 1 3/4 Stunden die Stadt unten so herrlich liegen sahen, da waren wir hochbeglückt. Wir fuhren zum Marktplatz, kauften uns dort etwas Eis und sahen uns in dieser schmucken Kleinstadt nach einem hübschen Gasthaus um. Wir gedachten in das Kaffee „Hoch-Garten" zu gehen, um dort unser Mittagsmahl zu verzehren. Wir stellten unsere Räder beim „Bruck-Bräu" ein und wanderten dann zum Hoch-Garten hinauf. Dort bestellten wir uns ein Mittagessen, das bei mir aus zwei Paar „Wienern" und Kartoffelsalat bestand, und bei Eva aus zwei Spiegeleiern und auch Kartoffelsalat. Das Essen war fabelhaft. Nach dem Mittagessen begaben wir uns auf den Kellerberg, von wo aus wir eine herrliche Aussicht auf ganz Wasserburg hatten. Wir legten uns dort oben auf eine Wiese und schliefen ein bißchen. Dann gingen wir wieder hinunter und tranken beim Bruck-Bräu Kaffee. Dann fuhren wir ganz glücklich nach Hause.

Am 7. Mai kam Großmutter Frensdorff.[52] Sie brachte mir einen Badeanzug, einen Ball und zwei Taschentücher zum Umhäkeln mit. Am 13. Mai fuhr sie schon wieder ab.

Am 10. Mai abends kam Papa mit dem Postauto nach Hause. Er brachte mir einen reizenden, kleinen Photoapparat mit.

12. Mai 1935
Muttertag
[Zeichnung: Zwei Blümchen.]
Bei uns vollzog sich der Muttertag in ganz einfacher Weise. Ich stand um

---

der auch die Familie Block aufgeführt ist, lebten im Landkreis Rosenheim (ohne Stadt Rosenheim) 1939 insgesamt 17 Juden, 1933 waren es 21. StAM, LRA 55415. Siehe Abb. 26.
51 Eva Levy, geb. 1915, Tochter von Else und Dr. Leo Levy aus Bad Polzin, Pommern.
52 Hulda Frensdorff lebte in Hannover.

5 Uhr morgens auf, kochte Kaffee und deckte den Kaffeetisch, wobei ich den Platz meiner lieben Mutter mit Blumen umkränzte. Dann pflückte ich einen Strauß Tulpen und Narzissen und stellte diesen in einer Vase auf den Kaffeetisch. Meine Geschwister waren inzwischen auch aufgestanden. Wir pflückten je einen Strauß Blumen. Um 7 Uhr brachte ich von Mutti Briefe auf die Post, hierauf gingen wir zu ihr ins Schlafzimmer, dort überreichten wir ihr unsere Geschenke und sagten je ein Gedicht. Ich gab Mutti einen gehäkelten Kaktus, den man als Nadelkissen benützen kann. Sie erhielt auch noch eine Photographie von mir, die Eva gemacht hatte.[53]
[Zeichnung: Kaktus-Nadelkissen.]

Donnerstag, 16. Mai 1935
Heute mußte ich um 4 Uhr morgens aufstehen, weil die 5., 6. und 7. Klasse einen Ausflug nach Wasserburg machte. Wir trafen uns in Zaisering, wanderten über Sulmaring, Weikering nach Vogtareuth. Dort besuchten wir die Kirche, die sehr schön war. Dann marschierten wir weiter über Holzhausen nach Griesstätt, wo wir uns auch die Kirche ansahen. Sie hatte große Ähnlichkeit mit der Zaiseringer Kirche. Hinter Griesstätt befand sich ein kleiner Aussichtsturm. Dort hielten wir die erste Rast. Wir stärkten uns tüchtig, wurden dann vom Herrn Hauptlehrer geknipst, und als wir wieder neue Kräfte gesammelt hatten, wanderten wir weiter nach Altenhohenau. Auch da schauten wir uns die Kirche an. Sie gefiel uns auch sehr gut. Nach langem Wandern gelangten wir endlich in Wasserburg an. Wir stiegen gleich auf den Kellerberg, um 1/2 12 Uhr waren wir oben, von da aus sahen wir die Stadt. Wir gingen dann in das „Kellerberg Gasthaus", bestellten uns Tee und aßen dazu unsere mitgebrachten Brote. Wir kauften uns auch zwei Karten von Wasserburg, gingen auch in die Stadt hinunter und kauften uns etwas. Um 1/2 3 Uhr begaben wir uns auf den Weg zum Bahnhof.
Wir besuchten auch die Wasserburger Jakobikirche. Am Bahnhof warfen wir auch in einen Automat ein. Wir fuhren mit der Bahn bis Rott am Inn, wanderten von da aus nach Untermühl, ließen uns dort über den Inn setzen. Das war fein! Wir kamen dann bei Sunkenroth raus. Von da aus gingen wir den selben Weg über Vogtareuth zurück, den wir auch gekommen waren. Um 8 Uhr abends war ich zu Hause.

---

53 Siehe Abb. 5.

22. Mai 1935
Trotz nicht sehr schönem Wetter fuhren Eva und ich an den Chiemsee. Wir fuhren über Prutting, Endorf, Prien nach Stock. Dort angekommen, stellten wir die Räder ein, begaben uns auf das Motorboot „Irmgard" und fuhren mit diesem auf die Herreninsel. Da wurde es etwas schöner. Wir gingen zu einer kleinen Kapelle und von da aus zum Schloß, welches ich schon einmal mit einem Schulausflug besichtigt hatte. Als wir alles gesehen hatten, gingen wir zum Hotel und aßen dort zu Mittag. Dann mieteten wir uns ein Boot und Eva ruderte mich zur Fraueninsel. Da besichtigten wir die Kirche und die ganze Insel. Innerhalb einer halben Stunde ruderten wir wieder zurück und fuhren mit diesem Motorboot wieder nach Stock zurück. Hierauf fuhren wir wieder denselben Weg zurück, als wir gekommen waren. Das war herrlich! [Zeichnung: Ruderboot.]

2. Juni 1935
Heute wollten wir eine Tour nach Neubeuern machen. Wir mußten aber erst nach Stephanskirchen fahren, um dort Eier hinzubringen. Von Stephanskirchen fuhren wir über Sims auf die Straße, die nach Rohrdorf führt. Vor Rohrdorf bogen wir dann ab und kamen nach Neubeuern. Dort stellten wir die Räder ein und begaben uns auf die Burg Neubeuern. Von da aus hatten wir eine herrliche Aussicht ins Inntal. Als wir alles gesehen hatten, gingen wir hinunter, holten unsere Räder und fuhren weiter nach Nußdorf. Dort angekommen, fing es zu donnern an und wir flüchteten schnell ins Kaffee „Heuberg". Da es schon Zeit zum Mittagessen war, bestellten wir uns etwas zu trinken, weil wir Kartoffelsalat und Eier selbst dabei hatten. In diesem netten Restaurant ließen wir uns das Essen gut munden. Indessen war ein großes Gewitter heran gekommen, aber als wir fertig waren, hörte es schon mehr und mehr auf. Und wir begaben uns hinaus, um uns die Gegend anzusehen. Nußdorf liegt nämlich am Fuße des Heubergs. Zu dieser Wirtschaft gehört auch noch eine Gärtnerei und eine Badeanstalt. Und wir beide, Eva und ich, fragten die Frau, ob wir uns nicht wohl den Garten und das Gewächshaus ansehen dürften, weil wir auch von einer kleinen Gärtnerei in Niedernburg wären. Da erwiderte die Frau „ja", und sie kenne uns auch, denn sie war eine Verwandte von Friedl Marie. Nun zeigte uns ihr Mann den ganzen Garten und das Schwimmbad aufs Genaueste.[54] Da die Sonne wieder recht freundlich vom

---

54 Georg Staber ist im Adreßbuch 1934, S. 86 als „Schwimmbadbesitzer" verzeichnet, im Einwohnerbuch 1937, S. 76 als „Gärtner, Bad und Kaffee". Am 9. Februar 1941 besuchte er die Familie Block in Niedernburg. Siehe S. 234.

Himmel lachte, verabschiedeten wir uns und fuhren nach Brannenburg. Da mußten wir über die Innbrücke bei Brannenburg, wo wir je fünf Pfennig Brückenzoll bezahlen mußten. Von Brannenburg aus fuhren wir dann nach Hause.
[Eingeklebte Karte des Brückenzolls Nußdorf.]

4. Juni 1935
Gestern, den 3. Juni, wurde uns eine große Freude zuteil. Wir durften den gewaltigen Film vom Parteitag 1934 „Triumph des Willens" anschauen.[55] Um 12 Uhr mittags marschierten wir vom Schulhaus weg. Wir waren eine stattliche Schar, denn es durfte sich die ganze Schule Zaisering mit Ausnahme der ABC-Schützen beteiligen. Einige erhielten die Erlaubnis, mit dem Rade zu fahren. Als wir im Kino ankamen, war schon mehr als die Hälfte des Saales besetzt. Es herrschte ein Stimmengewirr wie in einem Bienenkorbe. Da die Vorführung noch nicht gleich begann, verkürzten wir uns die Zeit mit Unterhaltung und Löschung unseres großen Durstes. Nach einer halben Stunde des Wartens verdunkelte sich der Saal und wir schauten alle gespannt auf die weiße Leinwand. Wir glaubten, nun würde der Parteifilm beginnen. Aber wir hatten uns getäuscht, denn die Vorführung begann mit einer Wochenschau. Da erblickten wir in kurzer Aufeinanderfolge die bedeutendsten Ereignisse der letzten Wochen. So unter anderem das 25jährige Regierungsjubiläum des Königs von England, das war eine Pracht und Herrlichkeit, wie man sie nur bei einem König zu sehen bekommt. Dann folgte der Parteifilm. Unsere schwache Feder vermag es nicht, ihn zu schildern. Wir können nur sagen, daß er unsere Sinne von der ersten bis zur letzten Minute gefangennahm, denn ein wundervolles Bild folgte auf das andere. Oft sahen und hörten wir Adolf Hitler. Hunderttausende von SA., SS., A[rbeits]D[ienst]. und HJ. waren auf seinen Ruf zusammengeströmt. Wir sahen ungeheure Aufmärsche, das riesige Lagerleben, die festlich geschmückten Straßen der Stadt Nürnberg, den herrlichen Kongreßsaal, die Reden des Führers und seiner Minister usw., das alles war so groß und mächtig, daß wir es gar nicht schildern können. Mit großer Freude im Herzen kehrten wir heim, weil wir um wenig Geld – 15 Pfennig – so viel Schönes und Herrliches gesehen haben.

---

55 „Triumph des Willens", UfA 1934, Regie Leni Riefenstahl. Der Film über den Reichsparteitag 1934 in Nürnberg lief in Rosenheim in den „Kaiser-Lichtspielen" vom 31.5. bis zum 4.6.1935.

11. und 12. Juni 1935
Wir hatten unsere Rucksäcke für zwei Tage gepackt und marschierten um 1/2 6 Uhr morgens los. Mutti, Eva und ich hatten nämlich eine Wanderung von Oberaudorf über'n Tatzelwurm nach Bayrischzell und auf die Rotwand vor. So wanderten wir nun in der Morgenkühle nach Rosenheim. Von dort fuhren wir mit der Bahn nach Oberaudorf. Da angekommen, fragten wir nach dem Weg zum Tatzelwurm. Jetzt wurde es schon immer heißer. Hie und da rasteten wir einige Minuten an einem erfrischenden Quell. Zur Mittagszeit gelangten wir auf den Tatzelwurm, von dort begaben wir uns zu der ersten Wirtschaft und stärkten uns tüchtig. Dann ging es weiter, an dem herrlichen Wasserfall vorbei zu dem seltsamen Erdrutsch. Immer an einem schäumenden Bach im Schatten entlang. Als wir dann an eine schöne [gestrichen: schattige] Stelle kamen, zogen wir unsere Schuhe und Strümpfe aus und gingen in dem herrlichen Wasser herum. Als wir wieder weiter gingen, merkten wir erst, was das für eine Erfrischung war. Bald kamen wir an eine große, abgeweidete Weide, auf der einige Almhütten standen. Hier sahen wir auch den Wendelstein und das Unterkunftshaus darauf. Wir hatten nicht mehr weit zu gehen, so sahen wir zu unseren Füßen die herrlich von Bergen umrahmte Ortschaft Bayrischzell liegen. In dieser wunderbar gelegenen Ortschaft setzten wir uns unter Kastanienbäumen zum Kaffeetrinken. Ungefähr um 4 Uhr traten wir den Weg zur Rotwand an. Es ging immer im Wald dahin, das war herrlich! Plötzlich ging unsere Markierung auf der anderen Seite eines reißenden Baches weiter, obwohl keine Brücke da war. Also mußten wir Schuhe und Strümpfe ausziehen, und uns fest auf unsere Stöcke stützend, mußte jeder Schritt vorsichtig gemacht werden. Das Wasser war zwar ziemlich kalt, aber das schadete uns nichts. Gottseidank sind wir drüben heil angekommen. Nun ging es auf schönem Weg immer eben dahin. Es ging aber doch bald höher. Trotzdem war es ein wunderschön bequemer Weg. Nach ca. zweistündiger Wanderung gelangten wir an der „Schellenberg-Alm" an, wo wir übernachten wollten. Es waren schon zwei Herren, ein Mädchen und eine Frau zum Übernachten da, aber wir hatten noch gut Platz. Nachdem wir unseren riesen Hunger gestillt[56] hatten, gingen wir noch etwas hinaus, besahen uns die Gegend und erblickten dabei einen brausenden Wasserfall. Wir pflückten auch Enzian. Es ging aber ein sehr verdächtiger Wind, der uns sagte, daß das Wetter sich wohl ändern würde. Als es dunkel wurde, gingen wir zu Bett. Wir schliefen oben auf dem Dachboden

---

56 Elisabeth schreibt „gestärkt".

auf Matratzen. Als wir morgens aufwachten, war das schlechteste Wetter. Wir tranken Tee und ließen uns unsere Butterbrote schmecken. Eigentlich wollten wir noch ganz bis zur Spitze hinauf, aber da man uns so abriet, gingen wir alle zusammen wieder auf demselben Weg, auf dem wir gekommen waren, zurück. Wir gingen nun von Geitau bei Bayrischzell an den Schliersee. Da kam ein Auto, das hielten wir an, und der Herr nahm uns sogleich mit. Und so gelangten wir in einigen Minuten in Schliersee an. Und welches Glück wir hatten: Der Himmel wurde immer blauer, und zuletzt, als wir heimfuhren, war es das schönste Wetter. Der Schliersee ist wirklich entzückend. Wir aßen dort ein stärkendes Mittagessen. Dann mieteten Eva und ich ein Boot und ruderten um den ganzen See. Hierauf begaben wir uns zu einem Milchhäuschen. Von da aus begaben wir uns zum Bahnhof. Von dort fuhren wir mit der Bahn bis nach Rosenheim. Um 5 Uhr gelangten wir dort an. Nun mußten wir noch nach Hause wandern. Um 7 Uhr gelangten wir da an. Das war eine herrliche Tour!
[Zeichnung: Berge, Schellenberg-Alm.]

Eva ist heute, den 13. Juni, abgefahren. Sie ist zur Zeit in München in einer Gärtnerei.
Am 22. Juni war der Tag der deutschen Jugend. Da turnten wir. Bei jeder besten Leistung erhielt man ein vergoldetes oder versilbertes Eichenlaub. Ich bekam beim Wettlauf (14 Sekunden 60 Meter) ein silbernes und beim Stafettenlauf ein goldenes Eichenblatt. Dann bekam ich noch ein Abzeichen „Gut Heil!" für eine Einzelleistung, nämlich ich bin drei Meter weit gesprungen. Ich war das beste Mädchen im Weitspringen.
Ich kann jetzt schon ganz frei schwimmen.
[Zeichnung: Eichenlaub.]

30. Juni 1935
Heut' morgen war ich beim Baden. Und da ich nachmittag nicht wußte, was ich tun sollte, fuhr ich mit Wimmer Rosi nach Schonstett. Dort besahen wir uns das große Sanatorium, welches sehr interessant ist. Als wir zurückfuhren, gingen wir auch noch zu der Vogtareuther Badeanstalt. Dort war gerade Waldfest.

14. Juli 1935
Heut' fuhr ich zu Liesel. Dort angekommen, wurde ich aufs Freundlichste begrüßt. Liesel war, außer einem Mädchen, ganz allein zu Hause. Wir spielten Verstecken. Inzwischen kam auch Marile Zanker. Um 3 Uhr stärkten wir uns mit Tee und feinem Gebäck, wobei wir einige Male knipsten. Dann ergötzten wir uns an einigen netten Gesellschaftsspielen, zum Bei-

spiel „Das verzauberte Taschentuch" oder Hypnotisieren. Das war alles hoch interessant. Mittlerweile ist es 1/2 8 Uhr geworden und wir mußten uns schnell verabschieden. Ich war dann auch noch rechtzeitig zu Hause angelangt.

17. Juli 1935
Heute, Mittwoch, machte uns der Herr Hauptlehrer eine große Freude. Wir durften nämlich den interessanten Tonfilm „Stoßtrupp 1917"[57] besichtigen. Ich fuhr, mit noch zwei Mädchen, mit dem Rad. In Vogtareuth mußten wir noch einige Zeit auf unsere Schule warten. Als diese dann kam, begaben wir uns in den großen Saal, welcher schon mit der ganzen Vogtareuther Schule angefüllt war. Wir brauchten nicht lange warten: Das Licht wurde ausgemacht und wir schauten alle gespannt nach vorne. Der Film begann mit den Namen der Spieler. Dann kam der Film selbst. Da sahen wir einmal, wie es in dem gewaltigen Weltkrieg zuging! Wie die Kanonen krachten! Wie die Erdmassen in die Höhe spritzten! Es ist unmöglich, das alles zu schildern. Aber ich kann nur sagen, daß ich um mich herum nichts mehr sah und hörte. Dieser Film hat mich ganz hingerissen. Er dauerte ungefähr zwei Stunden. Wir fuhren dann hoch erfreut nach Hause, weil wir so etwas Schönes um wenig Geld – 10 Pfennig – gesehen hatten.

22. Juli 1935
Gestern, den 21. Juli, hatte unser Herr Hauptlehrer 30jähriges Lehrer-Jubiläum.[58] Um 1/2 3 Uhr begann die Feier. Viele Gedichte, ein Reigen und zwei Theaterstücke wurden vorgeführt. Der Jubilar wurde auch reich beschenkt: Eine goldene Uhr von der Gemeinde, ein Schreibzeug von der Fortbildungsschule, zwei geschnitzte Hirsche vom Theaterverein, ein hübsches Körbchen mit einer Flasche Wein und eine mit Schnaps gefüllt, ein Lorbeerkranz und eine Schachtel Zigarren waren der Inhalt. Das bekam er von der hiesigen Volksschule, außerdem noch eine Unmenge Blumen. Trudi mußte wieder einen Zwerg machen und ich mußte mit noch vier

---

57 „Stoßtrupp 1917", Arya-Film 1934, Regie Hans Zöberlein und Ludwig Schmid-Wildy. Siehe Wulf, Joseph: Theater und Film im Dritten Reich. Eine Dokumentation. Frankfurt a. M. u.a 1983, S. 371. Die Gaufilmstelle der NSDAP zeigte den Film am 16.7.1935 in Neubeuern, am 17.7.1935 in Vogtareuth und am 18.7.1935 in Aschau: „Der gewaltige deutsche Kriegsfilm nach dem bekannten Kriegsbuch: 'Der Glaube an Deutschland' von Hans Zöberlein". RA, 16.7.1935, S. 5.
58 Heinrich Graßer. RA, 18.7.1935, S. 4.

Mädchen die Lebensweise des Herrn Jubilars [be]singen. Die zwei Theaterstücke spielten die Großen. Sie hießen „Der seltsame Traum" und „Die böse Hexe". Wir mußten viel lachen dabei. Am Schluß kam noch ein Sängerquartett, das zum Totlachen war. Die Feier war sehr nett. Der ganze Saal des Zaiseringer Wirtshauses war gesteckt voll.
[Zeichnung: Geschenkkorb, Blumen.]
Heute, den 23. Juli, war ich abends beim Baden, und da bin ich das erste Mal ganz über den See geschwommen!

28. Juli 1935
Dieses Jahr hatte Mutti ausgerechnet an einem Sonntag Geburtstag. Das paßte gerade fein. Frühmorgens pflückte Papa für jeden von uns einen schönen Blumenstrauß, dann setzten Trudi und ich je ein Kränzchen von Blümchen auf. Wir bestreuten auch das Vorhaus mit Blümchen. Um 7 Uhr kam dann Mutti runter. Wir stellten uns schön vor dem Vorhaus auf und sagten unser Gedicht. Hierauf überreichten wir die Blumen und begaben uns ins Geburtstagszimmer. O, was für ein schöner Kuchen stand da! Auch eine Schürze und ein Perlenuntersatz, welches von mir für Mutti angefertigt war. Unser Gedicht lautete:

Arno: Mutti, Mutti, was mag das wohl sein?
          Am Fenster saß heute ein Vögelein,
          Das sang und pfiff aus frohem Gemüt
          Ein herrlich jubelndes Sonntagslied!

Trudi: Mutti, Mutti, die Blumen hier
          Möchten heut sprechen allein zu Dir.
          Und die Sonne scheint wie am schönsten Tag,
          Was das wohl alles bedeuten mag?

Lisi: Ich hab's erraten, Geburtstag ist heut!
          Dein Wiegenfest, darum die Freud'
          Von Vöglein, Blumen und Sonnenlicht.
          Nun, Mutti, hör', was dein Kind zu Dir spricht:

Alle: Der Himmel schenk' Dir für alle Zeit
          Als kostbares Gut: Zufriedenheit.
          Ich hab' Dich so lieb, bleib immer gesund.
          Nun küß' ich Dich innig aus Herzensgrund!

[Von anderer Hand geschrieben, vermutlich von der Mutter:]
Weil ich hier die Ält'ste bin,
Wünsch' ich dir mit frohem Sinn:
Ein schönes Jahr und gute Zeit,
Wohlsein und Gesundheit,

Daß die Sonne immer schön scheint
Und kein's von uns Kindern weint
Daß wir dir immer Freude machen,
Und sonst noch viele schöne Sachen.
Und daß ich noch was Rechtes habe,
Geb' ich dir 'n Kuß als Geburtstagsgabe!

2. Tagebuch
Vom 1. August 1935 bis 16. Mai 1937

Was verkürzt mir die Zeit?
  Tätigkeit!
Was macht sie unerträglich lang?
  Müßiggang!
Was bringt in Schulden?
  Harren und Dulden!
Was macht Gewinnen?
  Nicht lang besinnen!
Was bringt zu Ehren?
  Sich wehren!
(Goethe)[59]
[Eingeklebtes Foto: Elisabeth Block, aus einem Fenster schauend, beschriftet: Muttertag 1935. Siehe Abb. 5.]

Sondershausen, 1. August 1935
Als ich heute morgen aus dem Fenster sah, war es das herrlichste Wetter. Das konnte ich aber auch gut gebrauchen, da ich nach Sondershausen in Thüringen zu Verwandten fahren durfte.
Mutti brachte mich bis München, dort erwartete uns schon an der Sperre Tante Helme mit Klaus und Peter,[60] eine gewisse Frau Mahler mit ihrer Tochter Sofie[61] und ihr Besuch, ein 14jähriges Mädchen aus Sondershausen. Mit diesen beiden Mädels und Tante Meta,[62] die auch da war, fuhr ich nach Sondershausen. Wir hatten uns schnell verabschiedet und unsere Sachen verstaut. Dann winkten wir noch. Die Fahrt ging über Nürnberg, Fürth, bei Donauwörth über die Donau, Saalfeld, dort mußten wir umsteigen, dann ging's weiter nach Lichtenfels, das ist eine schöne Burg, wir sahen auch Vierzehnheiligen. Dann ging's rein in den Thüringer Wald. In Erfurt hatten wir 1 1/2 Stunden Aufenthalt. Um 7 Uhr abends kamen wir dann in Sondershausen an. Lily, eine Verwandte von Redelmeiers, Ruth und Ilse Redelmeier holten uns ab. Wir gingen nun zu Tante Rosalie Redelmeier, bei der ich nun meine Ferien zubringen darf.[63] Ruth, die zwölf Jahre alt ist, schläft, bis bei ihr die Schule anfängt, bei mir.

---

59 Goethes Gedichte in zeitlicher Folge. Hg. von Heinz Nicolai. Frankfurt am Main 1982, S. 750.
60 Helme Frensdorff aus Berlin mit ihren Zwillingssöhnen Klaus und Peter.
61 Bislang ist unklar, ob Mahlers in München Verwandte oder Bekannte der Familie Block waren. Sofie Mahler und Elisabeth Block besuchten sich in den folgenden Monaten mehrmals.
62 Meta Redelmeier.
63 Mit den Redelmeiers in Sondershausen war die Familie Block entfernt verwandt durch

Sondershausen, 4. August 1935
Ruth und Ilses Eltern, Onkel Max und Tante Henny, haben außerhalb der Stadt einen Berg mit einem kleinen Häuschen, da gehen sie alle Sonntage, wenn es schönes Wetter ist, hin und nehmen das Mittagessen mit. Heute war nun auch wieder sehr schönes Wetter, und da gingen wir alle zusammen um 1/2 10 Uhr auf den Berg. Dort ist ein kleiner Garten mit einer Schaukel und einem Barren. Da konnten wir schön spielen und turnen. Zu Mittag gab es Würstchen und Kartoffelsalat. Das schmeckte prachtvoll. Am Nachmittag kam Tante Meta mit meinem Abendbrot raus. Dann knipsten wir auch, das war ein schöner Sonntag!
[Zeichnung: Barren.]
Ich war auch schon einige Male beim Baden, das ist aber nicht so schön wie bei uns zu Hause. Man muß auch jedes Mal 10 Pfennig bezahlen.
[Eingeklebte Karte: Städt. Bergbad „Sonnenblick" Sondershausen. Für Kinder bis 16 Jahre 10 Rpfg.]

Sondershausen, 5. August 1935
Ich traf es gerade fein, denn gestern hat das Schützenfest begonnen. Ruth, Ilse, Evchen, ein Besuch bei Redelmeiers, zehn Jahre [alt], Tante Henny und ich gingen natürlich hin. Es war fast so wie bei uns im Herbstfest. Wir besuchten das Lachkabinett. Wir lachten uns da drinnen halb tot! Dann gingen wir in ein Karussell, das ging immer auf und ab im Kreis. Das war auch recht lustig! Daß wir uns Eis kauften, war klar. Das schmeckte aber auch prachtvoll! Um 1/2 6 Uhr sahen wir noch dem Preisklettern zu.

Sondershausen, 7. August 1935
Da heute wieder herrliches Wetter war, machten wir nachmittags einen Spaziergang auf den Frauenberg. Tante Henny, Tante Meta, Ruth, Ilse, Evchen und ein paar Freundinnen waren auch dabei. Die Sonne schien, deshalb wurde uns warm beim Wandern. Als wir oben angekommen waren, ruhten wir uns aus und genossen die wunderbare Aussicht. Dann machten wir Pfänderspiele. Wir hatten viel Spaß und lachten viel. Noch mehr taten wir es beim Pfänderausteilen. Später spielten wir Völkerball

---

die Heirat von Willy Redelmeier mit Iska, geb. Frensdorff, einer Schwester von Mirjam Block. Willy Redelmeier hatte mehrere Geschwister, die Elisabeth Block hier als „Tante" und „Onkel" erwähnt: Rosalie Redelmeier, bei der Elisabeth ihre Ferien verbrachte, den Bruder Max und seine Frau Henny Redelmeier, Lily Redelmeier und Meta Redelmeier. Max und Henny Redelmeier hatten zwei Töchter, Ruth (geb. 1922) und Ilse.

und Ball über die Schnur. Bald nahte der Abend. Singend zogen wir dann nach Hause. Abends gingen Ruth und ich mit Grete zum Feuerwerk. Wir mußten lange warten. Endlich fing es an zu krachen und die ersten Raketen sausten zum Himmel empor. Es dauerte ungefähr eine halbe Stunde. Das war das erste Feuerwerk, das ich aus der Nähe gesehen hatte.

Sondershausen, 8. August 1935
Wir Kinder machten heute eine Tagestour zum „Wilden Mann", das ist ein kleines Gasthaus im Wald. Wir ließen unsere Sachen am Berg, weil wir zum Mittagessen wieder am Berg sein wollten. Dann gingen wir durch einen kühlen Buchenwald zu unserm Ziel. Dort frühstückten wir. Es war auch eine Schaukel da. Das war fein! Um 2 Uhr kamen wir am Berg an. Dort aßen wir nun zu Mittag und spielten. Wir blieben bis zum Abend da.
[Zeichnung: Schaukel unter Bäumen.]

Sondershausen, 10. August 1935
Wir hatten Sofie und Lea[64] abgeholt, da wir auf den Possen wollten. Frau David und Tante Meta waren auch dabei. Unter Singen und Lachen kamen wir oben an. Da ist eine große Weide, in der ein Hirsch, mit mächtigem Geweih, und anderen Rehen war. Auf dem Possen ist ein altes Jagdschloß vom Sondershauser Fürsten und der Possenturm. Man konnte auch Kaffee trinken, und das taten wir auch. Später spielten wir Verstecken. Das war sehr lustig. Dabei entdeckten wir auch die Fasane, die in einem Käfig waren. Beim Nachhauseweg kamen wir auch beim Rondell vorbei. Da hat man eine herrliche Aussicht auf die Stadt und Umgebung. Wir sahen sogar den Kyffhäuserturm.
[Zeichnung: Turm.]

Niedernburg, 27. und 28. August 1935
Die schöne Zeit, die ich in dem kleinen Städtchen Sondershausen verlebt hatte, war mir viel zu schnell vergangen, denn gestern mußte ich abreisen. Morgens verabschiedete ich mich von Onkel Max und Tante Henny. Dann machte ich noch ein paar Besorgungen, da mein Zug erst 11 Uhr mittags abfuhr. Ungeduldig wartete ich bis Hagen, der Gepäckträger, kam. Tante Meta begleitete mich bis zur Bahn. Dort waren auch schon Davids, weil ich mit Leas Bruder bis Würzburg fahren sollte. Der Abschied war vorbei. Und nun bewegte sich der Zug immer schneller. Die Strecke bis Erfurt war

---

64 Lea David.

ziemlich flach und einförmig. Man sah nur immer riesige Felder. Ungefähr um 1 Uhr hielt der Zug in Erfurt. Dort hatten wir ca. eine Stunde Aufenthalt. Wir setzten uns auf eine Bank und sahen dem Treiben der Menschen zu. Endlich ging's wieder weiter. Nun sagte mir aber der Schaffner, ich müßte in Grimmental umsteigen. Da hatte ich wieder ziemlich lange Aufenthalt. Endlich saß ich wieder im Zug. Im Coupé war auch noch eine sehr nette Münchner Dame mit ihrer zehnjährigen Tochter. Wir zwei machten sogar Entdeckungsreisen. Dabei sahen wir fast immer aus dem Fenster. Nachdem wir durch Hildburghausen gefahren waren, sahen wir schon von weitem die Veste Coburg. Die hat mir riesig gefallen. Das ist nämlich eine Burg auf einem nicht allzuhohen Berg. Da wir noch dazu herrliches Wetter hatten, sahen wir alles noch einmal so schön. Dann erblickten wir auch wieder Schloß Lang und Vierzehnheiligen. Und nun hielt die Bahn in Lichtenfels, wo wir zum letzten Mal umsteigen mußten. Dieser Zug war sehr voll und wir mußten bis Bamberg stehen. Bald sahen wir auch den Staffelstein aus der Ebene in die Höhe ragen. Nun kamen wir nach Bamberg, Forchheim, Erlangen, Fürth, Nürnberg und Donauwörth. Von da weg waren wir drei, Marga, ihre Mutter und ich, allein im Coupé. Das war sehr fein, wir zogen alle Gardinen zu, weil es allmählich dunkel geworden war. Nun sauste der Zug erst recht dahin. Wir legten uns längelangs auf die Bank und plauderten ein bißchen. Nun hielt der Zug noch in Augsburg. Und jetzt waren wir an unserem Ziel, in München. Dort sollte ich von Eva Levy[65] und Mahlers abgeholt werden, weil ich bei denen übernachten sollte. Eva kam mir schon entgegen, und da wir Mahlers nicht sahen, fuhren wir mit der Elektrischen hin. Bald kamen sie auch. Und nun ging ich mit Sofie ins Bett. Ihre Schwester schlief schon fest. Wir tranken im Bett noch Tee und aßen Gebäck. Das schmeckte recht fein!
Am anderen Morgen standen wir um 1/2 8 Uhr auf und tranken Kaffee. Um 11 Uhr hatten wir uns mit Eva verabredet. Wir gingen durchs Siegestor, bei der Feldherrnhalle vorbei zum Marienplatz. Hier sahen wir die berühmte Frauenkirche und das herrliche Rathaus. Dann ging ich mit Eva zu Uhlfelder, das ist ein riesiges Warenhaus, weil Sofie nach Hause mußte. Später sahen wir noch dem reizenden Glockenspiel, das um 1 Uhr am Rathaus stattfindet, zu. Dann gingen wir in ein Restaurant zum Mittagessen. Nachher gingen wir über'n Stachus zum Bahnhof. Mein Zug ging um 2 Uhr ab. In Rosenheim holte mich Mutti ab. Wir fuhren dann mit Dr. Haag,[66] die bei uns einen Tag zu Besuch da waren, im Auto nach Hause.

---

65 Eva Levy aus Bad Polzin, Tochter von Else, geb. Frensdorff, und Dr. Leo Levy.
66 Über „Dr. Haag" ist bislang nichts Näheres bekannt.

Niedernburg, 2. September 1935
Da es sehr schönes Wetter war, fuhren meine Geschwister, Paula und ich heute zum Herbstfest. Es waren wieder viele Buden da. Wir fuhren mit dem Riesenrad und mit der Achterbahn. Natürlich kauften wir uns auch Eis. Das schmeckte fein! Es war auch ein 500jähriges Krokodil mit seinen 30 Jungen da.
[Zeichnung: Eis.]

Niedernburg, 22. September 1935
Heute war ich zu Marile Zanker zum Namenstag eingeladen. Liesel Weiß war auch dort. Da es recht schönes Wetter war, spielten wir „Räuber und Gendarm". Dabei verging uns die Zeit wie im Fluge. Um 6 Uhr war ich wieder zu Hause.

Niedernburg, 19. Oktober 1935
Hin und wieder müssen wir im Schulgarten für unseren Lehrer Äpfel auflesen. Vor einigen Tagen, am Kirchweihsamstag, waren Marianne Gaßner und ich gerade damit beschäftigt, da sagte Herr Hauptlehrer, wir und Feldhofer M[arianne] dürften mit ihm heute nachmittag nach Kloster Seeon am Chiemsee fahren. Darüber waren wir natürlich ganz außer uns. Um 2 Uhr ging's los. Wir drei Mädels saßen hinten im Auto und „Tammern Alois", ein Bauernknecht, welcher die Fahrt bestellt hatte, saß mit unserem Lehrer vorne. Es war eine schöne Fahrt durch die herbstliche Natur. Es war nicht kalt, weil ja die warme Sonne schien, aber der Wind blies um unsere Köpfe. Wir fuhren über Schloßberg, Prutting, Endorf, hier zweigten wir ab und kamen dann noch nach Niederseeon. Jetzt waren wir am Ziel angelangt. Das Kloster stand auf einer Halbinsel, die im Seeoner-See war. Wir besichtigten zuerst die Klosterkirche. Sie war wirklich wunderbar, alles ganz bemalt. Wir gingen auch zum Chor hinauf, da spielte Herr Hauptlehrer einige Kirchenlieder auf der Orgel. Nachher begaben wir uns ins Klostergebäude, besahen uns den Kreuzgang, den ehemaligen Chor der Mönche und den Klostergarten, der aber zur Zeit einer Wildnis gleicht, da ja das Kloster jetzt unbewohnt ist. Unterdessen bekamen wir Hunger. Wir ließen uns Tisch und Stühle herausbringen und machten Brotzeit. Bier, Würstchen und Semmel ließen wir uns gut schmecken. So saßen wir bis zur Abenddämmerung und ergötzten uns an dem herrlichen bunten Bild, das uns dargeboten war. Hie und da hörte man die kleinen Enten, die lustig im See hin und her schwammen. Als es immer mehr zu dunkeln begann, begaben wir uns ins Auto, und wie der Wind ging es nach Hause. Beim

Fahren sangen wir drei lustige Lieder, um nicht schon einzuschlafen. Um 1/2 8 Uhr abends gelangte ich zu Hause an. Ich hatte mir auch noch eine Karte für mich und eine für Papa gekauft.
[Zeichnung: Seeoner-See mit Kloster. Beschriftet: Kloster Seeon.]

Niedernburg, 21. Oktober 1935, Kirchweihmontag
Gestern abend war Abschiedsfeier unseres Herrn Exposituses, da er jetzt Pfarrer wurde.[67] Ich durfte mich auch daran beteiligen. Und zwar durfte ich bei dem Gedicht „Erinnerung, Hoffnung und Verheißung" letztere darstellen, außerdem sangen alle Kinder der Oberstufen das Lied „Gott grüße Dich!". Dann sangen noch einige Mädchen, worunter auch ich war, ein Abschiedslied, worin Marianne Gals [das] Vergißmeinnicht-Solo singen mußte. Und wir anderen hatten je eine Dahlie angesteckt. Es wurden auch noch andere Gedichte aufgesagt. Ich setzte mich nachher zu Mutti, die auch da war. Die Theaterspieler führten noch einen Einakter auf, bei dem wir uns fast zu Tode lachten. Ich bekam auch noch ein Bild zum Andenken vom Herrn Expositus.
[Zeichnung: Blumen.]

Niedernburg, 27. Oktober 1935
Obwohl heute erst Trudis Geburtstag war, feierten wir ihn schon gestern, weil Sonntag war. Sie hatte viele Sachen bekommen, darunter auch ein Kuchenherz. Das hatte sie sich auch gewünscht. Am Nachmittag kamen die Kinder. Es gab Kaffee und Kuchen. Wir machten schöne Spiele, dazu gab es feine Preise, zum Beispiel Abziehbilder, Bleistifte usw.

Niedernburg, 20. November 1935, Buß- und Bettag
Ich half gerad' Paula beim Kochen. Da rief Mutti plötzlich, daß Liesel W[eiß] da sei. Ich lief gleich an die Tür. Liesel war schon lange nicht mehr da gewesen, und da hatten wir uns natürlich viel zu erzählen. Ungefähr um 11 Uhr fuhr sie wieder fort. Ich sollte um 1 Uhr bei ihr sein. Darauf freute ich mich natürlich riesig, weil ich so noch nichts anders vorhatte. Gerade um 1 Uhr war ich bei W[eiß]. Ich schenkte Liesel, da sie gestern Namenstag hatte, einen Blumenstrauß und ein Buch, das scheinbar große Freude machte. Bald kamen noch zwei Mädels, die ich schon kannte. Wir spielten „heiß und kalt". Dann fuhr ich mit Liesel nach Schloßberg. Als wir

---

67 Expositus Josef Altmann, der neuneinhalb Jahre in Zaisering wirkte, wurde als Pfarrer nach Otterfing berufen. Die Abschiedsfeier fand am 20. Oktober 1935 im Gasthaus Hofmiller in Zaisering statt. RA, 23.10.1935, S. 7.

zurückkamen, tranken wir Kaffee. Später spielte meine Freundin Klavier. Allmählich wurde es Zeit zum Heimfahren. Liesel begleitete mich noch ein Stück des Weges. Sie lieh mir auch noch zwei Bücher. Das war wieder einmal ein freundlicher Tag gewesen.

Niedernburg, 6. Dezember 1935
Heute war Nikolaustag. Da durfte ich Mutti in die Stadt begleiten, weil sie allerhand zu kaufen hatte. Am Abend sollte der Nikolaus kommen. Wir warteten alle recht gespannt. Endlich hörten wir Ketten rasseln und vernahmen die Stimme des Nikolaus, aber herauf ins Kinderzimmer kam er nicht. Paula nahm ihm gleich unten den großen Sack ab und brachte ihn herauf. Alle bewunderten die Menge Gutteln, Äpfel, Nüsse und Lebkuchen, dann wurde redlich geteilt.

Niedernburg, 24. Dezember 1935, Heiliger Abend
Gestern hatten die Weihnachtsferien begonnen. Heute waren wir schon alle recht ungeduldig und konnten es schon fast gar nicht mehr bis zum Abend erwarten. Da ich meine Geschenke schon alle fertig gemacht hatte, half ich Paula wo ich nur konnte. Vor etlichen Tagen schickte ich ein kleines Päckchen mit Geschenken nach Sondershausen. Es enthielt für Tante R[osalie] einen hübschen Perlenuntersatz, für Tante M[eta] einen Serviettenring, für Tante H[enny] einen kleinen sternförmigen Perlenun[tersatz], für L[ily] ein Handarbeitstäschchen, für R[uth] ein Geburtstagsmerkbüchlein und für I[lse] ein Herzchen. Auch Sophie schickte ich ein Herzchen.
Der Vormittag war vergangen und später trugen wir, wie alle Jahre, die Sachen aus. Diese bestanden aus ausgewachsenen [gestrichen: abgetragenen] Kleidern von uns Kindern, mit denen sich ärmere Familien hierherum immer recht freuen.[68]
Hernach, so gegen 3/4 5 Uhr, zogen wir uns schön an und setzten uns alle, mit Ausnahme von Papa, ins kleine Zimmer. Ich las dann noch eine Weihnachtsgeschichte vor. Plötzlich klingelte es, und wir stürmten ins Kinderzimmer hinauf. Aber wir mußten erst noch ein Weihnachtslied vor der Tür singen, dann rissen wir aber auch schon die Türe auf und ein lichtergeschmückter Christbaum strahlte uns entgegen. Und wirklich, ein ganz richtiges Kasperltheater stand da in der Ecke, und der Kasperl begrüßte uns aufs Freundlichste. Und nun suchten wir unsere Tische. Ich hatte meinen neben Papas und Muttis. Du liebe Zeit! Was lag denn da nicht alles:

---

68 Von den Verwandten in Hannover und Berlin kamen öfters Pakete mit abgelegter Kinderkleidung. HdBG, Gespräche, S. 65.

Ein recht nettes Handtäschchen, Rucksack, ein Paar Schlittschuhe, zwei hübsche Schürzen, mehrere Bücher, Unterrock, Klebespiel, viele Albumbilder, dann entdeckte ich sogar noch einen Füllfederhalter! Arno schenkte mir einen selbstbemalten Kalender und Trudi eine niedliche Mappe für die Monatsheftchen aus der „Gartenschönheit".

Ich hatte natürlich auch jedem etwas gemacht: Papa strickten Mutti und ich zusammen Strümpf' in Zöpfchenmuster, Mutti webte ich ein Scherenband, Paula bekam einen Eierbecher mit Mütze, Trudi strickte ich einen Schlips und Arno nähte ich einen Schaber.[69] So um 7 Uhr kam noch Paulas Mutter und brachte auch noch jedem was. Mir schenkte sie eine hübsche Trägerschürze. Das war wirklich nett von ihr.

[Zeichnung, beschriftet: Kasperltheater.]

Erster Weihnachtstag, [25. Dezember] 1935
Am ersten Feiertag spielten wir mit unseren neuen Sachen. Mittags kam dann noch ein Päckchen von Sondershausen. Es war für uns drei Kinder je ein hübscher Schal und Schokolade drinnen. Das hat uns wirklich sehr gefreut.

[Zeichnung: Schal, Schokolade, beschriftet: Schoko.]

Am zweiten Weihnachtstag 1935
ging ich mit Seppen Marie[70] zum See, um gleich mal das Schlittschuhfahren zu probieren. Es war recht lustig und ich kann's auch schon ein bißchen.

Sylvester 1935
Heute nachmittag war Liesel W[eiß] da gewesen und hatte mich zu Montag eingeladen. Als die Kinder im Bett waren, aßen Papa und Mutti und ich zu Abend. Hernach spielten wir einige Spiele. Später führte ich ein Kasperltheater vor. Um Mitternacht dekorierten wir den Tisch mit Tannenz[weigen] und Kerzchen und ergötzten uns mit Punsch und Gebäck.

---

69   Bayerisch für Arbeitsschürze.
70   „Seppen" ist der Hofname für das Anwesen der Berghammers in Hofstätt. Einwohnerbuch 1937, S. 124. Seppen Marie bzw. Marie Berghammer (Rottmüller), geb. 1917, war in den folgenden Jahren eine gute Freundin von Elisabeth Block. HdBG, Gespräche, S. 153.

1936
Junges Jahr,
Glückauf!

Was das alte Jahr dir brachte,
Was es weinte, was es lachte,
Leis zerrann – verklang –
Lenzeslieder wurden stille,
Sommers heiße Lebensfülle
Starb im Sensengesang...
Grub der Herbst mit wehen Klagen
Dir ins Herz das Muß: Entsagen –
Warum grollest Du?
Kommt zum Schluß der weiten Reise
Doch der weiße Winter leise –
Deckt die Wunden zu ...
Mählich trocknen alle Tränen,
Und es keimt ein neues Sehnen
Nach dem Lenze auf:
Wieder werden Lieder klingen,
Wieder Rosenknospen springen...
Junges Jahr, Glückauf!

8. Januar 1936
Gestern war totale Mondfinsternis. Das war sehr interessant! Wir haben jetzt gar keinen Schnee mehr, es ist Föhn. Man möchte meinen, es wäre April.
Vom 19. Januar bis 1. Februar hatten wir alle drei die Masern. Morgen, den 5. Februar, gehen Trudi und ich wieder zur Schule. Arno ist noch nicht ganz gesund. Die Schule war auch während dieser Zeit geschlossen.

9. Februar 1936
Eigentlich habe ich ja am 12. erst Geburtstag, aber dieses Jahr will Mutti gerade da nach München fahren, um sich dort mit Großmutter zu treffen, die dann nach Palästina fährt.[71] Darum feiere ich also schon heute, weil

---

71 Hulda Frensdorff kehrte aber wieder nach Deutschland zurück. Wahrscheinlich nahm sie an einer vom Palästina-Amt organisierten Informationsreise teil (siehe Benz, Juden in Deutschland, S. 449 ff. und S. 455), denn am 14. und 15. April 1936 machte sie wieder in Rosenheim Station. Erst im Februar 1939 wanderte sie nach Palästina aus.

Sonntag ist. Da Trudi schon wieder krank ist, kann sie nicht mitfeiern, aber dafür ist Arno schon wieder auf den Beinen. Als wir nun ins Zimmer kamen, da leuchteten uns 14 Kerzchen entgegen, und was lag da nicht alles auf dem Tisch ausgebreitet: Eine schöne Mappe, [eine] hübsche Bleistiftmappe, zwei Bücher, reizendes Briefpapier, zweierlei Kleiderstoff, zwei Schlüpfer, eine Schürze zum Sticken, blaue Wolle für Pullover, acht Taschentücher, ein kleines Deckchen, ein Spiel, von Trudi eine Mappe für „Jugendlust", von Arno eine Kokosnuß, außerdem noch mehrere Tafeln Schokolade, Guttel und Früchte. Also ist der Geburtstag heuer wieder gut ausgefallen.
Papa fuhr Ende Januar in die Schweiz.[72] Gestern abend, den 18. Februar, kam Papa wieder zurück.

Niedernburg, 16. Februar 1936
Zu heute hatte ich meine Freundinnen eingeladen. Gestern hatte ich fast ganz allein eine Apfelsinentorte hierzu gebacken. Um 1/2 2 Uhr kam Zanker Marile. Sie schenkte mir zwei Tortenstücke, die sie selbst gebacken hatte und einen Karton Seife. Während wir uns unterhielten kam auch Liesel W[eiß], die schon lange nicht mehr da war. Auch sie brachte mir etwas ganz Feines: Eine riesige Pralinenschachtel. Um 2 Uhr kamen dann noch Gaßner Marianne, die mir einen Blumenstock aus Schokolade gab, M[arianne] Feldhofer schenkte mir zwei Taschentücher, eine Tafel Schokolade und Parfüm und Paula Z[eller] brachte mir eine Mitteldecke zum Sticken. Wimmer L[isei] konnte nicht kommen wegen Halsweh. Als wir nun endlich alle beisammen waren, tranken wir vergnügt Kaffee. Hernach machten wir allerhand nette Spiele. Die Zeit verging fast zu schnell, und wir mußten uns verabschieden.

23. Februar 1936
Heute, am Faschingssonntag, war beim Wirt oben große Faschingsbelustigung. Um 2 Uhr sollte es los gehen. Es waren schon viele Kinder und große Leute da. Auf einmal kam ein kleines Wägelchen, das von einer Ziege gezogen war. Drinnen saß ein Hund, der eine Brille und ein Kopftuch auf hatte. Neben dem Wagen ging ein kleiner Zigeuner her, der eine lange Nase und [einen] Strohhut hatte. Das war recht komisch. Bald darauf kam ein Auto, aber bloß so'n Gestell mit Leinen überzogen, daraus stiegen

---

72 Möglicherweise besuchte er dort eine entfernte Verwandte, Hete Lehmann, über die später dann die Briefe von und nach Palästina ausgetauscht wurden. Das Verwandtschaftsverhältnis ist bislang unklar.

zwei verkleidete Herren. Bald hörte man Musik und nun begann eine Fahnenweihe. Ein dicker, verkleideter Mann hielt eine recht komische Rede, bei der man viel lachen mußte. Hernach gingen alle zum Saal hinauf. Später kam noch ein Motorrad, auf dem ein Mann saß, der ganz kaputte Kleider an hatte. Hinten drauf saß noch ein Mann, der sich wie eine ganz feine Dame angezogen hatte und hinten dran hing noch ein ganz alter Kinderwagen, der mit Heu gefüllt war. Wir mußten uns vor Lachen biegen, weil es gar so komisch aussah!
[Zeichnung: Harlekin. Der Eintrag ist mit bunten Punkten zwischen den Zeilen verziert.]

3. März 1936
Am Rosenmontag bekamen wir vom Herrn Lehrer die Erlaubnis, maskiert in die Schule zu kommen. Als wir nun am letzten Narrentag des Prinzen Karneval zur Schule kamen, zählten wir im Ganzen 18 Maskerer:[73] Drei Holländerinnen, ein niedliches Rotkäppchen, Trudi war ein Dornröschen, eine alte Großmutter, zwei lustige Kasperl, ein Bauer als Bräutigam und eine liebliche Braut in schöner Tracht, eine Zigeunerin und noch andere nette Masken waren zu sehen. Ich war eine Biedermeierin, aber der Herr Lehrer bezeichnete mich als „Vogelscheuche", namentlich wegen meinem vorsintflutlichen Hut. Am Nachmittag wurden wir Maskerer geknipst. Dann durften wir drei Lehrfilme sehen, die Hochseefischerei, die Gewinnung der Kohle und die Herstellung eines großen Fasses.

Niedernburg, 29. Februar und 1. März 1936
Ich hatte Sofie M[ahler] zu Sonntag, den 1. März, eingeladen. Am Samstag abend um 1/2 6 Uhr kam sie mit dem Postauto. Sie erzählte mir allerhand, was sie seit den großen Ferien erlebt hatte. Nach dem Abendbrot half sie mir abtrocknen. Später spielten wir dann mit den Karten und unterhielten uns so noch. Um 1/2 10 Uhr gingen wir zu Bett. Sofie schlief in meinem Zimmer. Am anderen Morgen spielten wir draußen im Garten mit den Bällen. Hernach gingen wir mit Mutti an den See. Nach dem Mittagessen spülten wir wieder zusammen ab. Dann wollten wir Sofie auch unsere Schule zeigen. Zuerst gingen wir aber an den Inn, um Blümchen zu pflücken, denn es gibt jetzt schon eine Menge. Das war recht lustig. Von Mühltal gingen wir dann über Zaisering nach Hause. Da es so schön warm war, setzten wir uns nach dem Kaffeetrinken vors Haus. Abends

---

73 Bayerisch für Maskierte, Faschingsnarren.

gingen wir zwei noch zusammen um die Milch. Nachdem wir abgespült hatten, begleitete ich Sofie noch zur Post rüber. Es war sehr schade, daß der Tag so schnell verging, aber es war wirklich fein gewesen.
[Zeichnung: Blümchen.]

Niedernburg, 8. März 1936
Am Sonntag war ich zu Marianne F[eldhofer] zum Geburtstagfeiern eingeladen. Es waren auch noch andere Mädels da. Wir machten allerhand nette Spiele im Freien.

Mittwoch, 11. März 1936
Heute morgen fuhr ich mit Papa und Arno in die Stadt. Da machte mir Papa eine *große* Überraschung: Nachdem wir einige Besorgungen gemacht hatten, gingen wir in eine Fahrradhandlung, und dort durfte ich mir unter vielen schönen Rädern eins heraussuchen. Und dann durfte ich auch gleich mit meinem neuen Rad nach Hause fahren, da wir das alte umgetauscht hatten. Mein neues Rad hat Halbballon-Reifen und die Marke Anker. Das war mein „Mitfreugeschenk" zu Papas Geburtstag. Es hat die Nummer 249761.

Zu Papas Geburtstag.
Ich wünsche Dir zu jeder Frist,
weil heute Dein Geburtstag ist,
Befriedigung, Erfolg und Glück,
Gesundheit bring' Dir das Geschick.
[Zeichnung: Blumengirlande.]

Dienstag, 17. März 1936
Heute nachmittag kamen zwei Herren in die Schule, die uns fünf fremde, seltsame Tiere zeigten. Das erste war eine Riesenschlange, die aber noch nicht ausgewachsen war. Diese Schlange konnte, wenn sie ausgewachsen war, zehn bis zwölf Meter lang werden und ein Alter von 200 Jahren erreichen. Sie ist nicht giftig, hat aber eine riesige Kraft. Das Riesentier bekommt alle vier Wochen ein lebendes Kaninchen zu fressen. Als zweites sahen wir einen Biber, der zwei dicke Zähne hatte. Das dritte Tier war ein Frettchen. Dieses war etwas größer als ein Wiesel und hatte eine weiße Farbe. Es ist ein guter Kaninchenfänger.
Dann bekamen wir noch einen Nasenbär zu sehen, dessen Schwanz so lang wie sein ganzer Körper war. Er hat ein grauschwarzes Fell und gleicht einem Hund oder Fuchs. Zuletzt wurde uns noch ein drolliger

Menschenaffe gezeigt. Er bekam von uns Brot und aß es dann wie ein Mensch. Darüber mußten wir alle recht lachen.

Samstag, 28. März 1936
Gestern abend war beim Wirt in Zaisering Schulfeier und zugleich Elternabend. Wir mußten mehrere Lieder singen. Es wurde auch ein kleines Bühnenspiel aufgeführt und von der Wehrmacht ein Vortrag gehalten. Es dauerte bis um 11 Uhr.

Dienstag, 7. April 1936
Heute um 1/2 3 Uhr wurden zehn Kinder, unter denen ich auch war, aus der Volkshauptschule entlassen. Unser Lehrer erzählte uns am Schluße eine hübsche Geschichte und gab uns viele gute Lehren mit auf den Weg. Zuletzt bekamen wir auch noch unsere Zeugnisse. Meins war sehr gut, ich hatte auch das beste. Fleiß, Betragen und Handarbeit eine Eins, Singen, Turnen, Rechnen, Geschichte, Naturkunde, Erdkunde und Deutsche Sprache [eine] Zwei. Papa und Mutti waren auch damit zufrieden.
Am 22. April haben wir die erste Fortbildungsschule.

Am 14. und 15. April 1936
war Großmutter F[rensdorff] bei der Durchreise in Rosenheim. Wir besuchten sie jeden Tag, Mutti nachmittags und ich morgens. Das war immer sehr nett. Ich aß dann mit Großmutter im Hotel W[endelstein][74] zu Mittag und fuhr dann mit dem Rad nach Hause. Am 14. bekam ich ein hübsches Berchtesgadnerjäckchen von meiner lieben, guten Großmutter.

Freitag, 1. Mai 1936
Trotz grauem, trübem Wetter machten wir alle zusammen einen hübschen Spaziergang durch unseren Wald nach Prutting, von da aus gingen wir nun durch mehrere kleine Dörfer an den hübschen Simssee. In einer netten Gastwirtschaft in Krottenmühl verzehrten wir mit größtem Appetit unser Mittagessen und begaben uns dann wieder auf den Rückweg. Unser Weg führte uns diesmal ein Stück am See entlang. Um 1/2 3 Uhr stärkten wir uns dann nochmals und gelangten um 5 Uhr zu Hause an.

---

74 Hotel Wendelstein, Bahnhofstraße 4–6.

9. und 10. Mai 1936
Zu Sonntag hatte mir Sofie M[ahler] eine große Freude bereitet, denn sie lud mich über Sonntag zu ihr nach München ein. Das war natürlich für mich eine riesige Freude. Ich fuhr also am Samstag nachmittag mit dem Radl nach Rosenheim und von dort mit dem Zug nach München. Da es so schönes Wetter war und ich ganz allein fuhr, war es natürlich großartig. In München angekommen, kam mir schon Sofie entgegen. Wir gingen dann recht vergnügt durch die Stadt zu Mahlers Wohnung, wo ich von Sofies Schwester Ruth und ihrer Mutter recht nett empfangen wurde. Wir zwei tranken dann Tee und hernach unterhielten wir uns mit allerhand netten Sachen. Um 1/2 6 machten wir uns fertig, um ins Kino zu gehen. Wir freuten uns schon beide sehr darauf. Wir konnten auch wirklich nicht enttäuscht sein, denn es war wirklich fabelhaft. Das Kino fand in den Kammerlichtspielen statt und führte den Namen „Der Postillon von Lonjumeau". Ich war ganz begeistert, so ein Kino hatte ich wirklich noch nicht gesehen. Um 1/2 9 gingen wir dann durch [die] prächtig erleuchtete Stadt nach Hause. Am nächsten Morgen blieben wir zu Hause, um zu helfen. Am Nachmittag begaben wir uns durch den berühmten Englischen Garten zu Sofies Großmutter, um ihr zum Muttertag zu gratulieren. Hernach gingen wir dann, am Hofgarten und Stachus vorbei, zum Bahnhof. Ich fuhr dann sehr vergnügt nach Hause.
Mittwoch, [den] 6. Mai 1936, fuhr Papa nach Geislingen, kam aber Montag, den 11. Mai, schon wieder zurück.
[Eingeklebte Zeitungsanzeige des Films: Der Postillon von Lonjumeau (Der König lächelt – Paris lacht!). Eine musikalische Komödie von beschwingter Leichtigkeit nach Motiven der weltberühmten Oper von Adam mit Leo Slezak – Lucie Englisch – Rudolf Carl – Rose Stradner – Willy Eichberger und anderen bekannten Darstellern. Regie: Karl Lamac. Heute Erstaufführung! Jugend hat Zutritt! 2.00, 4.15, 6.30, 8.45. Kammerlichtspiele Kaufingerstraße 28, Telefon 10527.]

17. Mai 1936
Unser Muttertag
Heute standen wir drei schon früh ganz leise auf, um alles recht schön vorzubereiten. Zuerst kochte ich Kaffee, dann deckten wir den Tisch mit dem hübschen Geschirr. Hernach bauten wir auf das kleine Nähtischchen die Geschenke auf. Von den beiden Kleinen eine Dose Kekse, von Papa ein hübsches hellblaues Berchtesgadner [Jäckchen] und eine Glaspfanne und von mir ein kunstgesticktes Deckchen und zwei selbstgemachte Scherenschnitte. Wir zierten auch Muttis Platz, und in die Mitte des Kaffeetisches stellte ich noch den von mir gebackenen Kuchen. Als dann Mutti

runter kam, sagten Arno und Trudi je ein Gedichtchen auf und [wir] übergaben ihr alle drei ein Sträußchen. Hernach machte ich dann die Zimmer, kochte fast ganz allein, fütterte die Hühner und spülte ab. Am Nachmittag spielten wir dann im Garten.
[Zeichnung: Blumen.]

21. Mai 1936, Himmelfahrt
In der Frühe sah es noch ganz grau aus, aber so gegen 1/2 10 Uhr kam, zu unserer großen Freude, die Sonne aus dem dichten Gewölk hervor, deshalb rüsteten wir uns auch sogleich zu unserem Ausflug. Endlich standen wir drei Kinder und Papa reisefertig da und nun ging's auch schon dahin. Mutti blieb allein zurück. Wir fuhren mit unseren Rädern über Stephanskirchen, Riedering und noch vielen kleinen Orten ins Gebirge nach Frasdorf. Wir waren noch nicht ganz dort, als ein starkes Gewitter losbrach, aber nach einer halben Stunde war es schon wieder vorbei und wir konnten ungehindert weiterfahren. Nun ging's über die große Autobahn nach Frasdorf. Das Wetter war nun fast noch schöner als zuvor geworden. Nun mußte man schon tüchtig schieben, da wir schon immer weiter in die Berge rein kamen. Endlich hatten wir ein hübsches Plätzchen nahe bei Törwang gefunden, wo wir uns zum zweiten Mal stärkten und ausruhten. Aber leider wurde es am Himmel schon immer schwärzer und wir mußten uns zur Heimfahrt anschicken. Jetzt ging es auf einer feinen, schlangenförmigen Straße mächtig abwärts. Leider mußten wir die prächtige Fahrt unterbrechen, da es fest zu regnen anfing. Aber bald ging's weiter. Wir kamen durch Apfelkam, Lauterbach und an der großen Filze vorbei. Nun waren wir schon in Ziegelberg. Im Pleßkeller in der Hofleiten war gerade Volksfest, das mußten wir natürlich auch noch sehen. Bis wir dann nach Hause kamen, waren wir alle plitschnaß. Aber trotzdem waren wir doch recht vergnügt.

Pfingsten, 31. Mai und 1. Juni 1936
Ich hatte Sofie geschrieben, ob es ihr paßte, wenn sie an Pfingsten käme. Und da sie nichts dagegen hatte, machten wir aus, sie würde am Samstag um 1/2 1 Uhr mit dem Postauto kommen. Wir freuten uns schon alle sehr auf sie und hofften recht auf schönes Wetter. Endlich hielt der Omnibus in Niedernburg und Sofie stieg recht vergnügt heraus. Ich leistete ihr dann beim Mittagessen Gesellschaft, wobei sie mir viel erzählte. Ihr Vater schickt auch noch zwei sehr hübsche Tischdecken mit, über die wir uns recht freuten. Wir spielten dann im Garten Völkerball usw. Hernach halfen wir beim Tomatensetzen. Nach dem Kaffeetrinken machten wir zwei mit Trudi einen hübschen Spaziergang rund um unseren See herum. Baden

konnten wir leider nicht, da es noch immer so kühl ist. Am Sonntag war es noch graueres Wetter. Vormittag kochten wir zu Hause, und am Nachmittag machten Sofie und ich einen Spaziergang nach Bad Leonhardspfunzen. Als wir dort eine Weile auf einer Bank gesessen hatten, fiel uns ein, wir könnten ja nach Rosenheim gehen. Gedacht, getan. In 35 Minuten waren wir an der Innbrücke. Wir setzten uns in den Salingarten und sahen dem Treiben der Menschen zu. Um 6 Uhr waren wir dann zu Haus. Am Montag regnete es dauernd, da blieben wir nun lieber ganz zu Hause. Wir machten nette Schreibspiele. Später pflückte ich für Sofie einen richtigen Blumenbüschel und gab ihr auch von meinem Garten ein Bündel Radis mit. Um 1/2 8 [Uhr] abends mußte Sofie leider schon wieder nach Hause fahren. Die schönen Tage waren zu schnell verflossen.
[Zeichnung: Bündel Radieschen.]

14. Juni 1936
Am Freitag hätten wir sicher nicht gedacht, daß wir diese Woche noch auf den Wendelstein können, denn es war bis Samstag gräßliches Wetter. Samstagabend nun machte uns Papa den Vorschlag, Mutti und ich sollten zusammen auf den Wendelstein fahren und runter gehen. Gleich wurden also noch die Rucksäcke zurecht gemacht. Am Sonntagmorgen ging's mit dem Postauto nach Rosenheim. Wir trafen sogar eine Bekannte, die auch auf den Wendelstein wollte. Wir fuhren dann mit der Bahn nach Brannenburg und von da aus mit der Zahnradbahn auf den Wendelstein. Es war eine prachtvolle Fahrt. Oben angekommen, gingen wir gleich ganz hinauf zum Gipfel, von dort aus hatten wir eine herrliche Aussicht bis zum Simssee. Wir aßen oben auch noch gleich unsere Mittagsmahlzeit. Dann gingen wir wieder zum Hotel runter. Ich schaute mir dann auch noch die Wendelsteinhöhle an, die aber nicht viel besonderes war. Sie war ganz voll Eis und Schnee. Ungefähr um 12 Uhr gingen wir beide schön langsam wieder herunter. Es war ein fabelhaftes Wandern. Als wir einen recht schönen Platz im Wald gefunden hatten, lagerten wir uns eine ganze Stunde; das war mal fein! Dann ging's wieder weiter. Wie wir zu der Mitteralm kamen, sangen die Sennerinnen zu einer Zither, das war so richtig berglerisch! In einigen Stunden nun gelangten wir in Brannenburg an. Nun setzten wir uns ins Bahnhotel und aßen unser Abendbrot, das uns vorzüglich schmeckte. Um 8 Uhr fuhren wir nun mit der Bahn nach Rosenheim und von dort wieder mit dem Postauto nach Hause, wo wir uns nun bei Papa vielmals für den herrlichen Tag bedankten.
[Eingeklebt: Eintrittskarte zur Wendelsteinhöhle und Fahrkarte der Wendelsteinbahn vom 14. Juni 1936.]
Am Montag, dem 15. Juni, [waren] wir zum ersten Mal beim Baden.

Gestern, den 27. Juni abends, durfte ich wieder in mein Zimmer einziehen. Papa hatte es nämlich prachtvoll angestrichen. Schrank, Spiegel, Bett, Waschtisch und Türe elfenbeinfarben und den Fußboden grau. Außerdem bekam ich auch noch eine reizende Bettdecke und dieselben Vorhänge um den Waschtisch. Mein Zimmer sieht jetzt wirklich reizend aus.
Freitag, den 17. Juli abends, brachte Onkel Erich[75] unseren Vetter Klaus für acht Tage zu uns. Ersterer fuhr dann am Sonntag, nachdem er uns vielmals geknipst hat, wieder nach Berlin. Wir konnten uns mit Klaus sehr gut vertragen. Wir gingen fast alle Tage zum Baden. Samstag, den 25. mittags, holte ihn dann Tante Helme mit [gestrichen: Klaus] Peter ab. Diesen letzten Nachmittag verbrachten wir noch mit allerhand netten Spielen.

Dienstag, 28. Juli 1936
Gestern abend hatten wir alle die schönen Sachen im Eßzimmer aufgebaut. Es waren aber auch wirklich feine Sachen: Von Papa ein herrliches, praktisches Sofa, zwei englische Geranienstöcke und eine hübsche Tischdecke. Von Großmutter allerhand Stoffe, von Kathi ein Brotkörbchen, Tablett, Wasserkanne usw.[76] Trudi machte ihr einen kleinen Perlenuntersatz und ich einen großen, außerdem noch zwei Tablettdeckchen und eine Sandtorte. Die beiden Kleinen sagten auch noch ein Gedicht auf. Von Onkel Erich kam noch ein pfundiges Bügeleisen und die ganzen Photos, die er bei uns gemacht hat. Das waren eine ganze Masse und wirklich herrlich gelungen.
Ich bekam zum Mitfreuen ein reizendes Ringlein.
[Zeichnung: Ring.]

Freitag, 7. August 1936
Ich durfte mit Papa einen Ausflug machen. Wir fuhren mit den Rädern nach Brannenburg und weiter ins Gebirge, nach Fischbach. Dort stellten wir die Räder ein und wanderten zur Ruine Falkenstein, wo wir eine herrliche Aussicht in die Ebene hatten. Nun spazierten wir weiter auf einem wunderhübschen Waldweg entlang. Bald mußten wir schwitzen, da es mittlerweile ziemlich schwül geworden war. Endlich sahen wir unser Ziel: Eine kleine graue Kirche und eine kleine Gaststätte. Wir waren auf dem Petersberg. Jetzt mußten wir uns erst mal ordentlich stärken. Später schau-

---

75 Erich Frensdorff aus Berlin, verheiratet mit Helme, und ihr Sohn Klaus. Siehe Abb. 7.
76 Die Zuordnung der Geschenke ist durch ein nicht eindeutiges Zeichen, mit dem „von Papa" an den Anfang der Aufzählung gestellt werden sollte, unklar. Mirjam Block feierte ihren 40. Geburtstag.

ten wir uns auch das Kirchlein an, das die älteste Kirche Deutschlands ist. Leider wurde es am Himmel ganz grau, darum mußten wir zum Abstieg rüsten. In Fischbach besorgten wir noch ein paar niedliche Andenken, dann ging's wieder nach Hause. In Rosenheim tranken wir noch Kaffee. [Zeichnung: Petersberg.]

Niedernburg, 9. August 1936
Heute war wieder mal prächtiges Sonntagswetter, das wollten wir natürlich richtig ausnützen. Wir packten unsere Badesachen, einiges zum Essen und Bücher ein und wanderten dem Inntal zu. Auf dem Damm gingen wir dann weiter fast bis ans Ende (er hört nämlich ein Stück unterhalb Zaisering auf). Dort fanden wir ein reizendes Plätzchen, ganz am Inn. Wir zogen uns schnell aus und schlüpften in unsere Badeanzüge. Da wir uns gerade an einem kleinen Teich niedergelassen hatten, konnten wir: baden, sandbuddeln, Luft- und Sonnenbäder nehmen und lesen. Über uns hörten wir alle Viertelstunden die Zaiseringer Uhr schlagen. Mittags holte uns Trudi aus Zaisering etwas zu essen, das schmeckte natürlich ausgezeichnet. Hin und wieder fuhr auch ein Paddelbötchen vorbei, an dem wir natürlich viel Spaß hatten. Am Abend zogen wir dann wieder recht vergnügt nach Hause. [Zeichnung: Paddelboot.]

Ein Sonntag im Rosenheimer Herbstfest [30. August 1936]
Ungefähr um 1/2 10 Uhr fuhr ich zu meiner Freundin Liesel, um sie zu fragen, ob wir zusammen auf die Wiese gehen wollen. Liesel war natürlich gleich damit einverstanden. Und da meine Eltern und Geschwister einen größeren Spaziergang machen wollten, luden mich Weißens gleich zum Mittagessen ein. Nachdem wir nun gegessen hatten, machten wir uns fertig. Bald gingen wir mit Gusti auf der stark von Radlern bewegten Straße zur Festwiese. Dort war ein richtiges Gedränge und eine mords Hitze. Zuerst schauten wir uns erst mal alles von außen an. Bei der Rutschbahn war wie immer am meisten zu sehen. Ich fuhr dann mit der Achterbahn oder Schlange genannt. Wir trafen auch noch Bekannte. Liesel und ich fuhren auch noch mit den Autos, bei denen man selbst steuern muß. Da gab's viel zu lachen. Andauernd kauften wir uns Eis, weil ja eine mächtige Hitze war. Als wir uns nun satt gesehen hatten, begaben wir uns nach Hause. Wir kehrten auch noch in einer Wirtschaft ein, aber dann ging's schnell heim.

Mittwoch, den 2. September, durfte Trudi mit mir ins Herbstfest fahren. Dort waren eine Menge Kinder da, weil ja Kinderfest war. Wir schauten uns die Eismen[?] und das niedliche Hundetheater an, fuhren wieder mit der Achterbahn und mit den Fliegern. Alles war recht lustig und nett. Bis ungefähr um 5 [Uhr] auf der Wiese, dann fuhren wir ganz vergnügt nach Haus'.

Montag, 7. September 1936
Gestern abend fuhr ich mit Geidoblers[77] zum Feuerwerk. Mutti sollten wir um 1/2 8 an einem bestimmten Platz abholen. Da es noch sehr früh war, gingen wir zur Gärtnerei Fischer, um dort die Blumen- und Kakteenschau zu besichtigen. Es waren da die herrlichsten Dahlien, Rosen, Gladiolen, Alpenveilchen und niedliche Kakteen zu sehen. Zwei hübsche Kränze und eine reizend nachgebildete Almhütte waren auch aufgestellt. Nachdem wir uns nun satt gesehen hatten, gingen wir auf die Wiese. Um 7 Uhr trafen wir Paula, und da Mutti noch nicht da war, gingen wir zum Feuerwerk. Bald ging's auch los. Leider war es nur sehr kurz. Nun gingen wir wieder auf die Wiese, trafen auch bald Mutti und noch andere Bekannte. Auch jetzt gab es wieder viel zu schauen. Wir waren alle recht vergnügt und ausgelassen. Ich fuhr dann um 1/2 11 Uhr mit Geidoblers nach Hause.
Gestern, den 8. 9., fuhr Papa fort.[78] Heute, Mittwoch den 9., kam Tante Marie Arndt[79] zu Besuch.

24. Oktober 1936
Es ist nun schon wieder eine schöne Zeit, seit Tante Marie da war, vergangen. Papa ist auch schon lange wieder zu Hause.
Ich muß jetzt jeden zweiten Tag zum Arzt nach Vogtareuth, weil ich an beiden Füßen eiternde Stellen habe. Das Gute dabei ist, daß ich ganz selten Schmerzen habe.
Heute ist nun ein herrlicher Herbsttag, und da fuhr ich zu Liesel. Da sie aber im Kino war, fuhr ich nach Rosenheim, da war nämlich heute Markt, und den wollt' ich mir nun mal wieder anschauen. Als ich mehrere Male auf und ab gegangen war, traf ich zufällig Liesel. Wir sahen uns nun auch noch die anderen Buden an. Gegen Abend fuhren wir dann nach Hause.

Mittwoch, 11. November 1936
Diesmal hatten wir statt Schulunterricht Krankenpflege, den Kurs gab eine Schwester. Er war sehr interessant. Wir lernten allerhand verbinden, wie

---

77 Die Familie der Haushälterin Kathi Geidobler.
78 Fritz Blocks Reiseziel ist bislang unbekannt.
79 Marie Arndt aus Berlin, geb. Block, verheiratet mit dem Graphiker Paul Arndt.

man Wickel macht, Tropfen abzählen usw. Für Frauen und ältere Mädels war dieser Kurs 14 Tage lang.

Ich sollte eigentlich vom 15. November an nach Tetschen in Böhmen in ein Institut kommen. Tante Helme hätte mich da hin gebracht, aber Papa wollte es nun auf einmal nicht. Wir hatten schon alles fix und fertig vorbereitet. Dafür darf ich nun seit dem 16. November nach Rosenheim in die Nähschule gehen, wo es mir sehr, sehr gut gefällt.[80] Ich nähe mir jetzt grad' eine Bluse. Ostern werde ich dann in die Haustöchterschule gehen.

Samstag, 21. November 1936
Trotz eiskaltem Novemberwetter fuhr ich heute zu Liesel, wo wir recht lustig Namenstag feierten. Ich bekam von Liesel eine feine Pralinenschachtel.

Wie ich am Freitag, dem 4. [Dezember], von der Nähschule heimkam, mußte ich gleich ins Bett. Ich hatte mich scheinbar irgendwo angesteckt. Hier herum ist fast in jedem Haus jemand an Grippe krank. Nun hatte ich fünf lange Tage Zeit, um zu lesen. Ich las „Die schwarze Galeere",[81] „Dürer in Venedig",[82] „Jerusalem" von Selma Lagerlöf,[83] „Maria Bittgang"[84] und „Unterm Rad" von Hesse.[85] Vorher hatte ich mit großer Begeisterung „Jürg Jenatsch"[86] gelesen. Auch in der Nähschule lasen wir feine Bücher, von Paul Keller „Die Insel der Einsamen" und „Waldwinter".[87] Beide waren recht pfundig.

Samstag, 19. Dezember 1936
Schon lange hatte ich mich auf die große Reise nach Hannover vorbereitet, ich freute mich ja schon riesig drauf. Endlich war der Tag gekommen!

---

80 Die Nähschule war offenbar ein Teil der von den Armen Schulschwestern geleiteten Haustöchterschule. Siehe den Eintrag vom 9. Februar 1937, S. 122: „ ...verkündete uns die Schwester". Keinen Hinweis auf die Nähschule enthält die Festschrift Städtische Realschule für Mädchen Rosenheim. Hg. vom Direktorat. Rosenheim o. J. [1991].
81 Wilhelm Raabe (1831–1910): Die schwarze Galeere (1861).
82 Adolf Ernst (eigentlich Adolf Stern, 1835–1907): Dürer in Venedig (aus: Venezianische Novellen, zuerst im Gutenberg-Verlag Hamburg. Einzelausgabe 1911. Auch in der Reihe „Wiesbadener Volksbücher" (Nr. 141), Reichsamt Deutsches Volksbildungswerk, Verlag Deutsche Volksbücher, Stuttgart.
83 Selma Lagerlöf (1858–1940): Jerusalem (2 Bde. 1901/02, deutsche Ausgabe 1902/03).
84 Bislang war nicht festzustellen, von wem dieses Werk stammt.
85 Hermann Hesse (1877–1962): Unterm Rad (1906).
86 Conrad Ferdinand Meyer (1825–1898): Jürg Jenatsch (1876).
87 Paul Keller (1873–1932): Die Insel der Einsamen (1913, Volksausgabe 1930/31), Waldwinter (1902).

Um 6 Uhr morgens hielt das Auto vor der Tür, das uns, mich und Mutti, nach Rosenheim brachte. In München tranken wir dann Kaffee.
Mutti setzte mich dann in den Zug, der ganz voll war. Es war herrliches Wetter. In Windeseile ging's dahin, immer weiter vom Gebirge weg. Nun kam Augsburg, dann Treuchtlingen, das nette alte Städtchen Ansbach, Marktbreit; da sah man auch schon den Main. Jetzt ging's immer zwischen hohen Weinbergen am Main entlang, auf dem sich hin und wieder ein Schiffchen sehen ließ. Und weiter ging's nach Ochsenfurt, Würzburg, Gmünden und Bebrach. So, nun hatten wir das Meiste überstanden. In Hannover holten mich Großmutti, Onkel Fritz und Pauline mit dem Auto ab.[88]

Sonntag, 20. Dezember 1936
In aller Frühe wachte ich schon auf. Ich schlief mit Großmutti zusammen. Nachdem wir Kaffee getrunken hatten, schrieb ich noch und um 11 1/4 Uhr holte mich Onkel Fritz mit Justus, Holler und Peter Brinkmann, ein Neffe von Tante Anne, wieder im Auto ab. Und da fuhren wir nun durch die Eilen-Riede und viele Straßen zum Flugplatz. Das war natürlich riesig interessant. Hernach fuhren wir dann zu Tante Anne.
Am Nachmittag ging ich dann mit Großmutti und Walter ins Kino „Der kleine Rebell" mit Shirley Tempel. Es war wirklich reizend. Das war nämlich ein reizendes Mädel von ca. zehn Jahren.[89]

Montag, 21. Dezember 1936
Heute gingen wir bei herrlichem Wetter in die Stadt. Dort bekam ich ein Paar hübsche braune Halbschuhe und Hausschuhe.
Nachmittags besuchten wir dann Tante Anne, von der ich eine wunderhübsche Kette bekam. Wir machten ein interessantes Spiel und dann turnten wir auf der großen Diele. Es war sehr, sehr lustig.

---

88 Dr. Fritz Frensdorff, Kinderarzt in Hannover, verheiratet mit Anne („Tante Anne"), Kinder: Justus und Reinhold („Holler"). „Großmutter" ist Hulda Frensdorff, geb. Packscher. Pauline (geb. 1922) ist die Tochter von Hans Josef Block, Rechtsanwalt und Notar in Hannover („Onkel Hans"), verheiratet mit Gertrud Seligmann, ihre weiteren Kinder sind Walter (geb. 1923), Hanna (geb. 1926) und Ruth (geb. 1928).
89 „Der kleinste Rebell" mit Shirley Temple, John Boles, Jack Holt u.a., UfA. Der Film lief in Hannover im UfA-Kino in der Georgenstr. 12 ab 15.12.1936. Hannoverscher Anzeiger, 15.12.1936, S. 4.

Dienstag, 22. Dezember 1936
Vormittags gingen wir in die Leibniz-Fabrik und nachmittags zu meinen Verwandten in der Gellertstraße.[90] Dort war es sehr nett.

23. Dezember 1936
Gestern, Mittwoch, war ich mit Frau Schragenheim, bei der Großmutti wohnt, auf dem Markt. Abends durfte ich dann mit Pauline B[lock] in die Oper gehen. Es wurde „Hänsel und Gretel" und „Die Puppenfee" gespielt.[91] Beides war so entzückend. War es doch meine erste Oper, die ich gesehen hatte! Bei der Puppenfee konnte man sich zu Tode lachen. Onkel Hans brachte mich dann nach Hause.

24. Dezember 1936
Bei herrlichem Wetter holte mich heute morgen Pauline ab, um mir die Stadt zu zeigen. Wir gingen erst durch viele Straßen zum Hochhaus, das ist 14 Stockwerke hoch und liegt mitten in der Stadt.[92] Und weiter gingen wir dann ein Stück an der Leine entlang in die Altstadt mit ihren kleinen Häusern und schmalen Straßen. Dann kamen wir zum prächtigen Rathaus und zu einem kleinen Maschteich, und weiter ging's durch einen Park zum Maschsee, der nun in seiner ganzen Größe vor uns lag. Fünf Schwäne wurden gerade von einigen Leuten gefüttert. Dieser Maschsee war früher eine große Wiese gewesen und ist nun künstlich zu einem See verwandelt worden. Man braucht zwei Stunden, bis man ihn umgeht. Nun war es aber Zeit, daß wir uns nach Haus' begaben. Nun hatte ich schon allerhand gesehen. Wir waren auch noch in der Markthalle.

Freitag, 25. Dezember 1936
Vormittags besuchten wir Tante Johanne.[93] Zum Abendbrot waren wir zu Schwarzens eingeladen. Dort war richtiger Freitagabend.[94] Es war sehr schön.

---

90 Hans Josef Block wohnte in der Gellertstraße 26, sozusagen in der „Stammadresse" der Blocks, wo schon Dr. Wolf Block gelebt hatte.
91 Die Vorstellung fand im Opernhaus statt: „18 1/2 bis 21 1/2 Uhr. Zu ermäßigten Preisen. Hänsel und Gretel. Märchenoper von Humperdinck. Die Puppenfee. Ballett von Bayer. Außer Anrecht." Hannoverscher Anzeiger, 23.12.1936, S. 4.
92 Anzeiger-Hochhaus.
93 Anne (Johanne) Frensdorff.
94 Das Verhältnis zur Familie Schwarz ist bislang unklar. Mit „richtiger Freitagabend" meint Elisabeth den Sabbat.

26. Dezember 1936
Vormittags machte ich mit Onkel Hans, Pauline und Ruth bei herrlichem Wetter einen wunderschönen Spaziergang zum Tiergarten. Dort waren viele Rehe, die ganz zahm waren, und auch ein paar Eichhörnchen waren da. Nachmittags war ich mit Großmutti bei Martha Rosenfeld, einer Cousine von Mutti.

Sonntag, den 27. Dezember 1936
ging ich mit Walter, Hanna und Ruth in [den] Zoo, war das eine Freude! Was man da alles sah! Die vielen seltsamen Tiere. Wir blieben bis 1 1/2 Uhr dort. Zum Kaffee waren wir dann wieder bei Blocks.

Montag, 28. Dezember 1936
Heute vormittag besuchten Großmutti [und] ich Tante Helene Frensdorff,[95] die in der Loge wohnt. Wir machten dann einen schönen Spaziergang zum Welfengarten und zur Herrenhäuser Allee. Die ganzen Bäume waren mit Rauhreif bedeckt. Schnee gab es ja noch nicht.

Dienstag war ich von 1 Uhr bis 7 Uhr abends bei Frensdorff.
Mittwoch war ich mit Pauline und Walter im jüdischen Altersheim bei Frau Seligmann.[96] Wir mußten ungefähr 1 1/2 Stunden gehen. Es war aber sehr schön. Es ging fast immer durch den Wald. Zurück fuhren wir dann mit der Elektrischen.

Donnerstag (Sylvester)
Um 4 Uhr kam Pauline. Wir tranken zusammen Kaffee und spielten Pa[tience].[97]

---

95 Helene Frensdorff war mit Berthold Frensdorff, dem Bruder von Julius Frensdorff verheiratet.
96 Johanna Seligmann, geb. 9.5.1870 in Schwelm, geb. Meyer, verheiratet mit Louis Seligmann, geb. 14.7.1855 in Paderborn, gest. 11.11.1924 in Hannover. Ihre Tochter Gertrud war verheiratet mit Hans Block. Johanna Seligmann wohnte seit 3. Oktober 1930 im jüdischen Altersheim der Heineman-Stiftung in der Brabeckstr. 86. Am 19. Dezember 1941 wurde sie in das „Judenhaus" in der Ohestr. 9 umquartiert, am 13. Februar 1942 nach Ahlem in die ehemalige jüdische Gartenbauschule. Sie wurde am 23. Juli 1942 nach Theresienstadt deportiert und kam dort ums Leben. Stadtarchiv Hannover, Einwohnermeldekartei jüdischer Bürger. Siehe auch Buchholz, Marlies: Die hannoverschen Judenhäuser. Zur Situation der Juden in der Zeit der Ghettoisierung und Verfolgung 1941 bis 1945. Hildesheim 1987, S. 230.
97 Das Wort ist nicht ausgeschrieben. Unten rechts eckige Klammern, vielleicht als Auslassungszeichen.

Hernach gingen Großmutter, Pauline, ich und noch eine dann ins Kino. Es gab „Schabernack".[98] Wir mußten alle schrecklich lachen. Abends gab es dann Karpfen. Das war alles sehr fein, und [um] 1/2 10 Uhr gingen wir dann zu Bett. So endete das Jahr 1936.

PROSIT NEU JAHR!

Zum neuen Jahr!

Das alte Jahr hat über Nacht
in aller Stille sich fortgemacht.

Das neue ist noch ein kleines Kind,
es weiß noch gar nicht, wer wir sind.

Und ist doch unser Herr von heut',
hat Macht über so viel tausend Leut'.

So wollen wir denn, ohne umzuschau'n,
ihm all uns're Sachen anvertrau'n.

Es stammt aus einem großen Haus:
es kennt sich ganz gewiß bald aus.

Freitag, 1. Januar 1937
Vormittags machten wir einen Spaziergang nach Ahlem, das ist eine jüdische Gartenbauschule ein Stück außerhalb Hannover.[99]

---

98 „Schabernack" mit Paul Hörbiger, Trude Marlen, Hans Richter. Der Film lief in Hannover im „Luna" in der Bürgerstr. 3 vom 29. bis 31.12.1936. Hannoverscher Anzeiger, 29.12.1936, S. 4.
99 Die von Moritz Simon 1883 gegründete „Israelitische Gartenbauschule Ahlem", die auch als „Simon-Stiftung" bekannt wurde, hatte zum Ziel, einer Verarmung vor allem auch der ostjüdischen Glaubensgenossen entgegenzuwirken. Dem Besuch der eigenen, staatlich registrierten Grundschule, in der bereits manuelle Fähigkeiten gefördert wurden, schloß sich in der Regel eine dreijährige Gartenbaulehre an. Nach 1933 stand dann die Umschulung und berufliche Vorbeitung Auswanderungswilliger immer mehr im Vordergrund. Ahlem war 1938 immerhin das fünftgrößte landwirtschaftliche Ausbildungszentrum der Juden in Deutschland. Im Juni 1942

Nachmittags holte mich Tante Anne mit den beiden Jungens ab. Wir spielten wieder recht vergnügt. Abends um 6 1/4 Uhr holte mich dann Pauline bei Frensdorffs ab. Ich und Großmutter waren nämlich zum Freitagabend zu Blocks eingeladen. Es war sehr schön. Es wurden viele Lieder gesungen.

Samstag, [2. Januar 1937]
Heute ruhten wir uns den ganzen Tag aus; wir saßen gemütlich beisammen, hörten Radio und handarbeiteten.

Sonntag, [3. Januar 1937]
Da gestern Onkel Fritz wieder nach Hause kam, durfte ich heute mit der ganzen Familie im Auto zu der größten Schleuse Deutschlands fahren.[100] Das war natürlich hochinteressant. Nachmittags ging ich dann mit Hanna und Ruth ins jüdische Waisenhaus.[101] Dort war es auch sehr nett. (Ich las jetzt „Die Heimat" von Paul Keller[102] und „Jans Heimweh" von Selma Lagerlöf.)[103]

Montag, [4. Januar 1937]
war ich zu Tante Lene[104] eingeladen. Ich aß dort zu Mittag, dann unterhielten wir uns recht nett und nachher gingen wir dann zusammen in die Stadt. Wir tranken bei Thies, einer Konditorei, in der Mutti früher schon

---

mußte die Schule geschlossen werden. Schon ab November 1941 diente Ahlem der Gestapo als Sammellager für Juden aus Hannover und Umgebung, bevor sie nach Riga, Auschwitz oder Theresienstadt deportiert wurden. Im August 1943 zogen einige Referate der Staatspolizeileitstelle Hannover in das ehemalige Direktorenhaus. Siehe Lowenthal, Experiment Ahlem, S. 163–179. Buchholz, Judenhäuser, S. 155 ff. Homeyer, Gartenbauschule Ahlem. Reichskristallnacht in Hannover, S. 90 f., 95.

100 Die „Hindenburgschleuse" in Anderten.
101 Hans Block war Kurator des jüdischen Waisenhauses.
102 Paul Keller (1873–1932): Heimat (1903).
103 Selma Lagerlöf (1858–1940): Kejsarn av Portugallien (1914, deutsche Ausgaben Jans Heimweh, 1915. Der Kaiser von Portugallien, 1936).
104 Wahrscheinlich Helene Frensdorff, geb. 15.11.1870 in Hannover, geb. Haas, verh. mit Berthold Frensdorff, geb. 14.5.1857, gest. 17.8.1928 in Hannover. Helene Frensdorff lebte bis zum 1. August 1938 in der Königsworther Str., zog dann in das jüdische Altersheim (früheres Waisenhaus) in der Körnerstr. 5. Am 15. November 1938 mußte sie in das „Judenhaus" in der Brabeckstr. 86 ziehen, am 19. Dezember 1941 in dasjenige in der Ohestr. 8, und am 13. Februar 1942 mußte sie nach Ahlem in die ehemalige jüdische Gartenbauschule, die nun als „Sammellager" und Massenquartier benutzt wurde. Helene Frensdorff wurde wie Johanna Seligmann am 23. Juli 1942 nach Theresienstadt gebracht, wo sie ums Leben kam. Stadtarchiv Hannover, Einwohnermeldekartei jüdischer Bürger und Angaben von Peter Schulze. Siehe auch Buchholz, Judenhäuser, S. 228 ff.

oft war, Kaffee und aßen feinen Kuchen. Nun gingen wir ins Kino: „Die Julika", das war die berühmte Paula Wessely aus Wien.[105] Es war einfach bezaubernd. Ich war ganz hingerissen davon.

Dienstag, [5. Januar 1937]
war ich nachmittags bei Blocks und [wir] machten einen hübschen Spaziergang.

Mittwoch, [6. Januar 1937]
ging ich nachmittags mit Justus, Reinhold und Inge, dem Mädchen, zur Turnlehrerin und sah dort den beiden Jungens zu. Abends holte uns dann Onkel Fritz ab und brachte uns nach der Langen Laube. Dort sollte ich noch drei Tage wohnen, da Tante Else[106] zu Großmutter zu Besuch am Freitag kommt.

Donnerstag, 7. Januar 1937
Holler und ich durften heute vormittag Onkel Fritz bei seinen Besuchen begleiten. Das war sehr, sehr schön. Zu Mittag war ich zu Block eingeladen. Dort blieb ich dann bis nach dem Kaffee. Dann ging ich mit Hanna und Ruth wieder zu Frensdorff, wo wir allerhand nette Spiele machten.

Freitag, 8. Januar 1937
Heut' war ich nun bei herrlichem Wetter, nach zweitägigem Regen, im Museum. Es war sehr interessant. Nachmittags kam dann eine Bastellehrerin, bei der ich für Mutti ein kleines Körbchen machte.

Samstag, [9. Januar 1937]
Um 1/2 11 Uhr verabschiedete ich mich noch bei Tante Lene. Dann kam Tante Else. Wir holten alle zusammen Justus von der Schule ab. Am Nachmittag fuhr uns dann Onkel Fritz am Maschsee entlang. Das war sehr schön.

---

105 „Die Julika" mit Paula Wessely, Attila Hörbiger, Gina Falckenberg, Arthur Somlay. Regie: Geza von Bolvary. Der Film lief in Hannover ab 19.12.1936 im renovierten und neueröffneten „Palast-Theater" in der Adolf-Hitler-Str. 5. Hannoverscher Anzeiger, 19.12.1936, S. 20 und 22.12.1936 (3. Beilage) mit einer Filmbesprechung.
106 Else Levy aus Bad Polzin, Pommern.

Sonntag, 10. Januar 1937
Nun war der Abreisetag schon wieder da: Die Weihnachtsferien gingen leider zu Ende. Es war eine herrliche Zeit, diese drei Wochen bei meinen Verwandten. Jeder Tag brachte etwas Neues für mich. Also heute nun sollte ich abreisen. Um 1/2 11 Uhr brachte mich die ganze Familie Frensdorff im Auto an die Bahn. Es war herrliches Wetter. Die Fahrt verlief sehr gut. Es war dieselbe, wie die Hinfahrt. In München, wo ich um 1/2 10 Uhr abends anlangte, wurde ich von der Köchin von Dr. Block abgeholt.[107] Dort in der Wohnung tranken wir dann noch einen Tee, dann ging's ins Bett. Am nächsten Vormittag brachte mich dann die Köchin wieder zur Bahn. Und nun ging's in großer Eile nach Rosenheim, dort wurde ich von Papa abgeholt. Wir gingen dann zusammen nach Hause, wo ich schon mit Sehnsucht empfangen wurde.
Mit Seppen Marie, die jetzt auch mit mir in die Nähschule fährt,[108] fuhr ich heut' nachmittag ins Kino. Es gab „Der Jäger von Fall" nach einem Roman von Ganghofer.[109] Als wir hinkamen, war der 3. Platz schon ausverkauft! Das war ein gutes Zeichen. Endlich ging's los. Nachdem wir allerhand nette Sachen als Vorprogramm gesehen hatten, ging's erst richtig los. Es waren herrliche Aufnahmen aus dem Gebirge bei Tölz. Eine richtige Wilderer-Geschichte. So aufregend, aber sehr, sehr schön. Als es aus war, gingen wir dann noch zum Stadtsee, um beim Schlittschuhlaufen zuzusehen.

Donnerstag, 28. Januar 1937
Nachdem wir bis 1/2 11 Uhr genäht hatten, durften wir alle in die große Turnhalle gehen, wo das Märchen „Der Rattenfänger von Hameln" vorgeführt wurde.[110] Die ganze Halle war gesteckt voll. Das Spiel wurde von lauter Mädels in allerhand netten Kostümen in sechs Akten vorgespielt. Einige mußten auch singen. Das Ganze dauerte zwei Stunden und war recht hübsch.
[Zeichnung: Ratten.]

---

107 Das Verwandtschaftsverhältnis zur Familie Block in München ist bislang unklar. Möglicherweise ist „Dr. Block" in München ein Cousin von Fritz Block.
108 Maria Rottmüller behauptet, sie sei nicht nach Rosenheim zur Schule gegangen. HdBG, Gespräche, S. 154.
109 „Der Jäger von Fall", UfA, Peter Ostermayr. Mit Paul Richter, Giorgia Holl, Betty Sedlmayr, Gustl Gstettenbauer, Rolf Pinegger, Josef Eichheim, Willy Rösner (Rosenheim), Thea Aichbichler. Der Film lief ab Freitag, 22.1.1937 in den Kaiser-Lichtspielen in Rosenheim. RA, 22.1.1937.
110 Vielleicht die Fassung von Joachim von der Goltz (1892–1972): Der Rattenfänger von Hameln (1932).

Faschings-Sonntag, [7. Februar 1937]
Nachdem wir mit dem Abspülen fertig waren, setzten wir uns auf unseren neuen Balkon, der jetzt viel größer geworden ist. Daraus kann man ersehen, wie warm es heute war. Mutti las und ich schrieb. Auf der Straße wurde es immer lebhafter, weil so um 2 Uhr 'rum eine große Faschingsgaudi sein sollte. Trudi war als Kasperline und Arno als Farmer oder Gärtner angezogen; sie sahen sehr lustig aus. Es war aber nicht viel los. Ich ging dann noch mit ein paar Mädels oben in den Saal der Wirtschaft, wo noch etwas Musik spielte.

Faschingsdienstag, [9. Februar 1937]
In der Nähschule, nach der Pause, verkündete uns die Schwester, daß wir hernach ein Lustspiel sehen dürften. Es war zuerst ein reizendes Ballett, dann ein recht komisches Stück und hernach richtig was für Fasching. Das paßte ausgezeichnet. Hernach blieben wir dann noch so bis um 3 Uhr in der Stadt, wo es recht zu ging. Man ging immer auf und ab, wurde mit Wasser bespritzt und mit Konfetti beworfen, lachte und machte sonst allerhand Streiche. Kurzum, es war richtig Fasching.

12. Februar 1937
Endlich war der große, langersehnte Tag da. Nachdem wir den Kaffee gekocht hatten, durfte ich ins Geburtstagszimmer rein gehen. Die brennenden Kerzen strahlten mir grad' ins Gesicht. Da sah ich zuerst den großen, schönen Kuchen, den mir Mutti gebacken hatte. Dann lagen da noch: Zwei Schlüpfer, ein seidener Unterrock, ein Paar Kniestrümpfe, ein Paar weiße Zöpferlstrümpfe, zwei Paar Sockerl, hübscher hellgrüner Kleiderstoff, Briefpapier, ein reizendes Fotoalbum, eine sehr feine Nachttischlampe, ein gehäkelter Kragen und Schokolade. War das eine Masse, und noch nicht alles. Als ich nachmittags von der Schule kam, lagen da schon wieder drei Pakete. In dem ersten war sehr hübsches Briefpapier, im zweiten ein Kragen, eine Tafel Schokolade und ein Patent für die Küche. Im dritten war ein sehr feiner Unterrock. Und dann gab's noch ein sehr feines Essen. Nach dem Kaffee machten wir allerhand nette Spiele. Abends kam dann noch ein Paket mit einem ganz eleganten, blauen Kleiderstoff, einer großen Keksschachtel und Schokolade-Dessert. So um 8 Uhr kamen dann noch Paula und Kathi, um mir zu meinem 14. Jahr zu gratulieren. Beide brachten mir noch ein Paar Strümpfe, weißen Stoff für ein Blüschen und eine Tafel Schokolade. Das war ein schöner Abschluß des Geburtstags.

Samstag, 13. Februar 1937
Heut' nachmittag, ungefähr um 1/2 2 Uhr, kam Liesel nach langer Zeit mal wieder, aber sie hatte es mir ja auch versprochen. Sie brachte mir eine reizende, selbstgemachte Buchhülle aus Leder und eine Tafel Schokolade. Wir gingen zusammen nach Zaisering und dann unterhielten wir uns recht nett. Hernach tranken wir Kaffee und dann machten wir alle zusammen Spiele. Später begleitete ich Liesel noch ein Stück nach Haus'.
Am Donnerstag fiel der erste Schnee in diesem Jahr, aber heute, Sonntag den 14., taut es schon wieder etwas. Heute in der Frühe ist auch Mutti verreist nach Hannover.

Donnerstag, 11. März 1937
Nun war der große Tag da. Es war nämlich Aufnahmeprüfung für die Haustöchterschule, in die ich Ostern kommen sollte. Ungefähr um 8 Uhr ging's los, es waren viele Mädels da. Zuerst machten wir einen Aufsatz, dann eine Rechtschrift und nach dieser war erst mal Pause, da konnten wir uns stärken und schwatzen. Während ich dann in den Nähkurs ging, hatten die anderen Religionsprüfung. Später dann mußten wir noch drei ziemlich schwere Rechnungen machen und dann war die ganze Sache vorbei. Bis jetzt weiß ich noch nicht, ob ich die Prüfung bestanden habe. Hoffentlich!
Heute abend ist auch Mutti wieder von ihrer großen Reise heim gekommen und hat mir ein sehr hübsches ledernes Etui mit einer feinen Schneider-Schere und einer reizenden Stickschere und dann noch eine hübsche Brosch[e] und eine hübsche lederne Handtasche [mitgebracht].

Montag, 15. März 1937
Wir sahen heute in der Fortbildungsschule drei Lehrfilme. Der erste hieß „Kinder aus Lappland", der zweite „Schieferbruch bei Solnhofen" und der dritte „Die Ringelnatter". Alle drei waren sehr interessant.

Freitag, 19. März 1937 (Josephitag)
Heute durften wir in der Nähschule die letzten zwei Stunden, von 11 bis 1 Uhr, ins Kino gehen. Es wurde „Der Verräter", extra für Schulen, gegeben. Es war furchtbar aufregend.

Ostern, 28. und 29. März 1937
Nachdem es gestern ganz schreckliches Wetter war, hatten wir schon alle Hoffnung aufgegeben, daß heute, am Ostersonntag, schönes Wetter würde. Aber welch ein Glück hatten wir. Als ich am Morgen aufwachte, schien schon die Sonne in mein Zimmer. War das eine Freude! Ich zog

mich schnell an und ging runter. Als ich die Dose, in der der Kaffee aufbewahrt ist, aufmachte, lagen da drei Schokoladeneier und ein Hase drin. Das war aber eine Überraschung. Nach dem Kaffeetrinken spielten wir, wie alle Jahre, „Eierscheiben", wobei uns Papa zweimal knipste.

Nachmittags, ungefähr um 1/2 2 Uhr, holte mich Seppen Marie ab.[111] Wir gingen zu ihr rauf, und da zeigte sie mir allerhand hübsche Albums. Nachher tranken wir Kaffee und später gingen wir spazieren. Eigentlich wollten wir an den See, da ging aber der Wind ziemlich, so daß wir noch ein Stück weiter zur „Heide" gingen. Da war es sehr schön. Wir setzten uns auf einen Baumstumpf und plauderten miteinander – beinahe eine Stunde. Die Sonne schien so warm, daß wir sogar unsere Mäntel auszogen. So um 1/2 6 Uhr war ich dann wieder zu Haus'.

Für Ostermontag hatten Marie und ich uns bis um 1 Uhr verabredet. Wir wollten nämlich ins Kino gehen, es gab „Truxa".[112] Es war zwar nicht so schönes Wetter, aber das war ja schließlich für's Kino nicht so nötig. Also um 1 Uhr kamen Marie und ihr Bruder Fritzel und holten mich ab. Im Deutschen Kaiser[113] war das Kino. Der Saal war schon ziemlich voll. Bald ging's los. Zuerst kam ein sehr hübscher und interessanter Landschaftsfilm von Rumänien. Dann sahen wir die berühmte englische Schlittschuhläuferin Cecilia Cooledge, und noch sonst allerhand spannende Dinge. Dann kam erst der richtige Film. Er handelte von einem Seiltänzer und war sehr hübsch und spannend. Als er dann zu Ende war, fing's ein bißchen an zu regnen und wir machten, daß wir nach Hause kamen.

Freitag, 9. April 1937
Während Mutti und ich abspülten, klopfte es an die Tür und als ich aufmachte, stand Marianne Schlatterer da, aus München. War das eine Überraschung! Marianne war nämlich von einer früheren Spielgefährtin[114] die Cousine und daher auch oft bei uns. Sie war jetzt noch einige Tage bei ihren Verwandten und wollte mich nun zu einem Spaziergang auffordern. Ich war natürlich gleich einverstanden und zog mich schnell um. Dann gingen wir unter eifrigem Gespräch durch den Buchenwald zum See. Wir sprachen von unsrer Schule, von Ausflügen, die wir inzwischen gemacht

---

111 Siehe Anm. 70.
112 „Truxa" mit Hannes Stelzer, La Jana, Fritz Fürbringer, Mady Rahl, Hans Söhner, Musik: Leo Lenx. Der Film lief in Rosenheim in den Kaiser-Lichtspielen. RA, 19.3.1937.
113 Hotel, Restaurant und Kino „Deutscher Kaiser".
114 Marie Liegl, genannt Wirtsmarie. Siehe den letzten Abschnitt „Aus der ersten Kinderzeit", S. 206.

hatten usw. Inzwischen kamen wir zur Gastwirtschaft auf der anderen Seite vom See. Dort ruhten wir uns erst ordentlich aus und gingen dann wieder weiter bis wir zum Steg kamen. Da mußten wir erst drei Mal einen Anlauf nehmen, bis wir uns rüber getrauten, der wird nämlich immer mehr kaputt, so daß er schon bald lebensgefährlich ist. Nun waren wir aber doch gut hinüber gekommen. Zu Hause knipsten wir dann noch einige Male. Später begleitete ich dann Marianne nach Hause.

Freitag, 7. Mai 1937
Seit Ostern gehe ich nun in die Haustöchterschule in Rosenheim.[115]
Freitag durften wir in die Ausstellung vom Kampf dem Verderb gehen.[116] Sie war sehr interessant. Ungefähr sechs Räume der Volksschule in Rosenheim waren mit Bildern, Figuren, Gebasteltem und Handarbeiten ausgefüllt. Alles war von Kindern hergestellt. Hernach hatten wir noch eine Muttertagsfeier, die wir 47 Mädels selbst veranstaltet haben. Außer unserer Klassenschwester[117] hat noch unsere Turnschwester[118] zugeschaut. Es war alles sehr nett.

---

115 Der Unterricht begann am 12. April 1937. Der Stundenplan sah von Montag bis Samstag insgesamt 36 Unterrichtsstunden vor, davon allein acht Stunden für Handarbeit und Kochen und drei für Hausarbeit. Auf Deutsch entfielen vier Stunden, je drei auf Rechnen und Englisch, je zwei auf Religionslehre, Zeichnen, Kurzschrift, Buchführung und Singen, je eine auf Naturkunde, Geschichte, Geographie, Maschinenschreiben und Turnen. Im Archiv der Städtischen Realschule für Mädchen Rosenheim sind noch mehrere Unterlagen vorhanden, so der Jahresbogen 1938/39 für Elisabeth Block, in dem sich auch der Vermerk „ausgetreten! Jüdin!" findet (Abb. 11), ferner die Stundenpläne, die Schulversäumnis-Liste und das Schülerinnen-Verzeichnis der Klasse 1b für 1937/38 sowie das Verzeichnis der Jahresnoten 1937/38 und 1938/39. Mitteilung durch Herrn Kahle, der die Recherchen für die Festschrift zum 75jährigen Bestehen der Schule durchführte. Siehe auch Anton Fischer: Das kurze Leben der Elisabeth Block. In: Festschrift Städtische Realschule für Mädchen, S. 68–70.
116 Die Ausstellung hieß „Wir helfen dem Führer" („Oberbayerische Jugend wirbt für den Vierjahresplan") und wurde während des Kreistages 1937 in Rosenheim vom 5. bis 9. Mai in der Mädchenvolksschule gezeigt. Unter dem Motto „Kampf dem Verderb" stand nur ein Teil der Ausstellung (siehe RA, 5.5.1937, Foto r.o.). Am Samstag, dem 8. Mai 1937, fanden Schulfeiern in allen Schulen der Kreise Rosenheim, Traunstein und Wasserburg „unter Mitwirkung von HJ und BDM" statt. Die zu diesem Zeitpunkt noch von katholischen Schulschwestern geleitete Haustöchterschule war davon nicht ausgenommen (RA, 5.5.1937). Elisabeth erwähnt lediglich eine Muttertagsfeier, die am Freitag, dem 7. Mai 1937, stattfand. Das Programm hierzu war im 6. Tagebuch eingelegt.
117 Die Klassenschwester war M. Immolata Rödel. Sie wurde 1991 80 Jahre alt und lebt im Ruheheim der Armen Schulschwestern in Weiden. Siehe ihren Brief (S. 30) an Ruth Lentner, eine ehemalige Mitschülerin. Frau Lentner fand auch noch den von

[Loses Blatt, maschinengeschrieben, mit handschriftlichen Ergänzungen der Namen in deutscher Schrift, hier in Kursiv. „Programmfolge" von der Muttertagsfeier in der Haustöchterschule am 7.5.1937:]

Programmfolge.
1. Meine Mutter. Block. *Ich.*
2. Wenn du noch eine Mutter hast.
3. Das Erkennen. Rosa. *Peteranderl Rosa.*
4. Mutter Verna. Wagner. *Maria Wagner.*
5. Ein Kind von 7 Jahren. Furtner. *Marianne.*
6. Abendglöcklein. Spanrad. *Amalie.*
7. Muttersprache. Gerstner und Seider.
8. Meiner Mutter: Hagdorn. *Ruth.*
9. Mutter. Antretter. *Hanna.*
10. Weisst du Mutterl ... Gabler und Wiser. *Annemarie.*
11. Mutter. Riehl. *Hedwig.*
12. Lilofee. Ruth und Rosa.
13. Vortrag. Riehl.
14. O lass dich begrüssen ...
15. Wenn ich morgens früh erwache ...

Unser Muttertag
[Zeichnung: Blumengirlande.]
Es war ein schöner Frühlingstag, wie man ihn sich nicht schöner denken konnte. Nachdem wir alles zubereitet hatten, holten wir Mutti aus ihrem Zimmer runter und führten sie gleich in den Garten. Dort war der Tisch schon gedeckt und die Sachen aufgebaut. Von Arno bekam Mutti ein niedliches Blumenstöckchen, von Trudi ein selbst gestricktes Nadelkissen und einen eingerahmten Scherenschnitt und von mir eine selbst gewebte Basttasche, eine Glasdose, aus zwei Tellerchen und einer großen Schleife hergestellt, mit Keksen, die wir in der Schule gebacken haben und dann noch eine Torte, die aber zu Hause mit großer Müh' und Not gebacken worden ist. Der übrige Tag verlief recht friedlich und gemütlich.
[Zeichnung: Keksdose.]

Schwester Immolata verfaßten „Nikolausbrief", den Elisabeth vorlesen durfte. HdBG, Materialien. Siehe den Eintrag vom 6.12.1937, S. 141.
118 M. Bonifatia Scherl. Brief von M. Immolata Rödel vom 7.11.1991 an Ruth Lentner, Rosenheim. HdBG, Materialien.

Dieses Jahr war Pfingsten so schön wie schon lange nicht mehr. Namentlich die zwei Feiertage. Darum nützten wir sie auch ordentlich aus.
Gegen 10 Uhr fuhren wir drei Sprößlinge mit Papa an den nahen Simssee. Die Herren voran und hinterdrein wir zwei „Fräulein". So ging's an unser'm See vorbei nach Prutting und weiter durch ein schattiges Wäldchen, an bunten Wiesen und blühenden Obstbäumen [vorbei] nach Krottenmühl. Es liegt recht schön über'm Simssee, so daß man eine herrliche Aussicht auf den See und die dahinterliegende Bergkette hat. Nachdem wir uns an dem schönen Anblick ergötzt hatten und sogar noch an den See selbst hinunter gegangen waren, machten wir uns wieder auf den Heimweg. Der Weg führte uns, wie immer, auf dem Radler-Weg nach Stephanskirchen, Schloßberg und Niedernburg. Da wartete nun Mutti mit einem guten Festessen auf uns.
Am Nachmittag holte mich dann Seppen Marie wie verabredet um 1 1/4 Uhr ab. Wir wollten nämlich heute zum ersten Mal zum Baden fahren. Natürlich fuhren wir zur Seewirtschaft, da waren ja immer viel mehr Leute, das war doch die Hauptsache. Drüben zogen wir uns schnell aus. Dann legten wir uns in die pralle Sonne, um recht schön braun zu werden, ich mit meinem neuen weißen Badeanzug, ein Geburtstagsgeschenk von Tante Else. Bald gingen wir dann ins Wasser und schwammen ein Stück in den See. War das eine Wohltat und ein Vergnügen! Später, nachdem wir fast ganz trocken waren und schon ganz schön braun, gingen wir nochmal hinein. Und dann ging's wie neu geboren nach Hause.
[Zeichnung: Badende auf der Liegewiese, zwei Fahrräder.]

3. Tagebuch
Vom 17. Mai 1937 bis 31. Dezember 1938

Bleibe nicht am Boden haften!
Frisch gewagt und frisch hinaus!
Kopf und Arm mit heitren Kräften,
Überall sind sie zu Haus.

Wo wir uns der Sonne freuen,
Sind wir jeder Sorge los.
Daß wir uns in ihr zerstreuen,
Darum ist die Welt so groß.
(Goethe)[119]

Pfingstmontag, 17. Mai 1937
Wie der erste Pfingsttag, so war auch der zweite. Schon in aller Frühe weckte uns die liebe Sonne und trieb uns aus den Federn. So war es auch ganz richtig, da wir noch allerhand vor hatten.
Nachdem wir alles in den Rucksack von Papa verstaut hatten, sagten wir noch unserer lieben Mutti, der „Haushüterin", auf Wiedersehen, und dann ging's los. Über Schloßberg nach Ziegelberg, wo die große Ziegeleifabrik ist. Da hatten wir auch eine herrliche Aussicht über den Inn ganz weit ins Flachland hinein. Bald kamen wir nach Thansau, und da sahen wir auch schon im Dunst Schloß Neubeuern auf seinem Hügel liegen. Wir fuhren aber nicht dort hin, sondern nach dem benachbarten Dorf, nach Rohrdorf. Dort stärken wir uns erst ein wenig und ruhen in einem schattigen Buchenwäldchen aus. Nachher trägt uns unser braves Rösslein durch Achenmühle an der Autobahn entlang bis kurz vor Frasdorf. Hier gönnen wir uns abermals eine kurze Rast, da meine Uhr schon auf 12 zeigt. Diesmal ist es an einem kleinen Gebirgsbach, auch unter einem grünen Blätterdach, wo wir unser Mittagessen einnehmen. Es schmeckt uns allen vorzüglich.
Nachdem wir uns alle ordentlich ausgeruht haben und Arno vor lauter Übermut auch schon auf Papas Prophezeiung [hin] ins Wasser gefallen ist, fahren wir unter der starkbelebten Reichsautobahn durch. Nun verrät uns Papa auch unser Ziel; es ist Schloß Wildenwart, umgeben von einem entzückenden Park, den man von der Brücke, die vom Dorf zum Schloß führt, unter sich sieht. Da steht eine prächtige Blutbuche, unter der eine Bank recht gemütlich steht. Jetzt blüht und duftet der Flieder dort. Nachher erfrischen wir uns noch ordentlich in der kleinen Gaststätte nebenan.

---

119 Gedicht aus Goethe, Johann Wolfgang von: Wilhelm Meisters Wanderjahre (1829), Drittes Buch, Ende des neunten Kapitels.

Nun radeln wir vergnügt weiter. Wieder geht die Fahrt durch kleine Wälder, an schmucken Bauernhäusern vorbei. Von Söllhuben bis Riedering geht es fast in einem Saus ohne zu treten. Das schmeckt uns natürlich nicht übel, da wir schon ziemlich müde sind. In einer reichlichen halben Stunde halten wir vor unserem Haus, braungebrannt und vergnügt.

Unser erster Schulausflug
Dienstag, 25. Mai 1937
Also heute sollte nun der erste Schulausflug gemacht werden! Dieses Wetter, welche Freude! Man sagt ja nicht umsonst: „Wenn Engel reisen, lacht der Himmel."
Um 1/2 8 Uhr hatten wir uns am Bahnhof in Rosenheim versammelt, mit Rucksäcken bepackt. Unter Gekicher und Geplauder setzten wir uns in den Zug. Die Fahrt dauerte aber nicht lange, da wir schon in Brannenburg wieder aussteigen mußten. Mit erwartungsvollen Gesichtern zogen wir durch das altbekannte Dorf zur Kirche hinauf, da beteten wir erst mal unser Morgengebet, und dann ging's weiter durch frischgemähte Wiesen und unter schattigen Bäumen hindurch. Nach einer halben Stunde gelangten wir in St. Margarethen an. Das ist ein kleines Kirchlein auf einem Berg, da kommt man vorbei, wenn man auf den Wendelstein will. Da oben steht eine mächtige Linde, unter der ließen wir uns nieder und genossen die herrliche Aussicht. Aber bald mußten wir das stille Plätzchen wieder verlassen. Immer steiler und immer heißer wurde es. Jetzt rauschte unter uns ein wilder Gebirgsbach. Etwa in vier Stunden hatten wir unser Ziel, die Mitteralm am Wendelstein, erreicht.[120] Todmüde ließen wir uns auf den Bänken nieder. Aber nun regte sich in uns der Durst und auch der Hunger. Unter dem freien Himmel schmeckte es uns nochmal so gut. Das Bächlein etwas unter uns spendete uns noch erquickenden Trunk.
Nachdem wir uns ordentlich gestärkt und ausgeruht hatten, kletterten [wir], das heißt zwei Mädels und ich, auf eine ziemlich hohe Bergwiese hinauf. Da entdeckten wir nun eine Menge von Enzianen, die uns wie kleine Gebirgsseen entgegen schauten. Auch so niedliche kleine Berganemonen und entzückende Bergaurikeln (Gemsblümchen) fanden wir und konnten uns nicht satt sehen an dieser Bergwelt. Aber endlich mußten wir uns doch wieder zum Runtersteigen entscheiden. Unten bei der Alm pflückten wir dann noch ein Sträußchen Schneeheide, genossen noch mal die Ruhe, um ganz frisch beim Abstieg zu sein.

---

120 Siehe Abb. 8.

Dann brachen wir auf. Der Abstieg war natürlich bedeutend leichter und auch nicht mehr so heiß. Wir mußten uns aber trotzdem sehr eilen, sonst hätten wir nämlich den Zug versäumt. In Rosenheim trennten wir uns dann, um recht froh und zufrieden nach Hause zu fahren.
Dieses Jahr konnten wir mit Recht „Wonnemonat" sagen, denn so herrlich wie heuer und solch eine Pracht zeigte der schönste Monat schon seit Jahren nicht mehr. Wir genossen ihn aber auch Tag für Tag so gut wie wir es konnten. Fast täglich waren wir beim Baden.

Sonntag, 4. Juli 1937
Meine Freundin Marie B.[121] und ich hatten uns für heute vorgenommen, nach Flintsbach hinter Brannenburg zu fahren, denn dort war ein Schwimmbad errichtet worden, und das mußten wir sehen.
So fuhren wir denn, glücklich über die Erlaubnis unserer Eltern, los. Heiß brannte die Sonne, doch wir beachteten es kaum, bis wir uns dann ausgezogen hatten und an den Armen ganz braun waren. Im Badeanzug sahen wir ganz scheckig aus, aber das kümmerte uns nicht viel. Das Bad liegt reizend da, umgeben von einigen Gebirgsriesen, wie zum Beispiel der Heuberg, Wilder- und Zahmer Kaiser. Die Wasserfläche war nicht besonders groß, aber eine sonnige Wiese rundherum bildete eine willkommene Sitzgelegenheit. Immer wieder ergötzten wir uns an dem herrlichen Bild rundherum. Fast konnten wir uns nicht mehr trennen. Doch endlich blieb uns nichts anderes mehr übrig, und so fuhren wir dann über Neubeuern nach Hause.

Sonntag, den 11. Juli [1937],
kam Onkel Fritz mit Tante Anne und Justus und Reinhold von Hannover mit ihrem Auto.[122] Sie wollten ungefähr 14 Tage dableiben. Das heißt, die

---

121 Marie Berghammer, also „Seppen Marie". Siehe Anm. 70.
122 Prof. Dr. Asher (Reinhold) Frensdorff vermutet hierzu folgendes: „Mein Vater, Dr. med. Fritz Frensdorff, Bruder von Mirjam Block, war ein überzeugter und aktiver Zionist. Warum er, der anscheinend einen ungewöhnlich klaren Begriff von dem, was Deutschlands Judentum bevorstand hatte, nicht selbst das tat, was er anderen predigte – nämlich so schnell wie möglich auszuwandern – (unsere Auswanderung ermöglichte sich erst ein Jahr nach seinem am 12.2.38 begangenen Freitode) – darüber besteht keine Gewißheit. Vermutlicherweise waren finanzielle Hindernisse im Wege. Wir nehmen an, daß unser Besuch 1937 bei Blocks in Niedernburg nicht ein zufällig gewähltes Ferienziel war, sondern daß es sich um einen letzten Versuch meines Vaters handelte, Fritz Block zu überreden, daß er nicht in Deutschland bleiben könnte." Prof. Dr. Asher Frensdorff, 24.6.1989. HdBG, Materialien.

Jungens sollten bei uns wohnen und Tante und Onkel wollen in St. Margarethen wohnen. Gegen Abend fuhren sie dann ab.
Mit den beiden Buben hatten wir sehr viel Spaß. Justus war neun Jahre alt, er hatte am 18. Juli Geburtstag. Dazu buken wir einen feinen Marmorkuchen, der ihm besser als die feine Torte vom Konditor schmeckte. Von der aß er nämlich gar nichts, sie war das Geburtstagsgeschenk von Großmutti. Einmal durften wir Kinder alle mit Onkel Fritz am Nachmittag fortfahren, und zwar machten wir eine Rundfahrt: Niedernburg – Vogtareuth – Halfing – Endorf – Prutting – Schloßberg – Niedernburg. Öfters kam auch Tante Anne mit, bis dann Arno krank wurde und die beiden Jungens nach St. Margarethen kamen. Das war am 20. 7. Reinhold war ganz glücklich darüber, wir anderen weniger entzückt.

Eine große Überraschung
(Mittwoch, 21. Juli 1937)
Eigentlich sollte ich heute mit Onkel und Tante einen Ausflug auf den Heuberg machen. Ich hatte mich schon so sehr drauf gefreut. Aber leider wurde nun wegen Arnos Krankheit nichts daraus. Ich war schon ganz verdrossen. Gegen Mittag nun kam auf einmal Onkel Fritz und lud mich zu einer Fahrt nach Reit im Winkl ein. Ich war natürlich ganz außer mir. Inzwischen war es auch noch herrliches Wetter geworden.
Wir fuhren gleich nach St. Margarethen, holten Tante Anne ab und auch die beiden Jungens, und dann ging's los. Erst auf die Reichsautobahn bis Bernau, von wo aus man eine herrliche Aussicht auf den Chiemsee hat. Dann kamen wir nach dem hübschen Ort Marquartstein und nach dem 1000jährigen Grassau. Schon sah man den Hochfelln und Hochgern. Bald fuhren wir durch Unter- und Oberwössen, und in einer kleinen Viertelstunde hatten wir das reizende Dorf Reit im Winkl erreicht. Aber bald ging's wieder weiter in die Berge rein bis kurz vor Ruhpolding, wo wir dann auf die Alpenstraße kamen. Nicht lange, so lag auch das liebliche Inzell hinter uns. Bald erblickten wir auch die Loferer-Steinberge und dann kamen wir an einen Gletschergarten, der beim Bau der Alpenstraße entdeckt wurde. Bereits nach einer kleinen Weile erreichten wir Berchtesgaden, fuhren aber gleich noch weiter bis zum Königssee. Ganz blaugrün ist sein Wasser.
Wir gönnten uns aber nicht lange Rast, sondern fuhren bald wieder weiter nach Reichenhall über Bayerisch Gmain. Immer wieder ergötzten wir uns an dem herrlichen Anblick, den wir auf der ganzen Fahrt hatten. In Siegsdorf kamen wir auf die Autobahn. Um 1/2 10 Uhr gelangte ich zu Hause an.

Freitag, den 23. [Juli], sind sie nun leider schon abgefahren. Und möchten aber nächstes Jahr wiederkommen.
Seit 17. Juli haben wir Ferien; sie dauern bis 1. September. Das Zeugnis war sehr gut. Arno hatte jetzt acht Tage Scharlach, aber ganz leicht.
Mittwoch, den 4. August, war nachmittags, gegen 5 Uhr, ein wunderschöner doppelter Regenbogen am Himmel zu sehen.
Fast alle Tage gehe ich jetzt zum Baden. Meistens ist auch Liegl Resel[123] aus Düsseldorf da. Wir spielen dann immer mit dem Tennisring. Resel ist nur zum Urlaub da.

Sonntag, 8. August 1937
Natürlich war ich heute auch wieder beim Baden, sogar zwei Mal. Am Vormittag war die ganze Familie am See versammelt. Es war wirklich herrlich, ganz still war es rings herum. Bald kamen dann einige Bekannte, darunter auch eine reizende junge Turnlehrerin, Fräulein Traudl M. Sie forderte mich gleich zum Schwimmen über den See auf. Ich war natürlich gleich dabei. In etwa 22 Minuten sind [wir] hin und zurück, ohne Ausrasten, geschwommen. Traudl kann ausgezeichnet schwimmen. Ich hab ihr auch schon manches abgeguckt.

Mittwoch, 11. August 1937
[Zeichnung: Berg.] Der Zeiger meines Weckers zeigte auf 1/2 5 Uhr morgens. Es war höchste Zeit, daß ich mich endgültig aus meinem weichen Bette erhob. Verschlafen rieb ich mir die Augen und dann öffnete ich schnell den Vorhang, um das Wetter zu betrachten. Zu meiner großen Enttäuschung war es ganz grau. Aber trotzdem zog ich mich an und machte mich ganz fertig. Inzwischen war auch Mutti aufgestanden. Als ich Resel abholte, wurde es schon allmählich blau am Himmel.
Nach etwa 10 Minuten ging die Fahrt los. Wir beide wollten nämlich auf den Heuberg. Gegen 7 Uhr hatten wir Nußdorf erreicht und nun schien es auch schon, als ob es ganz schönes Wetter werden wollte.

---

123 Resi Liegl (Elters), geb. 1916, wohnte bis 1934 in der Nachbarschaft in Aign, ging dann nach Düsseldorf und verbrachte bis 1937 jedes Jahr ihren Sommerurlaub in Aign. An den Ausflug mit Elisabeth auf den Heuberg am 11. August 1937 kann sie sich erinnern; über Benachteiligungen der Juden oder über die Judenpolitik habe sie mit Elisabeth nicht gesprochen. Sie heiratete 1938 in Düsseldorf und war erst wieder von 1942 bis 1947 in Aign, die Familie Block habe sie jedoch nicht mehr gesehen. HdBG, Gespräche, S. 175 f., 179.

Wir stellten unsere Räder ein, und nun konnte der Anstieg beginnen. Das Wetter war wirklich prachtvoll, gar nicht heiß. Etwa nach 1 1/2 Stunden hatten wir die Daffner-Almen erreicht. Von hier aus konnten wir ungefähr in 50 Minuten auf dem Heuberg sein. Dies war jetzt das schwerste Stück, aber bald hatten wir auch das geschafft.

Nun suchten wir uns ein schönes Plätzchen, um uns erstmal ordentlich auszuruhen und unseren mächtigen Hunger zu stillen. Später kraxelten[124] wir noch auf einen kleinen Berg, von dem wir eine herrliche Aussicht ins Gebirge hatten. Unter uns schlängelten sich weiße Straßen und das breite Band des Inns. Dazwischen lagen die Dörfer wie kleines Puppenspielzeug, umgeben von bunten Teppichen, das waren die Felder und Wiesen. Nachdem wir uns da oben beinahe drei Stunden aufgehalten hatten, rüsteten wir wieder zum Abstieg.

Um 2 Uhr kamen wir schon wieder in Nußdorf an, obwohl wir uns noch die Kirche in Kirchwald angesehen hatten. Wir tranken noch eine Limonade und beschlossen, noch nach Flintsbach zu fahren, um dort zu baden. Das war dann auch noch sehr nett. Aber dann ging es mit größter Geschwindigkeit nach Hause, wo wir um 6 Uhr ankamen.

Sonntag, 22. August 1937
Für heute hatte ich mich bei Gisel B[ruckmoser],[125] einer Schulkameradin aus Endorf, angemeldet. Ich nahm auch Trudi mit. Da die Straße da runter schön geteert ist, waren wir schon in einer Stunde unten. [gestr.: Nachdem wir das Haus gefunden hatten, wo Gisel wohnt, kam sie auch gleich heraus.] Nachdem wir uns gestärkt hatten, machten wir einen kleinen Spaziergang zum Moorbad und von da aus durch einen kleinen Wald zu einem Aussichtspunkt, von dem man das ganze Dorf überblicken kann. Da es aber auf einmal so zu donnern anfing, daß wir es beinah mit der Angst bekamen, konnten wir uns gar nicht lange aufhalten. Wir gingen nun durchs Dorf und setzten uns auf eine Bank. Später, als sich das Wetter mehr verzogen hatte, gingen wir nochmal ein wenig spazieren. Als wir wieder zurückkamen, gab es gleich nochmal Kaffee und Kuchen. Gegen 1/2 6 Uhr machten wir uns dann auf den Heimweg.

---

124 Bayerisch für „kletterten".
125 Siehe auch den Eintrag vom 26.5.1938, S. 151. Gisela, die Tochter des Endorfer Schuhmachermeisters Alois Bruckmoser (Einwohnerbuch 1937, S. 20) besuchte die gleiche Klasse der Haustöchterschule in Rosenheim wie Elisabeth.

Sonntag, 29. August 1937
[Zeichnung: Autoscooter.]
Seit gestern hatte nun wieder das Rosenheimer Herbstfest begonnen. Seppen Marie und ich hatten uns für heute natürlich gleich für dort hin verabredet. Während ich um 1 Uhr auf Marie wartete, kamen die reinsten Karawanen von Menschen an mir vorbei.
In Rosenheim wimmelte es auch nur so von Menschen, und dann erst auf der Wiese selbst, kaum zum Durchkommen! Nachdem wir uns erst mal alles angesehen hatten und uns am herrlichen Eis gelabt hatten, fuhren wir mit den Autos, das machte sehr viel Spaß und war wohl auch das Netteste von der ganzen Wiese, da ja die große Achterbahn nicht da war. Später gingen wir auch noch in eine Bude, in der Motorradfahrer in einem großen, runden Gitterkäfig an den Wänden mit riesiger Geschwindigkeit entlangfahren; freihändig, blind und mit Beiwagen, in dem ein Fräulein drin saß. Als wir dann genug vom Herbstfest hatten, entschlossen wir uns noch zum Kino „Sein letztes Modell" mit Camilla Horn.[126] Es war wirklich sehr schön.

Montag, 30. August 1937
Also, gestern waren Liesel W[eiß] und ich auf der Hochries gewesen. Es war furchtbar lustig und interessant.
Ich sollte eigentlich schon um 5 Uhr bei Liesel sein, wachte aber da erst auf. Da konnte ich nun nichts Besseres tun, als mich so schnell als möglich fertig machen und zu Liesel fahren, die gerade im Begriff war, wieder ins Bett zu gehen. Nun ging's also los. In Frasdorf stellten wir unsere Räder ein und begaben uns durch den Wald hinauf. Dicker Nebel empfing uns nun und begann ganz leise zu tropfen, aber das schadete uns nicht, denn Liesel kannte ja den Weg schon lange. Gegen 8 Uhr bekamen wir allmählich Hunger und setzten uns erstmal, um uns zu stärken. Bald führte uns der Weg an einem großen Hof vorbei. Nach einer kurzen halben Stunde standen wir auf einmal vor der Winterstubn, einer Alm. Den Sennen kannte Liesel sehr gut, und darum bekamen wir auch gleich von ihm

---

126 „Sein letztes Modell", Bavaria-Film, mit Alexander Svéd („Ungarns gefeierter Bariton"), Camilla Horn, Paul Javor, Hilde von Stolz, Julie Serda, Otto Treßler, Tibor von Halmay. Der Film lief in Rosenheim in den Kaiser-Lichtspielen von Mittwoch, 25.8. bis Sonntag, 29.8.1937. RA, 25.8.1937. Obwohl „Jugend nicht zugelassen!" war, ging Elisabeth, die erst 14 Jahre alt war, mit der 20jährigen Seppen Marie in die Vorstellung. Im Vorprogramm wurde der „herrliche Kulturfilm: Die Bayerischen Alpen von Garmisch-Partenkirchen zum Königssee" gezeigt.

Milch und Butterbrot vorgesetzt. Wir hielten uns aber nicht gar zu lange auf, sondern machten uns gleich auf den Weg zum Gipfelhaus. Aber nun konnten und konnten wir den Weg, durch den Nebel, um alles in der Welt nicht finden. Wir kletterten auf der großen Wiese mit patschnassen Füßen umher, bis wir dann an einen Zaun gelangten und an diesem immer entlang gingen, und endlich kamen wir, nach einstündigem Umherirren, an eine Baustelle, wo wir uns den Weg zeigen ließen.
Nun ging es flott aufwärts, aber der Nebel wollte nicht weggehen, und da wurde es uns auf einmal klar, daß es eigentlich gar keinen besonderen Sinn hätte, ganz bis zum Gipfel rauf zu steigen. Und wir gedachten nun, uns hier irgendwo häuslich nieder zu lassen. Gedacht, getan. Nachdem wir beinah alles mit vereinten Kräften verschmaust hatten, wollten wir erstmal etwas schlafen. Nachdem wir uns doch *so* angestrengt hatten!
Aber siehe da! Wir hatten kaum unsere Augen zugedrückt, als wir auf einmal Menschen vernahmen, und nun hatten wir unseren Vorsatz auf einmal ganz vergessen, schnell waren wir aufgesprungen und begaben uns als Wegweiser der anderen zum Gipfel. Etwa nach einer Stunde gelangten wir am Gipfelhaus an. Dort hielten wir uns bis 2 Uhr auf. Beim Abstieg rissen auf einmal die Nebel auf und wir konnten unter uns einige Dörfer sehen. Bei der Winterstubn trennten wir uns von unseren Begleitern und besuchten nochmals den alten Hausl,[127] den Sennen. Gegen 1/2 5 Uhr ging es dann eiligst nach Frasdorf und dann nach Hause.

Dienstag, den 31. August 1937, durfte ich mit Mutti in die Stadt fahren. Wir sahen uns hernach die Gemäldeschau an. Sie ist nur während des Herbstfestes geöffnet. Es waren viele schöne Bilder da. Später tranken wir dann noch Kaffee und aßen Kuchen.[128]

Freitag, 3. September 1937
Für heute hatte ich mir Gisel B[ruckmoser] eingeladen. Nachdem ich sie in Prutting nicht vorfand, wo wir uns eigentlich treffen wollten, fuhr ich nach Rosenheim, um dort noch etwas zu besorgen. Und da traf ich auf einmal Gisel in Schloßberg, wo sie jetzt bei ihren Verwandten wohnt. Da sie

---

127 Bayerisch für „Faktotum", Hausmeister (durch Strich über dem u eindeutig „Hausl", nicht, wie vielleicht denkbar, „Hansl").
128 Am Sonntag, 29. August 1937, wurde von Gauleiter Adolf Wagner in Rosenheim die neue Städtische Galerie eröffnet, gleichzeitig fand die Sommer-Ausstellung des Rosenheimer Kunstvereins im Rathaussaal statt. RA, 30.8.1937, S. 1 f. und RA, 3.9.1937, S. 5 mit einer Besprechung der Ausstellung des Kunstvereins.

sonst nichts vor hatte, fuhr sie gleich mit. Zu Hause zeigte ich ihr dann unseren Garten, von dem sie ganz begeistert war. Später machten wir einen Spaziergang durch den Wald, von wo aus man dann den See sehen konnte.

Sonntag, 5. September 1937
[Zeichnung: Häuschen.]
Den letzten Herbstfest-Sonntag 1937 wollten Marie [Berghammer] und ich noch ordentlich auskosten. Da wir die große Landwirtschafts- und Gewerbeschau, die dieses Jahr mit dem Herbstfest verbunden war, noch nicht gesehen hatten, entschlossen wir uns für sie. Und sie war auch wirklich ihr Geld wert gewesen. In der großen Markthalle war die Gewerbeschau aufgebaut. Da waren die verschiedensten Geschäfte und Handwerke von Rosenheim und Umgebung vertreten: Die Schneiderinnung mit pfundigen Kostüms, Schreinerinnung, Webereien, Handarbeitsgeschäfte, Druckereien usw. Auch ein richtiges Einfamilienhaus war gebaut worden. Man sah auch eine reizende Bauernstube und hübsche Zimmer-, Schlafzimmer- und Kücheneinrichtung.
Draußen auf dem freien Platz waren die verschiedensten landwirtschaftlichen Maschinen aufgestellt, die uns aber nicht so sehr interessierten.
Nachdem wir unsere Einkäufe gemacht hatten, begaben wir uns auf die Wiese, wo es sehr lebhaft zuging. Wir hielten uns aber nicht mehr sehr lange auf.
Wir haben noch 14 Tage Ferienverlängerung bekommen, wegen der Kinderlähmung, die jetzt in ganz Oberbayern verhältnismäßig oft, aber nicht sehr stark auftritt.

Mittwoch, 1. September 1937
Liesel [Weiß] hatte mich zum Baden abgeholt, da es wieder prachtvolles Wetter war, wie schon seit acht Tagen. Das Wasser war noch wunderschön warm. Liesel machte schon die schönsten Pläne für Amerika, wohin sie mit ihrem Vater und Gusti im Sommer 1938 wollen.[129] – Gegen 1/2 5 Uhr fuhr ich wieder nach Hause, wo ich dann mit Papa auf seinem Motorrad, das er sich erst kürzlich gekauft hat, nach Rosenheim fuhr. Dort bekam ich dann eine prächtige Schulmappe, die mir sehr viel Freude macht.

---

129 Zwei Brüder von Elisabeth Weiß (Stilke) waren bereits 1928 nach Amerika ausgewandert. HdBG, Gespräche, S. 8, 11, 22.

Samstag abend, den 11. September 1937,
erfuhr ich aus der Zeitung, daß die Schule noch bis zum 1. Oktober geschlossen wäre. Ich wußte nicht, sollte ich mich freuen oder ärgern.

Sonntag, 12. September 1937
Um 11 Uhr gingen Arno und ich Onkel Leo und Tante Else entgegen,[130] die bei der Heimreise uns für ein paar Stunden besuchen wollten. Es war auch sehr hübsch und gemütlich. Sie erzählten sehr viel von den vier Mädels, was uns natürlich furchtbar interessierte. Um 3/4 6 Uhr ging's dann wieder fort.

Freitag, 17. September 1937
Gestern, Donnerstag, durfte ich abends mit Papa auf dem Motorrad zum Bahnhof fahren, um dort Tante Iska abzuholen.[131] Wir hatten richtiges Glück, da es nämlich Vollmond war, war die ganze Fahrerei nicht so schwierig, wie wir uns gedacht hatten. Aber trotzdem, mich fror, daß mir die Zähne klapperten. Die Hauptsache war aber doch, daß alles so schön klappte: Als der Zug hielt, entdeckte Papa gleich Tante Iska, und da wir vorher schon ein Auto bestellt hatten, ging's auch gleich nach Hause. Ich war mit Tante Ischen im Auto, und Papa wollte hinten nachfahren. Zu Hause erwartete uns schon Mutti. Wir plauderten dann noch eine Weile und dann ging's ins Bett. Bloß Mutti wartete noch auf Papa, der dann erst um 12 Uhr kam, da sein Motorrad nicht mehr funktionierte und er daher gehen mußte.
Freitag nachmittag machten wir einen hübschen Spaziergang bei herrlichem Wetter an den Inn. Abends saßen wir gemütlich zusammen und Tante Ischen erzählte.

Samstag, 18. September 1937
Für 3 Uhr hatte Tante Ischen das Auto bestellt, worin wir alle, bis auf Papa, nach Neubeuern fahren durften. Vorher wurde aber noch für jeden von uns Kindern ein Geschenk von Tante Ischen besorgt. Als letzte kam ich an die Reihe, das war mir aber auch das Liebste. Mir sollte nämlich mein lang ersehnter Wunsch heute in Erfüllung gehen, ich sollte eine Armbanduhr bekommen. Wie ich mich freute! Es war dann aber auch wirklich eine wunderhübsche Sportsuhr, die ich mir da aussuchte. Halb

---

130 Else und Dr. Leo Levy aus Bad Polzin. Die „vier Mädels" sind ihre Töchter Hanna, Eva, Margarete und Ruth.
131 Iska Redelmeier aus Amsterdam.

vergnügt und halb stolz verließ ich den Laden, da ich ja die Hälfte des Preises von meinem gesparten Geld bezahlte.

In Neubeuern gingen wir erst zum Schloß rauf, und dann tranken wir in einem netten Restaurant Kaffee. – Zu Hause sahen wir etwa nach einer halben Stunde eine prächtige Beleuchtung, die durch die Föhnlage entstanden war. Die Berge waren ganz lila und der Himmel im Westen mit gelben Wolkenbällchen besät, und im Osten ganz rosarot mit Tiefblau.

Sonntag, 19. September 1937
[Zeichnung: Winkende Figur.] Heute blieben wir zu Hause. Am Abend fuhr dann Tante Ischen ab. Mutti begleitete sie bis München, wo sie zusammen übernachteten.

Sonntag, 26. September 1937
Ich war kaum mit dem Abspülen fertig, als auch schon meine Freundin Marie [Berghammer] kam, um mich zu einer Spazierfahrt abzuholen. Bald saßen wir dann auch auf unseren extra frisch geputzten Rädern und fuhren munter plaudernd durch den prächtigen Herbsttag. Das Laub hatte sich aber noch kaum gefärbt, auch die Sonne schien noch ganz schön heiß auf uns, daher war es beinah wie ein Sommertag. Nachdem wir in Aibling angelangt waren, wollten wir uns irgendwo in der Nähe ein hübsches Plätzchen zum Lagern suchen, da wir schon wieder mächtigen Hunger verspürten. Aber wir fuhren immer weiter und weiter und nirgends war etwas Passendes. Da erblickten wir auf einmal mehrere Türmchen, und als wir näher kamen, erkannte ich, daß es Schloß Maxlrain war, wo ich doch vor etwa vier Jahren mit Onkel Leo und Tante Else mal war. Und nun hatten wir auch bald das, was wir suchten. Nachdem wir beide zwei Äpfel verschmaust hatten, legten wir uns längelangs ins weiche Gras, wo wir uns mal wieder richtig braten ließen. Gegen 4 Uhr machten wir uns dann wieder auf den Heimweg, da wir doch vor einbrechender Dunkelheit zu Hause sein wollten.

Sonntag, 3. Oktober 1937
Es versprach wieder ein wunderschöner Tag zu werden, denn die Sonne schickte ihre goldenen Strahlen schon ganz warm vom blauen Himmel, als wir, Mutti, Trudi und ich, mit den herrlichsten Blumen beladen aufs Postauto warteten.
Gestern abend noch hatten wir den Ausflug nach Hochstätt am Chiemsee zu Hoffmanns und weiter [nach] Gstadt kurzerhand entschieden, da man doch solch schönes Wetter um diese Zeit richtig ausnützen soll.[132] Von Rosenheim ging es mit der Bahn durch das spätsommerliche Land am

Simssee vorbei nach Rimsting, und von da aus wanderten wir, mit dem Blick auf [den] Chiemsee und die dahinterliegenden Berge, nach Hochstätt. Das Haus unserer Bekannten hat eine entzückende Lage. Wir hielten uns aber dort nicht lange auf, sondern luden nur Herrn H[offmann] ein, mitzukommen nach Gstadt am Chiemsee. Bald wanderten wir durch die grünen Wiesen am See entlang. Auf einer Anhöhe, die wir zu überschreiten hatten, sahen wir weithin über den blauen See, auf dem sich die weißen Segelboote langsam dahinbewegten, bis zur Herreninsel. Und als wir noch ein Stück hinter uns hatten, breitete sich vor uns ein anderes Stück des oberbayrischen Meeres aus, es war wohl das Schönste: Die Fraueninsel mit ihrem bekannten Zwiebelturm, und am Ufer gegenüber der reizende Ort Gstadt. Hier suchten wir uns nun ein stilles Plätzchen, wo wir eine hübsche Aussicht auf die Insel hatten, und da es mittlerweile 1/2 12 Uhr geworden war und wir großen Hunger verspürten, aßen wir erst mal zu Mittag. Herrlich schmeckte es draußen in der frischen Luft und nach so einem tüchtigen Marsch. Gegen 1 Uhr brachen wir wieder auf und erreichten auf dem selben Weg ungefähr um 1/2 3 Uhr Hochstätt. Beim Kaffeetrinken kamen auch Papa und Arno noch wie verabredet auf dem Motorrad. Später zeigte H[err] H[offmann] Mutti und mir noch den Stettner Weiher, der reizend gelegen ist zwischen [be]waldeten Hügeln und fein als Badeplatz benützt wird. Dann half ich noch beim Abendbrot-Zubereiten. Nach dem gemütlichen Essen ging's dann in Begleitung der beiden Bekannten zum Bahnhof, und damit war nun der schöne Sonntag auch fast wieder vorbei.

Dienstag, 26. Oktober 1937
Herrliches Herbstwetter war schon seit drei Tagen. Die Wälder hatten sich nun allmählich in die bunten Farben des Herbstes getaucht, da wollten auch wir nicht länger zu Hause bleiben. Nach dem Kaffeetrinken ging's mit Papa und seinem Motorrad hinaus und in wunderschöner Fahrt durch Wälder und kleine Dörfchen. Bald tauchte der stattliche Bau vom Kloster Attel auf. Und immer weiter und weiter, bis wir in das schöne alte Städtchen Wasserburg kamen. Auf dem großen Marktplatz mit den altertümlichen Häusern und Laubengassen sahen wir uns erst mal ein wenig um. Dann besorgten wir in einem der kleinen Lädchen eine hübschtönende Mundharmonika für Trudi zum Geburtstag. Mittlerweile war es auch schon wieder Zeit zum Heimfahren geworden. Auf der Rückfahrt hatten wir ei-

---

132 Siehe Anm. 50.

nen herrlichen Blick auf die ganze Alpenkette von den Salzburgerbergen bis zu den österreichischen.
Heute nachmittag war ich mit Marie [Berghammer] im Kino „Das Schweigen im Walde" mit Hansi Knotek, die reizend ist.[133]

Zum Tag der Hausmusik am 22. November 1937
hatten wir schon mehrere Stunden mit unserer unermüdlichen Singschwester geübt, und sogar noch knapp vor dem Beginn der Vorführung ließ sie uns nochmals holen. Endlich ging's dann los. Nummer zwei waren wir, das heißt, die beim Chorsingen beteiligten Mädels von der 1. Kl[asse] H[au]st[öchter].
Schnell hatte ich den Zuschauerraum durchflogen und Mutti entdeckt, die mir recht freundlich zunickte. Mit glücklichen Gesichtern drängten wir uns nach dem Ende des „Leise zieht durch mein Gemüt" und „Geisböcklein" zur Türe im Hintergrund. Viele hübsche Lieder bekam man noch zu hören, besonders schön war „Der Erlkönig" und zwei Jodler-Kanons anzuhören. Auch Zither-, Gitarren- und Flötenstücke wurden vorgeführt.

Samstag, 4. Dezember 1937
Das erstemal war es, daß ich mit Mutti zusammen im Kino war, nämlich in „Fanny Elssler" mit Lilian Harvey und Rolf Moebius, der sehr hübsch war. Es war ein richtiger Tonfilm und sehr, sehr schön.[134]

Montag, 6. Dezember 1937
Wir erhielten in der Schule vom Nikolaus einen Brief, den ich vorlesen durfte. Es standen allerhand Tugenden und Untugenden über ein jedes Mädel drin. Von mir hieß es, daß ich sicher noch ein englischer Master werde, denn früh übt sich, wer ein Meister werden will. Auch, daß mir alle Mädels von 1b immer gern gehorchen. Hernach erhielt noch eine jede ein „süßes Päckchen".

---

133 „Das Schweigen im Walde", UfA, mit Hansi Knotek, Paul Richter, Gustl Stark-Gsettenbauer, Hermann Ehrhardt, Friedrich Ulmer, Rolf Pinegger, Käthe Merk. Nach einem Roman von Ludwig Ganghofer. Der Film lief in Rosenheim in den Kaiser-Lichtspielen ab Samstag, 30.10. 937. RA, 30.10.1937.
134 „Fanny Elssler", UfA, mit Lilian Harvey, Willy Birgel, Rolf Moebius, Paul Hoffmann. Der Film lief in Rosenheim in den Kaiser-Lichtspielen ab Samstag, 4.12.1937. RA, 4.12.1937.

Samstag, 18. Dezember 1937
[Zeichnung: Sternchen, Zweige.]
Im Saal im Niedernburger Wirtshaus war heute eine Weihnachtsfeier der Kinder gewesen. Der Herr Lehrer hatte alles dazu mit den schönsten Gedichten, und was wohl etwas sonderbar war, mit Prosaerzählungen versüßt. So zum Beispiel die Entstehung des Liedes „Stille Nacht, Heilige Nacht".
Als letztes kam noch ein Krippenspiel zur Vorführung, was zwar, wie ja fast alles, etwas holperig, aber trotzdem ganz unterhaltsam war. Mir hatte am meisten die Begegnung und das Zusammensein mit all den mir so bekannten Leuten aus unserer Gegend und die Unterhaltung mit den verschiedensten Schulkameraden Spaß gemacht.

Mittwoch, 22. Dezember 1937
[Zeichnung: Zwei Kerzen.]
O, wie froh waren wir, daß nun endlich der letzte Schultag in diesem Jahr da war. Unsere Mappen mit all den vielen Büchern hatten wir schon gar nicht mehr mitgebracht, denn heute sollte nur noch eine kleine Weihnachtsfeier in unserer Klasse sein. Wir waren schon sehr gespannt, wie es denn nun werden würde; kein Mensch durfte nämlich am Morgen ins Schulzimmer rein, nicht mal unsere Schwester. Endlich war die Flaggenehrung vorbei und wir standen, das heißt alle 44, ohne Schuhe, weil wir ja unsere Klasse und alles was drin ist schon ganz blitzblank gescheuert hatten, vor der Tür. Ein allgemeines „Ah" wurde laut, als wir eintraten: Viele, viele Lichter strahlten uns entgegen. Zwei Mädels hatten nämlich die ganzen Plätze mit je einer roten Kerze und Plätzchen verziert. Vorn auf dem Tischchen war ein hübsches Tannenbäumchen aufgestellt worden und darunter ein Kripplein. Eine jede von uns bekam zwei Bildchen von der Klassenschwester und eines von der Handarbeitsschwester. Nun wurden Weihnachtslieder gesungen, Gedichte und ein Weihnachtsmärchen vorgelesen. Und wie gemütlich das alles war, die Vorhänge waren zugezogen und mit Tannenzweiglein besteckt. Nur die vielen Kerzlein erhellten den Raum, und hin und wieder wurden ein paar Sternwerfer angezündet. Zum Schluß erhielten wir noch unsere Zeugnisse, das bei mir wieder recht gut war.[135]

---

135 Elisabeth erhielt im Zwischenzeugnis für Betragen und Fleiß eine Eins, ebenso in den Fächern Rechnen, Naturkunde, Handarbeiten und Zeichnen, Englisch und Hauswirtschaft. In Geschichte, Erdkunde, Singen, Kurzschrift, Buchführung und Schulküche bekam sie Eins bis Zwei, in Deutsch, Turnen und Maschinenschreiben

Freitag, 24. Dezember 1937
[Zeichnung: Christbaum, Glöckchen, Zweige.]
Knapp, daß ich fertig geworden bin mit all meinen vielen Vorbereitungen. Für Mutti hatte ich ca. fünf bis sechs Wochen an einem weißen Bettjäckchen gehäkelt, das nun noch oben über dem Herd in der Küche zum Trocknen versteckt lag. Papa bekam ein Kästchen mit vier verschiedenen Sorten von Nägeln, Trudi ein Hütchen für Fingerhut und Nadelkissen, Arno meine letzten Perlen, die er sich sehnlichst gewünscht hatte, und Kathi eine Bonbonniere. Ich hatte da zwei Glasteller mit blauer Gabelhäkelei überzogen und auf dem Deckel eine große blaue Schleife angebracht, innen rein kamen Pralinen. Alles zusammen sah ganz prächtig aus und machte auch viel Freude ... Während Trudi die Pakete austrug, durfte ich mit Papa den Baum schmücken, was mir sehr viel Spaß machte. Hernach gab es noch allerhand zu ordnen und fertig zu machen.
Gegen 1/2 5 Uhr klingelte es, und alles drängte sich vors Weihnachtszimmer, das diesmal im Stüberl zu sein schien. Papa machte die Tür auf, und ein strahlender Christbaum stand uns gegenüber. Ich hatte gleich mein Plätzchen entdeckt, denn die pfundigen Schistiefel, die da in der Ecke standen, sagten mir gleich, wo ich hingehörte. Was da wieder alles lag! Ein hübscher Unterrock, Strümpfe, Schürzenstoff, Briefpapier, ein reizender Kalender, eine Mappe für Zeitschriften, ganz moderne Taschentücher, warme Fausthandschuhe, sehr mollige Hausschuhe und viele Süßigkeiten. Kathi packte dann noch für jeden etwas aus, für mich ein niedliches rosa Hemdchen, Schokolade und ein Stück Seife. Von mir bekam noch jeder eine bunte Tüte mit Plätzchen, die wir schon seit November in der Schulküche gebacken hatten. Am Abendbrottisch hatte ich noch eine kleine Überraschung für alle: In der Schule hatte uns die Schwester kleine Zwerglein aus Äpfeln, Watte und Nüssen gezeigt, und die hatte ich zu Hause heimlich nachgemacht und nun auf den Tisch gestellt. Die Ärmchen, die aus einer Kerze und einem Tannenzweig bestanden, spendeten das einzige Licht. Die vier Männchen waren wirklich sehr nett anzusehen und machten allgemeinen Spaß.
[Zeichnung: „Männchen".]

Die beiden Feiertage verliefen insofern ganz ruhig, da ich nämlich im Bett lag, weil ich mich wohl am Mittwoch erkältet hatte. Es war aber nicht schlimm, da ich Dienstag schon wieder aufstehen durfte.

---

eine Zwei. Städtische Realschule für Mädchen Rosenheim, Schülerinnen-Verzeichnis der Klasse 1b, Schuljahr 1937/38.

Das alte Jahr feierten wir noch sehr hübsch: Es gab sehr feines Abendbrot (Fisch, Kartoffel, Mayonnaise, Pfirsiche). Während wir lustige Spiele machten, tranken wir Glühwein und [aßen] Gebäck. Später wurde noch der Weihnachtsbaum angezündet und Lieder gesungen. Gegen 10 Uhr ging's ins Bett.

Heraus, heraus,
Im ganzen Haus,
Ihr faulen Leut'!
Neujahr ist heut'!
Schnell laßt das Glück zur Tür herein!
Es bringt einen Sack voll Sonnenschein.
Drum schnell und packt das Glück beim Schopf
Und kriegts beim Kopf
Und gebt ihm einen herzhaften Kuß,
dann wird es auch lachen, weil es muß.
[Faltschnitt, beschriftet: 12. I. 38, E. B. Von zwei Knaben gehaltenes Herz, darin die Jahreszahl 38.]

Heute nachmittag holte mich sehr netterweise Paula Z[eller] ab. Wir wollten nämlich zu dem Lustspiel „'s Liserl vom Schliersee" gehen, das hier im Gasthaus von den „Pruttingern" aufgeführt wurde. Der kleine Saal war natürlich gesteckt voll (168 Personen, wie ich später erfuhr). Das Stück war sehr lustig und selbstverständlich in Oberbayrisch. Die langen Pausen wurden uns durch Schlager auf der Ziehharmonika gewürzt.

Freitag, 4. Februar 1938
Wie verabredet, begab ich mich nach der Schule gleich zum „Deutschen Kaiser". Auf dem Weg dorthin traf ich schon Mutti, und dann ging's sehr erwartungsvoll in den ziemlich großen, aber noch leeren Saal der Kaiser-Lichtspiele, wo diesmal „Das Spiel auf der Tenne" gegeben wurde.[136] Nach geraumer Weile, in der ich mich erstmal ein wenig gestärkt hatte, kamen die Wochenschau, ein Kulturfilm und ein Vorprogramm. Dann begann das

---

136 „Das Spiel auf der Tenne", UfA, mit Heli Finkenzeller, Wastl Witt, Elise Aulinger, Erika Pauli, Richard Häußler, Fritz Kampers, Melanie Webelhorst, Joe Stöckel, Charlotte Radspieler, Ludwig Kerscher, Theodelinde Müller, Philipp Weichand, Josef Voggenauer, Beppo Brehm, Josef Eichheim. „Die Aufnahmen wurden größtenteils in Törwang und Nußdorf gemacht." Der Film lief in Rosenheim in den Kaiser-Lichtspielen ab Donnerstag, 3.2.1938. RA, 3.2.1938.

eigentliche Spiel. Es war in Brannenburg und Neubeuern aufgenommen und sehr, sehr lustig gespielt. Wir kamen gar nicht aus dem Lachen raus. Nachdem wir noch etliche Besorgungen gemacht hatten, fuhren wir sehr vergnügt mit der Post nach Hause.
Inzwischen war es ca. 14 Tage lang richtiges warmes Frühlingswetter, so daß ein Mädel schon Schneeglöckchen in die Schule mitgebracht hat. Von der Schule ist zu sagen, daß ich für mein selbst erdichtetes Weihnachtsmärchen „Weihnachtswunder" mit 17 Seiten eine Eins bekommen habe. – Ich habe jetzt eine Leinentischdecke in Richelieuarbeit[137] angefangen. Im Kochen haben wir schon zwei pfundige Torten gebacken. Im Zeichnen machten wir Scheren- und Faltschnitte. Dann hab' ich mir ein Herz-Album gemacht, in das nun 24 von der 1b Klasse einschreiben. Die Alben sind wieder sehr modern bei uns.[138]

Samstag, 12. Februar 1938
Also heute bin ich nun schon 15 Jahre alt geworden! Wie die Zeit doch schnell vergeht! Ich bekam wieder sehr schöne Dinge, die mir viel Freude machten. Ich mag nämlich die praktischen Geschenke am liebsten. So zum Beispiel ein Paar schöne braune Halbschuhe, zwei Paar Kniestrümpfe, Unterrock, Stoff für den Schlafanzug, den ich mir jetzt in der Schule nähe, und Stoff für die Tischdecke, einen wunderschönen dunkelblauen Badeanzug, dazu einen weißen Badehelm. Viele Schokolade, Bücher, einen hübschen Papierkorb von Trudi, einen Federwischer von Arno, dann noch eine dunkelblaue Schifferlmütze von Pauline, ein Etui für Füller und Drehbleistift, 5 R[eichs]M[ark], eine hübsche Schürze und eine sehr gute Torte, die ich mir selbst gemacht habe. Am Nachmittag spielten wir fast ununterbrochen „Mikado", das ich von Tante Marie bekam.[139] Gegen Abend war etwas ganz Großartiges. Papa kam mit einem netten, rötlichbraunen, Viersitzer-Auto nach Hause. Wir wußten zwar schon davon, hatten es aber natürlich noch nicht gesehen.
[Zeichnung: Auto.]

Fasching in 1b [1. März 1938]
Schon einige Tage vorher ging es schon immer sehr lebhaft zu in „1b". Es wurde nämlich schon eifrig beraten, wie man Fasching ganz besonders lu-

---

137 Ausschnittstickerei.
138 Elisabeth schreibt "Albumer". Siehe auch ihren Eintrag in das Poesiealbum ihrer Mitschülerin Ruth Lentner vom 7.1.1938, Abb. 9.
139 Marie Arndt aus Berlin.

stig feiern könne. Da wurde erstens einmal eine „Faschingszeitung von 1b" herausgegeben, in der beinah über jedes Mädel etwas Lustiges geschrieben stand, so daß man oft furchtbar lachen mußte. Als zweites war man mit der Schwester überein gekommen, daß ein Mädel am Faschingsdienstag mit der Schwester tauschen würde, das heißt, das Mädel machte die Lehrerin und die Schwester das Schulmädel. Das war dann auch eine große Gaudi. Als drittes wurde noch verabredet, daß alle Mädel von 1b sich *rosa* Schleifchen ins Haar binden sollten, weil unsere Schwester das *süßliche Rosa* nicht leiden kann.

Es wurde dann auch ein sehr lustiger Faschingsdienstag, obwohl Konfetti, bunte Schlangen aus Papier, Knallerbsen und Maskerade verboten waren. Viele hatten Dirndl an und keine hatte das rosa Schleifchen vergessen. Wir schminkten uns dann noch sehr scheckig und dann ging's los. In der ersten Stunde war Schule mit dem „neuen Fräulein". Dann hatten wir Turnstunde, in der wir aber statt turnen tanzen durften. Ich hatte natürlich keine Ahnung davon, aber es war trotzdem sehr lustig. In der dritten Stunde wurde die prächtig gelungene Faschingszeitung vorgelesen. In den folgenden Stunden durften wir im Turnsaal drüben vier sehr lustige Theater sehen. Damit war dann unser Fasching in der Schule beendet. Als ich dann nach Hause kam, war Mutti wieder da. Sie war nämlich acht Tage in Hannover bei Großmutter gewesen, weil Onkel Fritz gestorben ist.[140]

Schon die ganze Zeit ist jetzt herrliches Wetter. Die Stare sind wieder da. Wir waren am Sonntag am Inn, wo es schon wieder viele Leberblümchen und Palmkätzchen gibt. Bei uns im Garten blühen schon die Krokusse und der Seidelbast, Schneeglöckchen und Traubenhyazinthe. (10. März 1938)

Freitag, 11. März 1938
Als ich heute in die Stadt kam, wunderte ich mich schon sehr über den regen Verkehr, die vielen Autos, die da in einer Straße parkten. Als ich dann zur Schule kam, herrschte schon große Aufregung: Viele Männer hatten schon während der Nacht Stellungsbefehl erhalten, die Truppen sollten an die österreichische Grenze. – Als ich nach Haus' fuhr, sah man überall Soldaten, Bauern mit Pferden und Wägen, die abgeliefert werden mußten. Alles war in einer Aufregung. [Zeichnung: kleine Spirale.]

Aber schon am folgenden Tag, es war Papas Geburtstag, war es in der Schule grad' umgekehrt, es herrschte freudige Aufregung: Österreich ge-

---

140 Dr. Fritz Frensdorff nahm sich am 12. Februar 1938 das Leben. Siehe Anm. 122.

hörte zu Deutschland, deutsche Truppen waren in Österreich eingezogen. Doch in der Stadt war es noch immer sehr lebhaft, immer neue Pferde wurden gemustert und immer neue Soldaten sah man. Auch zu Hause war reger Verkehr, alle Pferde und Autos (über 80 km in der Stunde) mußten abgeliefert werden. Ganze Schwärme von Flugzeugen brummten durch die blaue Frühlingsluft.
Am Sonntag, 13. März 1938, wurde es wieder ruhiger. Es wurden große Feiern abgehalten.[141]

Montag, 14. März 1938
Heute hatten wir keine Schule. Ich wußte erst gar nichts und fuhr ahnungslos nach Rosenheim, wo ich aber schon gleich von zwei Mädels erfuhr, daß schulfrei wäre.
Mittwoch war ebenfalls keine Schule.

Unser zweiter Schulausflug
Donnerstag, 17. März 1938
Um 8 1/4 Uhr hatten wir uns alle in der Schule versammelt. Punkt 1/2 9 Uhr saßen wir dann alle glücklich verstaut in einem pfundigen, großen Omnibus. Mich hatte Riehl Hedwig gebeten, ich möchte doch mit ihr gehen. Darüber war ich sehr, sehr froh, da Hedwig nämlich sehr nett ist und ich ebenso wie sie gerade niemand passenden wußte, der noch frei war, um mit mir zu gehen.[142]
Die Fahrt ging erst auf der Autobahn bis Siegsdorf, dann auf der Alpenstraße, die ich ja beide schon von der Fahrt mit Onkel Fritz kannte, aber nicht mit Schnee, wie jetzt. Wir sangen viel und waren natürlich vergnügt. In Mauthäusl wurde das erste Mal Halt gemacht, geknipst und Schneeheide gepflückt. Dann ging's wieder weiter, gleich bis zum Königssee, der fast noch ganz zugefroren war. Wir spazierten nun zu Paaren oder Gruppen den wunderhübschen, kleinen Weg durch Tannenwald, beinah immer

---

141 Am Einmarsch in Österreich nahm auch das Rosenheimer Pionierbataillon 7 teil, das sich am 11. März 1938 in Richtung Simbach am Inn bewegte und am Morgen des 12. März in Braunau begeistert empfangen wurde. Am 29. März kam die Einheit, die bis in die Gegend von Melk vorgerückt war, wieder nach Rosenheim zurück. Eine Ehrenkompanie der Tiroler Landesschützen zog am Montag, 14. März 1938, zur „Verbrüderungsfeier" und zu einer Kundgebung auf dem Max Josefs-Platz durch Rosenheim. Alle Gliederungen der Partei und die Bevölkerung der Stadt waren aufgerufen, vormittags um 11.15 Uhr zum Empfang bereitzustehen. Siehe Rosenheim im Dritten Reich, S. 80. RA, 15.3.1938.
142 Hedwig Riehl zählte neben Rosa Peteranderl zu den Klassenbesten.

am See entlang zum Malerwinkel, wo man die Spitzen der beiden Türmchen von [St.] Bartholomä sah. Um 1 Uhr ging's weiter ins Dorf Berchtesgaden, wo wir uns die alte Kirche ansahen. Gegen 2 Uhr gelangten wir dann in Reichenhall an. Hier verzehrten wir unser Mittagsbrot, sahen uns die Stadt und das Kurhaus an und fotografierten. Erst um 4 Uhr fuhren wir von Reichenhall auf [der] Alpenstraße und Autobahn nach Hause. Als Andenken kauften Hedwig und ich uns ein niedlich geschnitztes Schmuckschächtelchen, das wir beim Malerwinkel erstanden hatten.

Freitag, 25. März 1938
Heute nachmittag kam Liesel [Weiß] wie verabredet gegen 2 Uhr zum letzten Mal, da sie nämlich mit ihrem Vater und Gusti nach Obing zieht, um dort ein Jahr Haushalt zu lernen. Hernach wird Liesel NS-Schwester.[143]

Sonntag, 3. April 1938
Heute vormittag durften Arno und ich mit Papa nach Griesstätt fahren (Trudi hat nämlich Mumps). Es war wunderschönes Wetter mit herrlicher Aussicht auf die Voralpen, von den österreichischen bis zu den Allgäuer Bergen.
Nachmittags war ich trotz großem Sturm mit Marie B[erghammer] im Kino „Urlaub auf Ehrenwort" mit Rolf Moebius.[144]

Freitag, [8. April 1938]
Der erste Ferientag,[145] und schon gleich in aller Frühe mit dem Auto los sausen; das ist ja gar nicht so ohne. Das Zeugnis war sehr gut,[146] also

---

143 Siehe Abb. 10.
144 „Urlaub auf Ehrenwort", UfA, mit Ingeborg Theck, Rolf Moebius, Fritz Kampers, L. Werkmeister, Heinz Welzel. Der Film lief in Rosenheim in den Kaiser-Lichtspielen ab 31.3.1938. Im Vorprogramm wurde ein „ausführlicher Bericht von der Befreiung Österreichs" gezeigt. RA, 31.3.1938.
145 Am 10. Januar 1938 wurde zum Ende des Schuljahres den Armen Schulschwestern die Unterrichtserlaubnis entzogen, am 8. April 1938 mußten sie das Lyzeum und die Haustöchterschule verlassen. Stapf, Heribert: Chronik des Karolinen-Gymnasiums 1890–1969. Rosenheim 1969, S. 38. Festschrift Städtische Realschule für Mädchen, S. 67. Siehe S. 30.
146 Elisabeth erzielte durchweg gute Noten. Für Betragen und Fleiß erhielt sie 1937/38 eine Eins, ebenso in den Fächern Englisch, Erdkunde, Rechnen, Naturkunde, Zeichnen, Buchführung und Kochen. Eine Zwei gab es für sie in Deutsch, Geschichte, Turnen, Kurzschrift, Buchführung und Maschinenschreiben; nur im Singen erhielt sie eine Drei. Im Fach Religionslehre gab es für sie keine Zensur. Nur acht der insgesamt 44 (von anfangs 48) Mitschülerinnen hatten am Ende des Schuljahres noch bessere

konnte ich mich unbekümmert mit froher Erwartung neben Papa ins Auto setzen. Die Reise ging bei leider echtem Aprilwetter und ziemlicher Kälte auf der Autobahn nach München. Vom Auto aus sah ich die Ludwigsbrücke, Maximilianeum und noch einige Sehenswürdigkeiten. Auch bekam ich noch einen reizenden Stoff für ein Dirndl. Auf dem Heimweg war sogar die Sonne für einige Zeit zu sehen.

Karfreitag, [15. April 1938]
Heute vormittag nützten wir sogleich das schöne Wetter aus, um einen wunderhübschen Frühlingsspaziergang an den Inn hinunter zu machen.

Ostern, [17. und 18. April] 1938
Leider hat das schöne Wetter nicht bis zu den Feiertagen ausgehalten. Aber trotzdem durften wir, das heißt diesmal Papa, Mutti, Kathi und ich, eine kleine, anmutige Fahrt nach Oberaudorf machen. Dort spazierten wir etwa eine Stunde herum und kamen dabei auch an der Laurenziusquelle vorbei. Gegen 5 Uhr waren wir schon wieder daheim.

Mittwoch, 20. April 1938
Leider war das Wetter nicht ganz so, wie wir uns das erwartet hatten; grade waren wir, Papa, Arno und ich, so weit fertig, als es ganz leise zu schneien begann, aber zu Haus' bleiben wollten wir nun auf keinen Fall mehr.
In Prutting wurde bei unglaublichem Schneien (im April) getankt, dann ging's weiter nach Endorf, am Chiemsee, der ganz in graue, undurchsichtige Nebel gehüllt war, entlang über Seebruck nach Traunstein. Mittlerweile war es viel schöner geworden. Und nachdem Arno und ich uns das freundliche Städtchen mit Marktplatz und den engen Straßen genau betrachtet hatten, ging es bei immer schöner werdendem Wetter um 11 1/4 [Uhr] wieder weiter. Wir kamen nach Stein [an der Traun], wo oben auf einem Fels eine Ruine stand, und in dem Schieferfelsen sah man lauter kleine Höhlen. Über Altenmarkt fuhren wir dann nach dem Orte Trostberg mit kleinem Marktplatz und altertümlichen Häusern. Und weiter ging's durch kleine Dörfer, grüne Wiesen, Felder und harzduftende Wälder. Nach ungefähr 1 1/2 Stunden sahen wir unter uns im breiten Salzachtal das liebliche Städtchen Tittmoning liegen. Durch ein sehr enges Tor ka-

---

Noten als Elisabeth, die einen Schnitt von 1,43 erreichte. Städtische Realschule für Mädchen Rosenheim, Verzeichnis der Jahresnoten für die Klasse 1b, Schuljahr 1937/38.

men wir auf einen riesenhaften Marktplatz, der mit mehreren hübschen Brunnen geschmückt ist. Auch hier durften Arno und ich uns auf eigene Faust vergnügen. Ich machte eine Aufnahme von dem malerischen Tor mit einem Teil des großen Platzes. Als wir dann gegen 3 Uhr wieder oben über dem Städtchen fuhren, hatten wir einen herrlichen Blick über eine weite Ebene mit Städtchen und Dörfern auf schneebedeckte, riesenhafte Berge, die einen Teil der salzburgischen Alpen bildeten. Bald sahen wir in der Ferne eine mächtige Burg und wußten gleich, daß dies die größte Burg Deutschlands sei, nämlich Burghausen an der Salzach und an der unmittelbaren Grenze nach Deutschösterreich. Arno und ich zogen wieder auf Entdeckungsreisen aus. Wir spazierten durch enge, holperige Straßen, kamen auf den malerischen Marktplatz, von wo aus man wieder auf die Burg sah. Wir versäumten auch nicht, uns den Wöhrsee anzusehen, der auch wieder von den Mauern der Burg eingesäumt wird. Ich machte auch hier wieder einige Aufnahmen. Etwa um 4 Uhr fuhren wir weiter und kamen ungefähr um 3/4 5 Uhr in dem weitbekannten Wallfahrtsort Altötting an. Auch hier hielten wir wieder auf dem Marktplatz, der aber im Gegensatz zu den übrigen, die wir bisher gesehen hatten, ein ganz anderes Bild bot: Meist moderne Häuser, in der Mitte das Gnadenkirchlein, außerdem noch zwei andere Kirchen. Rund um den hübschen Platz waren eine Menge Stände und Läden, in denen man die verschiedensten Andenken von Altötting kaufen konnte.
Wir fuhren bald weiter und erreichten etwa in 3/4 Stunden Mühldorf am Inn, das uns mit seinen Bögen und alten Häusern an Wasserburg erinnerte. Mit Windeseile fuhren wir dann nach dem Marktflecken Kraiburg mit winzigen Straßen und alten Häusern. In Wasserburg hielten wir erst gar nicht an, sondern sausten, auf dem uns wohlbekannten Wege, nach Hause, wo wir dann auch gegen 8 Uhr abends anlangten.
Neugierig bin ich jetzt nur noch, was die Bilder werden.
[Zeichnung: Wahrscheinlich Marktplatz von Tittmoning, Häuser, in der Mitte ein Turm.]

Mittwoch, 4. Mai 1938
Heute abend war ich im Theater beim Wirt oben. Es wurde von Tölzer Spielern „Alles in Ordnung" vorgeführt. Sie spielten sehr gut.

Donnerstag, 5. Mai [1938]
durften wir alle mit der Schule in den Film „Himalaja Expedition 1937" gehen.[147]

Donnerstag, 12. Mai 1938
Zu unserer aller „unbandiger" Freude (da Englisch ausfiel) durften wir am Nachmittag in den Circus „Busch" gehen. Er war recht interessant und farbenprächtig. Aber mehr Ballett als Tiere.
Montag, den 16. [Mai], hörten wir einen Vortrag über Glasbläserei.

Dienstag, 17. Mai 1938
Heute war Wandertag für die sämtlichen Klassen der Oberschule und Haustöchterschule. Wir in 2b hatten uns entschlossen, von Brannenburg aus über die Asten, das sind die höchstgelegenen Bauernhöfe Bayerns, an den wunderhübsch gelegenen Bichlersee und von da zum Tatzelwurm und wieder zurück nach Brannenburg zu gehen. Das Wetter war noch sehr schön, aber in den Bergen wehte sogar ein kühlender Wind. Wir waren alle recht vergnügt, sangen viel, lachten und schwatzten. Besonders hübsch war es am Bichlersee, den ich ja noch nicht kannte.
Am Tatzelwurm hatten wir ein großes Glück: Wir durften nämlich mit zwei großen Lastwagen, die beim Bau einer großen Straße dort beschäftigt waren, bis nach Brannenburg hinunter fahren. Das war noch besonders lustig, namentlich durch das Tunell hindurch standen wir Unglaubliches aus.

Mittwoch, 25. Mai 1938
Gestern abend bekamen wir einen lieben Besuch von Muttis Onkel Benno und Tante Guste.[148] Für heute Mittag hatten sie beschlossen, die ganze Familie zum Mittagessen und Kaffeetrinken ins Hotel einzuladen, wo sie übernachtet hatten. Nach dem guten Essen ging jedem von uns Kindern ein Wunsch in Erfüllung. Ich bekam, nach langem Hin- und Herüberlegen meinerseits, einen pfundigen Füller, mit dem ich jetzt schon schreibe. Er hat die Marke „Soennecken" mit Goldfeder und schreibt großartig. – Kaffee tranken wir dann im Cafe Papagei, wo ich heute das erstemal war.

Donnerstag, 26. Mai 1938
(Christi Himmelfahrt)
Schon beim Aufwachen freute ich mich über die liebe Sonne und das wunderschöne Wetter, obwohl ich noch gar nicht wußte, was wir wohl

---
147 „Kampf um den Himalaya. Die deutsche Nanga-Parbat-Expedition 1937". Der Film lief in Rosenheim in den Kaiser-Lichtspielen vom 3. bis 5.5.1938. RA, 3.5.1938.
148 Guste, geb. Pfleiderer, und Benno Packscher aus Wickrath, ein Bruder von Hulda („Großmutter") Frensdorff.

unternehmen würden. Aber schon bald merkte ich dann, daß wir alle zusammen wegfahren würden. Gegen 10 Uhr ging's los: Eine Fahrt ins Blaue. In Endorf ereignete sich schon etwas lustiges Unerwartetes: Plötzlich sah ich vor uns auf der Straße Gisel Bruckmoser, meine Schulfreundin, dahinschlendern. Wir hielten dann an und spazierten mit ihr ein Stückchen des Wegs, während Papa das Auto ein Stück vorausfuhr.
Nicht lange, dann ging die Fahrt weiter durch wunderhübsche Wäldchen, an Seen und bunten Wiesen entlang, dann aufeinmal merkte ich: Wir fuhren ja nach Obing, wo jetzt Liesel W[eiß] wohnt. Und wirklich hieß es da auf einmal „Obing"! Nachdem wir uns nach Liesels Wohnung erkundigt hatten, lief ich mit Trudi gleich hin. Gusti kam mir schon von weitem entgegen, hatte uns also schon kommen gesehen. Die Freude war bei allen dann sehr groß. Ich durfte bis zum Nachmittag dort bleiben. Gegen 12 Uhr holten wir Liesel von ihrem Arbeitsplatz als hauswirtschaftlicher Lehrling ab. Liesel war tatsächlich baff, als sie mich so unverhofft sah. Der Nachmittag verlief viel zu schnell, wie es ja meist so ist. Recht vergnügt fuhren wir dann kurz nach 3 Uhr wieder fort. – In Wasserburg machten wir noch kurz Halt, und dann ging's mit Mundharmonikaspiel nach Haus'.
Am Freitag, den 27. Mai nachmittags, war ich das erste Mal beim Baden. Es war wunderschön.

Montag, 30. Mai [1938]
Die zwei Nachmittage, an denen wir jetzt immer Stunde haben, führen zu einer „backfischartigen" Angewohnheit: Wir, das heißt ein paar Mädel aus 2b und ich, lassen uns nicht selten von einer recht „Geschleckigen" dazu verführen, während der Mittagspause ins Cafe zu gehen und uns an einem Stück der beliebten „Schiraffen"-Torte und Eis gütlich zu tun.

Pfingstsonntag, 5. Juni [1938]
Entzückendes Wetter lud uns schon am Vormittag zum Baden ein, was auch wunderschön war. Am Nachmittag durften wir dann alle zusammen mit dem Auto nach Feilnbach fahren. Dort wanderten wir hinauf zum Malerwinkel, von da aus hat man einen feinen Blick ins Gebirge und ins Flachland bis Kloster Attel. Gegen 5 Uhr waren wir schon wieder daheim.

Pfingstmontag, [6. Juni 1938]
Heute war es zwar noch sehr schön warm, aber bewölkt und trübe. Trotzdem fuhr uns Papa über Riedering nach Frasdorf und von dort auf der Autobahn nach Felden am Chiemsee, Grassau, Bernau, Prien und Endorf nach Hause. Also waren die Pfingstfeiertage ohne Ferien ebenso schön als mit Ferien.

Mittwoch, 15. Juni 1938[149]
Heute vormittag durften wir mit der Schule in den ersten Teil des großartigen Olympiafilms gehen. Er hieß „Fest der Völker" und war wundervoll.[150] Diese Sportleistungen, die man da sah, fast unglaublich!

Sonntag, 19. Juni 1938
Vormittags, bei wundervollem Wetter, zum siebten Mal beim Baden, nachmittags mit dem Auto ein Stück hinter Nußdorf. Herrlicher Blick ins Inntal.

Mittwoch, 22. Juni 1938
Heute durften wir den zweiten Teil, der fast noch schöner als der erste Teil der Olympischen Spiele war, sehen. Er hieß: „Fest der Schönheit".[151]

Dienstag, 28. Juni 1938
Heute vormittag kamen Onkel Erich mit Tante Helme und Klaus und Peter auf ein paar Stunden zu uns. Sie sind auf der Fahrt nach Hintertux in Tirol, wo sie die Ferien verbringen wollen.

Montag, 4. Juli 1938
Heute durften wir mit der Schule in den Film „Unternehmen Michael" gehen.[152]

Mittwoch, 6. Juli 1938
Wandertag: Diesmal war wunderschönes Wetter zum Wandern, kühl, später etwas Sonne. Auf den Vorschlag unseres Klassleiters und seiner Braut beschlossen wir, auf den Brünnstein zu steigen.[153] Von Oberaudorf aus ging's eine lange Zeit ruhig aufwärts. Dann, gegen 1/2 12, wurde es immer steiler. Und etwa um 1 Uhr erreichten wir das Brünnsteinhaus, wo wir uns eine lange Rast gönnten und herrliche Aussicht hatten. Der Abstieg erfolg-

---

149 Am 14. Juni 1938 erließ das Innenministerium die dritte Verordnung zum Reichsbürgergesetz, in der die Registrierung und Kennzeichnung aller jüdischen Gewerbebetriebe angeordnet wurde. RGBl 1938 I, S. 627. Siehe Barkai, Boykott, S. 132 f. Hilberg, Vernichtung, S. 129 f.
150 „Fest der Völker", UfA 1936, Regie: Leni Riefenstahl. Der Film lief in Rosenheim in den Kammer-Lichtspielen vom 10. bis 16.6.1938. RA, 10.6.1938.
151 „Fest der Schönheit", UfA 1936, Regie: Leni Riefenstahl. Der Film lief in den Kammer-Lichtspielen vom 17. bis 23.6.1938. RA, 17.6.1938.
152 „Unternehmen Michael", UfA 1937, Kriegsfilm. Der Film lief zu der Zeit offenbar nicht in den Rosenheimer Kinos.
153 Der neue Klassenleiter war Felix Graf, siehe S. 31, Anm. 61.

te auf einem anderen Weg, wobei wir an eine Stelle mit Unmengen von wunderschönem Almrausch (Alpenrosen) kamen.
Der ganze Ausflug war wieder richtig pfundig, sowohl mit den Mädels, als auch mit Herrn Graf und Braut!

Freitag, 8. Juli 1938
Heute [war] Schulschluß mit Zeugnisverteilung, das bei mir wieder sehr gut ausfiel.[154] Wir haben Ferien bis 13. September 1938!

Donnerstag, 21. Juli 1938
Heute durften wir drei Kinder mit Papa im Auto nach München fahren.[155] Es war wunderschönes Wetter. Auf der Hinfahrt, die wir um 1/2 7 Uhr begannen, wurde auf der Autobahn gefahren. Während nun Papa in München zu tun hatte, durften wir uns von 1/2 9 bis 1 Uhr im Tierpark Hellabrunn vergnügen. Dies ist ein riesiger Park mit den verschiedensten Arten von Tieren. Wir hatten die ganze Zeit vollauf zu tun, um auch alle Tiere ansehen zu können. Ich machte auch ein paar Aufnahmen. Wir besahen uns auch das Aquarium mit den interessantesten Fischen aller Erdteile.
Um 1/2 2 Uhr trafen wir uns dann wieder mit Papa, um mit dem Auto zur Bavaria zu fahren. Diesmal war auch Papa dabei, als wir die sehr enge Wendeltreppe in dem kupfernen Koloß der Bavaria hinauf kletterten. Vom Kopfe aus, in dem wir uns nun befanden, sahen wir durch kleine Luken ein schönes Stück von München. Noch viel weiter aber als von der Bavaria aus, sahen wir vom Frauenturm, den wir wieder ohne Papa bestiegen hatten. Nach 144 Stufen erreicht man die Spitze, von der aus man unglaublich weit über das Häusermeer Münchens hinaussieht. Zuletzt be-

---

154 Elisabeth erhielt in Biologie und in Rechnen eine Eins, in Geschichte, Erdkunde, Handarbeiten und Werken Eins bis Zwei, in Deutsch, Buchführung, Maschinenschreiben, Kochen, Hausarbeit, Turnen und Singen eine Zwei. Städtische Realschule für Mädchen Rosenheim, Jahresbogen für Elisabeth Block, Klasse 2b, Schuljahr 1938/39.
155 Am 26. April 1938 wurde die Verordnung über die Anmeldung des Vermögens von Juden über 5000 Reichsmark erlassen. Bis zum 30. Juni 1938 mußte der höheren Verwaltungsbehörde, in Bayern dem Regierungspräsidenten, jede Art von Besitz gemeldet werden, vom Haus- und Grundbesitz über Wertpapiere und Lebensversicherungen bis hin zu Kunstgegenständen und Luxusartikeln. Die Anmeldefrist konnte im Einzelfall verlängert werden; möglicherweise stand Fritz Blocks Fahrt nach München am 21. Juli 1938 damit in Zusammenhang. RGBl 1938 I, S. 414 f. Siehe Barkai, Boykott, S. 129 ff. Hilberg, Vernichtung, S. 128 f.

sorgten wir noch auf dem Viktualienmarkt zwei schöne Blumenstöcke für Muttis Geburtstag. Dann ging's heim auf einem anderen, aber wunderschönen Weg.

Sonntag, 24. Juli 1938[156]
Um Mutti eine recht große Freude zu bereiten, überraschten wir sie dadurch, daß wir ihr schon am Sonntag die Geschenke überreichten und ihr gratulierten. Ich hatte Mutti wieder zwei nette Arbeitsschürzen [geschenkt] und einen alten Puff (Fußkissen) frisch überzogen, passend zu dem neuen Teppich, der neben dem neuen Waschofen das größte Geschenk war.
Es ist jetzt herrliches Sommerwetter, so daß ich fast täglich von 2 Uhr bis 1/2 5 Uhr zum Baden gehe.

Donnerstag, 28. Juli 1938
Heute nachmittag wollten nun „Erichs" noch auf ein paar Stunden herschauen, um dann nach Berlin abzufahren.[157] Nach endlosem Warten endlich kamen sie um ca. 1/2 8 Uhr abends an. Es wurde noch ein ziemlich netter Abend mit Onkel, besonders, da sie sich doch noch entschlossen hatten, morgen früh nochmal von Rosenheim raus zu kommen.

Freitag, 29. Juli 1938
Es wurde ein wunderschöner Vormittag. Wir gingen nämlich alle zusammen zum Baden. Peter und ich sind rüber geschwommen zum Blockhaus. Von 9 bis 11 Uhr mittags blieben sie noch da.

Sonntag, 31. Juli 1938
Vormittags waren wir beim Baden. Am Nachmittag fuhr uns alle Papa nach Aibling, wo Onkel Hans und Tante Alice Pfleiderer aus Heilbronn zur Kur für etwa drei Wochen wohnen.[158] Hernach fuhren wir alle zusammen, das heißt in zwei Malen fuhr uns Papa, nach Feilnbach, wo wir noch ein gemütliches Kaffee-Stündchen hielten.

---

156 Am 23. Juli wurde die Kennzeichnung der Kennkarten von Juden ab 1. Januar 1939 bekanntgegeben. Die Anträge für die neuen Kennkarten mußten bis 31. Dezember 1938 gestellt werden. RGBl 1938 I, S. 922.
157 Erich und Helme Frensdorff mit den Kindern Klaus und Peter.
158 Hans Pfleiderer war ein Neffe von Guste Pfleiderer, die mit Benno Packscher, dem Bruder von Hulda („Großmutter") Frensdorff, verheiratet war.

Sonntag, 7. August 1938
Wie die ganze Woche schon, so war auch am Sonntag herrliches Wetter. Da fuhren wir alle mit dem Auto gegen 9 Uhr nach Hochstätt am Chiemsee zu Hoffmanns. Die hatten über die Ferien Besuch von drei Jungens, 12, 13, 16 Jahre [alt], so daß es recht lebhaft zuging. Am Vormittag fuhren wir ein Stück mit einem Kahn in den See raus. Am Nachmittag gingen wir zum Schwimmen an einen anderen kleinen See. Dabei verlor ich meine Uhr und konnte sie nicht mehr finden. Am Abend holte uns drei Kinder Papa ab, um uns noch schnell nach Hartmannsberg zu fahren, wo meine Eltern den Nachmittag bei Bekannten zugebracht hatten.[159] In strömendem Regen, da nämlich ein Gewitter gekommen war, fuhren wir um 8 Uhr abends nach Hause.

Dienstag, 9. August 1938
Heute vormittag brachte mir der Postbote die sehr erfreuliche Nachricht, daß eine Frau meine Uhr wieder gefunden hatte, durch eine Karte der ehrlichen Finderin. Darüber bin ich natürlich gottsfroh.
Dienstag nachmittag durfte ich mitfahren, als Papa nach Aibling fuhr, um Pfleiderers ein Stückchen mit dem Auto wegzufahren. Wir kamen bis an den Luegsteinsee und die Grafenburg,[160] wo wir gemütlich Kaffee tranken, und fuhren über Neubeuern zurück.

Sonntag, 14. August 1938
Da es wieder mal ganz schreckliches Wetter war, mußten wir unseren Besuch leider drinnen empfangen. Papa hatte Pfleiderers von Aibling mit dem Auto abgeholt, ungefähr um 1/2 4 Uhr kamen sie dann hier an. Es wurde ein recht gemütlicher Nachmittag, der damit endete, daß ich mitfahren durfte, als Papa Pfleiderers nach Hause brachte.

Mittwoch, 17. August 1938
Um ihnen Niedernburg auch einmal bei schönem Wetter zu zeigen, holte Papa Pfleiderers heute noch einmal hierher.

---

159 Die Bekannten dürften „Ellingers" gewesen sein, die am 21.8.1938 nochmals besucht wurden. Wahrscheinlich war die Familie Ellinger nur zu Besuch oder auf Urlaub in Hartmannsberg, da sie im Einwohnerbuch 1937 nicht eingetragen sind und auch im Tagebuch von Elisabeth Block nicht mehr erwähnt werden.
160 Luegsteinsee und Hotel „Grafenburg" bei Oberaudorf.

Samstag, den 20. August [1938],
leisteten Arno, Papa und ich Pfleiderers bei ihrem einstündigen Aufenthalt in Rosenheim Gesellschaft.

Sonntag, 21. August 1938
Für heute nachmittag waren wir nach Hartmannsberg zu Bekannten (Ellingers) eingeladen. Kaffee tranken wir in Gstadt am Chiemsee und Abendbrot [aßen wir] in Hartmannsberg.

Donnerstag, den 25. August 1938,
fuhr Papa Mutti und mich nach Rosenheim, wir beide wollten ins Kino gehen, „Königswalzer", was dann auch sehr anmutig und nett war.[161]

Sonntag, 28. August 1938
Heute radelten Trudi und ich am Nachmittag nach Rosenheim runter, wo jetzt Herbstfest ist. Wir gingen dann auf die Wiese raus, fuhren mit der Achterbahn, aßen Eis und pendelten so herum.

Montag, den 29. August 1938,
erwarteten wir drei mit Mutti auf dem Bahnhof Tante Else und Eva, die auf der Durchreise nach Italien waren.[162] Wir verlebten noch ein recht hübsches Plauderstündchen zusammen.

Freitag, 2. September 1938
Man merkt's jetzt schon sehr deutlich, daß es Herbst geworden ist, dicke Nebel umlagern fast jeden Morgen die ganze Gegend, und erst gegen 9, 1/2 10 Uhr verzieht er sich und es wird prachtvolles Wetter.
So war es auch Freitag, wo wir mit Papa bis nach Windshausen fuhren und von da aus auf das Kranzhorn kletterten. Ein wunderschöner Weg führt erst durch schattigen Hochwald aufwärts. Nach etwa einer Stunde kommt man an Bergweiden, von da aus sieht man schon weit ins Gebirge. Nach einer weiteren Stunde erreicht man eine Almhütte, in der wir uns erst noch ausruhten und stärkten, bevor wir uns an das schwerste Stück

---

161 „Königswalzer" mit Paul Hörbiger, Carola Höhn, Willi Forst, H. Leibelt, Danegger, Finkenzeller, Schwanneke, Schrader, Sima. Der Film lief in Rosenheim in den Kaiser-Lichtspielen ab 23.8.1938. RA, 23.8.1938.
162 Else Levy und ihre Tochter Eva aus Bad Polzin. Es ist anzunehmen, daß Eva Levy über Italien emigrierte, denn bei der Auswanderung von Else Levy im Februar 1939 wird sie nicht erwähnt.

Arbeit machten. Im Weitersteigen hat man eine herrliche Aussicht bis weit über Kufstein hinaus. Auf dem Gipfel ist zwischen Buchen- und Ahornbäumen eine kleine, nette Kapelle. Wir ließen uns auf einem schönen Plätzchen nieder, von da hatten wir einen weiten Blick ins Land hinaus. Der Abstieg war bedeutend leichter und schon um 1/2 5 Uhr erreichten wir unser Auto. In schneller Fahrt ging's dann nach Hause.

Sonntag, [4. September 1938]
Gegen 1 Uhr fuhren Seppen Marie und ich mit dem Radl nach Rosenheim, um uns den Trachtenzug anzusehen. Er war es auch wirklich wert, daß wir uns erst noch Plattfüße stehen mußten, bis dann all die vielen verschiedenen, bunten Trachten malerisch an uns vorbeizogen. Da waren die farbenfrohen Salzburger Trachten neben denen „Alt Rosenheims", ferner die Trachtler aus Igels, Kitzbühl, Kufstein und noch viele andere Tiroler und oberbayerische. Nach dem Zuge flüchteten wir uns in den großen Hofbräusaal, in dem die Musikkapelle schneidig spielte. Nachdem der Regen etwas nachgelassen hatte, begaben wir uns ins Kino „Kameradschaft auf See", was ganz nett war.[163]

Donnerstag, 8. September 1938
Es war so prachtvolles Wetter, daß ich Papa bettelte, ob er nicht mit mir noch ein bißchen wegfahren wolle, wie es morgen wieder sein würde, konnte man ja ganz und gar nicht wissen, und am 12. geht ja die Schule wieder los. Auf Muttis Zureden hin entschloß er sich dann, so daß wir, Papa und ich (Trudi und Arno haben schon wieder Schule) gegen 8 Uhr losfuhren. Erst ging's auf der Autobahn bis Holzkirchen, von da aus hatten wir einen weiten Blick ins Gebirge bis beinahe zur Zugspitz'. Und weiter ging's nach dem netten Kurort Bad Tölz mit altem Marktplatz und malerischen Häusern. Dann weiter über Bichl, immer näher den Bergen zu, nach Kochel am Kochelsee. Wir fuhren gleich weiter, mit dem Blick auf den Herzogstand, und kamen gegen 12 Uhr nach Garmisch. Vor uns lag wuchtig und groß, oben mit Neuschnee bestreut das Wettersteingebirge mit Zugspitz' und Waxen-Stein. Ganz unglaublich schön ist dieser Anblick. Von Garmisch aus, wo wir auch das Olympische Stadion von 1936 sahen, spazierten wir durch einen Wald zur Partnachklamm, die ein großartiges

---

163 „Kameraden auf See", Regie: Heinz Paul. Mit Carola Höhn, Ingeborg Hertel, Theodor Loos, Paul Wagner, Josef Sieber, Rolf Weih, Jaspar v. Oertzen, Fred Döderlein. Der Film wurde ab Freitag, 2.9.1938, in den Rosenheimer Kammer-Lichtspielen gezeigt. In der Werbeanzeige hieß es: „Jugendliche willkommen!" RA, 2.9.1938.

Naturschauspiel zeigt. Zwischen engen Felswänden rauscht mit unglaublichem Getose die Partnach hindurch. Ein schmaler Weg führt teils am wild schäumenden Bach entlang und teils durch kleine Tunnels an tropfenden Steinwänden entlang. An einigen Stellen stürzen sich von hoch oben die Bäche wie ein Strahl in die tief unten rauschende Partnach. Etwa 20 Minuten geht man ohne Sonne im Dämmerschein, vom Tosen des Baches begleitet, eng an die grauen, feuchten Felswände geduckt, dann wird es mit einem [Male] heller, und über einem sieht man wieder blauen, heiteren Himmel, grünes Laub und die Sonne. Als wir dann wieder zu unserem Auto zurückkamen, beschlossen wir, über Klais, Wallgau und Walchensee zurück zu fahren. Und wieder bot sich uns eine wunderschöne Landschaft: Als wir ungefähr in Krün waren, sahen wir ganz nahe vor uns die wildzerklüfteten Felsen des Karwendelgebirges, das mir beinahe noch höher und wuchtiger als das Wettersteingebirge vorkam. Gegen 3 Uhr erreichten wir den entzückenden Walchensee, nachdem wir vorher ein Stück neben der türkisgrünen Isar entlang gefahren waren. Der Walchensee ist etwas ganz Wunderschönes, eine große, blaue Fläche, an deren Ufern sich rechts und links grüne Wälder hinziehen. Uns gegenüber, also am anderen Ufer, steigen die Berge vom Wasser auf in den leuchtend blauen Himmel. Man könnte da stundenlang sitzen und schauen, so schön ist der See. Aber leider mußten wir wieder weiter, über die bekannte Kesselbergstraße nach Kochel und wieder über Tölz und diesmal über Miesbach nach Hause, wo wir schon um 1/2 7 Uhr abends *sehr* glücklich ankamen.

Freitag, den 9. September, war ich nochmal beim Baden. Ob wohl zum letzten Mal 1938?

Sonntag, 18. September 1938
Seit mehreren Tagen ist jetzt wieder wunderschönes Wetter; außer den Morgennebeln, ist es wieder so warm wie im Juli. Seppen Marie und ich fuhren heute um 2 Uhr Nachmittag mit dem Radel spazieren, sozusagen eine „Fahrt ins Blaue", deren Ziel dann Aschau wurde. Dort langten wir gegen 4 Uhr an, ruhten uns ein halbes Stündchen aus und machten den hübschen Weg dann wohlgestärkt mit neuen Kräften zurück. Die Berge waren wunderbar nahe und mit prächtigen Farben zu sehen.

Mittwoch und Donnerstag, 21. und 22. September 1938
[Zeichnung, beschriftet: Frasdorf / Hochries / Hütte.]
Morgen war Wandertag, aber daß wir heute schon losgehen wollten, erfuhren wir erst gegen 11 Uhr. Fürchterlich aufgeregt rasten wir alle nach Hause, um dann um 3 Uhr nachmittags pünktlich mit Decken, Proviant

usw. bepackt am Bahnhof zu erscheinen. Wir wollten in Frasdorf übernachten und uns morgen frühzeitig zum Aufstieg auf die Hochries fertig machen. Leider hatten wir diesmal nur Fräulein Vogt (Masch[inenschreiben] und Buchf[ührung]) dabei statt Herrn Graf, aber eine Mordsgaudi gabs doch die ganze Nacht durch, die wir im Heu bei einem Bauern zubrachten. Die ganze Nacht gabs keine Ruh', so daß ich fast gar nicht schlafen konnte, aber das machte nichts.

Gegen 1/2 6 Uhr standen wir auf, wuschen uns draußen am Brunnen und tranken heiße Milch, die wir von der Bäuerin bekamen. Um 1/2 8 Uhr ging's dann los. Ich kannte ja den Weg schon von vorigem Jahr. 24 Mädels waren uns [wir], doch statt des Lachens in der Nacht hörte man jetzt nur noch Jammern, aber auch das verschwand dann, als wir nach drei Stunden den Gipfel erreichten und dort 2 1/2 Stunden rasteten. Hier oben hatte man eine herrliche Aussicht. Ich sah sogar die Kirche von Zaisering. Um 1 Uhr machten wir uns wieder auf und wanderten recht lustig hinunter über Grainbach und zogen singend in Frasdorf ein, wo wir noch eine halbe Stunde Zeit hatten, bis das Frasdorfer „Bockerl" uns nach Hause brachte. Von Rosenheim fuhr ich dann noch im Dunkeln nach Haus', wo [ich] sehr beglückt ankam.

Sonntag, 25. September 1938
Wieder prachtvolles Wetter, deshalb entschloß sich Papa schon am Vormittag, mit uns allen weg zu fahren. Wir erreichten um 1/2 11 Uhr Niederaudorf und wanderten von dort nach Regau, wo wir uns ein wunderschönes Plätzchen aussuchten und uns da niederließen. Hier hatten wir einen entzückenden Blick ins Inntal mit Oberaudorf, Erl und Ebbs und dahinter den Wilden- und Zahmen Kaiser und auf der anderen Seite den Brünnstein. Gegen 1/2 4 Uhr spazierten wir dann noch zum Bichlersee und kehrten um 1/2 6 Uhr zu unserem Auto zurück.

Sonntag, 2. Oktober 1938
Wieder entzückendes Wetter, aber schon ein bisserl frisch. Die ganze Familie fuhr heute mit dem Auto über Schonstett nach Amerang und weiter, an bunten Wäldern vorbei, nach Frabertsham, und dann sah man, ein paar hundert Meter vor uns, einen schönen blauen See liegen. Wir dachten alle, das wäre der Waginger See, aber wie staunten wir, als wir auf einmal lasen *Obing!* Ich lief natürlich gleich zu Weißens, die ich alle drei, und noch dazu Liesels Bruder und Schwägerin aus Amerika,[164] in ihrem netten Haus fand. Wir plauderten ein wenig und dann begleiteten mich Liesel und Gusti zu unserem Auto. Wir fuhren noch nach Seeon, wo es wunderschön war. Wir sahen das Kloster von innen an und saßen dann unter goldbrau-

nen Kastanienbäumen am blauen See beim Kaffeetrinken. Nach Hause fuhren wir über Hartmannsberg.
[Zeichnung: See, Tische und Stühle unter Kastanien.]

Dienstag, 18. Oktober 1938[165]
[Zeichnung, beschriftet: Irschenberg.] Heute war Wandertag. Diesmal zogen wir mit Fräulein Schöpf,[166] der Handarbeitslehrerin, los. Wir fuhren mit der Bahn bis Bruckmühl, von wo wir auf den Irschenberg wanderten, gut, daß es jetzt nicht mehr so warm wie im Sommer ist! Etwa um 11 Uhr waren wir oben. Wir sahen unter uns die Autobahn und weit im Osten Rosenheim. Hier oben war es sehr lustig. Wir sangen und machten Gesellschaftsspiele, dabei verging uns die Zeit recht schnell. Gegen 3 Uhr machten wir uns unter Gesang auf den Weg. Als wir an ein Dorf kamen, in dem wir eine Kirschweihhutsche entdeckten, stürzten wir uns natürlich gleich drauf los, das gab eine Gaudi! Wir waren überhaupt sehr zum Gaudimachen aufgelegt und hatten viel zu lachen. Um 5 Uhr kamen wir in Bruckmühl an und fuhren um 1/2 6 Uhr nach Rosenheim. Das war ein ganz pfundiger Tag gewesen.

Montag, 31. Oktober 1938
In größter Eile wurde heute morgen unser Klassenzimmer mit Astern und Tannenzweigen zum Empfang unseres sehr verehrten Klassenlehrers geziert. Und als wir damit fertig waren, gingen wir alle runter in die Schulküche, um unsrer Kochabteilung beim Zubereiten des Essens und Tischdecken zu helfen. Bald kam auch Herr Graf, wurde stürmisch begrüßt, da er ja nun beinah sechs Wochen im Sudetenland als Pionier gewesen war, dann setzten sich alle an die mit Weinlaub schön gezierte Tafel. Während des Essens erzählte G[raf] viel interessante Erlebnisse.
[Zeichnung, beschriftet: unsere Schultafel / 39x Willkommen.]

Sonntag, 6. November 1938
Bei wunderschönem Wetter machten wir heute alle zusammen eine entzückende Fahrt nach Tegernsee, spazierten dort am See entlang unter goldbraunen Kastanienbäumen. Bald ging die Fahrt weiter, und wir ka-

---

164 Siehe Anm. 129.
165 Mit dem 5. Oktober 1938 erfolgte die Einziehung der Reisepässe von Juden und die erschwerte Neuausgabe nur mit der Kennzeichnung „J" für Jude. RGBl 1938 I, S. 1342.
166 Paula Schöpf war Lehrkraft von 1938–1942. Festschrift Städtische Realschule für Mädchen, S. 36.

men auch noch am Schliersee vorbei und weiter nach Hausham, wo die großen Braunkohlenwerke sind, durch das liebliche Leitzachtal, Au bei Aibling, und gegen 1/2 6 Uhr waren wir wieder daheim.

16. November 1938, Buß- und Bettag
Um uns von den traurigen Gedanken und Sorgen, die der Tod unseres lieben Onkel Leos[167] und überhaupt die letzten zehn Tage mit sich brachten, zu befreien, machten wir einen schönen Spaziergang zu unsrem lieben See, wo wir am Ufer in der warmen Herbstsonne saßen und mit Seppen Marie plauderten, die sich auch dort eingefunden hatte.

17. November 1938
Nun ist das von Mutti schon so lang Geahnte geschehen: Ich und auch Trudi und Arno dürfen nicht mehr zur Schule gehen. Mit furchtbar schwerem Herzen trennte ich mich von meinen lieben Mitschülerinnen.[168]
Mein Stunden-Plan:
1/2 7 Uhr aufstehen, nach dem Frühstück Betten machen, gegen 8 Uhr in Papas Zimmer zur Schule antreten, die bis 10 Uhr dauert. Wir haben

---

167 Dr. Leo Levy aus Bad Polzin, der Mann von Else, wurde am 9. November 1938 von SA-Männern ermordet. Am 28. Oktober 1938 hatte die Ausweisung der in Deutschland lebenden Juden polnischer Nationalität begonnen; am 7. November verübte Herschel Grünspan (Grynszpan) in Paris ein Attentat auf den deutschen Gesandtschaftsrat Ernst vom Rath. Dies wurde zum Anlaß für die organisierten Pogrome in der Nacht vom 9. auf den 10. November 1938, den bis dahin brutalsten und umfassendsten Aktionen der Nationalsozialisten gegen die jüdische Bevölkerung. Auch in Rosenheim wurden die noch verbliebenen jüdischen Geschäfte verwüstet und geplündert (Rosenheim im Dritten Reich, S. 39 f.), ebenso in Hannover, wo die meisten Verwandten der Blocks lebten. Dort wurde auch die Synagoge in Brand gesetzt. Etwa 30.000 Juden wurden verhaftet und in Konzentrationslager verschleppt, allein aus Hannover und Umgebung waren es 334. (Schulze, Juden in Hannover, S. 59 f. „Reichskristallnacht" in Hannover, S. 56 ff.). Siehe auch den Brief von Mirjam Block an ihre Schwester Else Levy vom 17. November 1938, in dem sie notiert: „Fritz ist gut am Sonntag von seiner Reise zurück gekommen.", S. 309. Elisabeth Block erwähnt nichts von einer Reise ihres Vaters. Der Sonntag, an dem Fritz Block zurückkehrte, war wahrscheinlich der 13. November 1938, er wäre somit zum Zeitpunkt der „Reichskristallnacht" nicht zu Hause gewesen.
168 Ab dem 15. November war jüdischen Kindern der Besuch deutscher Schulen verboten. Siehe Abb. 11. In dem Brief, den Mirjam Block am 17. November 1938 an ihre Schwester Else Levy schreibt, berichtet sie auch von dem Schulverbot für Elisabeth: „Sie ist so sehr verständig und mitfühlend, dabei so bemüht mich abzulenken, und ging gestern so tapfer zur Schule, um zu hören, ob sie noch bleiben könnte, alle waren so freundlich zu ihr, und der Abschied fiel ihr sehr schwer, aber sie ist froh, daß sie ihn nun hinter sich hat." Siehe S. 309.

Deutsch, Rechnen, Erdkunde, Geschichte, Zeichnen und Geometrie. Dienstags und freitags von 1 Uhr bis 3 1/4 Uhr mit Mutti Englisch und Stenographie. Dazwischen von 10 Uhr bis 1 Uhr kochen und abspülen. Nachmittags umgraben, Hausarbeiten usw. Montags bei der Wäsche Kathi helfen, das sehr lustig ist, da wir in den Stall eine schöne, geräumige Waschküche eingebaut bekommen haben. Abends wird aus „Gabriele von Bülows Töchtern"[169] und „Ein Künstlerleben" von F. Wasmann[170] vorgelesen und dabei gehandarbeitet.

Ich bin nun durch diese Zeiteinteilung und die Vorbereitungen für Weihnachten vollauf beschäftigt und fühle mich wieder genauso zufrieden wie zuvor, als ich zur Schule ging.

Sonntag, 20. November 1938
Heut' nachmittag machten wir drei Kinder mit Mutti einen entzückenden Spaziergang rund um den See, der heute so spiegelglatt war wie selten. Der Zweck der Übung aber war, daß wir alle mal unser kleines Stückchen Wald, drüben auf der andren Seite vom See, kennenlernten.

Mittwoch, 23. November 1938
Heute ist nun Arnos Geburtstag. Er hat eine prachtvolle Eisenbahn mit einer Unmenge von Schienen bekommen, mit der er nun schon die ganze Zeit spielt. Ich habe Kathi bei der großen Wäsche geholfen, einen Teil derselben konnten wir raus hängen, doch ist es jetzt schon sehr kalt und sie wird kaum trocken. Im Gebirge hat's über Nacht tüchtig geschneit.

Sonntag, 27. November 1938, 1. Advent[171]
Gegen 1/2 12 Uhr machten wir uns alle zusammen fertig, um eine Fahrt mit dem Auto zu machen, da es, wie schon die ganze Woche, wunderschönes Wetter war. Fest eingepackt in warme Mäntel und Decken, da es einem beim Sitzen trotz der Sonne sonst kalt geworden wäre, fuhren wir über Schloßberg, Endorf, Hartmannsberg und Seebruck nach Traunstein. Am Chiemsee waren wir ausgestiegen und hatten Muscheln gesucht; der See spiegelte vom prächtigen Blau der Berge wider, es war ein wunder-

---

169 Sydow, Anna von: Gabriele von Bülows Töchter (1929).
170 Wasmann, Friedrich (1805–1886): Friedrich Wasmann. Ein deutsches Künstlerleben, von ihm selbst geschildert (hg. v. B. Grönvold 1896).
171 Elisabeth Block schildert hier den letzten Ausflug mit dem eigenen Auto. Ab dem 3. Dezember 1938 wurden die Führerscheine und Zulassungspapiere von Juden eingezogen.

schöner Anblick. Auch in Traunstein stiegen wir aus. Dann ging's weiter über Teisendorf nach Reichenhall, von wo aus wir dann zurück fuhren, [wir] kamen am Stausee vorbei und am Mauthäusl, fuhren auf der Alpenstraße, wo wir uns auch den Gletschergarten ansahen. Auch an Ruhpolding kamen wir vorbei. Bei Siegsdorf bogen wir in die Autobahn ein. Während wir am Chiemsee vorbei fuhren, sahen wir auch das Rasthaus, das ein riesiges Gasthaus [ist]. Schon um 3/4 6 Uhr kamen wir nach Haus'.

Woche vom 28. [November] – 4. Dezember 1938
Montag   Von 8 – 10 Uhr Schule
                 Im Garten mit Kathi.
Dienstag   Schule, Printen[172] gebacken.
                 Nachmittags Englisch und
                 Kurzschrift.
Mittwoch   Nach dem Unterricht im Garten, nachmittags
                 ebenfalls.
Donnerstag   Bis 10 Uhr Schule, dann im Garten mit
                 Kathi.
Freitag   Von 10 bis 1/2 12 Uhr in der Stadt zum
                 Einkaufen. Nachmittags mit Kathi
                 Komposthaufen umgesetzt.
Samstag   Bis 3/4 10 Uhr Unterricht, dann beim Kochen
                 geholfen. Pfefferkuchen gebacken.
                 Nachmittags Englisch und
                 Kurzschrift bis 1/2 4 Uhr, dann
                 Keks gebacken. Abends mein Winerdirndl bekommen.
 Sonntag   Der erste Schnee über Nacht gefallen!

24. Dezember 1938
Die letzten Wochen vor Weihnachten brachte ich mit Guttelbacken und anderen Weihnachtsvorbereitungen zu, dabei verging die Zeit so schnell, und mit einemmal stand der Heilige Abend vor der Tür.
Mittags schon fing es endlich an zu schneien, so daß schon gegen Abend alles draußen in ein festliches weißes Kleid gehüllt war. Und ich durfte inzwischen beinah ganz allein den Weihnachtsbaum, der aus unsrer eignen Hecke stammte, schmücken, was auch ganz gut gelang. Etwa um 5 1/4 Uhr war dann auch Papa fertig mit dem Aufbauen der Geschenke, und wir

---

172 Stark gewürzter, harter Pfefferkuchen.

stürmten ins Weihnachtszimmer, das von den vielen brennenden Kerzen hell erleuchtet war. Erst wurden einige Weihnachtslieder gesungen und dann schauten wir unsere Geschenke an. Ich hatte wieder sehr viele und schöne Sachen bekommen, auch von Liesel war ein reizendes Päckchen gekommen, in das auch Gusti etwas mit eingelegt hatte, was mich ganz besonders freute. Spät abends kam noch Kathi und brachte auch noch für jeden was mit. Ich bekam wunderschönes Briefpapier und schöne Strümpfe. Wir blieben noch bis 1/2 11 Uhr auf. Kathi begleiteten Mutti und ich noch durch die wunderschöne Winterlandschaft nach Haus'.
Meine diesjährigen Weihnachtsgeschenke machten wieder bei jedem viel Freude: Papa bekam ein praktisches, selbstgemachtes Ding für Selbstbinder aufzuhängen, Mutti ein Paar Bettschuhe und [ein] Nachthemd, Trudi und Arno je ein Bastelspiel und Kathi ein selbst gehäkeltes Deckchen.

25. und 26. Dezember 1938
An beiden Feiertagen war ich bei Kathi, wohin ich Spiele mitgenommen hatte, mit denen wir uns alle sehr vergnügten. Am Vormittag des zweiten Feiertages machten wir einen hübschen Spaziergang über unsren See, der mit einer schönen weißen Decke überdeckt war.

Donnerstag, 29. Dezember 1938
Heute nachmittag war ich zum ersten Mal wieder beim Schifahren. Es war sehr lustig. Fast täglich schneit es jetzt.

Freitag, 30. Dezember 1938
Um 1/2 9 Uhr machten Mutti und ich uns auf, um zu Fuß in die Stadt zu gehen, weil wir dort am Bahnhof Familie Redelmeier auf der Durchreise nach Palästina noch einmal sehen wollten.[173] Es war ein unglaublich schöner Wintermorgen. Die Berge erschienen in einem silbernen Licht, drüben der Tannenwald war wie vergoldet, und die Sonne ging in einem purpurnen Himmel auf.
Wir waren so früh dort, daß wir uns noch erst eine Weile ins Milchstüberl setzten. Aber als dann endlich der Zug kam, nachdem er noch 50 Minuten Verspätung gehabt hat, waren Red[elmeiers] einfach nicht zu finden, wir liefen zweimal am Zug entlang, aber alles blieb ergebnislos, und wir mußten so wieder abziehen, da der Zug nur einige Minuten Aufenthalt hatte. Samstag kam dann eine Karte von München, auf der Redelmeiers

---

173 Wahrscheinlich Max und Henny Redelmeier aus Sondershausen.

uns noch Grüße schickten, wahrscheinlich sind sie mit einem anderen Zug gefahren.
Gestern bekam ich zu meiner großen Freude und Überraschung von Fasbender Lisa einen Neujahrsgruß.

31. Dezember 1938
Der letzte Tag des alten Jahres war angebrochen. Am vormittag zogen Papa, Trudi und ich mit den Schiern los, fuhren am See entlang, durch den winterlichen Wald bis nach Lochen, wo wir ein paarmal runter rutschten, und dann ging's auf der Landstraße nach Haus'.
Am Abend verzehrten wir dann mit größtem Appetit einen Teil des Gänsebratens, den uns Tante Else geschickt hatte.[174] Unser erster Gänsebraten!, der Mutti viel Kopfzerbrechen gemacht hatte.
Nach dem Abspülen wurde der Christbaum angezündet und Lieder gesungen. Hernach machten wir allerhand schöne Spiele, gegen 10 Uhr gingen wir zu Bett. Das war das Ende des Jahres 1938.

A happy new year!

---

[174] Else Levy aus Bad Polzin.

! Kathis oberbayerische Schmankerl !

[Zeichnung: Mädchen in Tracht.]

„Auf geht's, mit da Goas an Markt!"
„Des kimt eam, wia an Goasbock d'Mili, all' Stund a Trupfa!"

Oberbayrisch: „Lass' di hoamgeigna, Glezen Sepp!"
Hochdeutsch: „Lass' dich heimviolinen, birnengedörrter Josef!"

A Mensch, wo a Bildung hat: „Neulich ging ich über die Innbrücke und aß eine Ora*n*ge, da is ma da Baz (Saft) über d'Finger obiglafa!"

„Unser alt's Häuslweib kocht si a Koch,
bald tripflt eam d'Nosen, bald quaklt eam's -----."

„Was glanzt in da Kirch am besten?
De alten Weiber ihr Nasentripfi!"

[Zeichnung: Junge in Tracht.]

Zum Zung' abbrechen:

„Oi Jahr hab'i oa oa obi trogn!"
„De Kellnerin hat's B'schdek b'schdeld!"
„Lena drah d'Ant um, brotz ent ar."

Schönheitsmittel: „Vom kailten Kaffeerach werd ma schö."

Marie bugstarie, steht hinta da Tür, draut si net füra vo lauta zaundürr.

Annamirl Zuckaschmirl, flick an Bauer 's Hosentürl, aba schön, aba sche, derfst an Kirta a mit gehn.

Mei Madl is sauber vom Fuß bis zum Kopf
grad an Hals hat's a Binkerl, des nennt ma an Kropf.
Da Kropf is großmächti,
as G'sicht is zaundürr,
und wenn i's Mensch halsen will,
steht da Kropf für.

Lügenmärchen:
In jener Zeit, als die Spatzen noch Gamaschen trugen und als in der Donau die große Brandkatastrophe ausbrach, da konnte man nicht genug Stroh herbeischaffen, um den Brand zu löschen. Da kündigte ich meine Wohnung und ging auf Reisen, und als ich die Reise antrat, da kam ich an einen tiefen, breiten See. In diesem See waren zwei Schifflein. Das eine, das da war, das war überhaupt nicht da, und das zweite, das da war, hatte keinen Boden. Ich, als unvernünftiger Mensch stieg in das, welches überhaupt nicht da war und gelangte ans jenseitige Ufer. Als ich dann weiter ging, kam ich an eine hölzerne Kapelle. Da las ein gußeiserner Pfarrer eine schaflederne Messe, und als die Leute zum Opfern gingen, da ging ich natürlich auch mit. Ich opferte einen Heller und stahl dabei 17 ...

„Soß', meine Herrn, s'Braterl kimmt noch!"

Auf geht's zum Stain (Stehlen), bei'n Nachbarn hand scho lang furt!

Antworten auf dumme Fragen:
„Zweg'n de Anten, weil de Gäns so lange Krängn haben!"

„Zweg'n da Hitz is a oits Weib gstorbn."

„Wia geht's mit da Mutta,
weil ma grad von de Säu redn?"

„Tatsachwahr, sagn de Bauern bals lüang."

„Hiasl aho, laß' an Fenstastock da.
Du kannst'n net braucha, und mir get a o (ab)."

„Hoam zu, hoam zua, Dauban (Heidelbeeren) ham ma grad gnua!"

Bei einem schwirigen Problem:
„Kimmt scho auf bei da Vahandlung."

Gar is weils war is!

Is scho umi um's Hauseck.

Gläserne Holzschuha hats o ghabt und holzerne Augnbrialn hats aufghabt. Zeitung hats gracht und Zigaretten hat's glesen und a Rührmilli hats untern Arm ghabt.

Wia I z'Minka obn gwen bin, da hab i fein redn müssen, da hab i net sagen derfa „Mili", da hab i gsagt „Muich".

Servus drei Quartl, mei Muata hoast Kathl,
Mei Vater hoast Sepp, und Du bist a rechta Depp!

„Du liabi Marie, i will da bloß a mal schreiben,
wo denn allweil meine Packel bleiben?
Was glabst denn du, du Gschoß,
moanst i leb' von da Luft jetzt bloß,
Brauch kein Geselchtes mehr,
da teischd di' sehr!"
(Des sagt in an Brief da Soldat seim' Mädl.)

4. Tagebuch
Vom 1. Januar 1939 bis 25. März 1940
und „Aus frühesten Kindertagen"

[Zeichnung: Blumengirlanden.]
Zum neuen Jahr ein neues Hoffen,
Die Erde wird noch immer grün!
Auch dieser März bringt Lerchenlieder,
auch dieser Mai bringt Rosen wieder,
auch dieses Jahr läßt Freuden blühn.[175]

Die ersten drei Wochen im neuen Jahr hatten wir herrliches Schiwetter: Viel Schnee, Sonne und blauen Himmel. Wir waren fast täglich beim Schifahren. Es wurde immer wärmer und mit der Zeit war fast der ganze Schnee weg. Da machten wir wieder schöne Spaziergänge und saßen sogar öfters in der Sonne oben auf unserem Balkon. Am 25. Januar hat's dann wieder zu schneien angefangen, und Trudi und ich zogen gleich wieder mit den Schiern los. Ich nähe jetzt viel und lerne Englisch.[176]

Sonntag, 22. Januar 1939
Heute kam ganz unverhofft am Nachmittag Maria Windstoßer-Maier mit ihrem Mann und ihrem lustigen, dicken Bübchen Pepi. Wir freuten uns sehr und es wurde ein recht hübscher Nachmittag.

Am *7. Februar [1939]* begaben sich Mutti, Trudi, Arno und ich an den Bahnhof, wo wir die ganze Block'sche Familie zwei Minuten sprachen, bei ihrer Durchreise nach Palästina.[177]

Sonntag, *12. Februar 1939*
Heute ist nun schon wieder mein Geburtstag, schon wieder ein Jahr älter! Als ich so gegen 1/2 8 Uhr ins Geburtstagszimmer reingehen durfte, wußte ich zuerst gar nicht, wo ich hinschauen sollte: Auf dem einen Tisch

---

175 Elisabeth zitiert die ersten fünf Zeilen des Gedichts „Zum neuen Jahr" von Friedrich Karl von Gerok. Abgedruckt in: Damit uns aus Erde Heimat wird. Eine Gedichtsammlung. Ausgewählt von Fritz Färber u.a. München 1959, S. 40.
176 Ab dem 1. Januar 1939 mußten alle Juden den Zwangsnamen „Sara" oder „Israel" ihrem Vornamen hinzufügen; das Gesetz wurde schon am 17. August 1938 erlassen (RGBl 1938 I, S. 1044). Ebenfalls ab 1. Januar 1939 galt die Einführung der Kennkarte (Gesetz vom 23. Juli 1938, RGBl 1938 I, S. 922), die für Juden mit einem „J" versehen war.
177 Hans Block und seine Frau Gertrud aus Hannover mit ihren Kindern Pauline, Walter, Hanna und Ruth. Die Schwiegermutter von Hans Block, Johanne Seligmann, blieb in Hannover. Sie wurde am 23. Juli 1942 nach Theresienstadt deportiert und kam dort ums Leben. Merkwürdig erscheint, daß nur Mirjam Block und die Kinder gekommen waren, um ihre Verwandten noch einmal zu sehen.

stand der Geburtstagskuchen, rundherum lauter brennende Kerzen, ganz hell und warm strahlten sie einem entgegen, und auf dem kleinen Tisch an der Seite lagen all die hübschen Geschenke aufgebaut: Ein schönes Fotoalbum, ein neuer Film, Keks, Guttel und Schokolade, zwei Paar Strümpfe und Kniestrümpfe, Schlüpfer usw., von Trudi ein wundernettes Trinkglas und von Arno „Jugenderinnerungen eines alten Mannes",[178] was mir recht gut gefällt. Was mich ganz besonders freute, waren einige Nelken und Veilchen, die mir Papa verehrt hat. Und was stand da an der Seite? Eine richtige Schreibmaschine mit Zehnfingersystem, Marke Ideal! Tante Else hatte mir die geschickt.[179] Natürlich wurde gleich probiert, und [es] ging auch ganz gut.

Am Nachmittag sahen wir uns den Faschingszug beim Wirt oben an. Da sah man Zigeuner, Affen, einen Eisbär und ein Krokodil, Indianer und Kasperl. Es gab da viel zu lachen. Gegen Abend kamen dann noch Paula und Kathi.[180]

Montag, den 13., bis Donnerstag, den 16. Februar [1939], war Mutti in München, wo sie die Tage noch mit Großmutter, Tante Else, Tante Anne, Justus, Reinhold und Ruth L[evy] zusammen war, die am 16. weiter gefahren sind nach Palästina.[181] Wir haben sie leider nicht mehr gesehen.

Freitag, den 24. Februar [1939], fuhren wir, Mutti und ich, in die Stadt, da bekam ich ein Paar schöne Schuhe, die ersten mit hohen Absätzen, und einen pfundigen dunkelblauen Gabardine-Mantel.

Sonntag, 26. Februar 1939
Heute waren wir bei herrlich warmen Wetter am Inn, wo wir dann auch wirklich eine ganze Menge blauer Leberblümchen und Palmkätzchen fanden.

Sonntag, 5. März 1939
Gestern saßen wir bei entzückendem Wetter auf der Altane und hofften sehr, daß es auch heute so prächtig würde; doch darin hatten wir uns ge-

---

178 Kügelgen, Wilhelm von (1802–1867): Jugenderinnerungen eines alten Mannes (1870, Autobiographie). Siehe auch Süddeutsche Zeitung, 20./21.10.1990, S. 119.
179 Else Levy aus Bad Polzin.
180 Paula Zeller und Kathi Geidobler.
181 „Großmutter" Hulda Frensdorff, Else Levy aus Bad Polzin, deren Mann Leo am 9.11.1938 ermordet worden war, sowie ihre Tochter Ruth, Anne Frensdorff, deren Mann Fritz am 12.2.1938 Selbstmord verübt hatte, und deren Kinder Justus und Reinhold.

täuscht. Grau und regnerisch war es, als Mutti und ich uns ins Postauto setzten, um hernach mit der Bahn nach Rimsting zu H[off]manns zu fahren. Dort wurden wir schon erwartet. Es wurde ein recht gemütlicher Nachmittag. Ich wurde sogar für acht Tage eingeladen, um von Herrn Hoffm[ann][182] gemalt zu werden in meinem Winterdirndl! Erst gegen 8 Uhr fuhren wir nach Hause.

Sonntag, 12. März 1939
[Zeichnung: Blumengirlande, Kerze.]
Heute war Papas Geburtstag. Glücklicherweise waren die Kinder gestern noch an den Inn, um Blümchen zu holen, gegangen und fanden auch eine ganze Menge; heute liegt nämlich schon wieder viel Schnee und es ist nicht sehr warm. Wir hatten eine recht schöne Torte gebacken, außerdem bekam Papa einen Morgenrock, den Mutti und ich gekauft hatten, als wir letztesmal in der Stadt waren und ich meinen Sommermantel und die schönen Schuhe bekam, und einen riesigen, furchtbar interessanten Atlas, von dem man gar nicht wegkommen kann, ebenso wie von dem dicken Wörterbuch, das auch auf dem Tisch lag.
Nachmittags fuhren wir drei Kinder mit dem Radl zu Maria Windstoßer-Maier, wo wir einen hübschen Nachmittag verlebten.
Inzwischen hat Paula ein kleines Büberl bekommen, es heißt Hans-Erich und ist mit seinen acht Tagen schon recht niedlich und rundlich;[183] ich gehe oft, es zu besuchen. Das Wetter ist jetzt wieder ganz wie im Winter, viel Schnee, aber grau und kalt, jetzt im März! Von Pine[184] habe ich schon einen recht zufriedenen Brief aus Haifa bekommen.

Sonntag, 26. März 1939
Da es inzwischen wieder herrliches Wetter geworden ist, gingen wir heute nachmittag an den Inn, wo wir viele Blümchen fanden, an manchen Stellen war es ganz blau von Leberblümchen.

Ostern, [9., 10. April] 1939
[Zeichnung: Osternest.]
Das ganze Haus, von unten bis oben, hatten Kathi und ich vor Ostern gründlich gestöbert und waren grad' noch mit knapper Not fertig geworden; gut, daß wir immer herrliches Wetter hatten.

---

182 Siehe Anm. 50.
183 Paula Zeller heiratete später den Vater ihres Kindes, Hans Bauer.
184 P[aul]ine Block, Tochter von Hans Block.

Dann kamen die beiden Feiertage: Sonntag war es ziemlich kühl und grau, doch störte uns das wenig beim Eierscheiben, vormittags daheim und nachmittags bei Kathi. Am Montag jedoch hatten wir ganz prächtiges Osterwetter. Wir verbrachten den Tag hauptsächlich wieder mit Eierscheiben. [Zeichnung: Osterei, Osterhase, beschriftet: Vier solche Hasen – Tischdekoration an Ostern.]

Donnerstag, 13. April 1939
Da die ganze Familie heute sowieso in die Stadt runter mußte, nahmen wir die Gelegenheit gleich wahr und machten einen recht hübschen Ausflug ins Gebirge. Mit einem Auto fuhren wir allesamt bis Brannenburg, wo wir gegen 10 Uhr anlangten, und entschlossen uns hier für den Tatzelwurm. Munter marschierten wir los. Es war einfach herrlich; überall knospete es schon und war schon in zartes Grün gehüllt, die Vögel zwitscherten munter und die Sonne meinte es schon recht gut mit uns. Wir kamen an Wiesen vorbei, die ganz mit Schneeglöckchen besät waren. Etwa um 1/2 1 Uhr erreichten wir den Tatzelwurm, besahen uns den riesigen Wasserfall und stärkten uns im „St. Georg" bei einem köstlichen Mahl, das nochmal so gut schmeckte, da wir es draußen einnahmen. Dann ging's wieder weiter nach Oberaudorf, auch das ist ein hübscher Weg. Gegen 3/4 4 Uhr kamen wir an den Bahnhof und fuhren mit dem 4.14 Uhr Zug nach Rosenheim und von da mit dem Radl nach Hause.

Donnerstag, 20. April 1939
Da heute Feiertag war und noch dazu herrliches Wetter, machten wir drei mit Papa eine hübsche Radltour über Holzleiten, Prutting nach Krottenmühl und zurück über Schloßberg. Es war ganz entzückend: Überall zartes Grün, schneeweiße Kirschbäume und dahinter der himmelblaue Frühlingshimmel mit leichten Wölkchen, munteres Vogelgezwitscher und duftende, bunte Wiesen.

Dienstag, 11. April [1939] [185]
Vormittag gewaschen, Nachmittag *Winterastern* aus Kästen auf gekreiltes Beet in Gruben mit Mist gesetzt.

---

185 Wahrscheinlich am Sonntag, 23.4.1939, zeichnet Elisabeth, beginnend mit dem 11.4., ihre täglichen Arbeiten in Haus und Garten stichwortartig auf. Bis Ende Dezember 1939 – mit wenigen Ausnahmen wie z.B. der knapp geschilderten Fahrt nach Berlin im August – behält Elisabeth den stichwortartigen Stil bei, was allerdings angesichts ihres Arbeitspensums nicht verwundert.

Mittwoch, 12. April. Schnittsalat auf umgegr[abenem], gekreiltem, mit Kunstdünger bestreutem Beet in je fünf Reihen ziemlich dick gesät. *Küchenkräuter* und *Mangold*, ebenso vorber[eitet], gesät.
Donnerstag, 13. April. Zwiebeln in zwei Zentimeter-Abständen, fünf R[eihen] pro Beet, gesteckt, diese mit Kunstdünger bestr[eut]. *Petersilie* gesät, Beet ebenso vorbereitet.
Freitag, 14. April. auf genauso vorber[eitetes] Beet *Gelberüben* gesät, *Erbsen* in ein Zentimeter-Abstand gelegt, zwei Reihen pro Beet, 15 bis 20 Zentimeter voneinander entfernt, dazw[ischen] Drahtgitter, Beet mit Kunstdünger bestr[eut], Erdbeeren aufgehackt und gesäubert, gedüngt.
Samstag, 15. April. „Gelbe Ecke" (Narzissen und Forsythien) ausgegrast und bepflanzt, ebenso Vorgarten.
Montag, 17. April. Mit Mist zwei kleine Beete umgegraben, *Radi* auf [mit] Kunstd[ünger] bestr[eutem] Beet, fünf Reih[en] pro Beet, in ein bis zwei Zentimeter Abst[and] gesät, *Spinat* auf ebenso vorber[eitetes] Beet gesät. Wegen starker Trockenheit Stiefm[ütterchen] gegossen.
Dienstag, 18. [April]. Schule: Geographie, Geschichte, amerik[anisches] Englisch, umgegraben.
Mittwoch, 19. [April]. *Rabatte* aufgenommen, Unkraut-Wurzeln rausgekreilt, mit Mist umgegr[aben], Stauden ausgeputzt und eingesetzt, für *Frühkartoffeln* gekreilt.
Freitag, 21. [April]. Wirsing, Salat, Blaukraut verstupft, *Frühkartoffeln* in mit Mist gefüllte Löcher [in] 30 Zentimeter Abstand voneinander gelegt, Reihen einen Spatenstich voneinander. Englisch.
Samstag, 22. April. Schule: Geschichte und Erd[kunde] von Südamerika, Himmelskunde. Ringelblumen, Kapuzinerkr[esse] gesät, Frühkartof[feln] gelegt, Zwiebel- und Spinatbeet geharkt, Weißkraut verstupft, Stroh von Bäumen losgemacht, Erdbeeren gesäubert.
Montag, 24. April. Frühkartoffeln gel[egt], Erdbeeren ausgegrast.
Dienstag, 25. April. Schule: Geometrie, Geschichte, Englisch. Gekreilt, Erbsen und Gelberüben aufgelockert.
Mittwoch, 26. April. *Späte Kartoffeln* gel[egt] in Löcher mit Mist.
Donnerstag, 27. April. Schule, Kart[offel] gelegt, Erdbeeren gejätet.
Freitag, 28. April. Englisch. *Bohnen* auf kunstgedüngt[em] Beet mit 1,20 Meter Breite gelegt in zwei Zentimeter Abstand drei Reihen pro Beet, Samen zehn Minuten in Uschulun-Wasser gegen Krank[heit] eingebeizt.[186]

---

186 Gemeint ist das seit 1915 von den Farbwerken Bayer hergestellte „Uspulun-Wasser",

Kohlrabi auf mit Mist umg[egrabenem] Beet gesetzt, 20 Zentimeter Abst[and] fünf Reihen, *Wirsing* ebenso, aber nur vier R[eihen], Abst[and] 25 Zentimeter.
Samstag, 29. April. Schule. Gebügelt, *Gurken* in 5 Zentimeter Abst[and] gest[eckt], je eine R[eihe] pro Beet, in tiefe Rille mit Rechen Mist gegeben, mit Erde überdeckt, Gurkenkerne nicht zu tief gesteckt.

Sonntag, 30. April. Da es nicht besonders schönes Wetter war, blieb ich den ganzen Tag zu Haus', nähte an meinem Dirndl, beantwortete Pines sehr interessanten Brief und las in „Frau Sixta" von E[rnst] Zahn.[187]

Mai [1939]
1. [Mai]. Kleid genäht.
2. [Mai]. Schule, Bohnen gel[egt], *Mais* auf [mit] Kunstd[ünger] bestr[eutem] Beet, drei Reih[en] pro Beet, Körner in 25 bis 30 Zentimeter Abstand, Erdbeeren gejätet.
3. [Mai]. Für Kraut gekreilt, Gelberüben, Erbs[en] aufgelockert. Englisch.
4. [Mai]. Schule, *Dahlienknollen* in Löcher mit Mist gesetzt, Wirsing, *Blaukraut, Weißkraut, Blumenkohl* auf mit Mist gefüllte, erdbedeckte Löcher [in] 40 bis 60 Zentimeter Abst[and] gesetzt, angegossen. Erdbeeren in 30 Zentimeter Abst[and] auf mit Mist gedüngte Beete gepflanzt.
5. [Mai]. R[ote] *Rannen* (Rotebeete), wie Mangold gesät. Später ausdünnen, Mais gelegt, Englisch.
6. [Mai]. Schule, in der Stadt gew[esen]. Mais gel[egt], Tausendschön umgesetzt.

Sonntag, 7. Mai 1939
Machten alle zusammen eine herrliche Tagestour: Per Bahn bis Kufstein, von da zu Fuß ins Kaisertal bis Hinterbärenbad, entzückender Weg: Blauer Himmel, Sonne, blühende Bäume, bunte Wiesen mit viel Enzian, riesig hoch zu beiden Seiten Wilder- und Zahmer Kaiser.
[Zeichnung: Enzian.]

8. Mai. Umgegraben, Spinat geernt[et], weg[en] Reg[en] Strümpfe gestopft.
9. Mai. Schule, Englisch, Dirndl genäht.
10. Mai. Bohnen gelegt, Erdbeeren ausgegrast.

---

ein auf der Basis von Chlorphenolquecksilber als Naßbeize, später als Trockenbeize hergestelltes Mittel zur Behandlung von Saatgut.
187 Zahn, Ernst (1867–1952): Frau Sixta (1926).

11. Mai. Schule, *Salat* auf mit Mist umge[setztem] Beet in 30 Zentimeter Abst[and], fünf R[eihen] pro Beet, gepflanzt, *Kürbiskerne* auf Komposthaufen gesteckt. Erdbeeren ausgegr[ast] und mit Kunstdünger bestr[eut].
12. Mai. Vergißmeinnicht usw. in den Vorgarten gepfl[anzt], Winterastern umgesetzt, gekreilt, Rhabarb[er] gejätet. Englisch.
13. Mai. Schule, Sellerie pikiert, umgegraben, Rhabarber gejätet.
14. Mai. Sonntag, gehandarbeitet.
15. Mai. Umgegraben, aufgelockert, Spinat und Rhab[arber] geerntet.
16. Mai. Schule, Einkäufe gem[acht], Englisch, umgegraben.
17. Mai. Umgegr[aben], Mittagessen gekocht, eingetopft für Muttertag, *Tomaten*, zwei Reih[en] pro Beet, in Löcher mit Mist, Abst[and] je 80 bis 100 Zentimeter, gepflanzt, dazw[ischen] Kohlrabi auf Mist. [Zeichnung: Korb.]

Donnerstag, 18. Mai 1939, Himmelfahrt
Überraschten Mutti sehr, da wir statt Sonntag heute schon Muttertag feierten: Auf dem kl[einen] Nähtischchen lagen neben Patiencekarten und Wochenabreißkalend[er] eine kleine grüne Gießkanne, ein lila Primelstock und Flieder, in der Mitte eine große Nußtorte und Schokosahne. Den Kaffeetisch hatten wir mit einem reizenden Maikranz aus Vergi[ßmeinnicht] und Tausendschön dekoriert. Machten dann einen hübschen Spaz[iergang] an den See und mittags gab's noch eine Überraschung: Spargelsalat.

19. Mai. Schule, Englisch. *Blumenkohl* in Gruben mit Mist, Abst[and] 60 bis 70 Zentimeter, Abst[and] zwei R[ei]h[en] pro Beet, gepflanzt, viel Wasser.
20. [Mai]. Gelberüben ausgegrast, Erdbeeren sauber gemacht, genäht.
21. Mai, Sonntag. Geschrieben, genäht usw. In allen Zimmern herrliche Fliedersträuße. In der Waschküche wollen Schwälbchen bauen, den ganzen Tag zwitscherts da drin.
22. Mai. Regenwetter, Strümpfe gestopft, Schule.
23. Mai. Englisch, genäht.
24. Mai. Schule, Bohnen, Rannen, Spinat aufgelockert, Astern, Tagetes, Ageratum, Kosmea gepflanzt.
25. Mai. Genäht, gejätet, Salat in 30 Zentimeter Abst[and] in Löcher mit Komposterde gepflanzt. Blumenkästen mit Kapuziner, Petunien und Hortensien bepflanzt. Kästen erst [mit] Mist, dann Kompost gefüllt, obenauf Blumendünger und Hornspäne gestreut.
26. Mai. Schule, Englisch, Wirsing pikiert, Radi auf mit Kunstdünger bestr[eutem] Beet gesteckt, umgegraben.
27. Mai. In der Stadt Einkäufe gem[acht]. Spanrad Amal[ie] gesprochen, sehr nett. Vorgarten in Ordn[ung] gebracht.

28. und 29. Mai [1939], Pfingsten
Da die beiden Feiertage schreckliches Wetter war, strickte ich, [wir] machten Gesellschaftsspiele, waren auch mal bei Kathi und so weiter.
Dienstag, 30. Mai. Spinat gesät, umgegr[aben]. Schule, bei Nanni mähen gelernt. Englisch.
31. Mai. Spinat, Gelberüben, Rhab[arber] ausgegrast. Spinat geerntet. Ich darf jetzt oft Pflanzen verkaufen.[188]

Juni [1939]
1. [Juni], Donnerstag. Vorgarten ausgegrast, Tomaten gepflanzt, Bohnen und Kartoffeln gehäufelt und mit „Rapid"-Hacke „gerappelt". Mais nachgelegt, da aller von den Vögeln rausgepickt wurde, um das zu verhüten, in Teer getaucht.
2. [Juni]. Englisch, Schule (gezeichnet), Erdbeeren gesalzen, gerappelt, alle Mistbeete gegossen und im Häuschen.
3. [Juni]. Einkäufe in der Stadt gemacht, beim *Baden* zum ersten Mal. Bohnen gel[esen], gerappelt.
4. [Juni 1939], Sonntag. Vormittags beim Schwimmen, nachmittags im Garten gelegen und gelesen, hernach Kathi beim Einrichten der Aussteuer für Paulas Hochzeit geholfen.
5. Juni. Schule, Baden, Tomaten gepflanzt.
6. Juni. Mistbeete durchgegossen, Erdbeeren gedüngt mit Düngsalz, Bohnen, Kartoffeln, Kraut gehäufelt, beim Zahnarzt gewesen, Englisch. Kleeblatt [Zeichnung eines Kleeblatts] gefunden.
7. Juni. Baden, Schule: Pflanzenkunde, Zeichnen. Für morgigen Besuch hergerichtet.

Donnerstag, 8. [Juni 1939], Fronleichnam
Gegen 1/2 12 Uhr kam Tante Fränzchen aus Mü[nchen] zu Besuch,[189] aber nach dem Essen fuhr ich gleich weg, da mich Liesel eingeladen hatte. Mit dem Omnibus, bei herrlichem Wetter, ging's nach Aschau, wo Liesel zur Zeit arbeitet.[190] Sie erwartete mich schon und nun spazierten wir zum Bad,

---

188 Im Zuge der „Arisierung" jüdischen Besitzes schlossen Fritz Block und Heinrich Hochstetter am 31. Mai 1939 einen „Kaufvertrag". Fritz Block mußte das 2,77 Hektar große Anwesen zum Preis von 10.000 Reichsmark abtreten. Über den Vertragsabschluß haben Elisabeth und ihre jüngeren Geschwister offenbar zunächst nichts erfahren. HdBG, Materialien. Siehe den Eintrag vom 4. Oktober 1939, S. 188.
189 Es ist unklar, um welche „Tante" es sich handelt. Vermutlich besteht ein Zusammenhang mit „Dr. Block" in München, der vielleicht ein Cousin von Fritz Block war.

da es aber noch nicht eröffnet war, legten wir uns nur ein paar Stunden plaudernd in die Sonne, stärkten uns dann und machten einige Fotos. Um 7 Uhr brachte mich Liesel zum Omnibus und ich fuhr vergnügt nach Hause.
9. Juni. Schule, Engl[isch], beim Zahnarzt, die ersten *Erdbeeren* geerntet und für Paulas Hochzeit kleine bunte Girlande und Hochzeitsstrauß gebund[en].
10. Juni. Mutti, Trudi und ich zur Hochzeitsgratulation.
Zwiebeln und Petersilie ausgegrast, Erdbeer[en] geerntet. Schon wieder Kleeblatt [Zeichnung eines Kleeblatts] gefunden!
Sonntag, 11. Juni. Da nicht sehr rares Wetter war, Briefe geschrie[be]n und in „Helenes Kinderchen"[191] gelesen und mit unseren drei süßen Kätzchen gespielt.[192]
12. Juni. Schule, Tom[aten], Porree und Sellerie dazw[ischen], gepflanzt und Buschnelken im Vorgarten.
13. Juni. Genäht, gekocht, Engl[isch], Kohlrabi pikiert.
14. Juni. Schule, genäht, Tomaten an Stöcke festgebunden und die Triebe an den Blattachseln abgeknipst.
Donnerstag, 15. Juni. Blaukraut und späten Wirsing in Löcher mit Komposterde gesetzt, da kein Mist mehr da ist. Vorgarten mit Ageratum, Schmuckkörbchen und Samtröserl bepflanzt, umgegr[aben], Kartof[feln] gehäufelt.
16. Juni. Schule, Englisch, beim Zahnarzt, blauen Winterkohlrabi pikiert.
17. Juni. Leergewordene Mistbeete mit Komposterde angefüllt, Zinnien pikiert, Straußastern gepflanzt, Tom[aten] gepfl[anzt], Geranien umgetopft in größ[ere] Töpfe mit gedüngter Erde.
Sonntag, 18. Juni. Da kein schönes Wetter war, gelesen und Briefe geschrieben.
19. Juni. Schule, genäht.
20. Juni. Ausgegrast: vor der Laube, Rote Rüben, Gelberüben, Chrysanthemen, Englisch.
21. Juni. Schule, Salat, Gurken, Blumenk[ohl] ausgegr[ast], Baden.
22. Juni. Alpinumpflanzen umgepflanzt, Radi gedüngt und ausgedünnt, Kartoff[eln] gehäuf[elt]. Baden.

---

190 Elisabeth Weiß (Stilke) arbeitete einige Zeit im Aschauer Krankenhaus. HdBG, Gespräche, S. 18 f.
191 Habberton, John (1842–1921): Helenes Kinderchen und Anderer Leute Kinder (1876/77, dt. 1885/86, zahlreiche Ausgaben).
192 Wahrscheinlich entstand in dieser Zeit auch die Fotografie, die Elisabeth mit einem Kätzchen zeigt. Siehe Abb. 12.

23. Juni. Schule, Zahnarzt, Engl[isch], Baden.
24. Juni. Tagetes (Samtröserl) gepflanzt. Baden. Im Wald für Reisig.
Sonntag, 25. Juni. Nach starkem Gewitter herrliches Wetter; Trudi und Arno mit Papa auf den Wendelstein und ich von 1 bis 4 Uhr am See, herrliches Wasser und recht nett. Dann Erdbeeren geerntet. Im ganzen jetzt schon 120 Pfund Ananas.[193]
Montag, 26. Juni. Zwölf Pfund Erbsen geerntet, ausgegrast, Primeln, Aurikeln und Winterastern umgesetzt.
Abends kam noch Maria Windstoßer-Maier, was sehr hübsch war.
27. Juni. Blumenkohl spät auf mit Kunstdünger bestr[eutem] Beet in 50 bis 70 Zentimeter Abst[and] gepflanzt. Mais, der in sehr feuchter Torfmullerde angekeimt wurde, ausgepflanzt, Erdbeeren ausgegrast.
28. Juni. Schule: Pflanzenzeichnen, griechische Kunst, Kohlrabi mit Kunstdünger gedüngt. Baden.
29. Juni. Peter und Paul. Den ganzen Nachmittag beim Baden.
30. Juni. Schule, Engl[isch]. Baden, Erbsen und Erdbeer[en] geernt[et].

Juli [1939]
1. Juli. Vormittags im Haus, genäht, umgegr[aben], gestopft. Beim *Melken lernen* bei Nannis Ziegen.
Sonntag, 2. Juli. Gelesen, geschlafen und noch beim Baden gewesen, was wunderschön war.
3. Juli. Erdbeeren geerntet, Tom[aten] gesalzen. Und fortwährend auf Tante Helme und die Jungens gewartet, die dann auch wirklich am Nachmittag erschienen.[194] Mit ihnen zum Baden.
4. Juli. Mutti, Trudi und ich mit Tante Helme im Auto bei herrlichem Wetter nach Wasserburg. Nachmittag beim Baden.
Mittwoch, 5. Juli. Bis um 1/2 11 Uhr war der Besuch noch da. Am Nachmittag immerfort mit Kathi Erdbeeren geerntet, im ganzen 28 Pfund.
6. Juli. Gurken auf Komposthaufen gesteckt, Bohnen, Tomaten, Radi gesalzen mit Kunstdünger, Erbsen gehäufelt, Erdbeeren geerntet.
7. Juli. Ausgegrast (Salat), Tomaten ges[alzen] und gehäufelt, Rannen gesalzen, E[rdbeeren] geerntet und Erbsen.
8. Juli. Mit Papa in der Stadt, einen pfundigen *Gummiwettermantel* und sehr hübsche Basteinkaufstasche bekommen. Mais ausgegrast, Erdbeeren gee[rntet], genäht.

---

193 Die ersten großen Erdbeeren wurden in der Gärtnerei der Familie Block gepflanzt. HdBG, Gespräch mit Resi Elters, S. 176: „Damals hat man noch Ananas gesagt."
194 Helme Frensdorff aus Berlin und ihre Söhne Peter und Klaus.

Ich bin nun schon *drei Mal* bei Nanni beim Melken gewesen, es geht mir ganz gut.

Sonntag, 9. Juli 1939
Gelesen und beim Baden.
10. Juli. Taubeeren[195] gepflückt, Erdb[eeren] geernt[et], Erdbeer[en] usw. eingeweckt, Wirsing und Blumenkohl gepfl[anzt].
11. Juli. Eier eingelegt in Garantol, Erdb[eeren] geerntet, beim Melken!
12. [Juli]. Erdb[eeren] ausgegrast, Erdb[eeren] geerntet. Beim Baden. Abends kamen noch drei junge Leute um Erdbeeren, da außer den zum Einkochen keine da waren, verzehrten sie die mit großem Appetit bei uns, was recht nett war.
13. [Juli]. Erdb[eeren] ausgegr[ast] und geernt[et], genäht. Mittagessen gekocht, baden.
14. [Juli]. Englisch. Erdb[eeren] und Erbs[en] geerntet, gekocht, gemolken. Kleeblatt [Zeichnung eines Kleeblatts] gefunden!
15. [Juli]. In der Stadt, beim Baden, Erdb[eeren] geerntet.

Sonntag, 16. Juli 1939
Mutti, Trudi und ich [haben] eine wunderschöne Tagestour zum Hintersteinersee bei Kufstein gemacht. Himmlisches Wetter, entzückender, schattiger, dreistündiger Weg. Herrlicher See, tiefblau, am einen Ufer Wald, am andern riesige Felswände des Kaisergebirges mit noch etwas Schnee, emporragen[d] in den tiefblauen Himmel. Ein wunderschönes, überraschendes Bild!

17. Juli. Umgegraben, Bohnen gelegt, Erdb[eeren] geerntet. Baden! Melken.
18. Juli. Erbsen geernt[et], Johannisb[eeren] gee[rntet]. Baden. Melken.
19. Juli. Erdb[eeren] und Johan[nisbeeren] gepflückt. Baden.
20. [Juli]. Johan[nisbeeren] gepfl[ückt]. Baden! Melken.
21. [Juli]. Johan[nisbeeren], Erbs[en], Bohnen geerntet, ausgegr[ast].

22. [Juli]. Einkäufe gemacht, Johan[nisbeeren] gepfl[ückt].
Dies' Jahr haben wir unglaublich viel Johannisb[eeren], täglich werden ungefähr 50 bis 80 Pfund von durchschnittlich zwei Personen geerntet.

---

195 Eigentlich „Daubern", bayerisch für Heidelbeeren.

Sonntag, 23. Juli 1939
Schon Tage zuvor fragten wir, das heißt Kathi und ich, uns: Ob's wohl schön Wetter wird zum Sonntag, da wollten wir doch nach Tölz zum „Bualibua"[196] fahren. – Um 1/2 3 Uhr morgens rasselte der Wecker: Im Nu war ich aus dem Bett und auf der Altane, wo ich zur größten Freude und Überraschung schönen, hellen Himmel sah (denn bis tief in die Nacht hinein hatte es gestern geregnet). Um 1/2 5 Uhr fuhren Kathi und ich dann los. Kurz nach 5 Uhr ging der Zug ab, und um 7 Uhr waren wir in Tölz, wo uns schon Paula und ihr Mann mit dem Motorrad nachkamen. Nachdem wir uns dann gestärkt hatten, wurde beschlossen, daß Herr Bauer (als geb[ürtiger] Tölzer) mir die Stadt zeigen sollte, was er denn auch vorzüglich besorgte: Der malerische Marktplatz, der Badeteil mit Kurpark, großen Hotels und Wandelhalle, Kalvarienberg mit schöner Kirche und Kapellen und einem herrlichen Blick auf Stadt und Gebirge (Benediktenwand). Und was mir vor allem sehr gefiel, zwei echte Isarflöße, mit Musik, Gesang und Gejodel ging's durch die große Isarbrücke durch. Nachdem wir uns dann noch auf dem Volksfest umgeguckt hatten, holten wir wie verabredet das Motorrad, und es ging wie der Wind Lenggries zu, was ein wundernetter Ort an der Isar ist. Auf dem Rückweg stiegen wir noch beim Schloß Hohenburg ab und sahen es von außen an. Dann ging's zurück. Später machten wir alle zusammen einen hübschen Spaziergang mit dem süßen Bübchen. Und hernach nochmals zum Volksfest. Um 7 Uhr zogen dann Kathi und ich ab, todmüde kamen wir bei strömendem Regen in Rosenheim an, holten unsere Räder und bretschten[197] bei völliger Dunkelheit nach Haus, wo wir glücklich und kreuzfidel um 11 Uhr abends ankamen. Es war ein herrlicher, pfundiger Tag, den ich nie vergessen werde!
[Zeichnung, beschriftet: !Isarfloß!]

24. [Juli]. Johannisb[eeren] gepflückt, genäht, gemolken.
25. [Juli]. Joh[annisbeeren] gepfl[ückt], gemolken, so kaltes Wetter, daß es im Gebirg' geschneit hat, neun Grad Celsius.
26. [Juli]. Für Muttis Geb[urtstag] Einkäufe gemacht, genäht, Walderdbeeren „Rügen", Papa und ich 5 Pfund geerntet.
27. [Juli]. Joh[annisbeeren] geernt[et], gemolken.

---

196 Kosename für den Sohn Hans-Erich von Paula Zeller, verh. Bauer, abgeleitet von „Bua" (Bub). HdBG, Gespräche, S. 41.
197 Bayerisch für preschen/preschten.

28. Juli 1939, Muttis Geburtstag
Mittagessen gekocht, Himbeeren und Stachelbeeren gepflückt, gemolken, Baden.
29. [Juli]. Joh[annisbeeren] geerntet. Baden, gemolken.

Sonntag, 30. Juli 1939
Herrliches Wetter, den Nachmittag beim Baden.
31. [Juli], Montag. Joh[annisbeeren] geerntet, Erbsen eingekocht.
1. [August]. Erbsen, Himbeeren und Joh[annisbeeren] geerntet. Baden.
2. [August]. Vorgarten in Ordnung gebracht.
3. [August]. Vorbereitungen für den Besuch (Tante Helme mit Klaus und Peter), die am Nachmittag ankamen.
4. [August]. Mit Tante Helme am Inn. Nachmittags im Auto nach Rott am Inn, wo eine wunderschöne Kirche ist.
5. [August]. Ich darf im Auto mit Tante Helme für einige Wochen nach Berlin mitfahren![198]
Sonntag, 6. August 1939
Vorbereitungen zur Reise getroffen. Baden.

Montag, den 7. August, etwa [um] 8 Uhr, ging's los, auf der Autobahn bis München, wo wir beinahe zwei Stunden 'rumfuhren und uns überall 10 bis 20 Liter Benzin zusammenbettelten, dann fuhren wir auf der Autobahn Nürnberg – Berlin, kamen an goldenen Kornfeldern und hübschen kleinen Dörfern vorbei, sahen in der Gegend von Pfaffenhofen an [der] Ilm zum ersten Mal eine Menge Hopfengärten und hielten um 1/2 4 Uhr, um uns ein wenig zu stärken, dabei bemerkten wir an einem der Räder [einen] Plattfuß, den wir in 10 Minuten auswechselten. Zur Rechten tauchten nun der Bayrische- und der Böhmerwald auf und später das Fichtelgebirge. [Um] 1/2 7 Uhr abends erreichten wir die alte Wagnerstadt Bayreuth, wo mir Klaus das Grab und das Wohnhaus des großen Meisters zeigte. Auf einer Terrasse mit schönem Blick auf die Stadt tranken wir Kaffee. Dann wieder weiter, um 1/2 10 Uhr noch einmal Reifenwechsel, und [um] 1/2 11 Uhr bogen wir nach Naumburg an [der] Saale ab, wo unglücklicherweise gerade Luftschutzübung mit Verdunkelung war. Nach manchen Aufregungen erreichten wir das „Schwarze Roß", wo wir uns von den Abenteuern des Tages erholten.

---

198 Helme Frensdorff, die nichtjüdische Frau des Ingenieurs Erich Frensdorff, der schon 1938 nach Argentinien emigrierte, lebte mit den Zwillingen Klaus und Peter noch in Berlin. Im April 1940 folgte sie mit den Kindern ihrem Mann nach Argentinien.

Dienstag, 8. August
Tranken um 1/2 9 Uhr Kaffee und begaben uns durch viele winkelige, enge Straßen zum Naumburger Dom, der einfach herrlich ist, etwa aus dem 14. Jahrhundert mit gotischen Fenstern und Portalen, sahen auch die „Uta" und all die anderen herrlichen Figuren. Fuhren dann um 11 Uhr auf die Autobahn, kamen nun dur[ch] eine sehr flache Gegend mit riesigen Feldern und sahen in der Ferne Leipzig auftauchen. Um 5 Uhr nachmittag kamen wir in die Gegend von Berlin, fuhren um den hübschen Schwielow-See und aßen an seinen Ufern in Ferch Abendbrot, fuhren dann weiter durch Caputh, wo Tante Anne[199] mit den beiden Jungens früher mal wohnte, kamen durch Potsdam und am Wannsee vorbei, und dann auf der Avus, einer riesigen Straße, (früher für Autorennen) mitten nach Berlin rein und erreichten etwa um 8 Uhr die hübsch gelegene Wohnung mit reizend eingerichteten Zimmern und begaben uns dann zu Bett.

9. August. Brief geschrieben, mit Tante Helme auf dem Wochenmarkt, sehr nett und interessant. Nachmittags Klavier- und Ziehharmonikakonzert von Klaus, bei Bennos.[200]

10. August. Vormittags im Haus, nachmittags mit der Stadtbahn zum Kurfürstendamm, in versch[iedenen] riesigen Geschäften, bei Kienicke bestens Kaffee [getrunken], Eis gegessen, mit der U-Bahn nach Haus.

11. [August]. Beim Friseur, geschlafen, abends Tante Helme und ich bei Bekannten in Gesellschaft bis 12 [Uhr], hernach noch mit Tante Helme im Auto auf der hellbeleuchteten Ostwestachse bis zum Siegesengel und noch weiter.

12. [August]. Im Haus. Nachmittags bei Tante Grete und Onkel Arthur zum Kaffee,[201] wo ich mich sehr reizend und interessant mit Onkel Arthur, der schon 83 Jahre alt ist, von seinem Leben als Direktor einer Dresdner Schule und Sprachenlehrer unterhielt.

Sonntag, 13. August 1939
Nach dem Frühstück alle zusammen in der Kirche, von da aus zum Friedrich Museum an der Spree, herrliche Bilder von Raffael, Tizian, Michelangelo usw., das Markttor von Milet und alte ägyptische Tore usw. Danach zum Mittagessen ins Restaurant, *sehr* fein. Um 5 Uhr zu Bennos zum Kaf-

---

199 Anne Frensdorff mit den beiden „Jungens" Justus und Reinhold.
200 „Bennos" sind Benno und Guste Packscher. Benno Packscher war ein Bruder von Hulda („Großmutter") Frensdorff und Arthur Packscher.
201 Grete und Arthur Packscher.

fee, wo wir bis 8 Uhr blieben und wir drei, K[laus], P[eter], L[isi], auf der Altane Zigaretten rauchten: Klaus acht, Peter drei, ich hatte mit einer schon reichlich genug, und Spiele machten.

14. August. Ganz allein Einkäufe gemacht! Zu Haus', ausgeruht.
15. [August]. Auf dem Markt. Im Haus. In der Stadt für Geb[urtstag] Besorgungen gemacht.
16. [August]. Im Haus geholfen.
17. [August]. Geburtstag von K[laus] und P[eter]. Peter krank, in „Flachskopf" ihm vorgelesen.[202] Abends Spiele gemacht.
18. [August]. Briefe geschrieben, Peter vorgelesen.
19. [August]. P[eter] vorgelesen. Frau Dr. Leichtentritt im Auto zum Kurfürstendamm gebracht. Eis und Kuchen bekommen.

Sonntag, 20. August 1939
Mit Klaus in den Grunewald zum Teufelssee geradelt. Am Nachmittag mit Klaus zu Leichtentritt.

21. [August]. P[eter] vorgelesen, Hagebutten ausgekernt.
22. [August]. Hageb[utten] ausgekernt, bei Leichtentr[itt] etwas abgeholt.
23. [August]. Tante Helmes Geburtstag. Frau Leichtentr[itt] zum Kaffee da.
24. [August]. Herrliches Hochsommerwetter, mit Peter und Tante Helme nach Potsdam in der Stadtbahn, im Potsd[amer] Dom, der Garnisonkirche (Fr[iedrich] des Großen Gruft), der Friedenskirche, Mausoleum, Park und Schloß Sanssouci, sahen die künstliche Ruine gegenüber und das prächtige Innere. Zuletzt auch noch die historische Mühle und fuhren mit einer gemütlichen Kutsche zur Straßenbahn, mit dieser zum Luftschiffhafen, wo wir Klaus beim Sportfest seiner Schule antrafen. Hernach tranken wir ganz nah am See Kaffee, was sehr hübsch war, und fuhren gegen 1/2 7 [Uhr].
25. [August]. Einkäufe gemacht, gestickt, Spiele gemacht.
26. [August]. Geburtstagsnachfeier, feinen Kaffee und Kuchen, Eisbombe und Abendbrot.

Sonntag, 27. August 1939
Arthurs[203] zum Kaffee zu Besuch, was sehr nett war. Klaus spielte Klavier und Ziehharmonika vor, dann brachten wir sie noch im Auto nach Haus'.

---

202 Vielleicht Ernst, Otto (eigentlich Otto Ernst Schmidt, 1862–1926): Flachsmann als Erzieher (1901).
203 Arthur und Grete Packscher.

28. [August]. Wegen der polit[isch] gespannten Lage zwischen Deutschl[and] und Pol[en] entschlossen Tante Helme und ich uns sehr rasch, daß das Beste meine sofortige Abfahrt wäre. Wir sprachen schnell noch einmal bei Bennos vor und ich fuhr in Zweiter Klasse um 12.10 mittags los. Ich hatte sehr großes Glück, da ich mit einer reizenden Dame aus Berl[in] zusammen saß,[204] die mich die ganze Zeit aufs Interessanteste über ihre Reisen nach Afrika, Jugoslawien, Mexiko per Flugzeug und Schiff unterhielt und sich überhaupt aufs Netteste für mich interessierte und mich sogar einlud, sie bei Gelegenheit in Dahlem zu besuchen. In Mü[nchen] nahm ich mir eine Taxe und fuhr zu B[locks], wo ich übernachtete.

29. [August]. Hatte Glück und bekam 1/2 10 Uhr einen passenden Zug nach Rosenheim, von wo ich in einem Auto nach Haus' fuhr, wo ich höchst glücklich empfangen wurde. Nachmittags half ich beim Tomaten- und Walderdb[eeren]-Ernten und [wir] waren beim Baden.

30. [August]. Ausgegrast, Einkäufe in der Stadt, beim Baden.
31. [August]. Weißkraut für Sauerkraut eingeschnitten, Bohnen geer[ntet]. Baden. Lebensmittel, Seife usw. nur noch auf Bezugsscheine.

September [1939]
1. [September]. Erdb[eeren] und Bohn[en] geernt[et], genäht. Täglich Verdunkelung, Dachboden für Luftschutz geräumt.
2. [September]. Tomat[en] geerntet und eingekocht.
Sonntag, 3. September [1939]
Recht schönes Wetter. Briefe geschrieben. Bei Kathi.
4. [September]. Feldsalat auf umgegrabenes, mit Kunstdüng[er] bestreutes Beet, fünf Reihen pro Beet, gesät. Bohnen und Erdbeeren geernt[et], ausgegrast.
5. [September]. Umgegraben, Tomaten geerntet, geflickt.
6. [September]. Umgegrab[en], Feldsalat gesät, Grünkohl auf mit Kunstdünger bestr[eutem] Beet in vier Reihen gepfl[anzt], Blumenkohl geerntet, ausgegrast.
7. [September]. Erdbeeren und Rannen ausgegrast. Baden.
8. [September]. Einkäufe in der Stadt, Schule, Baden, Erdb[eeren] gee[rntet].
9. [September]. Tomaten abgenommen, baden.

---

204 Frau Kittel. Sie wird im Eintrag vom 28.1.1940 namentlich erwähnt. Siehe S. 196.

Sonntag, 10. September [1939]
Nützten das herrliche Wetter aus und machten einen herrlichen Ausflug an den Walchsee beim Kaisergebirge. Papa mit Trudi und Arno per Räder und Mutti und ich mit der Bahn bis Oberaudorf und von da einen schönen, leicht aufsteigenden Weg zu Fuß an den in einem verhältnismäßig breiten Tal in etwa 800 Meter Höhe gelegenen Walchsee. Dort trafen wir uns alle, aßen zu Mittag und lagerten uns am Abhang mit herrlichem Blick zum See und aufs Kaisergebirge, badeten dann noch und [dann] fuhren M[utti] und ich im Postauto bis Niederaudorf und per Bahn nach Hause.

11. [September]. Schule, Einkäufe in Schloßberg, Tomat[en], Bohnen, Blumenkohl und kleine Traubengurken geernt[et].
12. [September]. Bei grauem Wetter Äpfel und Tomat[en], Hagebutten eingekocht. Englisch. Monatserdb[eeren] geern[tet].
13. [September]. Wintersalat auf mit Kunstdü[nger] bestreutes Beet sehr dünn gesät, junge Erdbeerpflanzen in 35 Zentimeter Abst[and] auf Reihen mit Mist, je 60 bis 80 Zentimeter Abst[and], gepflanzt, Sorte „Oberschlesien". Schule. Umgegraben.
14. [September]. Umgegr[aben] wo vorher Frühkartoffeln waren, Bohnen geerntet, Erdb[eeren] ausgegrast, Erbsengitter aufgeräumt.
15. [September]. Schule: Botanik, Planimetrie, Deutsch, Englisch. Pfirsich eingeweckt. Flickenkasten aufgeräumt.
16. [September]. Im Haus aufgeräumt, Monatserdb[eeren], Tomaten, Hollunder geerntet, gemäht.

Sonntag, 17. September 1939
Den ganzen Tag grau, regnerisch und schon ziemlich kühl: geschrieben, gelernt usw.
18. [September]. Schule. Bohnen geerntet, Obstkammer aufgeräumt, Torf bekommen, Spinat auf mit Kunstdüng[er] bestr[eutem] Beet in fünf Reihen ziemlich dünn gesät, zuletzt mit Uschulunwasser gegossen,[205] Samen in „Mennige" gegen Mäuse und Vögel getränkt.
19. [September]. Einkäufe in der Stadt. Englisch. Blau- und Weißkohl und Küchenkräuter geerntet.
20. [September]. Schule. Mixed Pickles eingelegt, umgegraben, Spinat gesät.
21. [September]. Einkäufe in der Stadt. Reisig im Wald geh[olt]. Kleine frühe Zwiebeln gesät, Erdbeeren gepflückt [und] ausgegrast.

---

205 Siehe Anm. 186.

22. [September]. Schule, Englisch. Bohnen und Gelberüb[en] geernt[et]. Im Haus: Fleisch geholt, Kuchen geb[acken], Schuhe und Radl geputzt.
23. [September]. Späte Kartoffeln rausgemacht, da sie schon so sehr von Höllern [?], Mäusen usw. angefressen werden.

Sonntag, 24. September 1939
Schreckliches Regenwetter mit zieml[icher] Kälte. Gelesen, gelernt usw.
25. [September]. Bei herrlichem Herbstwetter Bohnen, Gurken, Zwiebeln geerntet, Kartoffeln raus getan.
26. [September]. Der erste Reif, fast alle Blumen, Gurken und Tomaten, Bohnen und Kürbis kaputt. Schule. Kartoff[eln] und Kürbis eingeerntet. Englisch.
27. [September]. Einkäufe gemacht, bei Regenwetter Speisekammer aufgeräumt, Mais, Dill und Estragon geernt[et]. Beim Vorlesen Strümpfe gestopft.
28. [September]. Schule, Bohnen geernt[et]. Erdbeeren ausgegrast, Holz bekommen. Morgens Nebel und frisch, das [ist] herrlich.
29. [September]. Englisch, Mais, Rote Rüben, Hagebut[ten] geernt[et]. Mais auf Dachboden geholt.
30. [September]. Schule, im Haus, Äpfel gepflückt und Holler.[206]

Oktober [1939]
1. [Oktober]. Sonntag. Gelernt, geschrieben, gestrickt.
2. [Oktober]. Regenwetter, geflickt, in Prutting Seifenmarken geholt, umgegr[aben], Weiß- und Blaukraut abgeschn[itten].
3. [Oktober]. Mais und Erdbeeren geerntet, umgegr[aben]. Chrysanthemen ins Mistbeet gepflanzt. Schule, Engl[isch].
4. [Oktober]. Erfuhren dieser Tage, daß die Bewilligung zur Übergabe unseres Hauses kam, dürfen aber die oberen Zimmer noch bewohnen und richten uns die Waschküche als Wohnküche, Obstkammer und Werkstatt als Vorratskammer ein.[207] Einkäufe gemacht, umgegraben, Kartoffeln in die Obstkammer.
5. [Oktober]. Schule. Werkstätte ausgekramt, mit Kram ins Moos runter gefahren. Letzten Mais geer[ntet].
6. [Oktober]. Zwiebeln geflochten, kühl und luftig aufgehängt, Eingewecktes umgeräumt und Spielschrank, Boden geschrubbt. Englisch.

---

206 Holunder.
207 Unklar bleibt, was Elisabeth von der entwürdigenden „Arisierung" wußte. Siehe Anm. 188 und S. 33 f.

7. [Oktober]. Fleisch in Zais[ering] geholt, Sekretär, Geschirrschrank und Schuhbord umgeräumt.

Sonntag, 8. Oktober 1939
Wie schon die ganzen Tage, so auch heute entsetzliches Wetter: gelesen usw.
9. [Oktober]. Kraut (Blau- und Weißk[raut]) und Quitten eingebracht, Speisekammer und Kinderzimmer ausgeräumt.
10. [Oktober]. Schule. Wohnküche eingeräumt, die *sehr* gemütlich und nett wurde.
11. [Oktober]. Einkäufe gemacht, Kathi beim Kartoffeln rausmachen geholfen.
12. [Oktober]. Zahnweh, gemäht.
13. [Oktober]. Schule, Englisch. Blaukr[aut] und Wirsing geer[ntet] und Hagebutten im Häuschen durchgegossen. Bei herrlichem Wetter Spaziergang an den See, mit meinem „Box Tengor"[208] von Tante Helme geknipst.
14. [Oktober]. Im Wald beim Pilzesuchen. Erdbeeren geerntet und noch schöne Blumensträuße gepflückt.

Sonntag, 15. Oktober 1939
(Kirchweihsonntag)
Bei herrlichem Föhnwetter alle zusam[men] mit der Bahn nach Bernau [am] Chiemsee. Rundum blauer Himmel, Sonne und goldene, braune, gelbe Wälder und dahinter dunkelblau die Berge. Wanderten durch Sonne und Wälder nach Grassau, wo wir unser Mittag[essen] einnahmen, und dann durch die sonnige, goldene Herbstlandschaft nach Übersee, von wo wir mit der Bahn nach Rosenheim fuhren.

Kirchweihmontag, 16. Oktober 1939
In der Stadt, da Liesel und ich uns dort treffen wollten, was aber nicht klappte. Da Regenwetter war, gelesen, C. F. Meyer.[209]
14. [Oktober]. Schule, Englisch. Chrysanthemen wegen Frostgefahr ins Glashäuschen umgesetzt, umgegraben.
18. [Oktober]. Kühl und regnerisch: Mais gepult, umgegr[aben]. Feldsalat aufgehackt, Dahlienknollen rausgetan zum Trocknen. Chrysanthemen unter Dach gebracht.
19. [Oktober]. Schule. Bohnenkraut ausgezogen und Maiskraut abgehauen und gepult.

---

208 Einfacher Fotoapparat. Siehe auch Eintrag vom 5. Mai 1935, S. 85.
209 Siehe die Lektüre- und Bücherliste, S. 280.

20. [Oktober]. Engl[isch]. Kürbis eingeweckt, umgegr[aben].
21. [Oktober]. Schule, im Haus rumgewirtschaftet.

Sonntag, 22. Oktober 1939
Bei schlechtem Wetter Spanisch[210] und Englisch gelernt, gelesen usw.
23. [Oktober]. Geflickt, bei Kathi auf den süßen Buali aufgepaßt und gespielt, er ist einfach zum Auffressen, so niedlich (sieben Monate alt).
24. [Oktober]. Schule, Engl[isch]. „Der erste Schnee!". Genäht. Mit Trudi in Prutting Lebensmittelscheine geholt.
25. [Oktober]. Regenwetter, in der Stadt gewesen, genäht, umgegraben.
26. [Oktober]. Schule, in der Stadt den letzten Bademantel ohne Bezugschein bekommen! Spanisch, genäht.
27. [Oktober]. Engl[isch], Spanisch, genäht, Geburtstagsku[chen] gebacken und sonstige Vorbereit[ungen] dazu getroffen.
28. [Oktober]. Trudis Geburtstag. Wirsing und Blaukraut reingebracht, umgegraben. Über Nacht ganz weiß.

29. Oktober 1939
Wunderschönes Wetter, Altane gesessen: gelesen, gelernt. Viele Male durch Leute unterbrochen, die Chrysanthemen für Allerheiligen wollten, und da ich für unsere Hauskäufer die Blumen verkaufen darf, mußt[e] ich viel springen, aber Verkäuferin spielen macht Spaß.
30. Oktober [1939]. Schule, Rannen, Blaukraut, Weißkr[aut] und Wirsing geputzt, Lauch rausgetan, Chrysanthemen verkauft.
31. [Oktober]. Umgegr[aben], Blumen verk[auft].

November [1939]
1. [November], Allerheiligen. Blumen verk[auft]. Gelernt, Engl[isch] (wo wir jetzt „Little Woman" lesen). Während Geidoblers in der Kirche waren, auf den süßen Buali aufgepaßt.
2. [November]. Schule, Einkäufe gemacht, was mir immer viel Spaß macht; [habe] mir von dem verdienten Geld [ein] hübsches Nähkästchen gekauft. Den letzten Rest der Chrysanth[emen] ins Glashaus gepflanzt. Petersilie, die schon *sehr* von den Mäusen angefres[sen] war, rausgemacht.
3. [November]. Span[isch], Engl[isch]. Kopf gew[aschen]. Umgeg[raben].
4. [November]. Schule. Im Haus geholfen, umgegr[aben]. Winterfenst[er] gewaschen und angemacht.[211]

---

210 Elisabeth erwähnt hier erstmals den häuslichen Spanisch-Unterricht.
211 Gemeint ist „angebracht, befestigt".

Sonntag, 5. November 1939
Geschrieben, gelernt, am Nachmittag bei Zitherkonzert (Trudi und Wimmer Lies). Strümpfe gestopft. Graues, kühles Novemberwetter.
6. *[November]*. Genäht, Spanisch.
7. *[November]*. Herrliches Wetter. Schule, Engl[isch]. Zw[ischen] Erdbeeren umgegr[aben], Feldsalat und Spinat aufgelockert.
8. *[November]*. Spanisch. Stadt gefahren, ein Paar hübsche Samtschuhe, die noch bezugscheinfrei sind, gekauft. Vorgarten in Ordnung geb[racht], da herrliches Wetter, Betten an die Sonne getan.
9. *[November]*. Schule, gelernt. So warm, daß man barfuß in Schuhen gehen konnte. Vorgarten in Ordnung gebracht. Matratzen an die Luft.
10. *[November]*. Wieder neblig. Spanisch, Engl[isch], genäht, ausgebessert.
11. *[November]*. Schule, im Haus, Vorgarten.

Sonntag, 12. November 1939
Ganz entzückendes Wetter. Machten am nachmittag alle zusammen und [mit] Albert Wag[ner] einen wunderhübschen Spaziergang am Inn entlang bis zur Fähre bei Vogtareuth und gingen von da schon im Dunkeln auf der Landstraße nach Haus' und fanden sogar noch viele Leuchtkäferchen am Straßenrand.

13. *[November]*. Da graues Wetter, ausgebessert und Spanisch.
14. *[November]*. Engl[isch], Schule, ausgebessert.
15. *[November]*. Spanisch. Stadt gefahren und Einkäufe gem[acht], genäht. Haben jetzt noch immer ungefähr zwei Mal wöchentlich Schwammerl für's Abendbrot gefunden.
16. *[November]*. Schule, bei schönem Wetter in Pfraundorf mit Frau Hochstetter (Christina) Nüsse für Weihnachten geholt. Beim Zahnarzt.
17. *[November]*. Spanisch, Engl[isch]. Vorräte und Eingekochtes durchgesehen, genäht.
18. *[November]*. Schule, im Haus geholfen, genäht.

Sonntag, 19. November 1939
Windig und grau. Photographien angesehen, geschrieben, gelernt. Durch die Chrysanthemen, die ich Anfang Nov[ember] ins Häuschen gepflanzt habe, haben wir jetzt sehr viel Freude, da wir nun die schönsten Sträuße in den Zimmern haben können.

20. *[November]*. Genäht, ausgebessert. Mit dem süßen kleinen Bübchen von Paula gespielt. Spanisch, Trudi und ich zusammen mit Mutti jeden zweiten Tag eine Stunde, lernen aus Methode Bernot, sehr nett.

21. [November]. Schule: Arithmetische Knacknüsse, südamerik[anische] Erdkunde. Englisch, genäht.
22. [November]. In der Stadt gewesen, Spanisch, genäht.
23. [November]. Arnos Geburtstag, hübsche Sachen bekommen, von mir selbstgemachtes Flunderspiel. Ich von Bennos[212] wünderhübschen Taft für Unterkleid, Schal usw. bekommen. Beim Zahnarzt.
24. [November]. Schule, Spanisch, genäht.
25. [November]. Schule, gelernt, Schuhe geputzt usw.

Sonntag, 26. November 1939
Recht schlechtes Wetter, gelernt, gehandarb[eitet].
27. [November]. Über Nacht Föhnwind eingetroffen mit herrlich warmem Wetter. Spanisch.
28. [November]. Schule, gelernt. Abends beim Vorlesen „Jugenderinner[un]gen] eines alt[en] Mannes" von Kügelgen, Weihnachtsarbeiten.[213]
29. [November]. Mit Papa in der Stadt, Kürbis eingekocht. Die ganzen Tage schon ungeheuren Föhnsturm.
30. [November]. Schule, gelernt, ausgebessert, herrlich warmes Wetter, im Wald für Tannengrün, Plätzchen gebacken.

1. Dezember 1939
Spanisch, Feldsalat geerntet, herrliches Wetter. Am Inn, der durch die Schneeschmelze im Gebirge ungewöhnlich hoch um diese Jahreszeit ist. Adventskranz gebunden, der sich in der weiß getünchten Küche gut ausnimmt. Englisch.
2. [Dezember 1939]. Schule, im Haus, nochmal im Wald, entzückendes, warmes Frühlingswetter, nochmal Kranz gebunden.
[Zeichnung: Adventskranz.]

Sonntag, 3. Dezember 1939
Regen und Sonne, gelernt, Kleisterpapier gebastelt, geschrieben.
4. [Dezember]. Spanisch, Guttel gebacken, im Wald Tannenzapfen gelesen.
5. [Dezember]. Englisch, Schule, nochmal im Wald.
6. [Dezember]. Spanisch, Guttel für Weihnachten gebacken, mit Mutti bei furchtbarem Brackwetter mit Schnee im Postauto in der Stadt.
7. [Dezember]. Schule, am Nachmittag mit Wimmer Lis zusammen für Weihnachten gehandarbeitet.

---
212 Guste und Benno Packscher.
213 Kügelgen, Wilhelm von, siehe Anm. 178.

8. [Dezember]. Spanisch, Englisch, gebacken, gehandarbeitet.
9. [Dezember]. Mit Skiern in Zaisering Fleisch geholt. Schule. Weihnachtsbasteleien, um 1/2 5 Uhr kam Liesel [Weiß], die jetzt im Fliegerhorst Sekretärin ist (Aibling). Plauderten und sangen Weihnachtslieder unterm Adventskranz.

Sonntag, 10. Dezember 1939
Nachdem wir mit Liesel zusammen mittaggegessen hatten, wurde fotografiert und Spiele gemacht, nach dem Kaffee machten wir uns beide auf den Weg nach Rosenheim, wohin ich Liesel begleitete und fuhr dann mit dem gesecktvollen Postauto nach Hause.

11. [Dezember]. Spanisch, und mit dem süßen Buali von Paula gespielt.
12. [Dezember]. Schule, Englisch, genäht und gebastelt.
13. [Dezember]. Mit Mutti in der Stadt. Lebkuchen gebacken.
14. [Dezember]. Schule, gebastelt.
15. [Dezember]. Englisch, Schule, gebastelt.
16. [Dezember]. Schule. Am Nachmittag kam Liesel wieder, was immer *sehr* nett ist.

Sonntag, 17. Dezember 1939
Mit Liesel gebastelt und am Nachmittag mit Liesel Weihnachtseinkäufe in den überfüllten Geschäften gemacht.
18. [Dezember]. Gehandarbeitet für Weihnachten.
19. [Dezember]. Ausgebessert usw., bei kolossalem Rauhreif mit Trudi nach Prutting, Lebensmittelkarten zu holen, auch Kleiderkarten, die *wir* aber nicht bekamen.[214]
20. [Dezember]. In der Stadt, ausgebessert.
21. [Dezember]. Stollen gebacken, Ski gefahren.
22. [Dezember]. Ski gefahren, ausgebessert.
23. [Dezember]. In Zaisering Fleisch geholt, ausgebessert.

Heiliger Abend 1939
Der Vormittag verging schnell mit den verschiedenen Vorbereitungen zum Feste. Am Nachmittag half ich Papa beim Weihnachtsbaumschmücken,

---

214 Ab November 1939 erhielten Juden keine Reichskleiderkarte mehr, ab Januar 1940 auch keine Spinnstoffe, Schuhe und Ledermaterial. Zudem wurden ab Januar 1940 die Lebensmittelmarken für Juden mit einem „J" gekennzeichnet. Vgl. Hilberg, Vernichtung, S. 158 ff. Benz, Juden in Deutschland, S. 605 ff.

dann, um 1/2 6 Uhr, wurden wir reingelassen: Ein strahlendes Lichterbäumchen das erste was wir sahen. Ein paar schöne Weihnachtslieder wurden dann gesungen, und nun ein jeder zu seinen Geschenken, die trotz des Krieges mindestens ebenso reichlich und fast noch sinniger als in anderen Jahren ausgesucht waren. Am meisten Freude machten mir vier Bücher: „An heiligen Wassern" von Heer,[215] „Edelweißkönig" von Ganghofer,[216] „Die Wiskottens" von Herzog[217] und „Die letzten Tage von Pompeij".[218] Aber das Schönste vom ganzen Abend war doch für mich, die Freude der anderen zu sehen, die sie an meinen Geschenken hatten. Da war einmal Mutti mit einem heißersehnten Unterrock, den ich aus vielen verschiedenen Stücken zusammengesetzt hatte, und außerdem bekam sie noch eine mit Stoff überzogene Mappe für Füller, Briefblock und Kuverts. Papa wurde mit einer molligen Bauchbinde und einem Postbuch, ebenfalls mit sehr hübschem künstlerischen Stoff überzogen, bedacht, um die verschiedenen Dinge wie Marken, Postschecks usw. immer beisammen zu haben. Trudi bekam ein Fotoalbum, in das ich alle Fotos von klein auf von ihr reingeklebt hatte, was eine nette Erinnerung für Trudi sein wird. Dazu hatte ich manchen Abend gesessen und alle unsere Fotokästen nach netten Bildern von ihr durchsucht. Außerdem hatte ich noch für Kathi eine Blumentopfmanschette und eine mit Kunstleder überklebte Mappe für Lebensmittelkarten gebastelt. Das ist aber nicht die einzige ihrer Art, sondern drei Stück waren ihr schon vorangegangen, und außerdem hat Arnos Freund Albert[219] für seine Mutter auch so ein sehr begehrtes Ding, mit rotem Kaliko beklebt, bei uns gemacht, und Liesel war ebenfalls begeistert davon und arbeitete so eine Mappe zum Verschenken. – Diese verschiedenen Arbeiten mit Ausnutzung jedes kleinsten bißchen Materials machten mir einen riesigen Spaß, besonders das Kleben und Basteln auch. Dabei unterstützt mich mit neuen Ideen unsere fabelhafte Zeitschrift „Für Alle" aus dem Bega-Verlag [?], die ganz hervorragende Vorschläge in jeder Beziehung, sowohl im Kochen, wie im Nähen und Handarbeiten, bietet.
Der Abend verlief recht nett; Arno vor Freude mit einem winzigen Grammophon immerfort spielend, ich in einer Ecke vom Sofa in „Die heiligen Wasser" vollständig weltvergessen vertieft.

---

215 Heer, Jakob Christoph (1859–1925): An heiligen Wassern (1898).
216 Ganghofer, Ludwig (1885–1920): Der Edelweißkönig (1886).
217 Herzog, Rudolf (1869–1943): Die Wiskottens (1905).
218 Bulwer-Lytton, Edward George (1803–1873): Die letzten Tage von Pompeij (3 Bde. 1843, dt. 1843, 1930).
219 Albert Wagner.

Erster Feiertag 1939
[Zeichnung: Christbaum.] Den erste[n] Feiertag benützte ich, um mich auf mein spannendes Buch zu werfen und es zu verschlingen, dabei ließ ich mich nur stören durch einen kleinen Besuch mit Mutti bei Kathi, wo es recht lustig zuging. Herr Bauer, Paulas Mann, war nämlich auf Urlaub über Weihnachten da vom Militär an der Westfront. Das kleine Buali war wieder zu nett.

Stefanitag 1939
Heute mußte sich „Der Edelweißkönig" meiner Lesewut ergeben, und trotzdem, daß Kathi mit Familie Bauer – Paula mit Mann und Hansibubi – auf ein paar Stunden kam, bracht' ich's zu Ende, was mir dann am Schluß doch immer wieder leid tut, daß's schon ausgelesen ist. – Der kleine Buali war ganz reizend, er hatte nämlich eine gestrickte graue Wix[220] mit Edelweiß drauf gestickt, an und die kleinen Stiefelchen, die wir ihm zu Weihnachten geschenkt hatten. Er ist nun schon bald zehn Monate alt.

Dienstag, 26. Dezember 1939
„Nichts kann der Mensch schlechter vertragen, als eine Reihe von Feiertagen", das stimmte auch bei mir. Meine Lesewut sah noch zwei spannende Bücher vor sich, aber der Wochentag ließ's nicht zu, denn *wenn* ich schon mal lese, bin ich sonst zu nichts mehr fähig. Also entschloß ich mich schweren Herzens, mich über den Flickkorb zu erbarmen.

27. Dezember 1939
Der Flickenkorb rief nach mir. Am Nachmittag mit den Skiern bei Kathi. Abends, während Papa aus einer italienischen, modernen Reisebeschreibung vorliest, stricke ich an einem sommerlichen Pullover aus „Phantasiegarn", das es noch frei gibt!
28. [Dezember.] In der Stadt Einkäufe besorgt.
29. [Dezember.] Genäht usw.
30. [Dezember.] Kolossale Kälte, 22 Grad [minus], dann herrliches Wetter.

Silvester, [31. Dezember 1939]
[Zeichnung: Zwei Gläser.]
Den ganzen Tag „Die Wiskottens" gelesen, was sehr spannend und interessant ist.[221] Am Abend Blitzlichtaufnahme gemacht und den Abend bis

---
220 Bezeichnung für die Lederhose.
221 Siehe Anm. 217.

um 12 Uhr mit lustigen Spielen, Singen, Keksessen und Weintrinken verbracht. Um 12 Uhr ins Bett.

Zum neuen Jahr!
1940
[Zeichnung: Blume, Glückspilze.]
Wir sind die Saat aus Licht!
Wir sollen mutig funkeln,
Wie Zeit und Welt auch dunkeln!
Nach oben das Gesicht!
E. M. Arndt.[222]
[Zeichnung: Hufeisen.]

1. Januar 1940
Den ersten Tag des neuen Jahres verbrachten wir am Nachmittag bei Paula und dem süßen Hansibubi beim Spielen.
Die Tage vergehen mit Schule, wo wir „Die Eneide" von Schiller lesen, mit Englisch und Spanisch Lernen, ferner mit Ausbessern und Nähen. Das Wetter ist wohl sonnig, aber Tag für Tag ohne Unterbrechung furchtbar kalt, neun bis 22 Grad. In den Schlafzimmern sind schon zwei Waschschüsseln von der Kälte kaputt gegangen, die Eier in der Scheune platzen und frieren, der Inn ist schon an einigen Stellen zugefroren und in der Nacht zum 14. Januar ist uns das Wasser in der Wasserleitung zugefroren, da vergessen wurde, sie über Nacht laufen zu lassen. Eine der größten Sorgen aber ist die, daß wir kein Brennholz mehr auftreiben können, da es durch den unvorhergesehen kalten Winter überall knapp wird. Nachdem Papa gestern, den 13. Januar, ungefähr drei Stunden um[her]gefahren ist und nichts aufgetrieben hat, fuhren wir beide heute nachmittag (14. Januar) bei herrlicher Sonne mit dem Radl an den Rinsersee, wo wir nach langem Hin- und Herfahren und Fragen denn auch G[ott] s[ei] D[ank] Brennmaterial zugesagt bekamen.

Nun haben wir schon den 28. Januar [1940], und immer ist's noch nicht wärmer als zwei Grad unter Null, und das nur einen Tag, um sogleich wieder ununterbrochen zu schneien, Tag und Nacht, so daß nicht mal mehr der Omnibus fahren konnte. Aber nicht nur in Bayern und Deutschland, sondern auch im übrigen Europa, wie Italien, Spanien usw., sind

---

222 Arndt, Ernst Moritz (1769–1860).

Schneefälle und Sturmwinde in ganz ungewöhnlicher Weise. In Rußland über fünfzig Grad Kälte. Der Inn ist auch zugefroren, wie seit 1928/29 nicht mehr, und sieht wie mit weißem Geröll überschüttet aus.
Bekam zu meiner großen Freude einen reizenden Brief von Frau Kittel, der ich zu Neujahr Glück gewünscht hatte, und die mich damals auf der Fahrt von Berlin nach München so nett unterhielt. – Ich nähe jetzt ein weißes Kleid für Trudi aus einem alten.

4. Februar 1940
Die Kälte hat jetzt zum großen Glück nachgelassen und ist, – nachdem es noch einmal kolossal geschneit hat und wir einige Male richtig Ski gefahren sind, sogar auch einmal Arno und ich mit ihnen zur Stadt, um die notwendigsten Einkäufe zu machen, – sogar an einem Tag bei herrlicher Sonne bis sechs Grad über Null gestiegen, aber nur einen Tag, heute ist's grau und zwei Grad unter Null. – Neulich bekam ich von Mutti eine Ohrfeige, weil ich mich über Trudis selbstgemachte Gedichte, die ich plötzlich entdeckte, lustig machte.

Seit Montag, den 5. Februar [1940],
entzückendes Wetter: So wunderschön warm, daß wir jeden Nachmittag einige Stunden mit Nähen-Lernen usw. auf der Altane sitzen konnten, wonach wir uns schon die ganze Zeit gesehnt hatten, und waren nun überglücklich, da wir in der festen Meinung waren, der Winter würde für dies' Jahr endgültig Abschied nehmen, aber dieser Irrtum!

Sonntag, 11. Februar 1940
[Zeichnung: Kerze, Unterstreichung.]
Nur eine winzig kleine Ahnung habe ich gehabt, als ich am Abend zuvor zu Bett ging, doch war ich keineswegs sicher, als ich heute morgen runter in die immer so schön gemütlich warme Wohnküche kam, daß *heute* schon mein Geburtstag gefeiert werden sollte. Darum war ich glücklich überrascht, als da auf dem zierlich gedeckten Kaffeetisch siebzehn warm strahlende Kerzlein flackerten, die eine prachtvoll gezierte Torte umgaben. Und auf einem runden Tischchen daneben leuchtete das Lebenslicht, getragen von einem süßen kleinen Engel, der auf einem rotwangigen Apfel Platz genommen hatte. Rundherum lagen Äpfel, Kekse, ein Portemonnaie, Uhrenband und viele Bücher: „Goethe wandert",[223] „Sibylle und die Feld-

---

[223] Vielleicht Grundmann, Emil: Wanderungen mit Goethe. Leipzig, o. J. [1940].

blumen",[224] Saitog, der Eskimo",[225] „Die schönsten Geschichten" von Selma Lagerlöf.[226] Da es leider kein besonders schönes Wetter war, machten wir Gesellschaftsspiele oder lasen und spielten Schach.

Montag, 12. Februar 1940
Heute war nun mein richtiger Geburtstag, und ich wurde von der ganzen Familie herzlich zu meinem 17. Geburtstag beglückwünscht. Papa hatte wieder alles so entzückend dekoriert wie am ersten Tag und alles war wieder recht feierlich durch die kleinen Lichterlein. Dann wurde auch der zweite Kuchen, ein Bienenstich, den ich mir selbst gebacken hatte, der aber ziemlich schwarz geworden war, probiert. Den ersten hatte mir Mutti daraufhin heimlich gebacken. Am Abend hatten wir noch große Freud': Von Großmutter kamen ganz pünktlich, trotz der schlechten Verbindung,[227] herzliche Glückwünsche für mich, und auch von Tante Helme kam ein Päckchen mit einer furchtbar feinen Tasch[e], einem schwarzen Kostümstoff und „Paula Modersohn-Becker, Briefe".[228] Und sogar von Tante Marie aus B[uenos] A[ires],[229] aber vom November 1939, und sie meinte, die Karte werde zu Weihnachten wohl antreffen!

Zum großen Glück waren Trudi und ich am *Mittwoch, dem 7. Februar [1940]*, bei erheblicher Kälte, 22 Grad, in der Stadt beim Einkaufen. Denn schon am nächsten Tag begann ein solcher Sturm, der allen losen Schnee so aufwirbelte, daß man überhaupt nicht mehr zum Fenster raus sehen konnte. Aber dieses Unwetter dauerte nicht nur einige Stunden, sondern den ganzen Tag, die ganze Nach[t] und noch einmal Tag und Nacht, also volle 48 Stunden. Wohl dem, der nicht aus dem Haus brauchte und hinterm warmen Ofen sitzen konnte! Schon am ersten Abend konnte der

---

224 Schnack, Friedrich (1888–1977): Sibylle und die Feldblumen (1937).
225 Kaltenbach, Anton (1883–1966): Saitog, der Eskimo. Abenteuer im kanadischen Eismeer (1939).
226 Lagerlöf, Selma (1858–1940): Die schönsten Geschichten der Lagerlöf (München 1935).
227 Hulda Frensdorff in Palästina. Die Briefe von und nach Palästina wurden über Hete Lehmann, eine Verwandte in der Schweiz, ausgetauscht. Die „Verordnung über den Nachrichtenverkehr" vom 2. April 1940 und die Durchführungsverordnung vom 13. Mai 1940 verboten den direkten Brief- und Nachrichtenverkehr mit dem „feindlichen Ausland", wozu unter anderem Großbritannien und dessen Mandatsgebiet Palästina gehörten. Auch der „Post- und Fernmeldeverkehr mit dem nichtfeindlichen Ausland" wurde „auf das äußerste" eingeschränkt. RGBl 1940 I, S. 823 ff.
228 Modersohn-Becker, Paula (1876–1907): Briefe und Tagebuchblätter (1917).
229 Marie Arndt, geborene Block.

Omnibus nicht mehr durch und alle Arbeiter, die den Abend noch nach Haus' kommen wollten, mußten sich entweder durch den Schneesturm und die meterhohen Schneewehen kämpfen, oder gleich in der Stadt übernachten. Am folgenden Morgen tobte er noch immer fort: Kein lebendes Wesen ließ sich draußen blicken, und auch der Milchmann, der die Milch zur Stadt bringen sollte, konnte natürlich nicht durch. Bei der Hintertür, sowohl wie bei der Vordertür, wurde der Schnee hereingefegt, und hinten konnte man kaum noch zur Tür raus, so hoch war der Schnee zusammen geblasen: ein ganzer Hügel. Ohne daß es aber schneite, war doch der ganze Himmel und die Luft voller Schneeflocken. Bis zu den Hüften fielen Trudi und Arno manchmal in den Schnee, wenn sie die Milch holten. Noch die ganze Nacht toste der greuliche Sturm um das Haus, aber als wir uns am folgenden Morgen erhoben, war es zu unserer großen Freude ganz still draußen, und ich war doppelt froh darüber, da ich gleich nach Zaisering fahren mußte, um Fleisch zu holen für morgen. Überall waren schon die Leute mit Schneeschaufeln beschäftigt, als ich mit meinen Skiern an den Häusern vorbeikam. Ich nahm den Weg quer hinter denselben durch und über die freien Felder, aber wie die aussahen, es kam mir vor wie nach einem Sandsturm: Große Wirbel, Wellen und Muscheln waren in die große, von der Sonne glitzernden Schneefläche gepreßt. Es war wirklich ein ganz sonderbarer Anblick, wo früher Gräben oder ander[e] Vertiefungen waren, sah man jetzt nur ebene Flächen, ebenso auf den Straßen waren riesige Schneewehen, so daß man sie nicht mehr von dem übrigen Gelände unterscheiden konnte. In Z[aisering] war schon eine ganze Kolonne Männer mit Schneeschippen ihrer Straße beschäftigt. Bei Kathis Haus, zu der ich auch schnell fuhr, war der Schnee so hoch zusammengeweht, wie der Gartenzaun hoch ist. Als ich wieder nach Haus' kam, wurde auch vor unserem Haus auf der Chaussee schon geschaufelt, und auch ich machte mich dazu bereit, nachdem ich mich etwas abgekühlt hatte. Es war nämlich vom Postamt telefoniert worden, alle Bewohner möchten sich am Freimachen der Landstraße beteiligen, damit die Post wieder verkehren könne. Also: „Alle Mann an die Gewehre". Von jedem Haus aus Niedernburg waren mindestens ein bis drei Personen dabei, das war natürlich trotz vielen Schwitzens recht lustig. Um 1/2 12 Uhr wurde Mittagspause gemacht, nachdem wir uns gehörig mit einer riesigen Schneelawine von etwa hundert Meter Länge und achtzig Zentimeter Höhe abgeplagt hatten, da der Schnee so furchtbar fest zusammenklebt, daß nie ein Schneepflug durchkäme. Man erzählte sich, daß an einer Stelle von etwa einem halben Kilometer der Schnee eine Höhe von zwei Meter erreichte, nämlich beim Kapellenberg [bei] Vogtareuth, bis *der* weggeschaufelt ist! Um 1 Uhr zogen Papa, Trudi und ich wieder los, aber das schlimmste Stück war geschafft, denn nun waren es nur noch kleinere Schneewehen, die wir 16 Mann bis 1/2 4 Uhr nachmittags bewältigten. Die gesamte Strecke, die wir Niedernburger zu räumen hatten, betrug etwa einen dreiviertel Kilometer, die anderen Strecken mußten die jeweiligen Ortschaften, die an der Chaussee liegen, machen. Zufrieden, daß alles so schnell verlief, kamen wir heim, aber was wird dieser verrückte Winter noch alles bringen? Die ältesten Leute können sich eines solchen strengen und langen Winters nicht erinnern, und dazu dann dieser Krieg!

12. März 1940
Die Geschenke hatten wir schon am Sonntag, den 10., aufgebaut, und auch sonst feierten wir an diesem Tag, aber das herrliche Wetter – nun endlich ein echter Frühlingstag – machte es am 12., daß es eine äußerst tagesgemäße Nachfeier wurde mit morgendlichem Geburtstagskuchen und Lichterkranz, mittäglichem, festlichen Mahl und zierlich gedecktem Tisch. Der herrliche, strahlende Nachmittag lud ein zu einem entzückenden Spaziergang an den Inn, wo man schon einige kleine Leberblümchen und Palmkätzchen fand, die ersten in diesem Jahr.

Karfreitag 1940
Man hatte sich das wirklich nicht träumen lassen, daß es nach diesen Bergen von Schnee doch so bald schon wieder so herrliches Wetter mit fast ohne Schnee geben könnte. Des Morgens saß ich schon bei wunderbarer Sonne in meinem Zimmer und arbeitete heimlich an einer Tischdekoration nach meiner „Für Alle" für den Ostertisch.[230]
Am Nachmittag machten Papa, Mutti und ich uns auf den Weg nach Buch, wo wir eine ganz entzückende Aussicht hinüber nach Rott am Inn, Altenhohenau und noch manche kleine Dörfchen mit spitzen Türmen, roten Dächern und weißen Mauern [hatten], darüber der herrliche blaue Himmel mit runden weißen Wölkchen am Horizont. Wir spazierten dann weiter, immer oben am Rand der Innleite mit dem Blick auf das drübige Ufer, während ich eifrig nach Palmkätzchen für Ostern Ausschau hielt. Bis Sulmaring und Weikering waren wir gekommen, und dann machten wir kehrt und kamen [um] 1/2 6 Uhr wieder zu Haus' an.
[Zeichnung: Küken, Strauß, Eier, Osterlamm, Hase. Beschriftet: Eier – selbstgebackene Hasen. Tischdekoration.]

---

230 Siehe Eintrag vom Heiligen Abend 1939, S. 194.

Ostersonntag 1940
[Zeichnung: Palmkätzchen, Schneeglöckchen.]
Es machte mir riesigen Spaß, daß ich diesmal den Osterhasen machen durfte, was mir dann auch recht gut gelang. Mit Palmkätzchen, grüner Holzwolle, einigen bunten Eiern, selbstgebackenen Osterhäschen, da in der Stadt kaum was aufzutreiben war, dekorierte ich den Kaffeetisch recht bunt, wozu mir meine kleinen gebastelten Nesterchen recht gute Dienste leisteten. Das schöne Wetter, zwar zum Radfahren noch ein bißchen frisch, brachte uns auf den Gedanken, nach Untermühl hinter Vogtareuth zu fahren, wo es eine Unmenge Schneeglöckchen geben soll. Gedacht, getan. Wir setzten uns auf unsre Stahlrösser und fort ging's. Es war dann wirklich auch ganz reizend da unten, der feuchte Hang war voll besät mit weißen Glöckchen, die wir nach Herzenslust pflücken konnten. – Ganz beglückt kamen wir nach Haus', wo wir unsre Schätze mit Stolz auspackten.
Den Nachmittag, der übrigens wunderbar warm und frühlingsmäßig war, verbrachten wir mit Eierscheiben und Lesen.
Das Wetter und all die hübschen Blumen genießt man ja nach diesem endlosen Winter doppelt und dreifach.

Ostermontag, 25. März 1940
Wieder ganz entzückendes Wetter. Nach dem Kaffeetrinken machten wir drei uns auch sogleich mit Papa auf die Reise per Rad nach Neubeuern, wo wir auf einem entzückenden Aussichtspunkt einen herrlichen Blick auf Gebirge und Schloß hatten.
Den Nachmittag füllten Lesen auf der Altane und ein kleiner Spaziergang in der Innleite aus, wo es blaue Blümchen mit Schlüsselblumen in Mengen gibt.

Aus der ersten Kinderzeit

Als Abschluß dieses Buches möchte ich mir gerne noch einige lustige Dinge aufschreiben, von denen ich nicht mehr viel weiß, die mir aber Mutti erzählt.
Als ich erst ein paar Monate alt war, habe ich immer im Körbchen oben auf der Altane gestanden. Natürlich wurde mir da alleine oft die Zeit so lange, daß ich so manches Mal ganz furchtbar an zu schreien fing, was einmal einen alten, fremden Bauern veranlaßte, ganz hinten in den Garten zu laufen und Mutti und Papa, die ganz ahnungslos waren, unglaublich zusammenzuschimpfen, daß sie so herzlos wären und mich so schreien ließen, sagte er wutschnaubend.
Als ich ungefähr ein Jahr alt war, hatten wir ein kleines Schäfchen, einen Widder, der eigentlich ziemlich wild war, aber doch verstanden wir beide uns recht gut. Als Papa und Mutti nämlich einmal nach mir sehen wollten, kamen sie aus dem Staunen nicht mehr raus. Da nämlich wir beide, das Böckchen und ich, recht einträchtig zusammen in meinem Ställchen draußen im Garten lagen und ich es mit großem Vergnügen kraulte.
In dem selben Sommer bekam ich ein kleines Brüderchen, aber da war ich immer recht eifersüchtig, wenn Mutti es auf dem Schoß hatte.
Im Sommer 1925 war meine Cousine Nanne bei uns zu Besuch.[231] Da erzählt mir Mutti immer, daß ich Nanne, obwohl die doch zwei Jahre älter ist als ich, fortwährend rumkommandiert hätte, zum größten Gaudium von Großmutter Block, die immer gesagt hätte, ich wär 'ne „Regiererin".
Mit 3 1/2 Jahren durfte ich mit Mutti die große Reise nach Hahnenklee im Harz machen, wo wir uns mit Muttis Tanten, Großmutter Frensdorff, Tante Iska und den Jungens und dem Kinderfräulein Butta trafen und ein herrliches Leben hatten.[232] Eine Geschichte erinnere ich da besonders gut: Tante Paulchen wollte mir, trotz Muttis Abreden, Weizenbier geben, wonach ich dann sehr ungezogen wurde, vom Stuhl fiel und ins Bett gebracht werden mußte.

---

231 „Cousine Nanne" ist Marianne Rosental (später Mirjam Rabor), geb. 1921, eine Tochter von Elisabeth Rosental, geb. Block, der älteren Schwester von Fritz Block, und Berthold Rosental. Angaben von Walter (Seew) Block, Israel, Juli 1991. HdBG, Materialien.
232 Iska Redelmeier mit den Kindern Ernst und Franz. Über „Tante Paulchen" ist bisher nichts bekannt.

Dann war da auf dem offenen Schulhof in der Pause ein Mädchen mit feuerroten, offenen Haaren zu sehen, die mir so furchtbar gut gefiel, daß Mutti mit mir jeden Tag dahin pilgern mußte, damit ich das „rote Mädchen" bei der Hand nehmen konnte und auf unsere Bank ziehen konnte.
Von da sind wir nach Dresden zu Tante Helme und O[nkel] Erich gefahren, wo ich mit dem einen von den 1 1/2 Jahre alten Zwillingen in einem Bettchen schlafen sollte.[233] Aber der hat mich immerfort mit seinem Fingerchen angepiekst, daß ich, als dann die Großen auf mein Rufen reinkamen, ganz zusammengerollt in einer Ecke lag und sagte: „Den mag ich nich', der piekst mich ja immer!"
Von da ging's nach Magdeburg zu Muttis Freundin mit ihrem Sohn Konrad (Bein),[234] mit dem zusammen ich auf dem Klavier rumklimperte, er unten beim Baß, da soll ich ganz erstaunt gesagt haben: „Was macht denn der da, der spielt ja Dunkelrot!" In der Bahn war ich der Mittelpunkt, und da ich schon sehr schöne lange Zöpfe hatte, bat eine Dame, die selbst einen Bubenkopf hatte, ob sie mir nicht die Zöpfe flechten dürfte.
Meine Tage zu Haus' brachte ich hauptsächlich damit zu, daß ich mit Siegfried und Anni von Bergers drüben,[235] die einige Jahre älter als ich waren, spielte und Mutti ihre liebe Not hatte, bis sie mich von den Leberknödeln und Bier, das mir alles dort tausendmal besser als zu Haus' schmeckte, wegbekam. Manchmal nahmen mich die beiden auch mit zur Schule, worauf ich immer furchtbar stolz war. Auch zur Kirche durfte ich an den Sonn- und Feiertagen oft mitgehen. – Der „Block Fritzl", wie sie mich bei Bergers nannten, wenn ich im Spielanzug ankam, war da ebenso zu Hause wie beim Block selber.
Im August 1928 bis Januar 1929 war ich in Polzin bei Tante Else.[236] Über Berlin, wo ich bei Tante Marie A[rndt] einige Tage war, bin ich hingefahren und verlebte dort eine herrliche Zeit als das fünfte und jüngste Kind. Erlebte das Laubhüttenfest mit, ging fast jeden Freitag und Samstag mit den Großen in den Tempel, wo am letzten Tag vom Laubhüttenfest von oben von der Frauenabteilung Süßigkeiten runter geworfen wurden, die

---

233 Helme und Erich Frensdorff, Klaus und Peter.
234 „Muttis Freundin" ist Anna Bein, geb. Block, geb. 1894 in Hannover, gest. 1941 in Haifa, verheiratet mit Arthur Bein. Angaben von Walter (Seew) Block, Israel, Juli 1991. HdBG, Materialien.
235 Im Haus gegenüber von Blocks (Niedernburg 125 1/3) wohnten Josef Berger, Maurer, und die Kinder Siegfried und Anni. Adreßbuch 1934, S. 106. Im gleichen Haus wohnte später der Landwirt Matthias Engelmeier mit seiner Familie. Siehe Einwohnerbuch 1937, S. 96.
236 Else Levy. Siehe Abb. 2 und die Erinnerungen von Margarete Hinrichsen, S. 11 f.

wir Kinder dann zu unsrer großen Freude auflesen durften. Ein großes Ereignis war es auch, wenn wir an den Sonntagnachmittagen alle zusammen in der Kutsche auf Onkels Gut[237] fahren durften, wo wir uns mit rohen Kohlrabi und Gelberüben die Mägen vollstopften. Oder wir gingen mit dem Kinderfräulein nach Luisenbad, wo's so schöne Limonade und Kuchen gab, das war alles noch im Sommer. Dann, im Winter, war natürlich Chanukka der Höhepunkt, wo ich, mit vielen Kindern, als Jüngste ein Menuett mit gepuderten Perücken, weißen Strümpfen und hellblauem Kleidchen aufführte.

Als ich da wieder heim kam, holte mich Papa vom Bahnhof ab und wir marschierten um 1 Uhr nachts bei dreißig Grad Kälte und hohem Schnee, ich mit fünf Jahren, heim. Dort mußte Mutti unbedingt noch klein Trudi wecken, die ich dann immer „Frau Pimbusch" nannte. Mutti sagt, daß ich gesagt hätte, als ich ein Paar hübsche Lackschühchen auf dem Tisch stehen sah, „Die ist aber mal schick", die Trudi (1 1/2 Jahre).

Im April kam ich dann zur Schule, und in meinen ersten großen Ferien erlebten Mutti und Papa eine großartige Geschichte (Mutti diktiert): Hier war 'ne Horde Kinder versammelt, Schuster Rosi[238] als die älteste, hat verkündet, wir wollen ein Theaterstück aufführen. Von Rollen-Lernen war nicht die Rede, dagegen waren furchtbar wichtig die Kostüme, besonders mußte viel Goldpapier für Kronen herbeigeschafft werden. Ich kam angerannt und verkündete, Hänschen Maul[239] macht 'nen Kommunist, aber richtig hieß es Leibgardist. Als Bühne hatten Siegfried[240] und Wimmer Hansel den Scheunenboden über Großmutters Zimmer auserkoren.[241] Über den eifrigen Vorbereitungen dort oben zog ein schweres Gewitter herauf und trieb die Kinder heim. Als der Platzregen runter kam, kam Großmutter jammernd aus ihrer Stube: Ein wahrer Guß käme von der Decke und ergösse sich über ihren Tisch. Es stellte sich nun heraus, daß die Buben, um mehr Licht für die „Bühne" zu bekommen, einige Dachziegel abgenommen hatten, durch die sie Stangen gesteckt hatten, um daran den Vorhang zu befestigen. Eine große Schwierigkeit war auch, wie man meine alte Großmutter wohl über die Leiter heraufbringen könnte, damit ihr ja nicht das schöne Stück entginge. Uns Mädels waren auch die Spinnweben, die

---

237 Das Gut von Dr. Leo Levy in Bad Polzin.
238 Rosi Wimmer (Dangl) lebt in Zaisering. „Schuster" war der Hausname. HdBG, Gespräche, S. 64, S. 113, S. 168.
239 Adreßbuch 1934, S. 106: „Maul Hans, Gutsbesitzer". Kein Eintrag 1937.
240 Siegfried Berger.
241 Großmutter Rebekka Block.

ringsherum das Gebälk zierten, eine große Sorge, und vor allem natürlich das Hauptproblem, der Eintrittspreis und die -karten. Aber schon nach wenigen Tagen bewirkten all diese Schwierigkeiten, daß man stillschweigend sich lieber einer ander[en], ähnlichen Idee hingab. Doch das dicke Ende kommt noch nach: Am ersten Schultage trug mir der Herr Hauptlehrer auf, meinem Vater mitzuteilen, daß er einmal in der Schule vorsprechen möchte. Als Vater sich dort einstellte, wurde ihm mitgeteilt, daß man erfahren hätte, daß man Theaterspielen wolle und der Herr Lehrer müsse unbedingt aufmerksam darauf machen, daß man da Vergnügungssteuer bezahlen müsse!

Bald darauf bekam ich auch eine neue Freundin, Marie Liegl, genannt Wirtsmarie, da sie mit ihrer Mutter die Gastwirtschaft von hier bezog und verwaltete. Sie war zwei bis drei Jahre älter als ich, doch hielten wir zusammen wie nur irgendwas und spielten immer wunderschön. Unser Lieblingsspiel war Kaufladen spielen. Im Sommer wurde der Garten all seiner Blumen beraubt und es gab einen Blumenladen, oder man pritschelte am Brunnen und hatte einen Milchladen. Im Winter kramte ich dann all meine gestickten Deckerl und Überhandtücher hervor, deren ich schon mit sieben Jahren eine ganze Menge hatte „für die Aussteuer", die über Tische und Stühle gebreitet wurden und auch verkauft. –

Furchtbar gerne mochten wir auch helfen bei anderen Leuten, wenn sie in die neue Wohnung zogen. Da konnte es schon passieren, daß Mutti stundenlang nach mir suchen mußte am Abend, während ich und Marie mit größtem Eifer Bilder aufhingen und Stühle einräumten. –

Mit der Cousine von Marie, Schlatterer Marianne aus München, die in den Ferien oft kam, spielten wir mit großem Vergnügen Mutter und Kinder im Hühnerhaus. Hatten dort ein wunderbares Wohn- und Schlafzimmer. Da wurde gekocht und gescheuert, gewaschen usw. Inzwischen wurde dann immer wieder ein Anlauf zu irgend einer Vorführung genommen, am liebsten natürlich oben im riesigen Saal von der Wirtschaft, wo schon eine richtige Bühne stand.

Aber auch in der Schule wurde diese hohe Kunst eifrig gepflegt, wobei ich fast jedesmal vertreten war. So auch bei einem sehr erfolgreichen Stück „Der Berggeist" oder „Der dicke Müller Mehlsack", wo ich zusammen mit einem Jungen die Hauptrolle hatte und die „arme Liesl" machen durfte. Es wurde zu Weihnachten und Neujahr aufgeführt mit Elfen und einer Fee, wirklich sehr nett, doch wurde zu Papas Entsetzen ungefähr drei Mal die Woche von 8 Uhr bis 11 Uhr und 12 Uhr geprobt. Und ich war doch erst 11 Jahre alt.

Im Sommer machten wir mit der Schule mehrere schöne Ausflüge, in dem Jahr einmal an den Chiemsee mit Besichtigung des Schlosses, nach Erl in

Tirol, wo wir die Passionsspiele sahen, nach Endorf zur „Heiligen Elisabeth" und als Hochgenuß auf die Kampenwand, wo wir auf dem Gipfel nur ein riesiges Wolkenmeer unter uns sahen, und wir standen unter tiefblauem Himmel. Im Winter, am Faschingsdienstag, durften wir verkleidet zur Schule kommen und unsre Schlitten mitbringen. Dann zogen wir allesamt los nach Bad Leonhardspfunzen zur Rodelbahn, wo es recht lustig zuging. In dem Sommer, wie ich sechs Jahre alt gewesen war, kam Onkel Ernst aus B[uenos] A[ires] zu Besuch,[242] mit dem machten wir eine Autofahrt nach Kufstein, wo auch Großmutter Block, die ja immer den Sommer über bei uns wohnte, dabei war. Schon etwas später, ungefähr mit 7 Jahren, lernte ich das Radelfahren und bekam ein gebrauchtes Rad, das eigentlich für Mutti bestimmt gewesen war. Vorher saß ich immer vorne bei Papa's oben auf und fuhr so öfters zur Stadt oder auch an schönen Sonntagen in die Umgegend.

Noch eine wichtige Angelegenheit war für uns Kinder auch das Petersfeuer am [29. Juni], für das wir schon mehrere Wochen zuvor den ganzen Wald durchstreiften und Holz sammelten, damit wir einen recht hohen Holzhaufen zusammen bekamen. Eine große Sorge bildete auch immer der Peterl, der aus alten Lumpen und mit Stroh ausgestopft wurde und dann auf einer hohen Stange über dem Haufen aufgestellt werden mußte. Am Abend dann kamen viele Leute, um dem Abbrennen zuzusehen.

Eine der größten Angelegenheiten vom ganzen Jahr war natürlich mein Geburtstag, zu dem ich mir meistens eine Gesellschaft von 10 bis 16 Mädels, alle älter als ich, einlud, und es immer hoch herging und ich mir unter all diesen zwei bis fünf Jahre älteren Mädels sehr wichtig vorkam. Ich war überhaupt immer für die „Großen" und verstand mich viel besser mit den vier Jahre älteren, als mit denen in meinem Alter. Da war zum Beispiel Seppen Marie,[243] mit der ich mich später sehr gut verstand, dann vorher Wimmer Rosi,[244] die beide vier Jahre älter waren. Doch bis dahin war es doch die Freundschaft mit Wirtsmarie,[245] die *sehr* dicke war, aber ungefähr 1932 ein Ende nahm, als Marie mit ihrer Mutter nach Zaisering zog und wir beide größer wurden. Doch ihre Cousine Mariann[e] kam auch später noch ab und zu mal zu mir.

---

242 Ernst Block, der 1902 nach Argentinien ging und dort eine Gummifabrik besaß, war im Sommer 1929 zu Familienbesuch in Deutschland. Angaben von Walter (Seew) Block, Israel, Juli 1991. HdBG, Materialien.
243 Maria Berghammer (Rottmüller.)
244 Rosi Wimmer (Dangl) bzw. „Schuster Rosi", siehe Anm. 238.
245 Marie Liegl.

5. Tagebuch
Vom April 1940 bis 24. August 1941

> **Sonntag, den 23. März 41**
>
> Gestern abend kam Papa und heute sitzen wir alle gemütlich beisammen, lesend schreibend, spielend oder mit den Ausbesserungen von Papas Arbeitskleidung beschäftigt, die immer sehr pflegebedürftig ist. Während es draussen stürmt und regnet und sehr kühl ist schon seit gestern. Die vergang. Woche wo es immer entzückendes Wetter war habe ich 3 Mistbeete hergerichtet: Das 1. für Samen: Tomaten Kohlrabi blau u. Weisskraut Blumenkohl, Salat, Porree, Agerrahm, und ins 2. Wintersalatpflänzchen mit Radissamen dazwischen. Einen Tag brachten Mussi u. ich damit zu sämtliche Kommoden klein zu machen um das Grossreinemachen mit Kathi (das diese Woche stattfinden soll) zu erleichtern. Auch hatten wir diese Woche eine fabelhafte Nachricht von O! Erich in form eines Telegrams: 'Antrag läuft bestens'. Man kann sich denken wie glücklich wir darüber waren und schon am abend alles über Berichte aus Argentinien durchstöberten und die schönsten Luftschlösser bauten. Unser aller Wunsch ist ja: nur endlich drüben zu sein.

„Und dräut der Winter noch so sehr
Mit trotzigen Gebärden,
Und streut er Eis und Schnee umher,
Es muß doch Frühling werden!"[246]

Jetzt im April [1940] ist das Wetter, wie gewöhnlich in diesem Monat, bald regnerisch und kühl, auch mit Schnee untermischt, und bald sommerlich warm, so daß wir schon an solchen Tagen eifrig in unserem kleinen Stück Gartenland, was uns noch gehört, mit dem Ansäen von Gelberüben, Radis, Petersilie und Zwiebeln begonnen haben. Auch zwei Mistbeete wurden gepackt und mit Tomaten, alle[n] Arten von Kohl und Sellerie und einigen Blumen angesät. An den übrigen schönen Nachmittagen sind wir eifrig mit Kathi zusammen in den Wald zum Reisig- und Tannenzapfensammeln gefahren.
Dann hat auch wieder der Schulunterricht begonnen, wo wir, nach Südamerikas Erdkunde und Geographie uns mit Freude aufs Aquarellmalen stürzten, und zwar aus irgend einem beliebigen bunten Bild oder Karte alle vorhandenen Farben nach Möglichkeit genau auf ein Stück Papier übertragen, doch jeder von uns drei hat dabei eine andere Vorlage. Zum Schluß muß dann Mutti – erstens raten, wer die Farbentafel gemalt hat und – zweitens, zu welchem Bild unter einem ganzen Stoß sie gehört. Ein paarmal hat sie sehr gut geraten, aber es wird ihr auch oft recht schwierig gemacht!
Im Englischen bin ich nun bald mit „Little Woman" zu Ende, als Aufgaben wechseln Übersetzungen aus dem Deutschen mit kleinen Aufsätzen. Doch das erstere macht jetzt viel Spaß, da ich kleine Märchen von Grimm zu übersetzen oder nachzuerzählen versuche.
Auch im Spanischen machen wir Fortschritte, doch fällt es mir gegenüber dem Englischen schon noch sehr schwer, vor allem das Sprechen.
Ich lese jetzt mit *sehr* großem Genuß sämtliche Werke von Storm, und zwar an den Abenden und Sonntagen auf dem Balkon. Eine andere Sonntagsaufgabe habe ich mir eingerichtet, und zwar ein bis zwei Stunden am Vormittag übe ich jetzt auf der Schreibmaschine, um nicht wieder alles zu vergessen. Mit Nähen ist jetzt weniger los, aber ein Paar Handschuhe habe ich jetzt selbst gemacht nach Kathis Anweisung, das zweite Paar schon. Dies ist für Muttis Cousine aus Stettin bestimmt, Annchen L[ewy], die mit Mann und Tochter erst kürzlich nach Polen verbracht wurde und nichts,

---

246 Geibel, Emanuel (1815–1884): „Hoffnung", erste Strophe.

als was sie grad anhatten, mitnehmen konnten und bei der Kälte![247] Wir schicken ihnen nun öfters Sachen von uns.

17. April [1940]
Schon mehrere Tage ganz herrliches Wetter, zwar mit furchtbarem Föhn, so daß heute unsre große Wäsche, nachdem wir sie aufgehängt hatten, schon wieder trocken war. Diese Woche habe ich zusammen mit Trudi mit sehr viel Freude und gutem Gelingen den ganzen Vorgarten in Ordnung gebracht und frisch bepflanzt, so daß er wieder ganz entzückend aussieht. Auch in unserem eigenen Gärtchen habe ich gesät und auch im Mistbeet gedeiht alles bei dem warmen Wetter schön. Es ist überhaupt ein Segen, diese Sonne, man wird wieder viel zuversichtlicher, und es sieht alles gleich viel besser aus, man kann sich irgendeine Arbeit suchen und wird dabei gleich viel heiterer, mir geht es wenigstens schon so. Wenn ich nur ein bißchen was Hübsches zu tun hab' und viel vor!

20. April [1940]
Bekamen heute fast plötzlich die unerwartete Nachricht von Tante Helme, daß sie schon auf der Fahrt nach Buenos A[ires] seien.[248] Den Abschied hat sie uns und ihr erspart. Wenn wir nur auch schon so weit wären,[249] aber für morgen haben wir erst mal eine Wanderung zu Fuß geplant.

Sonntag, 21. April 1940
Es war nun wirklich wunderschönes Wetter, so daß wir nach der Sommerzeit, die seit 1. April eingeführt ist, um 1/2 8 Uhr alle zusammen loszogen. Es war wirklich ganz wonnig, die Wiesen voller Schlüsselblumen und Anemonen, die Bäume in zartem Grün, die munteren Bäche, an denen wir vorbeikamen, an den Rändern dick mit Sumpfdotterblumen eingefaßt, dazu ein blauer Himmel und warme Sonne. In Richtung Simssee kamen

---

247 „Annchen Lewy", offenbar eine Cousine von Mirjam Block, geb. Bergmann, geb. in Hannover, verh. in Stettin. Angaben von Dr. Klaus E. Hinrichsen, London. HdBG, Materialien. Die Stettiner Juden wurden am 12. und 13. Februar 1940 nach Polen deportiert. Benz, Juden in Deutschland, S. 748. Mirjam Block gibt in ihrem Brief vom 14. März 1940 als Adresse von Annchen Lewy „B. Berschling, Piaski über Lublin, Polen, Koscielna" an. Siehe S. 313.
248 Helme Frensdorff aus Berlin mit ihren Kindern Klaus und Peter. Ihr Mann Erich Frensdorff war seit 1938 in Argentinien.
249 Elisabeth äußert hier erstmals den Wunsch zu emigrieren. Siehe den Eintrag vom 13./16. Juni 1940, S. 216 und Anm. 262 sowie den Brief von Mirijam Block vom 5. Mai 1940, S. 313 f.

wir an zwei sehr hübschen Wallfahrtskirchen vorbei, die auch gleich geknipst werden mußten. Auf einer kleinen, sehr hübsch gelegenen Landzunge am See wurde eine längere Rast mit mitgebrachtem Mittagessen gehalten. Gegen 1/2 2 Uhr ging's dann wieder weiter, vorbei an Krottenmühl, Thalkirchen und Antwort nach Rimsting. Zu Trudis und unsrer aller Freude wurde bei einem entzückenden Zitherkonzert Kaffee getrunken und um 1/2 7 Uhr dann mit einem voll gepfropften Zug, in dem ich zu meiner großen Freude meine ehemalige Lehrerin Hebensberger[250] traf, bis Stephanskirchen gef[ahren] und dann zu Fuß heim.

Freitag, 26. April [1940]
Fortwährend so entzückendes Wetter, daß die Bäume schon anfangen zu blühen und es auch in unserem Gärtchen schon hübsche Fortschritte macht, trotz der unglaublichen Trockenheit. Wir drei Kinder fahren jetzt viel mit dem Leiterwagen in [den] Wald, um Tannenzapfen mit Kathi zu sammeln. Dies ist überhaupt dies' Jahr scheinbar ansteckend: Jeder von hierherum, der nur zwei gesunde Beine und eventuell noch zwei Räder, es brauchen nicht einmal vier zu sein, da ein Fahrrad denselben Zweck erfüllt, wenn schon man hernach auch keine Reifen mehr bekommt, hat, eilt mit riesen Eifer zwei- bis viermal am Tag mit zwei bis sieben gefüllten Säcken zum und vom Wald. Beinah kleine Karawanen. Da werden dann Rekorde erreicht ganz groß, aber Spaß und Gaudi macht's, wenn man sich auch schon ein bißchen plagen muß.
Eine sehr hübsche und feine Verbesserung haben Papa und Mutti vorgenommen: Sie haben ihr Schlafzimmer mit Papas Wohnz[immer] gewechselt und haben nun ein reizendes, helles und verhältnism[äßig] großes Wohnzimmer, zwar ohne Ofen, wo es sich aber abends wunderhübsch sitzen läßt.

Sonntag, 28. April 1940
„Der Mai ist gekommen, die Bäume schlagen aus,
Da bleibe, wer Lust hat, mit Sorgen zu Haus!"[251]
So ist es auch bei uns, trotz grauem Himmel machten wir uns auf und wanderten am Inn entlang, wo alles schon im zarten Grün prangte und wunderhübsch aussah. Und weiter über Ziegelberg in die Lauterbacher Filze, wo es zwar tüchtig zu regnen anfing, aber doch mit den vielen

---

250 Die Lehrerin ist in der Festschrift Städtische Realschule für Mädchen, S. 35 f., nicht erwähnt.
251 Geibel, Emanuel (1815–1884): „Wanderlust", Gedichtanfang.

weißen Birken und zartem Grün entzückend aussah. Kamen weiter über Immelberg mit weitem Blick ins Flachland und Gebirge nach Riedering, wo es aufklarte und so schön wurde, daß wir noch beschlossen, uns am Simssee zum Kaffeetrinken niederzulassen, was auch noch sehr nett war. Auf dem Heimweg über Stephanskirchen und Köbel holte ich mir noch einen Strauß Elsenblüten für mein Zimmer, die wundervoll duften.

In unser neues Wohnzimmer sind wir alle ganz vernarrt nach all dem engen und dunklen Aufeinandersitzen unten in der Wohnküche den ganzen Winter. Ich hab' mir auf Trudis Drängeln eine Blockflöte gekauft, die uns aber doch viel Schwierigkeiten zu spielen macht.

Mittwoch, 1. Mai 1940
Wieder ein echter Frühlings- und Maitag. Man kann sich gar nicht satt sehen an all dem Schönen. Ein weiter blauer Himmel mit reizenden weißen, bauschigen Frühlingswölkchen, darunter grüne und gelbe und weißgemusterte Wiesen, blühende Bäume, munter zwitschernde Vögel, alles das in strahlendem Frühlingslicht. Da schwangen wir uns denn auf unser Stahlroß und gondelten durch all das Blühen bis Neubeuern, Nußdorf und Brannenburg mit herrlicher Beleuchtung aufs Gebirge, tranken Kaffee und fuhren über Rosenheim nach Haus'.

Himmelfahrt, 2. Mai 1940
Heute kam uns das Gedicht von Uhland in den Sinn:
„Die linden Lüfte sind erwacht,
sie säuseln und weben Tag und Nacht ...",[252]
als wir, das heißt die ganze Familie, durch den Wald über Sulmaring den Innauen zustrebten. Man kam sich vor wie auf einem Bild von Richter oder Thoma,[253] so zart und voller Farben. Dicht am Altwasser ließen wir uns dann nieder und erquickten uns am schönen Anblick, lasen, zeichneten, spielten am Wasser und zogen gegen Abend singend nach Haus'.

---

252 Uhland, Ludwig (1787–1862): „Frühlingsglaube" (1812): Die linden Lüfte sind erwacht, / Sie säuseln und weben Tag und Nacht, / Sie schaffen an allen Enden. / O frischer Duft, o neuer Klang! / Nun, armes Herze, sei nicht bang! / Nun muß sich alles, alles wenden. // Die Welt wird schöner mit jedem Tag, / Man weiß nicht, was noch werden mag, / Das Blühen will nicht enden. / Es blüht das fernste, tiefste Tal: / Nun, armes Herz, vergiß der Qual! / Nun muß sich alles, alles wenden.
253 Ludwig Richter (1803–1884), Hans Thoma (1839–1924).

Sonntag, 5. Mai 1940
Heute wird's ein richtiger Ruhetag werden, da es nach mehrwöchiger Trockenheit endlich regnet, was ja allem Wachstum recht wohl tun wird. Auch in unserem Gärtchen, das mir viel Freude macht, tut's nicht schaden. Erbsen, Spinat, Radis, Gelberüben, Zwiebeln, Petersil' sind schon heraußen, Bohnen gelegt, auch Frühkartoffeln und gestern der größere Teil der späten. Im Mistbeet machen Kohlrabi, alle Kohlarten, Salat und Tomaten schöne Fortschritte, und auch im Vorgarten sieht es sehr schön bunt aus. Von meinem Schreibtisch sehe ich jetzt hinaus auf die blühenden Bäume und freue mich, daß es trotz Regen nicht kühl ist.

5. bis 11. Mai [1940]
Diese Woche war's nun besser mit Regen bestellt, mehrere Gewitter erledigten eifrigst das Gießen, so daß auch Kohlrabi, Wirsing und Karfiole (Blumenkohl), die ich dieser Tage gepflanzt habe, prachtvoll stehen. Gestern führte ich Papa unser Gärtchen vor, das jetzt sehr schön in Ordnung ist, auch Erdbeeren.

Pfingstsonntag, 12. Mai [1940]
Im Mai viel Naß
Füllt dem Bauern 's Faß.[254]
Und nur deshalb ist der heutige Regen nicht ganz zum Ärgern da. Eigentlich hatten wir uns für die Pfingsttage zum Baden gehen vorgenommen, und nun ist ein derartig schlechtes Wetter, daß man nur fein lieb und sittsam zu Haus' bleiben kann. Mal sehen, wie's morgen wird!

Pfingstmontag, [13. Mai 1940]
Aber auch am zweiten Pfingsttag war es nicht viel schöner, so daß auch dieser Tag wie der erste verlief.
Am 16. Mai war es so kalt, daß es tatsächlich in dicken Flocken an zu schneien fing und wir uns mit Ausbessern beschäftigten und ich aus einer abgedienten blauen Gardine für Hansibubi zum Namenstag ein Schürzchen mit weißem Verputz und Stickerei nähte.

---

254 Bauernregel: Starker Mairegen läßt auf eine gute Ernte hoffen.

Muttertag
Die Tage vor dem Muttertag hatte ich eine Nußtorte und eine kleine „Schokosahne" gebacken, aber natürlich heimlich. Am Muttertag selber sorgte ich frühzeitig dafür, daß der Kaffeetisch recht hübsch mit Blumen verziert wurde und auch der kleine Geschenktisch mit den beiden Kuchen, einem gemalten Bild von Trudi, einem sehr schön ausgesägten Serviettenständer von Arno und einem Buch von Papa schön aufgebaut war. Mittags kochte ich zur Überraschung Spargel, Muttis Leibgericht. Da es leider kein schönes Wetter war, machten wir Spiele, lasen usw.
Viel Spaß machte es mir auch, als am Samstag alle fünf Minuten ein paar Kinder angepilgert kamen, um sich kleine, niedlich bunte Blumensträuße zum Muttertag von uns zu holen.
[Zeichnung: Kuchen.]

Die Woche vom 19. bis 25. Mai [1940] war herrliches Wetter, schon beinah sommerlich warm. Da hab' ich denn den Vorgarten wieder in Ordnung gebracht, an einem kühleren Tag Blaukraut, Weißkraut, Blumenkohl, Wirsing und Kohlrabi gepflanzt und Gurken gesteckt, die auch schon schön raus kommen. Aber zum Glück in die leeren Mistbeete, da es nämlich am 20. Mai nochmal starken Reif gegeben hat. Im Mistbeet habe ich nochmal eine Aussaat für späte Kohle usw. gemacht und etliches pikiert. Dann auch schon Gelberüben und Zwiebelbeete usw. ausgegrast.

Fronleichnam, 23. Mai 1940
Als Feiertag war er zwar auf Sonntag verlegt, aber wir machten uns trotzdem auf, um bei dem schönen Wetter auf die Mitteralm am Wendelstein zu steigen. Wir vier mit den Rädern bis Brannenburg und Mutti mit der Bahn, und wanderten von da um 1/2 9 Uhr los auf dem hübschen Weg nach St. Margarethen mit einem herrlichen Blick ins Inntal. Nach einer ergiebigen Rast ging's weiter auf entzückendem schattigen Weg, an herrlich bunten Sommerwiesen vorbei und weiter hinauf über Almen. Gegen 12 Uhr erreichten wir denn die Mitteralm, die so still wie eine Kirche dalag, da keine Menschenseele da war, und wir uns auf den leeren Bänken und Tischen der „das ganze Jahr über bewirtschafteten Alm" niederließen und unseren mitgebrachten Proviant mit bestem Appetit verzehrten. Später machten wir uns auf die Suche nach Enzian, was auch mit großem Erfolg gelang, und dann sahen wir auch sogar eine Gemse oben am Berg rumklettern! Etwa um 1/2 3 Uhr machten wir uns an den Abstieg und gelangten um 1/2 7 Uhr daheim an.
[Zeichnung: Enzian.]

Samstag, den 25. Mai,
das erste Mal beim Baden, einfach herrlich!
Ich sehe schon, ich werde noch die reinste Gärtnerin unter Muttis guter Anleitung. Heute abend haben wir, nachdem wir beide, wie fast täglich, unser Gärtchen besehen hatten, uns mit einem „Schmittschen Gartenkatalog" auf die Altane gesetzt und Mutti erklärte mir alles genau, die Sorten usw. Heute hab' ich auch die Tomaten gesetzt, um den Rest hätten uns unsere Nachbarn und alten Kunden am liebsten s' Haus eingerannt. Überhaupt bedauert man weit und breit, daß die „kamote"[255] Gärtnerei nicht mehr weitergeführt wird!

Montag, den 27. Mai, fuhr Papa nach Kempten [im] Allgäu, wohin er vom Arbeitsamt geschickt wurde.[256]

Mittwoch, 29. Mai [1940], mittags
Um 2 Uhr begann es in Strömen, regnete fort die ganze Nacht, den ganzen Tag und weiter bis zum folgenden Morgen, also beinah' 48 Stunden. Da erfuhren wir denn schon von den wieder zurück kommenden Arbeitern, daß durch diese Unmengen von Wasser die Mangfallbrücke ganz und gar überschwemmt wäre, kein Mensch daher mehr in die Stadt rein könnte und dürfte, ferner der Inndamm unten bei Innleiten gebrochen sei und dort, sowohl wie an vielen anderen Stellen, alles überschwemmt hätte. Das mußten wir natürlich sehen. Mit noch mehreren anderen Leuten fuhren wir denn am Vormittag des 31. Mai nach Schloßberg, wo unten an der Innbrücke schon eine Menge Leute sich diese seltene Naturkatastrophe ansah. Aber was man da auch zu sehen und zu hören bekam! Der Inn braun und schmutzig mit ungemein viel Baumstämmen auf seinem rasch dahinsausenden Rücken, so hoch, daß er kaum noch unter der großen Innbrücke durchkonnte. Dann nichts mehr zu sehen von einem Damm, bis an die Häuser von Hofleiten, Hofau usw. führte das Wasser, die Leute dort wurden zum Teil um 4 Uhr nachts geweckt und mußten raus; die Kinder kaum was auf dem Leib, blaugefroren. Das Wasser war an verschiedenen Stellen bis zum ersten Stock der Häuser gestiegen. Auf

---

255 Bayerisch für praktisch, willkommen.
256 Das Arbeitsamt Rosenheim hatte an das Landesarbeitsamt bis zum 27.4.1940 alle „volleinsatzfähigen Juden für Gleisbauarbeiten" zu melden. Gemeldet wurden „Benno Schühlein, Hohenaschau, 57 Jahre und Friedrich Block, Niedernburg, Gemeinde Prutting, 50 Jahre." Insgesamt wurden im Bezirk des Arbeitsamtes Rosenheim sechs männliche Juden erfaßt. StAM, Arbeitsämter 1246. Siehe Abb. 15.

den unter Wasser stehenden Straßen fuhr man mit Kähnen hin und her. Wir hatten einen sehr guten Blick vom Schloßwirt aus, wo wir das ganze überschwemmte Gebiet sehen konnten. Bis in die Mitte der Stadt war das Wasser gedrungen, so daß man mit Kähnen und erst am folgenden Tag mit Lastautos die Leute raus und rein befördern konnte. Man hörte, daß die Küchen der Krankenhäuser (im Keller) unter Wasser seien, [es] den Gärtnereien alles überschwemmt hätte, unten in Innleiten mehr als 200 Hühner ersoffen wären und eine riesige Fischzucht ebenfalls. Die Leute dort mußten rasch ihr Vieh nach Leonhardspfunzen bringen und konnten sich selbst mit Not im Kahn retten. Jetzt steht das Gebäude nur noch vom 1. Stock aus den tosenden Wassern, ebenso die Obstbäume schauen nur noch mit den obersten Gipfeln raus.
Auch auf der andern Seite vom Inn sieht man weite Wasserflächen, Wasserburg soll bös' ausschauen. Aber nicht nur der Inn, auch von anderen Flüssen und Seen hört man verschiedenes Ähnliches reden, aber da man weder aus der Zeitung noch sonst wo her was Bestimmtes so schnell hört, weiß man ja nicht, was wahr daran ist. Übrigens bekommen wir fast keine Post, da sowohl von München, wie auch von Salzburg keine Züge diese Tage gekommen sind, Bahndammbruch usw.[257]

Die Woche vom 3. bis 8. [Juni] herrliches Heuwetter, das denn auch tüchtig ausgenützt wurde. Ich half Christl, unsrer Hausfrau, täglich beim Heuen, mähte auch ordentlich mit und lernte auch's Heufassen oben auf dem Wagen, was alles größten Spaß macht. Zum Garteln komme ich deshalb fast nur noch abends (hauptsächlich Gießen, Hacken und Häufeln).
Heute, den 11. Juni [1940], die *ersten Erdbeeren* geerntet. Fast täglich zum Baden. Papa ist als Bahnarbeiter sehr zufrieden und führt ein sag[enhaftes] Wanderleben. Nach 14 Tagen Aufenthalt in Kempten, nach Augsburg.

Sonntag, 9. Juni 1940
Machten uns um 1/2 8 Uhr bei herrlichem Wetter auf den Weg nach Rimsting. Unser Weg führte uns vorbei an unserem See, Rinssee und Simssee, über uns blauer Himmel, weiße ziehende Wolken. Eine strahlende Landschaft: Blauweißgelbe Wiesen und überall sonntägliche Stille. Nach sechsstündigem Wandern tauchte vor uns der Chiemsee auf, und ein kleines Weilchen, und wir landeten bei unseren Freunden,[258] ruhten uns hier et-

---

257 Siehe Rosenheim im Dritten Reich, S. 82 f. Im „Rosenheimer Anzeiger" wurde das Hochwasser mit keinem Wort erwähnt.
258 Familie Hoffmann in Hochstätt. Siehe Anm. 50.

was aus und machten uns dann auf zum Schwimmen. Danach hatten wir noch einige hübsche Plauderstunden zusammen. Auf dem Bahnhof machten wir die Bekanntschaft der Verwandten von dem bekannten Maler Zumbusch.[259]

Donnerstag, den 13. [Juni], geht's auf ein paar Tage nach Obing.

Vom 13. bis 16. Juni war ich zu Gusti nach Obing eingeladen, was sehr reizend war, nur leider durch meine Fußverletzung (Gabelstich) am Tag zuvor sich meistenteils auf dem Sofa abspielte. Ganz besonders nett war, daß Liesel Samstagabend von Aibling kam und ich dann mit ihr zusammen Sonntag abends heimfuhr.[260] Wohin ich auch wieder gern fuhr, da die ewige Politisiererei von Liesels Patin und auch die unaufhörlichen Nachrichten vom Radio mir ganz ungewohnt sind.[261] Im Zug hört man fast nichts als von dem Unwetter und seinen Schäden und sieht auch überall noch Folgen davon.
Hier zu Hause bin ich kolossal erstaunt über die riesigen Fortschritte, die inzwischen der Garten durch den vielen Regen gemacht hat. Mir kommt vor, ich hätte ihn schon mehrere Wochen nicht mehr gesehen. Mutti steckt schon tief in der Erdbeerernte drin, da ja unsre Hausleute nichts davon verstehen.
Von Papa haben wir gute Nachrichten, aber vom Ausland erklärlicher Weise keinen Ton.[262] Die polit[ischen] Ereignisse sind von Tag zu Tag kolossaler.

Vom 19. bis 27. [Juni] liege ich nun schon im Bett, hatte bis vierzig Grad Fieber und es mußte mir der Fuß geschnitten werden, was keine Kleinigkeit war. Eine von den wenigen Freuden, die ich da hatte, war die ent-

---

259 Zumbusch, Ludwig von (1861–1927), Porträtist und Illustrator. Seit 1901 verbrachte er jeden Sommer in Aiterbach am Chiemsee. Siehe Heyn, Hans: Süddeutsche Malerei aus dem bayerischen Hochland. Rosenheim o. J. [1979], S. 261.
260 Elisabeth Weiß (Stilke) arbeitete zu jener Zeit an der Wetterwarte im Fliegerhorst Bad Aibling. HdBG, Gespräche, S. 7.
261 Am 10. Mai hatte die deutsche Offensive im Westen begonnen, deren erste Phase am 4. Juni mit der Einnahme von Dünkirchen endete; bis zum 22. Juni wurde das restliche Frankreich erobert. Am 10. Juni trat Italien in den Krieg ein. Siehe Jäckel, Eberhard: Hitlers Herrschaft. Vollzug einer Weltanschauung. Darmstadt 1986, S. 76.
262 Nur mit dieser äußerst knappen Formulierung deutet Elisabeth nochmals die – letztlich vergeblichen – Bemühungen um eine Auswanderung nach Venezuela an. Siehe Anm. 249 und den Brief von Mirijam Block vom 5. Mai 1940, S. 313 f.

zückende Aussicht vom Bett aus, da ich bei Mutti im Zimmer schlafe. Später machten mir schöne Blumen aus unsrem Garten große Freude, und nun bin ich wenigstens wieder imstande zu lesen und zu schreiben, und morgen darf ich zum ersten Mal wieder aufstehen. Sehr tat es mir leid, daß ich jetzt die ganze Zeit nicht in [den] Garten konnte, wo's doch so viel zu pflanzen, zu jäten gäbe.

Sonntag, 30. Juni 1940
Ich kann gar nicht sagen, wie sehr ich mich freute, als mir Mutti heute Morgen erzählte, daß Papa gestern Abend noch gekommen sei. Das war eine wunderbare Überraschung. Er erzählte viel von seinem Arbeiterleben, wo er recht zufrieden mit allem ist, obwohl von 6 Uhr früh bis 7 Uhr abends gearbeitet wird. Er brachte uns auch Bilder mit, die er in der Freizeit gemalt hat. Gegen 4 Uhr mußte er schon wieder wegfahren. Mir geht es G[ott] s[ei] D[ank] mit jedem Tag besser, aber es muß schon ziemlich weit gefehlt haben und [ich] bin auch viel schmäler geworden. Bis der Fuß verheilt ist, immer noch Ruhe!

Sonntag, 14. Juli 1940
Herrliches Wetter, aber leider ist mein Fuß immer noch nicht ganz in Ordnung, so daß ich weder zum Baden gehen kann, noch Ausflüge machen. Heute war ich zum ersten Mal wieder ein bißchen spazieren im Wald. Unter der Woche nähe ich, helfe beim Einkochen und beim Johannisbeerpflücken, lese auch viel. Vorige Woche hatten wir acht Tage Besuch von einem Fräulein Sofie Wagner aus München.[263] Mit Papa stehe ich jetzt im Briefwechsel, noch eifriger fast als sonst, in Anbetracht von Muttis kommendem Geburtstag.

28. Juli 1940
[Zeichnung: Blümchen.]
Zu unserer großen Freude und Überraschung kam Papa heute nacht um 3 Uhr. (Vorigen Sonntag war er auch da.) Trudi hatte den Geburtstagstisch schon gestern Abend aufgebaut, da ich nämlich erst wieder eine zweitägige Grippe hinter mir hatte und noch nicht viel rumkutschen sollte. Reizenderweise hat Christl, unsere Hausbesitzerin, für Mutti eine schöne Geburtstagstorte backen lassen, als Revanche für die unsrige zu ihrem Namenstag. Also paßte alles herrlich. Mutti, die von nichts eine Ahnung hat-

---

263 Bislang ist unklar, um wen es sich handelt.

te, war ganz riesig überrascht, als sie vor dem dick belegten Tisch stand. Bücher usw. Da es leider nicht besonderes Wetter war, vermißte ich auch nicht, daß ich nicht raus ins Freie durfte.
Leider ist das Wetter immer noch schrecklich, ganz herbstlich kühl. Aber zwischenrein ist doch mal immer so viel Zeit, um zum Himbeer-, Heidelbeer- oder Pilze-Suchen zu gehen. Wir haben schon herrlich viel Saft, Kompott mit Gemüse eingekocht, da [haben] wir uns auch einen ganz schönen Teil Zucker gespart, denn so gibts ja nicht viel. Auch im Garten gibt's Arbeit, herrlich sind Bohnen und Erbsen, und von den Monatserdbeeren essen wir fast täglich.

Freitag, 2. August 1940
Nun endlich der erste schöne Tag, so daß wir uns gleich auf machten und einen Ausflug nach Rimsting zu H[offmanns] machten. Wir drei fuhren mit den Rädern, was ganz wunderschön war, so durch die Morgenkühle zu fahren. Mutti trafen wir schon bei H[offmann]s an. Hier legte ich mich auf den Balkon und las im Liegestuhl und hatte einen ganz herrlichen Blick auf den weiten blauen See mit den im morgendlichen Nebel stehenden Bergen. Nach dem Mittagessen wurde eine Bootsfahrt vorgeschlagen, was ganz wunderschön war, so auf dem kühlen Wasser dahin zu gleiten, mit dem Blick aufs Gebirge. Heimzu durften Trudi und ich rudern, was uns natürlich viel Spaß machte. Kaum waren wir wieder am Ufer angelangt, als wir beiden Mädels uns entschlossen, noch zu baden, das Wasser lockte zu sehr. Aber wie kalt das war, das hätten wir uns nicht träumen lassen, natürlich um so erfrischender. Wunderbar erfrischt kehrten wir mit tüchtigem Appetit zurück und packten gegen 1/2 6 Uhr zusammen und machten uns auf die Heimfahrt durch goldne Felder, die kurz vor dem Schnitt stehen.

Sonntag, 4. August 1940
Das Wetterglück scheint anzuhalten, und um es gleich beim Schopf zu fassen, hatten wir für heute eine Tour auf die Kampenwand geplant. Diesmal sollte es eine größere Gesellschaft geben. Frau L. aus Obernburg mit ihrem zehnjährigen Jungen und dessen Freund kamen auch mit. Es war dann auch dementsprechend lebhafter, ich kann aber nicht sagen, ob zur Verbesserung oder nicht. Das will aber nicht heißen, daß es nicht schön gewesen wäre. Es war herrlich. Der Aufstieg von Aschau aus, trotz nicht allzufrüher Stunde, durch seinen schattigen Weg mit ab und zu wunderschönem Blick auf Aschau oder weiter ins Tal hinaus, wundervoll. Gegen 1/2 1 Uhr erreichten wir die Almen, wo wir uns unter den Felsen, mit herrlichem Blick auf [den] Chiemsee und die weitere Ebene mit den ver-

schiedenen Orten bis Rosenheim,[264] niederließen, [dort] wurde ein ergiebiges Mahl verzehrt. Nachdem wir uns ausgeruht hatten, machte ich mich mit den drei Jungens noch auf und wanderte bis dicht unter die Felsen, wo wir Latschen und Almrausch in Mengen fanden. Hier oben war der Blick auf den ganzen Chiemsee mit seinen drei Inseln und den weißen Segelbooten auf blauem Grund einfach überwältigend. Doch mußten wir bald an die Rückkehr denken. Auch abwärts war es wunderschön. Als Abschluß spendierte Mutti noch Eis, das natürlich herrlich schmeckte. In den von heiteren Menschen vollgepfropften Zügen kehrten wir glücklich heim.

Mittwoch, 7. August 1940
Heute nachmittag fuhren wir alle zusammen nach Rosenheim, wo wir Tante Alice und Onkel Hans Pfleiderer[265] am Bahnhof abholten und mit ihnen zwei schöne gemütliche Stunden bei Kaffee, Kuchen und Eis verbrachten, um die beiden dann in den Zug nach Aibling zu setzen, wo sie drei Wochen zur Kur bleiben wollen.

Freitag, 9. August 1940
Heute kam Tante Emma, die Mutter von Tante Alice, die nun drei Wochen bei uns zu Gast sein wird. Ich hatte schon ein bißchen Angst, wie das nun würde, aber durch ihre Enkelkinder ist Tante Emma schon ganz schön abgehärtet und ist immer munter, erzählt die lustigsten Geschichten, geht auch gerne mal allein spazieren und ist äußerst glücklich und dankbar, daß sie bei uns sein darf.

Donnerstag, 15. August 1940
Endlich mal wieder einigermaßen schönes Wetter, so fuhren wir drei denn am Nachmittag mit den Rädern nach Aibling, wo wir einige hübsche Stunden verbrachten mit Tante Alice und O[nkel] Hans.
Das Wetter ist wohl für den Garten ganz angenehm, da es jeden Tag regnet, aber kolossal kühl für August, wir können kaum zum Baden gehen, und des Nachts frieren wir oft unter den dünnen Steppdecken. Auch für's Getreide ist's nicht günstig, überall ist es schon geschnitten und es stehen nun die „Kornmandel" da und warten vergeblich auf Sonne. Ich habe auch ein ganz klein wenig beim Haferschneiden bei Heinrich und Christel mitgeholfen. Die übrige Zeit verbringe ich in Haus und Garten: Ausgrasen,

---

264 Elisabeth fügt nach „Rosenheim" ein überflüssiges „erkennen konnten" hinzu.
265 Hans Pfleiderer war ein Neffe von Guste, die mit Benno Packscher, dem Bruder von Hulda (Großmutter) Frensdorff, verheiratet war.

Dünger streuen, Tausendschön, Vergißmeinnicht usw. pikieren, Endivien usw. pflanzen und Ernten. Besonders reich tragen Bohnen und Erbsen und Gurken, Tomaten fangen erst an. Wir haben auch eine ganz besonders gute Frühkartoffel- und Zwiebelernte gehabt. Dann gehen Mutti und ich auch viel in den Wald, holen Pilze und Beeren.

Sonntag, 18. August 1940
Gestern abend kam Papa, worüber wir uns alle ganz riesig freuten, und bleibt bis heute nachmittag. Leider ist das Wetter wieder nichts Rares.

Freitag, 23. August 1940
Die ganze Woche so entsetzliches Wetter und dazu eine Kälte, daß wir uns kaum mehr zu wundern brauchten, als heute morgen die Berge voller Schnee waren.
Heute feierten wir Tante Emmas 75. Geburtstag.[266] Zu Mittag, wo es Geflügel, Pilze usw. gab, waren Onkel Hans und T[ante] Alice gekommen und blieben bis 1/2 7 Uhr abends, was sehr nett war und das hohe Fest noch verschönerte.

Heute, Samstag, endlich wieder Sonne, aber ein eisiger Wind, ich machte die letzten von den herrlichen Kartoffeln raus. Abends mähte ich mit Heinrich und Christl. Mit Tante Emma ist es so nett, wie es nur mit einer alten Dame sein kann, aber ab und zu muß man sich doch recht wundern über ihre Art, weil wir ja noch nie so alten Besuch hatten. Aber wir hatten es uns schlimmer vorgestellt, als es war.

Freitag, 30. [August 1940]
Heute nachmittag fuhr nun Tante Emma ab, nachdem sie nun drei Wochen da war. Wie die Zeit fliegt, besonders im Sommer. Im Garten habe ich jetzt Erdbeeren frisch angelegt, Spinat, Feldsalat und Wintersalat gesät und grase aus. Abends bei schönem Wetter wird gemäht, oft so lange, daß man schon die Sterne sieht und Funken fliegen, wenn man auf einen Stein aufmäht. Unter Tags helfe ich Christl beim Heuen.

Sonntag, 1. September [1940]
Gestern abend kam Papa, worüber wir uns wieder riesig freuen. Und da es heute so herrliches Wetter wurde, machten wir uns alle zusammen auf

---

266 „Tante" Emma ist demnach am 23. 8. 1865 geboren.

an den Simssee, wo wir an unserer alten Stelle vom Frühjahr uns niederließen, unser Mittagsbrot mit bestem Appetit verzehrten und uns in der Sonne braten ließen, nachdem wir uns in dem herrlichen Wasser erquickten, von wo aus wir den Blick auf die heute besonders klar beleuchteten Berge hatten. Um 5 Uhr fuhr Papa wieder ab, wir aber fuhren vergnügt nach Haus' und hatten am Abend noch einen prächtig beleuchteten Himmel: im Westen nach Sonnenuntergang lauter rosa Wolkenschäfchen. Man genießt ja heuer jeden einzelnen sonnigen Tag besonders und ist glücklich.

Mittwoch, 4. September [1940]
[Zeichnung: Bergsilhouette. Beschriftet: Kampenwand.]
Ein Tag ist schöner als der andere, und es scheint, als ob der ganze Sommer in diesen ersten Sept[ember]tagen nachgeholt werden müßte, so sonnig und heiter. Auch heute war es so. Ich bemerkte es schon, als ich noch ganz verschlafen aus dem Fenster schaute um 4 1/4 Uhr und nur einen sternenbesäten Himmel über mir erblickte. Nachdem ich mich rasch angezogen hatte und gefrühstückt, mußte ich zu meiner großen Verwunderung eine volle Stunde warten, bis wir, Paula und Herr Bauer, ihr Mann, losfahren konnten, wir wollten nämlich auf die Kampenwand. Gegen 8 Uhr erreichten wir nach einer schönen Fahrt durch kühlen Morgennebel und blutrot aufgehender Sonne Aschau. Dort wurden die Räder eingestellt, und nun ging's munter hinauf. Schon um 10 Uhr erreichten wir die ersten Almen, aber machten erst bei der Unterkunftshütte unter den Felszacken Halt. Hier hielten wir uns einige Zeit auf, stärkten uns und sahen dem Treiben (trotz Wochentag) der Bergsteiger zu. Um 12 Uhr brachen wir, nur ganz leicht beladen, auf zum Ostgipfel. Der Pfad führte steil bergan durch Latschengebüsch bis zum Übergang auf die Südseite, wo es etwas steil abfiel und sich Herr Bauer fast kaputt über unsere Ängstlichkeit (hauptsächlich die seiner Frau) lachte. Auf der anderen Seite ging's wieder hoch. Auf halbem Wege ließen wir Paula zurück und wir zwei kletterten noch weiter, ich kurz bis unter den Gipfel und Herr Bauer bis ganz hinauf.[267] Von meinem Platz aus hatte ich einen herrlichen Blick nach Norden in die weite Ebene mit Chiemsee, Simssee und all den vielen kleinen Orten, auf der anderen Seite, leider ziemlich im Dunst, ragten die Tiroler Bergriesen empor. Heiter und ausgeruht machten wir uns gegen 4 Uhr, nachdem wir noch eine volle Stunde in der prallen Sonne gelegen hatten,

---

267 Siehe Abb. 13.

an den Abstieg, wo wir noch viel zu lachen hatten, da Herr Bauer furchtbare Gaudi machte. Mit Volldampf ging's dann, die wunderschön beleuchteten Berge im Rücken lassend, nach Haus'. Endresultat: Ein herrlich zünftiger Tag.

Sonntag, 8. September [1940]
[Zeichnung, beschriftet: Hohen Salzburg. Bischofsstadt.]
Als Ersatz für Innsbruck, wohin ich eigentlich mit Bauers (Geidoblers) per Rad fahren wollte, und das aus verschiedenen Gründen doch nichts wurde, entschlossen Mutti, Trudi, Arno und ich uns zur Fahrt nach Salzburg, das wir alle noch nicht kannten und uns dank Tante Emmas Spende leisten konnten. Glücklich waren wir im Zug versammelt, nachdem der Wecker eine Stunde zu spät abgelaufen war, und fuhren erwartungsvoll der aufgehenden Sonne und den Bergen entgegen. Hinter Traunstein wurde uns eine neue Welt aufgetan. Wir sahen im Dunst den Watzmann und Untersberg rechts liegen. In Salzburg selbst, wo wir um 1/2 9 Uhr ankamen und uns glücklich aus dem riesigen Bahnhof gefunden hatten, erhob sich zur Linken der Gaisberg und vor uns, rechts der Salzach, die den neuen und alten Stadtteil trennt, der Mönchsberg mit Hohen Salzburg. Als erstes besahen wir uns den Mirabell-Garten und [das] Schloß. Ersterer ist ganz reizend, in der Mitte ein Goldfischbrunnen, dessen Mittelpunkt ein schönes Flügelroß bildet, saubere Rasenplätze, unterbrochen durch reizende Blumenbeete in den buntesten Farben, ganz wonnig, ein hübscher Springbrunnen und wunderbare Rosen- und Phloxrabatten. An den weißen Kieswegen schöne Steinfiguren. Dann pendelten wir gemütlich durch die engen alten Straßen mit schönen Läden und sonntäglich geputzten Menschen, sahen das Geburtshaus Mozarts, den Mozartplatz mit seinem Standbild, das „Neutor", ein riesiges Tunnel, durch den Fels gebrochen, sahen die zwei schönen Pferdeschwemmen, den Domplatz mit Mariensäule und Dom, am Kapitelplatz bogen wir in den St. Peters-Friedhof mit den in den Felsen gehauenen Katakomben und den zum Teil sehr alten Grabstätten und Grüften ein. Außerdem noch verschiedene Kirchen von außen und schöne große Gebäude, an denen Salzburg reich ist. Gegen 1/2 11 Uhr machten wir uns auf den Weg zur Burg, von der aus man einen herrlichen Blick auf die Stadt und Umgebung hat. Auf dem malerischen Burgplatz mit Brunnen und zwei schönen großen Linden nahmen wir unser Mittagsbrot ein und begaben uns dann an den Platz, wo die Führung beginnt. Nachdem wir die Folterkammer, Schwitzkammer usw. besichtigt hatten, ging es über eine Wendeltreppe hinauf zum Aussichtsturm, der sich 130 Meter über der Stadt befindet, und man daher eine kolossale Aussicht hat. Da sieht man den Gaisberg, Tennengebirge,

Dachstein, Steinerne[s] Meer, Untersberg usw. Auf der anderen Seite, tief unten, die schöne Stadt mit ihren Türmen, Kuppeln, großen Gebäuden, gegenüber der dichtbewaldete Mönchsberg, weiter draußen Schlösser und verschiedene kleine Orte. Dann kletterten wir wieder hinunter, erreichten durch einen schmalen, langen Gang mit ungemein starken Mauern und tiefen Fensternischen den Raum, in dem sich die riesen Orgel, der „Stier von Salzburg", befindet, und gelangten durch einen Geheimgang, der bis hinunter zu den Katakomben geführt hat, [in] die Bischofsgemächer: Als erstes die Goldene Stube, deren Wände, wie auch die der anderen zwei Säle, in leuchtendem Blau, Gold und roten Holzverzierungen gehalten waren. Aus den Fenstern ein herrlicher Blick. Der Gerichtssaal ist ähnlich der G[oldenen] Stube, der Unterschied liegt hauptsächlich in den vier bis sechs dicken, roten Marmorsäulen. Als letztes bekamen wir das Schlafgemach der Bischöfe zu sehen, mit einem prächtigen bunten Ofen aus Steinfliesen, der das einzige, aber wohl auch wertvollste noch vorhandene Möbelstück in der Burg bildet. Durch einen weiten, gewölbten Raum, in dem jetzt Soldaten hausen, gelangten wir ins Freie. Durch einen schönen großen Park spazierten wir zur Richterhöhe, wo man wieder einen köstlichen Blick aufs Gebirge und diesmal auch auf die Burg hat, und löschten in einer Art Ruine, Bürgerwehrsöller, in einem kleinen Gasthof unsern Durst, während wir wieder einen der schönsten und besonders charakteristischen Blicke auf Kuppeln und Dächer der Stadt und der sich im Hintergrund erhebenden Burg genossen. Um uns noch einmal gemütlich die Stadt anzusehen, machten wir uns langsam auf und wanderten entlang der silbergrauen Salzach über eine der vielen Brücken zum Franz-Josefs-Park und später zum Bahnhof. Auf der Heimfahrt sahen wir noch zweimal die Feste, bis sie hinter den Hügeln verschwand. Ein heftiges Gewitter mit Blitz, Donner und Platzregen erwartete uns in Rosenheim und brachte es zustande, daß Mutti, die doch noch zu Fuß heimgehen mußte, erst um 1/2 11 Uhr nach Hause kam und uns schön Angst eingetrieben hatte. Aber sowas verschwindet hinter der wunderschönen Erinnerung an die entzückende Stadt vollkommen.

Sonntag, 22. September [1940]
Nun ist Gertrud Michelsohn[268] schon seit vorigen Dienstag da, wo wir, das heißt Trudi und ich, sie bei herrlich klarem Herbstwetter abends von der Bahn abholten. Und beide waren wir begeistert von ihr, was auch jetzt

---

268 Elisabeth erwähnt zwei Besuche von Gertrud Michelsohn, und zwar vom 16. September bis 6. Oktober 1940 und vom 17. August bis 5. September 1941.

noch so ist. Wir kannten sie ja alle nicht, nur ich hatte sie einen Tag in Hannover 1936/37 kennengelernt, und da gefiel sie mir schon gleich so gut, daß ich Mutti immerfort von ihr vorgeschwärmt habe. Nun fiel sie uns wieder ein, als wir mal jemand „Jungen" zu uns einladen wollten, und da es nur an einer Sache haperte, nämlich am teueren Fahrgeld, nahmen wir dankbar sowohl Tante Emmas wie Tante Lenes[269] (Gertruds Tante) und noch einer alten Dame Anerbieten, etwas zu der Reise beizusteuern, an und brachten so gemeinsam das Geld auf. Und nun bin ich so froh, daß es so kam. Es ist nämlich furchtbar nett mit Gertrud zusammen. Sie ist 21 Jahre, aber so zierlich und lustig, daß sie mir oft jünger als ich selbst erscheint. Nur wenn sie mit mir zusammen schneidert, da sie ja Schneiderin ist und mir allerhand beibringt, oder wenn sie von ihren Liebesabenteuern erzählt, kommt sie mir älter vor. Daß sie einen Herzfehler hat und weder Baden noch Bergsteigen und Radeln darf (letzteres tut sie aber zu meiner Freude doch hin und wieder mal), was mir momentan sehr ein Strich durch die Rechnung war, ist gar nicht schlimm. Wir haben *Mittwoch* sogar schon eine wunderschöne Tagestour nach Aschau gemacht. Gertrud war ganz begeistert so nah an den Bergen zu sein, sie kannte sie ja noch gar nicht, und das herrliche, warme Sonnenwetter trug viel dazu bei. An den übrigen Tagen, zum Glück sind sie so wunderhübsch sonnig, gingen wir mal an den See, wo ich mit Arno in dem herrlichen See schwelgte und [wir] hernach mit Gertrud, die gut turnen kann, turnten, oder [wir] zeigten ihr den Inn. Morgens machte ich Kartoffeln raus, oder wir nähten zusammen an Muttis Kleid.

Heute, *Sonntag,* regnete es in Strömen, so daß wir auch an diesem Tag eifrig nähten, aber nur bis zum Kaffee, hernach wurde es das entzückendste Wetter, und wir machten uns gleich auf zum See, wo es ganz wunderschön war. Wir hatten das Reich für uns ganz allein, schwammen in dem spiegelglatten See, fotografierten, lagen in der Sonne und turnten eifrig. Aber dann kam das Schönste. Auf dem Heimweg kamen wir an einen Platz; wunderschön über dem See gelegen fanden wir eine solche Menge der schönsten Heidelbeeren, daß wir zum Abendbrot eine schöne große Schüssel voll mit Milch essen konnten. Und alle Leute, die es sahen, waren redlich verwundert und aufs höchste erstaunt.

---

269 Helene Frensdorff, geb. Haas, verh. mit Berthold Frensdorff; ihre Schwester, Frieda Michelsohn, ist die Mutter von Gertrud Michelsohn (Sonnenberg).

Montag, den 23. September 1940,
machten Gertrud und ich uns bei herrlichem Wetter mit den Rädern auf den Weg zum Simssee, wo wir denn auch glücklich landeten. Gertrud zwar ziemlich erledigt, da sie ja mit dem Herz zu tun hat. Sie konnte sich aber schön erholen, denn wir lagen ungefähr zwei Stunden teils in der Sonne, teils im Schatten und erquickten uns an der schönen Landschaft und der herrlichen Sonne und ich plätscherte glücklich in den Fluten. Da es auf dem Rückweg wunderschön kühl geworden war, entschloß sich Gertrud auch noch, und wir gondelten noch zusammen in die Stadt hinunter, die ihr auch recht gut gefiel. Leider hatte sie sich aber durch diese Tournee völlig überanstrengt, so daß sie die nächsten Tage nur Spaziergänge nach Obernburg, Zaisering usw. unternehmen konnte. Da aber das Wetter dementsprechend war, ist [es] weiter nicht so schlimm.

Auch heute, Sonntag, den 29. September, ist noch immer scheußliches Wetter: Furchtbar kalt und regnerisch. Gestern abend kam Papa heim, und heute sitzen wir alle gemütlich zusammen: Lesen, spielen und schreiben oder stricken an Trudis Pullover aus schöner punktfreier Wolle. Mutti hat ihr schönes blaues Kleid an, das Gertrud und ich zusammen gemacht haben und [das] ganz wunderbar geworden ist. – Im Garten komme ich leider teils durch den lieben Besuch, teils durch das schlechte Wetter zu gar nichts. Aber riesige Freude machen mir die Reihe herrlich hoher Sonnenblumen und Herbstastern, die heuer ganz besonders reich blühen. Ich pflücke da mit großer Freude die schönsten Sträuße.

Mittwoch, 2. Oktober 1940
Da es gestern recht schönes Wetter geworden ist, rechneten wir auch heute damit und machten uns für einen Ausflug an den Chiemsee zurecht. Wir drei Kinder erreichten gegen 1/2 10 Uhr bei dichtem Nebel das so wunderschön gelegene Haus von H[off]manns, wo wir Mutti und Gertrud schon antrafen. Einige gemütliche Stunden verbrachten wir da in eifrigem Gespräch und wanderten dann hinüber zur Halbinsel Urfahrn, wo wir uns mit einem Boot zur Herreninsel übersetzen ließen. Gegen 1 Uhr erreichten wir das Schloß, das trotz des kühlen, grauen Wetters seinen Eindruck nicht verfehlte. Für 2 Uhr hatten wir unser Boot wieder bestellt und glitten nun schnell über die leicht gekräuselte, graue Wasserfläche. Pünktlich nach einer halben Stunde erreichten wir Stock und schlenderten nun hinüber nach Prien. Wir fuhren dann noch das Stück bis Rimsting mit der Bahn mit und hatten noch das Vergnügen, bei H[offmann]s eine schöne warme Tasse Tee mitzutrinken, um uns dann auf unsere Räder zu schwingen und zufrieden mit diesem Tag nach Haus' zu fahren.

Freitag, 4. Oktober 1940
Da es nun endlich doch noch schönes Wetter geworden ist und Gertrud ja nur noch diese Woche hier ist, machten wir uns heute gleich wieder auf, um unserem Besuch noch Kufstein zu zeigen. Wir drei fuhren wieder munter mit den Rädern die ganze Strecke von circa vierzig Kilometern und kamen nach vierstündiger Fahrt um 10 Uhr in K[ufstein] an, wo wir die beiden Zugfahrerinnen schon antrafen. Nun legten wir uns an einen schönen Platz in die Sonne mit dem Blick auf die Berge und ruhten uns aus. Da ausgerechnet heute der Führer durchkommen sollte,[270] beschlossen wir, an den Stimmersee zu gehen, der etwa eine halbe Stunde von Kufstein entfernt am Fuße des Pendling gelegen ist. Hier verbrachten wir einige ruhige Stunden, bis wir drei uns um 1/2 5 Uhr nach Oberaudorf in Bewegung setzten, um von dort zu Mutti und Gertr[ud] in den von Kufst[ein] kommenden Zug zu steigen und bis Rosenheim mitzufahren.

Sonntag, 6. Oktober [1940]
Als Abschluß für den Besuch und mich fuhren wir heute morgen nach München, um dort den letzten Tag noch zu verbringen. In München angekommen, begaben wir uns auf Muttis Rat zum Bot[anischen] Garten, der ganz bezaubernd anzusehen war. Diese herrlichen Farben von Dahlien, Herbstastern und Chrysanthemen, beinahe märchenhaft. Wir konnten uns gar nicht satt sehen an solcher Pracht. Auch der übrige Teil des Gartens, der sich übrigens weithin ausdehnt, war interessant zu durchwandern. Vom Botanischen Garten spazierten wir zum Schloß Nymphenburg, das ebenso wie Herrenchiemsee von Ludwig II. von Bayern erbaut wurde, aber weniger prunkvoll, wenigstens von außen, erscheint.[271] Gegen 1/2 1 Uhr erreichten [wir] die Stadt, wo wir uns in die Frauenkirche begaben und den gewaltigen Innenbau bestaunten. Pünktlich um 1 Uhr hörten wir auf dem Marienplatz das reizende Glockenspiel vom Rathaus und begaben uns dann zum Hofgarten mit seinen hübschen Anlagen und zutraulichen Tauben. Ferner vergaßen wir auch nicht, am Hofbräuhaus und Viktualienmarkt vorbeizugehen und weiter am Armeemuseum und Haus der Deutschen Kunst zum Engl[ischen] Garten. Auch entgingen uns nicht die für Mü[nchen] charakteristischen, künstlerisch dekorierten Schaufen-

---

270 Hitler traf sich am 4.10.1940 vormittags mit Mussolini am Brenner. Auf der Rückfahrt traf der Sonderzug Hitlers gegen 15.30 Uhr in Innsbruck ein. RA, 5./6.10.1940, S. 1. Siehe auch die Erinnerung von Gertrud Michelsohn (Sonnenberg), S. 39.
271 Schloß Nymphenburg wurde allerdings nicht unter Ludwig II., sondern ab 1644 unter Kurfürst Maximilian I. von Bayern erbaut.

ster, von denen eins wie's andere ganz hervorragend hergerichtet [ist]. Zum Schluß spendierte ich noch im Hofgart[en] für jeden ein Stück Kuchen und dann ging's zum Bahnhof, wohin mich Gertrud noch begleitete, um dann am nächsten Morgen nach H[annover] weiter zu fahren.

Sonntag, 13. Oktober [1940]
Nun ist schon wieder eine Woche rum, daß ich in Mü[nchen] war und unseren Besuch weggebracht habe. Inzwischen war meist herrliches Herbstwetter, das wir zu allmählich dringenden Arbeiten in Wald, Garten und Haus benützten. Auch der Unterricht ist wieder regelmäßig, und so alles wieder in's alte Gleis gebracht, nach all dem vielen, vor allem ungewohnten Besuch. Doch will ich damit keineswegs sagen, daß es nicht hübsch gewesen wäre, besonders mit Gertrud war es für mich sehr nett und vor allem mal wieder ein junger Mensch in einer zum Teil selben Lage wie ich. Doch ist natürlich das Leben der jungen Leute in der Stadt ein ganz anderes als bei uns auf dem Land, aber mir [schien es] doch sehr lustig, von all den Abenteuern, Erlebnissen usw. zu hören.

Kirchweihsonntag und -montag, 20. und 21. Oktober [1940]
Wie schon die ganze Woche, war auch die beiden Feiertage ganz wundervolles Wetter. Mir scheint überhaupt, daß der Oktober der schönste Monat des ganzen Jahres in bezug aufs Wetter ist.
Da Mutti mit Trudi schon Freitag zu Papa gefahren [ist], um mit ihm den fünftägigen Urlaub in den Bergen dort zu verbringen, sind Arno und ich nun die Feiertage allein, was aber auch mal sehr nett ist. Ich richte mir da den Tag ganz nach meinem Geschmack ein und nur das Essen müssen wir zusammen beraten, und das ist immer ziemlich schwierig: Arno will was Seltenes und Besonderes, aber ich will mir nicht zu viel Arbeit damit machen. So ist es schon vorgekommen, daß ich am ersten Tag gleich so viel gekocht habe, daß es für zwei Tage gereicht hat! – Vor Kirchweih habe ich den Vorgarten in Ordnung gebracht und mit weißen, rosa und braunen Chrysanthemen bepflanzt, was sehr hübsch aussieht. Im Gemüsegarten gibt's bei dem schönen Wetter allerhand auszugrasen und kommende Woche die letzten Gemüse einzuernten, da es vorgestern, den 17. Oktober, den *ersten Reif gegeben* hat.

Heute nun, am Kirchweihmontag [21. Oktober 1940], bin ich glücklich, so gemütlich oben auf dem Balkon sitzen zu können und das entzückende Wetter genießen zu können, während unten auf der Straße die Leute recht begängig sind. Ich stricke oder lese in den „Buddenbrooks".[272]

Sonntag, 27. Oktober 1940: Trudis Geburtstag
Eigentlich ist ja morgen, am 28. [Oktober], erst Trudis Geburtstag, aber wir feiern ihn der Gemütlichkeit wegen doch schon heute. Ein Hauptgeschenk war ja die wundervolle Fahrt am Ammersee und auf den Hohen Peißenberg, aber trotzdem hat sie noch allerhand hübsche Geschenke bekommen, Mutti und ich haben ihr den Pullover aus punktfreier hellblauer Wolle[273] fertig gemacht und der ganz besonders hübsch geworden war, von Benno's kam ein Päckchen voll von süßen Sachen.[274] Wir verbrachten den Tag ohne Papa mit Lesen und Handarbeiten gemütlich in der Stube, während es draußen winterlich weiß und kalt war. Denn seit Mittwoch hat sich der Winter unangenehm bemerkbar gemacht. Zum Glück habe ich Dienstag noch bei entzückendem Wetter Weiß- und Blaukraut, Gelberüben und Petersilie reingeholt. Besonders mit dem Ertrag des ersteren und den Gelberüben war ich sehr zufrieden.

Sonntag, 3. November 1940
Seit Donnerstag nun ist der Schnee wieder weg und die letzten Tage [waren] auch wieder wunderschön warm, so daß ich mich eifrig darangemacht habe, die letzten Gemüse, wie rote Rüben, Wirsing, Kohlrabi usw. unter Dach zu bringen und mich nun an's Umgraben mache, damit der Garten für's Frühjahr sauber vorbereitet ist.
Freitag, den 1. November, kam Papa heim, um sich während der Wintermonate von seinem Rheuma zu heilen. Da ist es nun gut, daß wir oben in unserem Wohnzimmer einen kleinen eisernen Ofen haben und also schön heizen können.

Sonntag, 24. November 1940
Endlich mal wieder ein einigermaßen ruhiger Sonntag, nachdem wir jetzt 14 Tage Besuch von einem weit entfernten Berliner Ehepaar hatten. Tante Lotte und Onkel Paul Levy waren vom 5. bis 18. November hier, um sich ein wenig von der gräulichen Stadtluft mit Fliegerangriffen, knappem Essen usw. zu erholen, was ihnen hier bei unserem ruhigen Leben wohl auch gelang.[275] Obwohl schon in den fünfziger und sechziger Jahren, waren beide noch sehr rüstig und machten täglich schöne Spaziergänge. Zum großen Glück war das Wetter fast die ganzen Tage wundervoll, schöner

---

272 Mann, Thomas (1875–1955): Buddenbrooks (1901).
273 Für den Kauf der Wolle brauchte man keine Kleiderkartenpunkte.
274 Benno und Guste Packscher.
275 Paul Levy, geb. 17.11.1876, war ein Vetter von Dr. Leo Levy.

als im Sommer. Ich ließ mich aber durch die Gäste wenig abhalten und war viel im Garten und Wald. Abends mußten Trudi und ich bei Kathi schlafen, da wir ja nicht so viel Zimmer haben und Papa auch noch da war. Natürlich spürte man zwei Leute mehr beim Kochen und überhaupt im Haus, aber es war auch in vielen Beziehungen sehr nett. Tante Lotte konnte nämlich sehr gut schneidern, so daß wir uns gleich zusammen an eine Hausjacke für Papa aus einem zu klein gewordenen Mantel von Trudi machten, die sehr gut gelang und an eine reizende Bulgarenbluse aus Resten für mich.
Auch konnten beide großartig Geschichten, das heißt Erlebnisse von ihren Reisen, erzählen, so daß es gar viel zu lachen gab. Onkel war ja Reichsbahndirektor und war weit herum gekommen in der Welt. Am Sonntag vor acht Tagen feierten wir dann Onkel Pauls 64. Geburtstag mit Lichterkranz und Geflügelbraten, was sie sehr gerührt hat. Und Montag reisten sie wieder ab, nachdem sich ein jedes von uns etwas wünschen durfte. So kaufte ich mir denn ein Paar reizende, bezugscheinfreie Hausschuhe, grauer Filz mit Rot, Schwarz und Weiß ganz entzückend verziert, wunderschön warm. Die ganze Woche war fast ausschließlich entzückend warmes Spätherbstwetter mit goldner Sonne und ebensolcher Landschaft, und nur im Hintergrund die weiß und blau strahlenden Berge, und über allem ein milder blauer Himmel, ganz wundervoll! Wir schafften viel im Garten und vermehrten eifrig unseren Holzvorrat.
Heute nun, den 24. November, feiert Arno seinen gestrigen Geburtstag mit sieben seiner Freunde mit Kaffee, Kuchen und lustigen Spielen.

Sonntag, 1. Dezember 1940
[Zeichnung: Tannenzweige, Kerzen.]
Die Zeit geht wie im Fluge, schon wieder der erste Advent. Bis Donnerstag hielt noch das schöne Wetter an, aber Donnerstag fing es nachmittags an zu schneien, so daß ich noch schnell die letzten Gemüse, wie Lauch und Wirsing, Endivien und Feldsalat, reinholte und rasch die letzten Blumenpflanzen zudeckte. Auch machten wir uns sogleich auf, um Tannengrün für den Adventskranz zu holen, den ich Freitag band und Sonnabend aufhängte, und der nun unsere Wohnküche wieder um ein gutes Stück verschönert hat. Auch für oben ins Wohnzimmer hab' ich einen ganz kleinen gebunden, der auf den Tisch gestellt werden kann und ganz wonnig aussieht. An den Abenden wird schon eifrig für Weihnachten gehandarbeitet, während Mutti aus „Die Brüder vom deutschen Haus" von G[ustav] Freytag vorliest.[276]

Dienstag, den 10. Dezember, war ich in Rosenheim, als mich plötzlich jemand anredete und [mich] Friedl Fini, eine Schulkameradin aus der Haustöchterschule, ansprach, was mich wirklich ganz von Herzen freute, da ich sie seit drei Jahren nicht mehr gesehen hatte!

Sonntag, 15. Dezember 1940
[Zeichnung: Adventskranz.]
Die beiden letzten Wochen brachten wir mit lauter Festvorbereitungen zu: Sechserlei Plätzchen wurden gebacken, die zum Teil in die verschiedenen Weihnachtspäckchen an all die einsamen alten Tanten und sonstigen Verwandten gepackt wurden. Verschiedene kleine Geschenkchen mußten zum Abschicken fertig sein, und nun sind nur noch wenige Kleinigkeiten fertig zu machen. Es ist ja dies' Jahr schon furchtbar schwierig, für jeden ein hübsches, nützliches kleines Geschenk ausfindig zu machen. Heute nun war ich mit Arno zusammen zum ersten Mal beim Skifahren, um meine kalten Glieder mal ordentlich in Bewegung zu setzen, und bin auch wundervoll warm geworden. Es war sehr hübsch, vor allem haben wir schon 'ne schöne Menge Schnee.

Weihnachten [1940]
[Zeichnung: Christbäumchen, Kerze.]
Ich hatte Papa, wie all die letzten Jahre, beim Weihnachtsbaumschmücken geholfen und noch einige Geschenke weggebracht, so daß die Zeit schnell verflogen war. Es dauerte also nicht mehr lange, da klingelte es wie in früheren Zeiten und wir stürmten hinunter. An der Tür wurden, wie immer, einige Weihnachtslieder gesungen, wobei ich Mutti gleich Trudi mein Geschenk, ein Liederbüchlein mit all unseren Weihnachtsliedern, von mir geschrieben und von Trudi mit dazu passenden Bildchen bemalt, in die Hand drückte. Dann kam etwas Neues, was wir Kinder uns ausgedacht hatten: Sämtliche Geschenke waren gut verpackt und mit den Namen der Geber und Empfänger sorgfältig versehen, und lagen so hübsch aufgebaut auf dem Tisch. Nun bekam jeder reihum nach und nach seine Päckchen zum Aufschnüren. Man kann sich da wohl denken, was das für eine Spannung war! Von Arno bekam ich einen wunderschönen Kunstkalender, von Trudi „König der Bernina" von Heer,[277] von Liesel Parfüm und

---

276 Freytag, Gustav (1816–1895): Die Brüder vom deutschen Hause (aus dem Romanzyklus: Die Ahnen, 6 Bde., 1873–81).
277 Heer, Jakob Christoph (1859–1925): Der König der Bernina (1900).

Briefpapier, von Gusti Kaffee, Kakao und ein Paar wunderbare Strümpfe (anscheinend alles von ihrem Mann aus Holland) und weiter noch einige Bücher und andere Kleinigkeiten. Zuletzt bauten wir alles hübsch auf dem Tische auf und Papa und Mutti brachten ihre Geschenke ins Wohnzimmer rauf. Mutti bekam von mir noch zwei aus Bast gemachte Serviettenringe und [ein] aus buntgeblümtem Karton gebasteltes Kästchen für Taschentücher. Papa aus Stoffresten eine Krawatte, ein kleines Markenbüchlein. Dann die aus Trudis altem Mantel entstandene, hübsch gewordene Hausjacke und ein entzückendes Kissen, aus bunten Trachtenbändern und Leinenresten zusammengesetzt. Nach dem Abendbrot wurde noch Christel geholt, die keinen Weihnachtsbaum hat, und alle Weihnachtslieder gesungen, [es wurde] gefuttert und geplaudert.
Den ersten Feiertag verbrachte ich mit nichts anderem als Lesen im „König der Bernina" von Heer, das sehr schön und fesselnd ist, so daß ich es ganz auslas.
Am zweiten Weihnachtstag fuhren Arno und ich bei herrlicher Sonne Ski und schauten auch bei Kathi rein, was Hansibubi alles bekommen hatte. Abends spielten wir alle eifrig das neue „Hast Du Worte"-Spiel, das sehr nett ist.
Sylvester verbrachten wir mit Spielen und Glühweintrinken, doch konnte das mich nicht so weit bringen, bis 12 Uhr auszuhalten, so blieben denn nur Mutti, Arno und die kleine Tochter Walli von Christina bis zum Glockenschlag auf.

Prosit
Neujahr!

Fürs
Neue
Jahr!

[Zeichnung: Glückskäfer, -klee, -pilze, Hufeisen.]

O verzweifle nicht am Glücke,
ob getäuscht auch viel und oft!
Niederschwebts auf goldner Brücke
plötzlich Dir und unverhofft!
Ungerührt von Klagen, Weinen,
wie's auch lange zögern mag,
einmal wird es doch erscheinen,
einmal kommt sein Wonnetag!

Sonntag, 12. Januar 1941
Die ersten Tage im neuen Jahr war wunderbares Tauwetter, so daß wir uns schon in den Frühling vorversetzt wähnten, aber dem war nicht so, schon wenige Tage später fing es wieder an zu schneien, und [es] ist mittlerweile wieder grimmig kalt geworden. Das Schöne dabei ist nur, daß von Mittag weg die Sonne alles in eine herrliche Landschaft verwandelt und uns hinaus lockt. So machten wir alle zusammen vorgestern, Freitag, einen entzückenden Spaziergang durch den verzauberten Wald, mit seinen schwarzgrünen Tannen sich wunderbar abhebend vom sommerlich blauen Himmel und der glitzernden und leuchtenden Schneelandschaft: Ein unglaublich schönes Bild.
Auch heute machten wir, das heißt Mutti, Papa und ich, uns auf zu einem Gang durch die Sonne, und es war wieder ganz wunderschön und erfrischend. – Die letzte Woche habe ich eifrig an einem Winterdirndl für Trudi genäht, das sie nun heute anhat und [das] recht gut gelungen ist, aus einem alten blauen Rock von mir das Leibchen, die Ärmel und der Rock aus braun-, weiß-, schwarzblaukariertem Wollstoff, den wir noch liegen hatten.

Sonntag, 19. Januar [1941]
Wir sitzen gemütlich mit Lesen, Zeichnen, Foto-Einkleben im wieder mal neu eingerichteten Wohnzimmer. „Neu eingerichtet" heißt bei uns aber nicht mit neu gekauften Möbeln, sondern die alten wurden umgestellt: Der Ofen kam in die entgegengesetzte Ecke, so daß nun ein langes Rohr zentralheizungsartig das ganze Zimmer wunderbar wärmt und wir kaum mehr aus dem sonnigen und molligen Zimmer zu bewegen sind.
Heute über Nacht hat's auch wieder kolossal geschneit, und es ist nun lustig, den regen, aber erschwerten Verkehr auf der Straße zu beobachten.

Sonntag, 26. Januar 1941
Es regnet, was nur vom Himmel fallen kann. Der ganze Schnee ist schon beinah' wieder weg, denn schon seit Montag ist es ungewöhnlich warm für diese Jahreszeit.
Mittwoch war es so sonnig, daß wir verhältnismäßig dünn bekleidet auf dem Balkon sitzen konnten und uns dort wundervoll sonn[t]en. Auch haben wir schon zwei grüne Salate aus unserem Gärtchen gegessen. Es ist ganz fabelhaft, man kann nun endlich wieder alle Fenster aufmachen ohne zu erfrieren.
Seit Freitag ist nun Papa wieder fort bei seiner alten Arbeit, hoffentlich bekommt das seinem Rheumatismus gut. Nun muß Mutti wieder den ganzen

Unterricht geben, während sie die letzte Zeit nur jeden zweiten Tag Geschichte (aus: von Loon: Die Geschichte der Menschheit),[278] Literaturgeschichte, Anatomie und Botanik uns drei zusammen gab, muß sie jetzt auch die übrigen Tage Trudi und Arno in Rechnen, Deutsch, Geographie usw. von 9 bis 1/2 11 Uhr unterrichten.

Dann haben Trudi und ich, wie immer nachmittags, eine Stunde Spanisch, Montag, Mittwoch und Freitag in „Meyers Weltsprachen: Spanische Umgangssprache" und lesen in „Espinas Rosas" eine nette spanische Geschichte. Und jedes von uns drei hat zweimal nachmittags eine Stunde Englisch. Ich lese jetzt „Country House" von Galsworthy.[279] In der übrigen Zeit habe ich allerhand zum ausbessern. Da wir ja nicht das Geringste an Kleidungsstücken kaufen können, muß man alles immer wieder in Ordnung bringen. Dann schicken wir auch jede Woche ein Päckchen mit Lebensmittel und alten, abgetragenen Sachen an Annchen L[ewy], einer Cousine von Mutti, die noch immer in Polen sind mit keinem Pfennig Geld.[280] An Muttis alten Onkel Arthur[281] schicken wir auch ziemlich regelmäßig etwas Lebensmittel, ebenso an eine andere Berlinerin, ab und zu bekommt Onkel Benno[282] ein Päckchen und auch Gertrud,[283] ebenso Tante Lottchen und O[nkel] Paul,[284] hauptsächlich Gemüse. In den Städten muß es schon sehr mager zugehen! Wir kommen sehr gut aus mit unseren Mengen und können dadurch immer noch was wegschicken.

Es gibt jetzt pro Person 1 Pfund Fleisch und Wurst, circa 1 Pfund Zucker, 1/8 Pfund Teigwaren, 1/8 Pfund Käse, 100 Gramm Gries usw., 12,5 Gramm Puddingpulver, 25 Gramm Butterschmalz, 1/3 [?] Pfund Margarine mit Öl, 35 Gramm Schweineschmalz, 1/4 Pfund Butter (Kinder bis 14 Jahre etwas mehr und 50 Gramm Marmel[ade], etwas Kakaopulver und Kunsthonig, 1/4 Liter Vollmilch), bis 18 Jahre im Monat im Winter 1 Kilogramm Äpfel, Erwachsene 60 Gramm Bohnenkaffee und etwas Tee. Etwas Reis und Hülsenfrüchte, circa 5 Pfund Brot, Kinder etwas mehr. Dann noch pro Person im Monat ein Stück Seife (Einheitsfeinseife) und 1/2 Pfund Waschpulver. Da wir Eier und Milch haben, geht es so recht gut.

---

278 Loon, Hendrik Willem van: Die Geschichte der Menschheit. In dt. Bearb. v. Gustav Schultze-Buchwald (1925, weitere Aufl. 1935, 1936).
279 Galsworthy, John (1867–1933): The Country House (1907, dt. Das Herrenhaus, 1913).
280 Siehe S. 208 f. und Anm. 247.
281 „Onkel Arthur" und Grete Packscher in Berlin.
282 Benno und Guste Packscher in Berlin.
283 Gertrud Michelsohn (Sonnenberg) in Hannover.
284 Lotte und Paul Levy.

Sonntag, 2. Februar 1941
Heute war nun Papa wieder über Sonntag da, was recht hübsch war. Wir lasen und machten Spiele, auch gab's die Lebensmittelkarten oben beim Wirt. Papa hat sich jetzt ein Paar bezugscheinfreie Stiefel mit dicker Holzsohle gekauft und ist ganz zufrieden damit. – Das Wetter ist ziemlich warm und wir hoffen ja sehr, daß es bald Frühling wird.

Sonntag, 9. Februar 1941
Wir sind wieder glücklich, daß das Wetter so rasch umgeschlagen hat: Es taut und regnet nämlich seit gestern so sehr, daß von dem circa 75 Zentimeter hohen Schnee – der Anfang der Woche uns wieder zum Skifahren anfeuerte – nur noch ganz wenig zu sehen ist. Gestern war ich in der Stadt und freute mich der Wärme und der herrlichen Aussicht auf die dunkelblauen Berge, die so nahe schienen, als ob man sie greifen könnte. Als ich wieder zu Hause war, bekamen wir unerwarteten Besuch von Herrn Sta[ber], den uns gut bekannten Gärtner aus Nußdorf am Inn.[285] Er interessierte sich sehr für Briefmarken und fand auch noch einige bei meinen doppelten, die ich ihm gern überließ. Auch erfuhr ich da, daß ich einige sehr feine Marken in meinem kleinen Album hätte und eine darunter im Werte von 60 RM. Man kann sich vorstellen, wie stolz ich nun darauf [war], vor allem, da ich bisher keine Ahnung von diesen Schätzen hatte.
Diese Woche bekam Mutti zu ihrer großen Freude nach furchtbar langer Pause Nachricht von Großmutter, vom 19. Januar datiert.

12. Februar 1941
[Zeichnung: Schleife, Blume.]
Mit Papa hatten wir zwar verabredet, daß wir erst am Sonntag, den 16., feiern wollten, um alle zusammen zu sein, aber da jetzt der Kamin umgebaut wird und wir in unglaublichem Dreck und Staub sitzen, fürchtete Mutti, wir müßten Papa noch zu Sonntag abschreiben, weil es so ungemütlich ist. – So bekam ich richtig am Mittwoch, den 12., meine Geschenke. Mutti hatte alles wundernett dekoriert und aufgebaut, auf dem zierlich gedeckten Kaffeetisch stand eine prächtige Torte mit rundherum 18 brennenden Kerzen. Auf dem Tisch an der Seite fand ich eine ganze Menge hübscher Geschenke: Ein Briefblock, Radlnetze, Film, Schal, eine reizende, kunstseidene Schürze von Kathi, Parfüm und Kekse von Bennos, Wolle

---

285 Georg Staber. Zusammen mit ihrer Cousine Eva Levy hatte Elisabeth Block den Gärtnerei-, Schwimmbad- und Cafebesitzer Staber bei einer Radtour nach Nußdorf am 2.6.1935 kennengelernt. Siehe S. 87.

(punktfrei) für einen Pullover, den ich schon vorher angefangen habe, eine entzückende Primel, die mich sehr freut, von Trudi „Heidjers Heimkehr" von Speckmann,[286] von Arno „Die junge Barbra" von B. Ring[287] und eine selbst beklebte Schachtel, „Die Ahnen" von G. Freytag zum Vorlesen,[288] ein[en] fabelhaften span[ischen] Bilderduden und noch verschiedene Kleinigkeiten. Mit der Post kam noch von Arthurs „Aurore" (George Sand), was wundervoll fesselnd und interessant von einer französischen Dichterin aus dem 19. Jahrhundert spielt. Am Nachmittag machten wir einen hübschen Spaziergang an den Inn zur Feier des Tages.

13. [Februar]. Zu heute zum Kaffee hat Mutti Kathi mit Hansibubi eingeladen, was recht nett war.

14. [Februar]. Fuhr ich morgens zur Stadt, die Bergspitzen waren märchenhaft schön von der aufgehenden Sonne vergoldet. Am Nachmittag wuschen wir uns die Köpfe und ließen uns von der herrlichen Sonne trocknen.

Sonntag, 16. Februar 1941

Gestern abend war Papa gekommen und ich zeigte ihm dann gleich meinen Geburtstagstisch, der sich inzwischen noch um vieles vergrößert hatte: Ganz unerwartet kamen von Lottchen,[289] von Frau Seligmann[290] und Marthchen Rosenfeld[291] Päckchen mit Keks, Büchern und sogar einer feinen Torte, die wir heute morgen bei festlich brennenden Kerzen probierten. Von Tante Alice und Tante Emma kamen Glückwünsche und 7 RM,[292] und auch das seit Weihnachten bestellte Buch „Grundlehre der Schneiderei" hatte ich gestern bekommen, und das *sehr* lehrreich und mit vielen Fotos versehen ist. So hatte ich – nachdem mir Papa noch ein reizendes kleines Tagebuch, ein Fotoalbum und „Jugend am See" von J. M. Camenzind[293] schenkte – tatsächlich an die elf Bücher bekommen. Also fehlt's jetzt nicht an Lektüre, aber heutzutage macht mir ein Buch wahrlich mehr Freude als etwa eine Flasche Parfüm oder sonst dergleichen, da man ja an

---

286 Speckmann, Diedrich (1872–1938): Heidjers Heimkehr (275.–279. Tsd. 1941).
287 Ring, Barbra (1870–1955): Die junge Barbra (1928, dt. 1939).
288 Freytag, Gustav (1816–1895): Die Ahnen (6 Bde., 1873–81).
289 Lotte und Paul Levy.
290 Johanna Seligmann in Hannover, die Schwiegermutter von Hans Block. Siehe Anm. 96 und S. 38 f.
291 Martha Rosenfeld, geb. 1.9.1898 in Hannover, eine Tochter von Berthold und Helene Frensdorff, somit eine Cousine von Mirjam Block.
292 Alice Pfleiderer und ihre Mutter Emma.
293 Camenzind, Josef Maria: Mein Dorf am See (1934).

Büchern, besonders an schönen, nicht nur einmal, sondern oft Vergnügen hat und auch noch andere sich daran freuen.

Sonntag, 23. Februar 1941
Seit Freitag wieder richtiger Winter mit viel Schnee und Kälte. Was hatten wir doch für Glück, daß wir Donnerstag und nicht Freitag einen Ausflug an den Chiemsee gemacht haben. Das Wetter war da noch wunderschön, wie Frühling. Nachdem wir noch einige Besorgungen in der Stadt gemacht hatten, fuhren wir mit der Bahn nach Rimsting, wo wir um kurz nach 1 Uhr ankamen und von Frau Hoffmann schon erwartet wurden. In ihrem immer so gemütlichen, schönen Haus war es auch diesmal, trotzdem wegen Kohlensparen nur das große Atelier geheizt war, wieder sehr anregend und hübsch. Der Nachmittag verging rasch mit Anschauen schöner Bücher, Plaudern über Bücher, Garten und sonstige Probleme, auch gab's feinen Kuchen und Tee, und am Ende zogen wir schwer beladen mit geliehenen Büchern und Kaktussen für Arno ab und waren alle froh, einen Tag so gemütlich außerhalb des jetzt weniger angenehmen Aufenthalts zwischen aufgebrochenen Mauern und Unmengen von Staub, Dreck und ohrenbetäubendem Lärm entronnen zu sein. Denn es sind jetzt drei Arbeiter, die von morgens bis abends am Bau der beiden Kamine und noch anderen Veränderungen tätig sind.
Heute ist nun eine wohltuende Ruhe im Haus und wir sitzen lesend im gemütlichen Wohnzimmer, während ich vorher für Kathis Mann einiges auf der Schreibmaschine zu schreiben hatte – sehr ehrenvoll für mich!

Sonntag, 2. März 1941
Papa kam gestern mittag schon zu unsrer großen Freude. Doch das dauerte nicht lange, denn plötzlich – während wir Kinder mit Papa die neu gebauten Dinge ansahen – rief Mutti nach mir, und als ich ins Zimmer kam, stand sie, das ganze Gesicht mit Blut übergossen, es sah schrecklich aus. Sie war über eine Schnur am Boden gestolpert und dann so unglücklich an die Tischkante gefallen, daß sie sich die rechte Haut zwischen Nase und Backe aufgerissen hatte. Es blutete furchtbar und wir hatten alle einen großen Schrecken bekommen, da man ja noch nicht sehen konnte, wie weit es fehlt. Da es gar nicht zu bluten aufhören wollte, fuhr ich dann in die Stadt, um verschiedene blutstillende Mittel zu holen. Da es auf einmal wundervoll warm und föhnig geworden war, war ich froh, aus der dumpfen Stube hinaus ins Freie zu kommen. Auf dem Heimweg traf ich Antretter Hannerl, eine von meinen Rosenheimer Schulkameradinnen, die mir lebhaft von daheim erzählte und recht nett war. Zu Haus' ging es der armen Mutti schon etwas besser, und heute hat sie sich nun schon ziemlich

von ihrem gerechten Schrecken erholt, muß aber ruhig auf dem Sofa liegen bleiben und sieht ganz furchtbar aus, unterm Auge und an der Nase ist sie ganz doll blaurot geschwollen. Gottseidank hat sie keine Schmerzen, und hoffentlich ist sie rasch wieder hergestellt! – Den ganzen Nachmittag saß ich auf dem Balkon, wo es wundervoll warm und schön war.

Sonntag, 16. März 1941
Die ganze Woche ein Tag schöner als der andere, zwar morgens äußerst frisch, aber schon bis Mittag das ganze Land sonnenüberstrahlt mit leuchtend blauem Himmel und munterem Vogelgezwitscher. Vergangenen Sonntag feierten wir schon im voraus Papas Geburtstag, was recht hübsch war, obwohl wir gar nicht darauf vorbereitet waren, wir hatten nämlich nicht gedacht, daß Papa an diesem Tag kommen würde. Sehr schön war, daß wir am Tag zuvor am Inn waren, wo wir schon eine ganze Menge Leberblümchen und Schlüsselblumen fanden. – Diese Woche saßen wir viel auf dem Balkon, wo wir beinahe in der Sonne brieten, während doch auf offenem Felde ein frischer Ostwind einem kalte Hände verursachte. Ich war viel damit beschäftigt, im Vorgarten die Beete ums Haus 'rum zu räumen und die verschiedenen Pflanzen und Zwiebeln auf die anderen Beete zu verteilen, da nämlich ein Betonweg an der Hauswand herum gemacht wird. Freitag kam Kathi mit dem jetzt schon wieder tüchtig gewachsenen Hansibubi, um Trudi und mein Zimmer, welches Heinrich dieser Tage frisch getüncht hat, zu putzen, was bei dem herrlichen Wetter direkt eine Lust war. Und ich bin nun überglücklich, wieder in meinem sauberen, hübsch mit weißen Gardinen versehenen Zimmer einziehen zu können, nach circa vier Wochen größter Unordnung. Im Haus scheint es jetzt allmählich wieder in Ordnung und Sauberkeit zu kommen, aber draußen, um's Haus 'rum, sieht es ganz verheerend aus: Schotterhäufen, Kies und Sand, altes Gerümpel usw. ist rund um's Haus gelagert. Aber Geduld und Zeit werden ja alles wieder in die alte Ordnung zurückführen.
Heute nun, Sonntag, wieder entzückendes Frühlingswetter, werden wir mit den Rädern zum Schneeglöckchenpflücken fahren. – Mutti ist nun auch wieder beinahe ganz hergestellt und will mit Papa an den Inn gehen. – Gestern abend habe ich noch bis 11 Uhr gesessen und meinen blauen Pullover aus dem punktfreien Garn fertig gemacht, damit ich ihn heute anziehen kann. Er sieht ganz wunderhübsch aus, sehr modern, und sitzt ausgezeichnet. Ich bin sehr froh darüber.
[Zeichnung: Schmetterling, Blumen, Vogel.]

Nachmittag: Eben sind Trudi und ich heimgekommen und haben eine ganze Menge der zierlichen Frühlingsboten mitgebracht, ungefähr sechs kleine Väschen haben wir damit gefüllt, und die schmücken nun Wohn- und Schlafzimmer. Kathi und Christl haben wir auch welche geschenkt. Es war eine wunderhübsche Sonntagsfahrt.

Sonntag, 23. März 1941
Gestern abend kam Papa und heute sitzen wir alle gemütlich beisammen, lesend, schreibend, spielend oder mit den Ausbesserungen von Papas Arbeitskleidung beschäftigt, die immer sehr pflegebedürftig ist, während es draußen stürmt und regnet und sehr kühl ist, schon seit gestern. Die vergangene Woche, wo es immer entzückendes Wetter war, habe ich drei Mistbeete hergerichtet: Das erste für Samen: Tomaten, Kohlrabi, Blau- und Weißkraut, Blumenkohl, Salat, Porree, Ageratum, und ins zweite Wintersalatpflänzchen mit Radisamen dazwischen. Einen Tag brachten Mutti und ich damit zu, sämtliche Kommoden reine zu machen, um das Großreinemachen mit Kathi (das diese Woche stattfinden soll) zu erleichtern. Auch hatten wir diese Woche eine fabelhafte Nachricht von Onkel Erich[294] in Form eines Telegramms: *Antrag läuft bestens!* Man kann sich denken, wie glücklich wir darüber waren und schon am Abend alles über Berichte aus Argentinien durchstöberten und die schönsten Luftschlösser bauten. Unser aller Wunsch ist ja: Nur endlich drüben zu sein.

Sonntag, 30. März 1941
Als wir letzten Montag in der Frühe raus schauten, war alles weiß. Überall lag dicker Schnee auf den Bäumen und Dächern, alles weiß wie im tiefsten Winter, aber schon am Abend war der meiste wieder weggeschmolzen, worüber jedermann äußerst zufrieden ist. Mittwoch erhielten wir schöne Post von Onkel Erich und Tante Marie,[295] und Donnerstag, während wir Unterricht hier oben hatten, kam ein zweites Telegramm von Buenos Air[es] mit den günstigsten Nachrichten über unseren Antrag dort. Herrlich! Gestern nachmittag, trotz kühlem Wetter, spazierten Mutti und ich an den Inn, wo es ganz entzückend jetzt ist, ganz blau und bunt ist's unter den Sträuchern, überall blaue und rote Leberblümchen, weiße Anemonen, Schlüsselblumen und Lungenkraut. Unten am Altwasser setzten wir uns ein wenig und freuten uns an den wundervollen Wolken und den Berge[n], die in ihrem dunkelsten Blau und an einzelnen Spitzen von der Sonne beleuchtet dastanden.

---

294 Erich Frensdorff, der seit 1938 in Argentinien lebte.
295 Erich Frensdorff und Marie Arndt, die mit ihrem Mann Paul 1938 nach Argentinien ausgewandert war; ihr Sohn Konrad Arndt lebte dort seit 1935.

Bis wir nach Haus' kamen, war Papa schon da, und heute erfreuen wir uns des entzückenden Wetters.

Sonntag, 6. April 1941
Leider ist es heute regnerisch, kühl und trübe, während es doch die ganze Woche so sonnig, warm und echtes Frühlingswetter war, so daß ich allerhand im Garten schaffte: Petersilie, Rote Rüben, Radis, Schnittsalat und Kresse säte, Zwiebeln steckte und Salat ins Freie und ins Mistbeet pflanzte, Astern, Zinnien, Ageratum, Tagetes usw. in dasselbe baute. Grad' als ich damit beschäftigt war, bekamen wir das dritte Telegramm aus B[uenos] A[ires], das unsere Einreiseerlaubnis dorthin verkündete, ein freudiger Schreck! So rasch hätten wir uns das ja nicht im Traum erwartet. Papa wurde gleich verständigt, konnte aber erst Freitag nacht hier sein. Ich fuhr am nächsten Tag unter Herzklopfen in meine Schule nach Rosenheim, um mir meine Zeugnisse zu holen, mußte dort ca. eine Stunde warten, währenddessen ich verschiedene meiner alten Lehrer und Lehrerinnen wiedersah und von ihnen aufs Herzlichste begrüßt wurde als „alte Bekannte".
Meine übrige Zeit verwende ich aufs Nähen, da es ja noch vielerlei zu tun gibt: Für Arno Hemden, Trudi ein hellgrünes Blusen-Röckchen und versch[iedenes] verlängern und erweitern, für mich eine Bluse usw. – Von Liesel W[eiß][296] bekam ich dieser Tage einen sehr lieben Brief, seit Weihnachten der erste!

Ostersonntag, 13. April 1941
Am Morgen hatte ich den Kaffeetisch ganz bunt mit Hilfe kleiner roter, gelber, weißer und grüner Zuckereier, einigen großen, bunt gefärbten Eiern, grüner Hasenwolle und gelben Osterglocken und einem wohlgelungenen Osterkuchen geziert und damit die fehlende Osterstimmung gebracht. Denn leider hatte uns das Wetter einen vollkommenen Strich durch die Rechnung gemacht. Kühl und trübe ist es, wie schon die ganze Woche, zum Trost ist wenigstens der viele Schnee, der uns die ganze Woche schon geärgert hat, zum größten Teil verschwunden. Nun sitzen wir, wie jeden anderen Sonntag, in der molligen Wohnstube, lesend, schreibend usw. Anfangs der Woche war ich mit Papa beim Fotograf für Paßbilder,[297] die übrigen Tage mit Nähen beschäftigt. Arno und Papa haben sich

---

296 Elisabeth Weiß (Stilke) war zu jener Zeit bei den Dornierwerken in Friedrichshafen beschäftigt. HdBG, Gespräche, S. 7.
297 Siehe Abb. 17–21.

an das Erneuern der großen Koffer gemacht, da ja dergleichen nicht aufzutreiben ist. Sie wurden fabelhaft gestrichen und sehen wie neu aus.

Ostermontag, [14. April 1941]
Als Ersatz für gestern war es heute ganz entzückendes Wetter. Da wurde gleich am Vormittag Eiergeschieben und am Nachmittag fuhren Trudi und ich mit den Rädern in die Stadt, um einen wichtigen Brief einzustecken. Es war ganz österlich in der Stadt, festlich gekleidete Leute spazierten auf den Straßen ins Freie hinaus, um das Wetter und das Fest zu genießen: In den Gärten fingen gerade Osterglocken und Forsythien an zu blühen und die Trauerweiden waren schon in leises Grün getaucht. Wir fuhren dann wie verabredet unten am Inn entlang und trafen dort Mutti und Papa, die Wärme, Sonne und das Summen der Insekten zu genießen. Es blüht dort unten ja über und über. Zum Kaffee waren wir wieder daheim, wo uns schon Kathi und Hansibubi erwarteten und mit uns zusammen den Osterkaffee einnahmen.

Sonntag, 20. April 1941
Das Wetter war recht angenehm, um unseren Vorsatz auszuführen. Trudi, Arno und ich wollten nämlich am Nachmittag mit den Rädern nach Wasserburg fahren. So machten wir uns denn auf und kamen nach 1 3/4 Stunden Fahrt dort an, wo wir uns auf den Kellerberg begaben. Von hier aus kann man die ganze Halbinsel, auf der die alte Stadt aufgebaut ist, wunderhübsch übersehen. Nachdem wir uns hier genügend ausgeruht hatten, spazierten wir wieder hinunter in das malerische Städtchen, wanderten durch die schmalen Gässchen und alten Plätze und landeten denn endlich im Kaffee Lebzelter, wohl das größte und hübscheste am Platze. Wohl gestärkt kehrten wir zurück zu unseren Rädern und fuhren nach Hause zurück.

Sonntag, 27. April 1941
Diese Woche haben wir leider eine sehr große Enttäuschung erlitten: Trotzdem wir schon die Einreise nach Argentinien hatten, verweigert uns der Konsul hier das Visum, so daß wieder mal alles Essig ist und wir erstmal sehen müssen, was Onkel Erich drüben erreichen kann. Man kann sich denken, wie enttäuscht wir alle sind! Aber die Hoffnung braucht man ja deswegen nicht aufzugeben.[298]

---

298 Spätestens ab 1. Oktober 1941 wurde insgeheim die Auswanderung von Juden

Sonntag, 4. Mai 1941
Dienstag und Mittwoch waren entzückende Frühlingstage, an denen wir im Garten wirkten, Frühkartoffeln legten, Kohl- und Salatpflänzchen pikierten und den Garten in Ordnung brachten. Auch half ich bei einem Bauern, der keine Leute bekommen kann und nur die junge Frau [hat], die dann am Abend ein kleines Kind bekam, beim Kartoffellegen. Am Mittwoch halfen Trudi und ich Christel[299] beim Steinelesen auf ihrem Acker. Da es am 1. Mai recht schlechtes Wetter war, nähte ich mir aus meinem rosa Wandschoner (Schwedenstreifen) eine Wickelschürze.
Ich habe nämlich am Freitag, den 2. Mai, angefangen nach Benning zum Aushelfen zu gehen,[300] dort ist Christel daheim und es ist ein großer Bauernhof mit sehr, sehr netten Leuten, die auch keine Magd bekommen können. Es ist ungefähr eine halbe Stunde mit dem Radl zu fahren. Ich habe mir sowas ja schon lange gewünscht und gehe schrecklich gerne hin. Freitag kam Trudi auch noch mit, weil wir dort Kartoffeln setzen wollten, leider hat uns das Wetter früh am Nachmittag ziemlich geärgert, und wir konnten nicht fertig werden. Samstag fuhr ich um 8 Uhr bei schönstem Schneegestöber hin, spülte ab, putzte Stube, Küche und Treppe, half in dem großen Stall und nachmittags wurden Herrenhemden geflickt, da war dann die ganze Stube voller kleiner Nachbarskinder, die erstmal die „neue Dirn" bestaunen mußten. Abends versuchte ich das Melken, was natürlich noch fleißiges Üben braucht, hernach durfte ich noch dem kleinen Böckchen aus der Flasche zu trinken geben. Aber es macht mir wirklich furchtbar viel Spaß und ich komme mir immer wie ein Landjahrmädel vor. Vor allem ist es auch so sehr nett, daß die angenommene Tochter Regerl[301]

---

generell verhindert, nachdem die „Endlösung" durch Deportation und Ermordung beschlossen worden war. Siehe Benz, Juden in Deutschland, S. 430 f. Jäckel, Hitlers Herrschaft, S. 94 ff.

299 Christine Hochstetter.
300 Benning liegt etwa zwei Kilometer südöstlich von Vogtareuth, von Niedernburg sind es etwa fünf Kilometer. Elisabeth arbeitete auf dem Hof von Wolfgang Loy (Zilhamer). Einwohnerbuch 1937, S. 123. Der Hofname ist insofern wichtig, da in Benning auch Melchior Loy (Schmid) einen Hof bewirtschaftete. Ab 4.3.1941 wurden Juden verstärkt zum Arbeitseinsatz herangezogen. Siehe Hilberg, Vernichtung, S. 153. Benz, Juden in Deutschland, S. 575 f. Siehe auch Abb. 16 und 22.
301 Bayerisch für Regina. Regina Zielke, geb. 1923; ihre Aussagen sind sehr wertvoll für die Darstellung der Lebensumstände der Familie Block ab 1941. Regina Zielke stammt aus dem Hof der Freibergers in Vogtleiten. Nach dem Tod ihrer Eltern 1938 kam sie auf den Hof von Wolfgang Loy (Zilhamer) in Benning, aus dem ihre Mutter stammte; deren Schwester Christine Hochstetter erhielt 1939 das Haus der Blocks in Niedernburg. Offenbar durch deren Vermittlung kam Elisabeth Block im Mai 1941 auf

grad so alt ist wie ich, und die dicke, gutmütige Bäuerin so lustig und nett ist, und dann sind da noch der Bauer selbst,[302] der auch immer gut gelaunt ist, der Bruder[303] von ihm und Christel,[304] ein dicker, gutmütig lachender Franzose,[305] die alte 80jährige Mutter,[306] die Mutti so zugetan ist, Christels Tochter Wallei,[307] die ich ja schon gut kannte und Regerls vierjährige, reizende kleine Schwester Marei,[308] die mir überallhin nachläuft und alles das tun möchte, was ich auch grad' tue. Abends, so um 1/2 8 Uhr, fahre ich dann heim, und heute, Sonntag, bin ich ganz daheim, wo ich meine Sachen in Ordnung bringe, lese und schreibe und mit Papa zusammen bin, der auch gestern abend gekommen ist. Am Nachmittag kam Regerl zu uns, was sehr nett war. Wir besahen meine Fotoalbums, tranken Kaffee und Trudi spielte auf der Zither.

Sonntag, 11. Mai 1941
Montag, den 5. [Mai], war schöneres Wetter, aber ein eisiger Wind, außer den üblichen Arbeiten wie Abspülen, Zusammenkehren usw. mußten wir Streu rechen und die letzten Kartoffeln wurden gesetzt. Auch die folgenden Tage war entzückendes Frühlingswetter, aber immer wahnsinnig kalt. Morgens lag dicker Reif, und ich muß immer noch mit Fausthandschuhen fahren. Mittwoch war ich mit Christel[309] in Pfraundorf bei ihrer Schwester, der Krämerin, bei der wir die Schlafkammer stöberten, in der sich eine Unmenge Schachteln mit Vorkriegsware wie Stoffe, Seifenpulver, Wolle usw. befand. Die Schwester bekommt nämlich demnächst ein Kindchen.[310] Donnerstag wuschen Regerl und ich Wäsche, wobei wir uns eifrigst unterhielten über alles Mögliche und Unmögliche und waren überhaupt recht lustig, aber leider scheint das alles nun ziemlich zu Ende zu sein, da sie Freitag nachmittag eine neue Magd bekommen haben und Regerl nun mit der zusammenarbeiten muß, draußen und im Stall, und ich drinnen im Haus hauptsächlich bin, wo ich [am] Samstag alles geputzt habe und näch-

---

      den Hof in Benning und Gertrud Block nach Vogtleiten. HdBG, Gespräche, S. 124.
302 Wolfgang Loy.
303 Hans Loy.
304 Christine Hochstetter.
305 Der Franzose Armand war Kriegsgefangener.
306 Walburga Loy.
307 „Wallei" ist die ledige Tochter von Christine Hochstetter, geb. 1928, die ebenfalls in Benning aufwuchs und später den Hof erhielt. HdBG, Gespräche, S. 150 f.
308 Eigentlich Maria. HdBG, Gespräche, S. 143.
309 Christine Hochstetter.
310 Die Tochter Regina, „Gina", wurde von Christine Hochstetter großgezogen. Sie ist die heutige Besitzerin des früheren Hauses der Blocks. HdBG, Gespräche, S. 43, 143.

ste Woche flicken muß, was ja bei schönem Wetter nicht ganz mein Fall ist. Meine einzige Hoffnung ist noch, daß die ziemlich liederliche, nicht sehr beliebte Magd doch wieder weg kommt, denn dann dürfte ich auch wieder mehr mit Regerl zusammen sein, was natürlich viel lustiger ist. Aber wenigstens darf ich abends noch immer meine Kuh melken, was mich über vieles hinwegtröstet.

[Sonntag], 18. Mai 1941
Die ganze Woche war trotz, oder vielmehr durch die neue Magd furchtbar lustig für mich. Regerl und ich haben immer die größte Gaudi zusammen, denn die Neue können wir alle nicht leiden, weil sie eine furchtbare Schicks[311] ist, die den ganzen Tag von nichts als von ihren Soldaten und anderen Herrenbekanntschaften schwatzt. Auch hat sie die größte Freude, wenn sie mit dem dicken Franzosen zusammen sein kann, wo dann die beiden aufs eifrigste quasseln. Einen Nachmittag wurden noch einmal Kartoffeln gesetzt, einmal Bohnen gesteckt und gegartelt, bei schlechtem Wetter geflickt, während der Radio spielt. Ich fahre morgens immer so um 3/4 8 Uhr bei ziemlicher Kälte hin und komme abends um 8 1/4 Uhr bei meist herrlichem Sonnenuntergang heim. Die Heimfahrt ist bei schönem Wetter immer ganz wonnig: Fast jeden Tag sehe ich einige schlanke Rehe, sich auch des schönen Abends und der grünen Blätter erfreuend.
Heute ist nun Muttertag. Trudi hat eine schöne Torte gebacken und auch am Morgen mit Papas Hilfe die kleinen Geschenke aufgebaut, da ich mal richtig ausschlafen wollte. Nun, am Nachmittag, sitzen wir bei entzückendem Frühlingswetter auf dem Balkon und freuen uns der goldenen Löwenzahnwiesen, der blühenden Birnbäume und der Wärme. Unten im Vorgarten blüht es über und über, Tulpen, Vergißmeinnicht, Tag- und Nachtschatten, Arabis, Monatsblumen, Narzissen, Gemswurz und Primeln.

Sonntag, 25. Mai 1941
Das hübsche Wetter lockte uns hinaus, so daß wir uns noch rasch entschlossen und mit einem Zug um 12 1/4 Uhr von Stephanskirchen nach Prien fuhren, von wo aus wir nach Stock spazierten und mit einem kleinen Dampfer zur Fraueninsel fuhren. Ganz entzückend war es dort. Wonnig anzusehen die kleinen malerischen Fischerhäuschen inmitten blühender Obstbäume und bunter Gärten. Wunderschön war es auch, so

---

311 Abgeleitet aus dem Jiddischen „sikzo" (Christenmädchen) für dumme, unangenehme Person, als Schimpfwort für Mädchen, Frau, in den deutschen Mundarten wurde „Schickse" zu „Judenmädchen". Wahrig, Deutsches Wörterbuch 1985.

am Ufer zu liegen und über das blaue Wasser mit den weißen Segelbooten auf die schneebedeckten Berge zu schauen. Nachdem wir uns noch beim „Gasthaus zur Linde" gestärkt hatten, ging's mit einem großen Dampfer nach Haus'.
Die vorige Woche verging mit Distelstechen und Düngerhaufen machen. Abends melke ich jetzt immer zwei Kühe, seit die neue Magd nicht mehr da ist, worüber wir ja alle recht froh sind. Donnerstag, den 22. Mai, Christi Himmelfahrt, waren Regerl und ich zusammen in der Stadt.

Pfingstsonntag, [1. Juni 1941]
Das wonnigste Frühlingswetter versetzte uns sowohl am ersten, wie auch am zweiten Pfingsttag in die beste Feststimmung. Gleich am Sonntagfrüh fuhren wir drei Sprößlinge mit Papa hinaus ins Blaue durch bunte Wiesen, an über und über blühenden Obstbäumen vorbei, festlich gekleideten Menschen und lustigem Vogelgezwitscher. Bis nach Neubeuern, dem malerischsten Dörflein vom ganzen Inntal. Unter leuchtend blauem Himmel, mit dem Blick auf den hübschen Marktplatz, saßen wir und verspeisten unsern Kuchen. Gegen 1/2 2 Uhr kamen wir wieder heim. Am Nachmittag waren wir drei Kinder in Benning, wo ich die ganze Familie fotografierte.

Pfingstmontag, 2. Juni 1941
Strahlendes Wetter lockte uns auch heute wieder hinaus. Diesmal waren es nur Arno, Trudi und ich. Unser Ziel war Törwang, das oben auf dem Samerberg in wundervoller Lage sich befindet, und wo wir gegen 1/2 11 Uhr anlangten. Wir spazierten dann hinauf zum Aussichtspunkt, von wo aus wir eine herrliche Sicht ins Flachland hinaus hatten. 136 Kirchen soll man von da aus sehen können, darunter auch Zaisering und Leonhardspfunzen. Wir wanderten noch weiter nach Steinkirchen, wo wir uns lagerten. Auf dem Rückweg spendierte ich noch prima Eis im Kaffee in Törwang.

Sonntag, 8. Juni 1941
Zwei Nachmittage bei großer Wärme waren Regerl und ich mit dem Bruder von Christl und dem Franzosen in der Filze, wo wir Torf aufschichten mußten, und wo es recht lustig zuging, da noch mehr Leute unten waren. Die übrigen Tage haben wir Disteln gestochen und Runkelrüben gepflanzt. Samstag bin ich schon mittags heimgefahren, da ich mich mit Liesel [Weiß] in Rosenheim treffen wollte, was aber wieder nichts geworden ist. Ein schöner Ersatz war mir dafür, daß ich nachher noch mit Mutti und Trudi zum ersten Mal zum Baden ging, was wunderbar war. Heute ist's nun ziemlich trübe.

Sonntag, 22. Juni 1941
Heute war herrliches Sommerwetter, so daß ich mal ordentlich zum Baden gehen konnte. Schon am Vormittag, wo es besonders schön und ruhig war, schwammen wir, und sogar Trudi und ich, über'n See. Dann, am Nachmittag, war Hochbetrieb, so eine Masse Leute kam, daß wir [kaum] noch Platz hatten, uns in die Sonne zu legen, aber trotzdem, es war wundervoll und muß wieder für acht Tage ausreichen. Übrigens war diese Woche recht traurig in Benning, weil am Montag, den 16. Juni, die alte Mutter 83j[ährig] gestorben ist.[312] Die Beerdigung war am Donnerstag, wo ich die ganze Verwandtschaft mit Kaffee und Kuchen bewirten mußte. Da es am Nachmittag richtiges Heuwetter war, hatten wir viel zu schwitzen, Klee häufeln, Heu einfahren, zwei Fuhren usw.

Sonntag, 29. Juni 1941
Die ganze Woche hatten wir mächtig mit der Heuernte zu tun. Jeden Tag zwei bis drei Fuhren zum Einfahren und den ganzen Tag über vom frühen Morgen bis abends um 1/2 8 Uhr zu breiten, wenden, einfahren und schöbern. Schwitzen muß ich, daß mir nur 's Wasser so runterläuft und mein Hemd ganz naß ist. Aber Freude macht's, und ganz glücklich bin ich dabei. Heute, Sonntag, ist nun kein besonders schönes Wetter, aber ich hatte fein zu tun, da ich gestern vormittag in der Stadt war und mir Schürzenstoff, ein Hemdchen und Schlüpfer usw. gekauft habe, da mir Christl 41 Punkte zur Verfügung gestellt hat, worüber ich mich ganz besonders gefreut habe. Nun habe ich mir heute eine reizende Trägerschürze gemacht. Nachmittags kam Regerl zu mir.

Sonntag, den 6. Juli [1941],
wanderten wir bei herrlichem Wetter an den Simssee, wo wir den ganzen Tag badeten.

Sonntag, 13. Juli 1941
Da Papa jetzt wieder bei seiner Arbeit ist, entschlossen wir anderen uns rasch und fuhren heute mit dem 8.15 Uhr Zug bei herrlich schönem Wetter nach dem entzückenden Innsbruck. Es war eine köstliche Fahrt durch das schöne Inntal, zu beiden Seiten schroff aufsteigende Felswände, an deren Fuß bewaldete Hügel mit alten malerischen Burgen, Schlössern,

---

312 RA, 16.6.1941, S. 6: „Heute vormittag verschied ... Frau Walburga Loy, geb. Mayer, Zilhamermutter von Benning im 83. Lebensjahr."

Klöstern, Ruinen, dazwischen hübsche Dörfer inmitten goldener Getreidefelder. Schon die dreistündige Fahrt allein ist ihr Geld wert. Und dann die malerische Stadt selbst! Das Schönste an ihr sind die hohen, oft noch schneebedeckten Berge, die man immer wieder über die Dächer der Häuser hinausragen sieht. Wir wanderten die Laubengänge entlang, an alten, kunstvoll verzierten Häusern und schönen Brunnen vorbei zum „Goldenen Dachl", erfreuten uns an den wonnig bunt bepflanzten Beeten des Hofgartens und sahen den wilden Inn zwischen den Häusern dahinbrausen. Dann fuhren wir hinaus nach dem in einem wunderschönen Park gelegenen Schlösschen „Ambras", wo wir uns unter einer der schattigen Buchen eine Stunde von der Hitze der Stadt ausruhten. Hernach genossen wir von einem etwas höher gelegenen Restaurant die herrliche Sicht auf die Stadt und die Felsenkette: „Frau Hitt", „Hefele Kar" usw. Auch die Heimfahrt, trotz überfüllter Züge, war wundervoll, und wir kehrten froh und zufrieden heim.

Die kommende Woche wird gewaschen, die Ställe getüncht, gedüngt und die Schlafzimmer geputzt, da wir mit dem Heuen fertig sind und die Kornernte erst nächste Woche anfängt. Regerl und ich haben immer furchtbar viel zu schwatzen und zu lachen, wir verstehen uns prima und helfen fest zusammen, besonders, wenn es sich um den Franzosen handelt, der uns natürlich beiden andauernd den Hof macht, bald der einen, bald der andern. Zur Belohnung stecken wir ihm rund um seinen Strohhut Hühnerfedern, daß er wie ein Indianer aussieht oder stopfen seine Jackentasche mit Hühnerkrallen voll!

Sonntag, 20. Juli [1941]
Schon an die 14 Tage sprachen wir davon, daß wir heute auf die Hochries gehen wollten. Schon um 1/2 6 Uhr holte Regerl mich und Trudi ab, und so fuhren wir mit noch einem Mädel und vier Burschen aus Benning und Umgebung los. In Frasdorf stellten wir unsere Räder ein und wanderten bei herrlich kühlem Wetter hinauf durch den Bergwald, über bunte Almwiesen und vorbei an malerischen Sennhütten mit weidenden Kühen. Gegen 1/2 11 Uhr kamen wir oben an und hatten hier einen herrlichen Blick auf den Chiemsee und die weite, weite Ebene unter uns mit goldenen, grünen und braunen Teppichen, unterbrochen von weißen Häusern und schlangengleichenden Straßen. Drei Stunden Rast mit Essen in der geräumigen Hütte folgten dann. Beim Abstieg pflückte sich ein jeder ein Sträußchen von den wunderschönen Alpenrosen, die [sich] jetzt dort oben gleich rosa Teppichen ausbreiten auf den weißen Felssteinen. Kurz vor Frasdorf überraschte uns ein Gewitter, das uns nicht mehr verließ, bis wir

nach Haus' kamen, so daß wir alle völlig durchnäßt, aber trotzdem äußerst fröhlich heimkamen.

Gestern, Samstag, bei schönster Sommerhitze, haben wir schon etwas mit der Kornernte begonnen. Zwei Tage bei Regen war ich dann zu Haus' und habe mir ein hübsches Dirndlkleid mit schwarzem Leibchen, roten Knöpfen und Paspel, rosa Rock, weißer Bluse und Schürze genäht.

Sonntag, 27. Juli [1941]
Da Papa heute auch da war, feierten wir schon heute Muttis Geburtstag. Trudi hatte eine schöne Nußtorte gebacken und einige hübsche Geschenke besorgt, die wir kunstvoll aufbauten und mit Blumen zierten. Ebenso Muttis Platz am Kaffeetisch, er wurde mit schönen roten Kirschen und grünen Blättchen geschmückt. Da das Wetter recht schön war, gingen wir am Nachmittag zum Baden, das herrlich war.

Die vergangene Woche wurde fest mit der Kornernte angefangen, es macht mir viel Freude, obwohl es bei dieser Hitze grad' keine leichte Arbeit ist und bis zum Abend bin ich immer durch und durch naß von dem vielen Schwitzen. Da ist dann die Heimfahrt eine wundervolle Abkühlung und ein Genuß ist es überhaupt, durch das sommerliche, ernteschwere Land zu fahren in meist prachtvoller Abendfärbung.

Sonntag, 3. August 1941
Bei wunderschönem, aber kühlem Wetter fuhr[en] Trudi, Wallei[313] und ich schon in der Frühe zum See, aber es kostete uns schon einige Überwindung, bis wir uns hineinwagten in die noch frische Flut.

Am Nachmittag fuhren Mutti, Trudi und ich an den Chiemsee zu Hoffmanns. Dort gingen wir zuerst zum Stettner Weiher, wo es ganz still war und nur ein Jüngling mit einem Boot sich herumtummelte und sich dann zu uns setzte. Er mußte wohl unsere neidischen Blicke bemerkt haben, da er Trudi und mich einlud, um uns im Boot ein wenig herum zu rudern. Als wir zu Hoffm[anns] zurück kamen, gab's Kaffee und gute Johannisbeertorte auf der wunderschönen Terrasse, von der man einen so wonnigen Blick auf den See und die hohen Berge hat. Hernach erfreuten wir uns an den prachtvollen Dahlien, Wicken, Phlox usw. und Trudi und ich futterten tüchtig von den wunderbar großen und saftigen Himbeeren. Aber beinah am meisten freute mich ein Film für meinen Fotoapparat, den

---

313 Siehe Anm. 307.

mir Herr H[offmann] netterweise verehrte (denn Filme sind kaum mehr aufzutreiben in den Geschäften).
Nun sind wir auch mit der Weizenernte beinahe fertig. An die zwanzig Fuhren voll hat's gegeben, und das ist äußerst befriedigend. Einmal wurde gedroschen, was auch viel Spaß war.

Sonntag, 10. August 1941
Da das Wetter nichts Besonderes war und auch Papa kam, saßen wir zu Haus', lasen, schliefen und saßen gemütlich zusammen.
Gestern haben wir mit Gerste-Mähen angefangen, die ja nur mit der Hand gemäht werden kann, ebenso wie Hafer, und was bei solch riesigen Feldern schon Ausdauer und Fleiß braucht. Neulich kamen auch Heinrich und Christls anderer Bruder zum Helfen.

Sonntag, 17. August 1941
Die vergangene Woche war der Höhepunkt der Ernte, besonders die letzten Tage, da kam alles, was verwandt ist und Zeit hatte, nach Benning zum Helfen. Fünf bis zehn und 14 Fuhren Hafer und Gerste wurden da an einem Tag eingefahren. Da hieß es schon fest anpacken, aber das macht nichts, besonders wenn die rechten Leute beisammen sind. Seit drei Tagen ist jetzt ein junger Arbeitsdienstler aus Wien da als Erntehelfer. Er hat zwar keine Ahnung von der Landwirtschaft, da er Chauffeur ist, aber das stört ja nicht und lustig ist's doch, wenn junge Leute dabei sind. Da haben dann Regerl und ich wieder viel zu tuscheln und zu lachen. Leider fährt er Montag schon wieder ab und uns wird nur noch die Erinnerung bleiben, wenn die eine oder andere plötzlich anfängt: „I bin ja *eh* scho vahoassen", das er nämlich sagte, als der Bauer meinte, er solle sich nicht in uns verlieben, er wäre ja sowieso schon vergeben!
Heute, Sonntag, ist nun Regenwetter, so daß ich mich mal schön ausruhen kann. Zu unserer großen Überraschung kam gegen 11 Uhr ganz unerwartet anstatt abends um 10 Uhr Gertrud Michelsohn, die wir wieder eingeladen hatten. Das war nun recht nett, daß wir alle zu Haus' waren und nicht, wie vorgesehen war, mit Papa zusammen nach Kufstein gefahren sind. Gertrud ist überglücklich, hier in die Ruhe und reichliche Verpflegung zu kommen, da es ja in Norddeutschland beinahe keine Nacht gibt, in der die Leute nicht in den Luftschutzkeller flüchten müssen wegen der feindlichen Flieger. Und die Nahrungsmittel sind derart knapp bemessen, daß es kein Wunder wäre, wenn man unterernährt würde.

Sonntag, 24. August 1941
Nun ist Gertrud schon wieder acht Tage hier und hat sich schon wesentlich erholt. Leider sehen wir uns ja nur abends ein Stündchen, da ich ja über tags in Benning bin, wo wir Montag mit der Getreideernte fertig geworden sind und uns Dienstag gleich ans Flachsziehen („Haarfangen"!) gemacht haben, was eine langwierige Arbeit ist. Wir hatten damit bis Freitag zu tun. Wenigstens wird man gar nicht müde dabei, und wir zwei, Regerl und ich, hatten wieder viel zu lachen. Dazwischen wurde auch einmal Hafer gedroschen, und am Samstag bei herrlichem Wetter Grummet[314] geheut und eingefahren.

Heute nacht war ein derartiges Gewitter, daß Gertrud zu mir in mein Bett gekrochen kam vor lauter Angst, und das auch das erhoffte schöne Wetter für die vorgesehene heutige Fahrt nach Kufstein wortwörtlich ins Wasser fallen ließ. So ist heute nun ein schöner ruhiger Tag, den ich auch nicht verachte. Da kann man wieder mal lesen und schreiben, durch den Garten spazieren und rohes Gemüse futtern und, was ich mit Vorliebe tue: Ich habe mir wieder mal einen wunderschönen Strauß Phlox, Eisenhut, Goldball und Goldraute für mein Zimmer geholt. Der bunte Strauß in Blau, Weiß, Rot und Gelb sieht in der schwarzen Vase wundervoll aus, und dazu noch ein kleiner Strauß bunter Löwenmäulchen, die ich ganz besonders liebe. Ich kann mich nicht genug sehen an den schönen Blumen und habe mich jetzt zu ihnen in mein gemütliches Zimmer zurückgezogen, um hier zu schreiben.

---

314 Zweite Heuernte des Sommers.

6. Tagebuch
Vom 31. August 1941 bis 8. März 1942

wandern: es ist uns Juden seit 19. Sept. verboten ohne Erlaubniss ausserhalb unseres Polizeigebietes zu gehen und ausserdem müssen wir jetzt alle einen riesigen gelben Davidstern mit Jude in der Mitte angenäht in der Öffentlichkeit tragen, was allerhand Schwierigkeiten mit sich bringt, sowohl beim Einkaufen in den Geschäften wie auch sonst und besonders auch für Papa. Man kann sich denken, dass die Stimmung ziemlich schlecht ist ob solch einer Gehässigkeit und Boshaftigkeit, denn weiter ist es doch nichts als die pure Boshaft. Endlich wird doch einmal wieder eine andere bessere Zeit für uns kommen, man hofft eben von Jahr zu Jahr und vergleicht immer wieder mit der Zeit von Napoleon.

Im Glück nicht stolz sein
   und im Leid nicht zagen,
Das Unvermeidliche mit Würde
   tragen,
Das Recht tun, an Schönem sich
   erfreuen,
Das Leben lieben und den Tod nicht
   scheuen
Und fest an Gott und bessre
   Zukunft glauben,
Heißt leben und dem Tod sein
   Bittres rauben.[315]

Sonntag, 31. August 1941
Die vergangene Woche war ausgefüllt mit Getreide dreschen und Grummet mähen. Das Erstere ist mir aber doch das Liebere, da es nicht so anstrengend ist wie's Mähen. Das Wetter ist leider gar nichts Rares, und einmal war es sogar so schlecht, daß ich ausgeschlossen heimfahren konnte und also wohl oder übel mit Regerl zusammen in der „Guten Stube" im Ehebett schlief, worin wir die größte Gaudi hatten, dafür muß ich aber dann morgens früher aufstehen und gleich an die Stallarbeit gehen. Übrigens melke ich jetzt schon oft vier Kühe, was recht gut geht und worüber ich ordentlich stolz bin. Für diesen Sonntag hatten Gertrud und ich uns vorgenommen, auf den Wendelstein mit der Bahn zu fahren. Das Wetter sah ja grade nicht sehr bedeutend aus, aber Papa redete uns so sehr zu, daß wir uns denn doch entschlossen und mit dem 8.15 Uhr Zug losgondelten. In Brannenburg warteten zu unserer Genugtuung noch eine ganze Menge Leute auf die Bergbahn, die sich wohl auch alle nicht von dem bedenklichen Wetter abschrecken ließen. Für Gertrud war ja die Fahrt da rauf schon etwas ganz besonderes, da sie noch nie auf einem Berg gewesen war. Aber nur bis zur Mitteralm rauf konnte man was sehen, dann wickelte ein undurchdringbarer Nebel alles in Weiß ein. Oben war es so kalt und windig, daß wir uns schleunigst ins Hotel flüchteten, wo es schön mollig und lebhaft war. Einmal wagten wir uns noch hinaus bis zu der kleinen Kirche, kehrten aber dann eiligst wieder zurück und entschlossen uns, schon um 12.50 [Uhr] wieder runter zu fahren, da man

---

315 Nach Karl Streckfuß (1778–1844); die beiden ersten Zeilen lauten eigentlich: „Im Glück nicht jubeln / und im Sturm nicht zagen." Abgedruckt in: Reimers, Ludwig (Hg.): Der ewige Brunnen. München 1956, S. 792.

ja doch nichts sehen konnte. Zu Haus' kamen wir dann halb erfroren und pitschnaß an, aber wenigstens hat nun Gertrud eine Ahnung, wie es auf einem hohen Berg zugeht.

Sonntag, 7. September 1941
Nach einigen schönen Sonnentagen, wo wir tüchtig mit der Heuarbeit zu tun hatten, ist nun heute wieder ein kühler Sonntag, an dem man sich mal ordentlich ausruhen kann. Gertrud ist nun seit Freitag wieder fort, nachdem sie noch mal mit Mutti in Wasserburg war, dann in Brannenburg und in Neubeuern. Heute nachmittag kam Annemie, Trudis Freundin aus Rosenheim und blieb bis nach dem Abendbrot. Ich habe viel in den „Ratsmädel Geschichten"[316] und „Der Weg hinauf" von Zahn gelesen.[317]

Sonntag, 14. September 1941
„Wie der Sonntag: so die ganze Woche", heißt es, und es muß auch was Wahres dran sein, denn diese Woche war ganz miserables Wetter. Am Montag blieb ich daheim, da so ein kleiner Bauernfeiertag war, am Nachmittag ging ich mit Mutti zusammen zum Pilze suchen. Es macht[e] uns viel Freude, da wir 'ne ganze Menge fanden. Die übrigen Tage war ich in Benning, wo gedroschen wurde und wir Mist gebreitet haben. Leider geht's mit der Heuerei gar nicht recht vorwärts, abgemäht ist Gott sei Dank schon alles, aber nun brauchen wir nur noch zwei Tage Sonne. Daß es schon arg dem Herbst und Winter zugeht, merkt man auch an den immer kürzer werdenden Tagen, was für mich weniger angenehm ist; ich kann schon gar nicht mehr früh genug am Abend weg fahren, damit ich nicht doch noch in die Dunkelheit hinein komme.
Freitag, den 12. [September], blieb ich daheim, um nachmittags mit Mutti nach Brannenburg zu ihrer spanischen Konversationsstunde zu fahren, die sie schon seit Juni jede Woche einmal bei einer Dame nimmt, die schon zwanzig Jahre in Buenos Aires gelebt hat.[318]
Leider verstand ich nur Bruchstücke von der Unterhaltung, und sprechen konnte ich noch weniger. – Mein Hauptgrund zu diesem Ausflug war auch ein anderer: Ich habe nämlich Schafwolle in Benning bekommen für eine Jacke zu stricken, die ich aber erst mal nach Brannenburg zum Kämmen bringen mußte.

---

316 Böhlau, Helene (1859–1940): Ratsmädelgeschichten (1888).
317 Zahn, Ernst (1867–1952): Der Weg hinauf (1935).
318 Möglicherweise waren auch die Hoffnungen auf eine Auswanderung noch nicht ganz aufgegeben, wenngleich Elisabeth nichts mehr darüber notiert.

Sonntag, 21. September 1941
Beinahe die ganze Woche hatten wir herrliches Herbstwetter; morgens zwar ziemlich kalt und dicker Nebel, aber schon im Lauf des Vormittags kommt die Sonne durch und mit ihr Wärme und strahlend blauer Himmel. Nun sind wir endlich mit unserem Grummet (Heu) fertig und können uns nun ganz dem Getreidebau und dem Dreschen widmen. Diese Woche haben Regerl und ich oft Mist gebreitet und die beim Eggen zurückgebliebenen Erdklumpen mit einer Schaufel „tot" geschlagen. Mehrmals wurde auch gedroschen; da bin ich meistens auf der Maschine und muß die Bündel aufschneiden, während Regerl sie mir zuwirft und ihr Onkel[319] sie in Zylinder läßt. Einen ganzen Nachmittag hatten wir dann mit dem „Putzen" von den Weizenkörnern zu tun, die gleich fort gebracht wurden, da es lauter Saatgut ist. Von vier Zentnern Saatgut wurden circa achtzig Zentner geerntet dies' Jahr, ein Ertrag, der schon seit Jahren nicht mehr verzeichnet werden konnte.
Heute nun ist wieder Ruhetag, an dem man richtig faul sein kann. Leider können wir nun gar nicht mehr fortfahren und in unsre geliebten [Berge] wandern: Es ist uns Juden seit 19. September verboten, ohne Erlaubnis außerhalb unseres Polizeigebietes zu gehen und außerdem müssen wir jetzt alle einen riesigen gelben Davidstern, mit Jude in der Mitte, angenäht in der Öffentlichkeit tragen,[320] was allerhand Schwierigkeiten mit sich bringt, sowohl beim Einkaufen in den Geschäften, wie auch sonst, und besonders auch für Papa. Man kann sich denken, daß die Stimmung ziemlich schlecht ist ob solch einer Gehässigkeit und Boshaftigkeit, denn weiter ist es doch nichts, als die pure Boshaft[igkeit]. Endlich wird doch einmal wieder eine andere, bessere Zeit für uns kommen, man hofft eben von Jahr zu Jahr und vergleicht immer wieder mit der Zeit von Napoleon.

Sonntag, 28. September 1941
Wunderbare, strahlend blaue, goldne Herbsttage voll Wärme und Farbenpracht, in diesem Zeichen stand die ganze letzte Woche. Drei Tage hatten Regerl und ich zu waschen, wobei wir uns immer viel zu erzählen und zu besprechen haben, besonders jetzt, da sie endlich im Klaren darüber ist,

---

319 Hans Loy.
320 Der Judenstern wurde durch eine Verordnung Heydrichs ab 15.9.1941 für alle Juden ab dem 6. Lebensjahr vorgeschrieben. Der Wohnort durfte nicht ohne polizeiliche Erlaubnis verlassen werden. RGBl 1941 I, S. 547. Am 18.9.1941 erging der Erlaß des Reichsverkehrsministeriums über die Benutzung der Verkehrsmittel durch Juden. Siehe Benz, Juden in Deutschland 1933 – 1945, S. 750.

daß sie im Januar oder Februar ein Kind erwartet. Sie ist nur froh, daß sie sich mit mir über alles aussprechen kann. Ich war wie erschlagen, als ich diese schreckliche Neuigkeit von Regerls Tante[321] erfuhr und konnte es, ebenso wie Regerl selbst, erst gar nicht glauben, aber es sind mittlerweile zu tief wiegende Beweise aufgetreten und lassen keinen Zweifel mehr aufkommen. Diese Schande, und so jung, sie ist ja selbst noch ein Kind und faßt überhaupt die Schwere und die ganzen Folgen noch gar nicht. Ich kann es überhaupt nicht fassen, wie man sich so kopflos in so etwas hineinstürzen kann, wo sie doch weiß, daß nicht die geringste Aussicht zur Heirat mit einem 21jährigen Bauernknecht ist, der jetzt weit drinnen in Rußland als Soldat kämpft und noch keine Ahnung von seinem Glück hat.[322] Da kann man sich denken, daß wir viel zu schwatzen haben. Nur die Arbeit hilft ihr den Tag über hinweg. Und Arbeit gibt es jetzt noch mehr als im Sommer. Eine der schönsten ist das Äpfel- und Zwetschgen-Ernten. Vier bis fünf Zentner Zwetsch[g]en haben sie heuer in Benning, und alle Tage kommen „Hamsterer" von allen Himmelsrichtungen und betteln[323] „nur ein Pfund"! Und möglichst noch ein paar Eier oder Butter. Die Bäurin sagt immer, sie wird noch ganz „nervös", so geht's zu jetzt in dem weltfremden Benning, wo sonst keine Menschenseele hingefunden hat, einer gibt dem andern die Tür in die Hand; in die Städte kommt ja kaum noch Obst, und dann nur auf Kundenliste ein halbes Pfund pro Person alle 14 Tage, jetzt im Herbst! Gestern haben wir noch den letzten Weizen gedroschen und gleich durch die Putzmühle gegeben, den ganzen Vormittag hatten wir mit Gras- und Klee- (je eine Fuhre) Mähen für Sonntag zu tun, was samstags immer einen ganzen halben Tag und sonst [einen Viertel]Tag in Anspruch nimmt. Abends fahre ich schon immer um 1/2 bis 3/4 8 Uhr ohne zu essen heim, weil es schon immer so schnell dunkel wird, auch morgens fahre ich etwas später los.
Heute war Papa wieder da, wir freuten uns der schönen Sonne und lagen draußen auf der Wiese im Garten.

Sonntag, 5. Oktober 1941
Fast die ganze Woche war herrliches Herbstwetter, nur am Dienstag regnete es so, daß ich kurzerhand über Nacht in Benning blieb und mit Regerl zusammen schlief; unter tags war der „Dosenmann" da, der 61 Dosen

---

321 Christine Hochstetter. HdBG, Gespräche, S. 126.
322 Anton Ellmann aus Söllhuben; er starb 1943 im Krieg. HdBG, Gespräche, S. 126, 129, 151.
323 Elisabeth schreibt „betteln sich".

Apfelmus eindoste, da mußten wir fest Äpfel schneiden und kochen. Diese Woche wurde auch der Weizen angebaut, dazu wurden die zwei Kleefelder umgeackert und wir mußten da Steine und Kleewurzeln auflesen.
Heute nun, bei herrlich sonnigem Wetter, lagen wir draußen auf der Wiese oder saßen lesend auf dem Balkon.

Sonntag, 12. Oktober 1941
Ich sitze in der schon geheizten Wohnstube vor einem entzückenden Stilleben: Ein brauner, ovaler Obstkorb, von dessen efeuumrankten Henkel eine märchenhaft schöne, dunkelblaue, üppige Weintraube in das Körbchen, zierlich mit hellroten Rosen und grünen Zweigen gefüllt, hängt. Papa hat es uns mitgebracht: Ein wundervoll malerisches Bild vom Herbst, seiner Blüte und Farbenpracht.
Die vergangene Woche hatten wir tüchtig mit der Kartoffelernte zu tun. Zwei Nachmittage half uns auch Trudi beim Stauden rausziehen und am Mittwoch nachmittag kam dann ein Bulldog (Traktor) mit einem Kartoffelroder hinten dran, der uns die ganzen dreihundert Zentner Kartoffel in diesem einen Nachmittag raus machte, und wir, das heißt an die 14 Personen, sie auflasen. Es machte viel Spaß und Gaudium. Meistens zwei Leutchen mit einem Schwingel (Korb). Brotzeit gab es draußen auf dem Acker oben auf einem Wagen: Kaffee und Brot, für die Männer Bier, als Nachspeise gute Birnen. Da wir am Abend noch zu allem anderen dazu ein Kälbchen bekamen, blieb ich über Nacht unten, wo es noch recht lustig war, da ich zufällig „Mensch ärgere Dich" dabei hatte und noch ein Mädel da war, spielten wir und hatten die größte Gaudi.
Nachmittags geht's jetzt schon ans Runkelrüben ausziehen und in Gruben überwintern, und kommende Woche ist großer Hausputz und Waschen für Kirchweih. Heute soll ich zum Melken runter kommen, da der Bauer und die Bäuerin zu Verwandten gefahren sind und erst später heimkommen und Regerl sonst nicht fertig wird. Ich bleib' dann gleich über Nacht unten.
Trudi ist auch mitgefahren und über Nacht geblieben. Es war recht lustig; wir hatten verschiedene Gesellschaftsspiele mit hin genommen.

Sonntag, 19. und 20. Oktober 1941 (Kirchweih)
Leider hatte ich mir irgendwie den Magen verdorben und konnte den Kirchweihsonntag gar nicht genießen, da auch das Wetter ganz miserabel war, schadete es nicht so viel, daß ich bis Mittag im Bett blieb und auch den übrigen Tag nur lesend auf dem Sofa verbrachte.

Der Montag schien sich besser anzulassen, sowohl in bezug auf das Wetter, wie auf meinen Magen, so daß ich mir eine ganze Masse zu nähen, auszubessern usw. vorgenommen hatte. Aber durch einen Brief von Gertrud wurde alles verpfuscht und Mutti und ich in große Aufregung versetzt. Gertrud schrieb nämlich, daß ihre alten Verwandten in Elberfeld Befehl erhalten hätten, bis in kurzer Zeit ohne Gepäck nach Polen abzureisen, ebenso wie Tante Annchen vor zwei Jahren – und sie sich daraufhin das Leben genommen hätten. Auch ihre 20jährige Schwester aus Köln wäre dort hin verbracht worden, ebenso mehrere hundert Hannoveraner, so schrieb mit gleicher Post eine Bekannte aus Berlin.[324] Man kann sich denken, welche Angst sich unser bemächtigte, sowohl um unsere Verwandten, als auch um uns selbst. Wie leicht kann uns das selbe schreckliche Los treffen, ohne irgendwelche Sachen jetzt im Winter in dieses wüste Land mit seinen fast unmöglichen Lebensverhältnissen. Entsetzlich dieses Ungewisse, diese Angst um sein bißchen Leben, und beinah kein Ausweg, grauenhaft; nur noch an Gott kann man sich klammern und immer wieder bitten und nicht verzagen. Es kann doch nicht ewig mehr dauern, diese Zeit. Nur die Arbeit bringt einen auf andere Gedanken.

Sonntag, 26. Oktober 1941
Die Arbeit hat mich wieder ins Gleichgewicht gebracht, ich bin so glücklich und dankbar, daß ich sie habe, und möge sie mir lange erhalten bleiben! Mehrmals bin ich diese Woche nicht heimgekommen, da es immer gar so schlecht und dunkel ist des Abends. Wir sitzen dann gemütlich bis 1/2 11 Uhr beisammen. Regerl und ich stricken an unseren Jacken aus Schafwolle um die Wette, die Bäurin spinnt Schafwolle und die Männer schwatzen oder schnarchen auf dem „Kanapee" (Sofa). Den ganzen Tag über, wo wir des Vormittags Gras mähen bei Regen und oft Schneegestöber, und am Nachmittag in der Scheune Runkelrüben putzen, freuen wir

---

324 In dem Brief berichtete Gertrud Michelsohn (Sonnenberg) vom Selbstmord des Bruders und zweier Schwestern ihres Vaters, die sich nicht in ein Konzentrationslager deportieren lassen wollten. Sie selbst wurde am 15.12.1941 zusammen mit ihren Eltern und ihrer Schwester sowie mit Martha, geb. Frensdorff, und deren Mann Friedrich Rosenfeld nach Riga deportiert. HdBG, Gespräche, S. 170. Am 14.10.1941 begann die systematische Deportation von Juden aus dem „Altreich" in den Osten. Der erste Transport aus Hannover mit 1001 Juden ging am 15.12.1941 nach Riga, nachdem Anfang September bereits alle Hannoveraner Juden in sogenannten „Judenhäusern" zusammengepfercht worden waren. Siehe Buchholz, Judenhäuser, S. 215 ff. Schulze, Juden in Hannover, S. 62 ff. Siehe auch den Brief von Fritz Block vom 22. Oktober 1941 an Elisabeth, S. 319.

uns schon auf diese Abendstunden. Nur wenn ich länger nicht heimkomme, werde ich unruhig und schlimme Gedanken und Ahnungen wollen sich meiner bemächtigen; denn wie leicht könnte es sein, daß ich ein leeres Haus anträfe und ich nur noch allein übrig geblieben wäre! Es ist undenkbar grauenhaft und bedrückend. Man darf gar nicht an so etwas denken.
Heute haben wir nun schon Trudis Geburtstag im voraus und ohne Papa gefeiert; es war trotz allem sehr schön und festlich. Verschiedene schöne Geschenke, wie ein riesiger Pastellkasten von Papa, Zithernoten und einige Bücher, die uns Trudis Freundin netterweise besorgt hatte, erfreuen das Geburtstagskind sehr. Ich hatte den ganzen Tag an einer blauen Arbeitshose für Papa aus selbstgefärbtem Bauernleinen genäht, und am Abend beim Vorlesen aus „Der Loisl vom Adlerhof", was sehr lustig und nett ist, an meiner Jacke gestrickt.

Sonntag, 2. November 1941
Man beruhigt sich immer mehr. Gott gebe, daß wir hier bleiben können und unserer Arbeit nachgehen dürfen. Freitag bin ich erst wieder heimgekommen, und wir sind alle glücklich, wieder beisammen zu sein. Gestern habe ich den ganzen Tag genäht, geflickt und so weiter. Am Abend kam Papa, worüber wir uns herzlich freuen, und heute habe ich viel gestrickt und schreibe jetzt, während Mutti Papa zur Bahn begleitet, trotzdem das Wetter grimmig kalt ist und den ganzen Tag keine Sonne geschienen hat, um den Rauhreif von den noch belaubten Bäumen und den Schnee, der nun schon zwei Tage liegt, zu schmelzen.
Ja, es ist richtig Winter geworden und hat besonders den Bauern damit einen gehörigen Strich durch die Rechnung gemacht. Es muß nun schon mit der Trockenfütterung (Heu und Stroh) begonnen werden; auch sind bei uns in Benning die Rüben zur Hälfte noch auf dem Feld. Ob es doch noch mal wärmer wird? Wir wollen das Beste hoffen.

Sonntag, 9. November 1941
Heute ist nun wieder strahlende Sonne, während es am Mittwoch und Donnerstag furchtbar geschneit [hat], circa einen halben Meter, und ich nur mit viel Mühe am Freitag nach Benning fahren konnte, wo wir Weißkraut eingeschnitten haben. Am Donnerstag (Leonharditag) war ich daheim, wo ich ebenso wie heute an einem Winterarbeitskleid aus einem alten graukarierten Morgenrock genäht habe.

Sonntag, 16. November 1941
Diesmal bin ich die ganze Woche nicht heimgekommen, aber da habe ich mich ordentlich auf heute gefreut, da gibt es viel zu erzählen und zu be-

sprechen. Papa ist jetzt bei Lindau am Bodensee und schreibt sehr zufrieden, wird dadurch aber erst zu Weihnachten auf Urlaub kommen. – Heute habe ich meine Jacke aus Schafwolle fertig gemacht, sie ist prächtig warm. Nun habe ich mit einer Weste für den Bruder (Hans) vom Bauern angefangen zu stricken, dafür bekomme ich dann nochmal Schafwolle und Honig. Vergangene Woche haben wir Korn fertig abgedroschen und unsere Runkelrüben in Mieten gebracht. Trudi war auch die letzten Tage in Benning. Jetzt ist auch leider Gottes der alte Franzose Armand wieder da, nachdem er circa drei Wochen sich krank gestellt hatte und gehofft, dadurch nach Haus' zu kommen.

Sonntag, 23. November 1941
Sehr passenderweise ist Arnos Geburtstag gerade auf einen Sonntag gefallen, wo wir alle so schön zusammen feiern konnten. Sogar Papa ist gekommen, und zwar schon in der Nacht von Freitag auf Samstag, so daß ich ihn schon daheim antraf, als ich gestern abend heimkam. Wie gemütlich ist es doch, wenn wir alle wieder beisammen sind. Heute wurde nun Geburtstag gefeiert. Ein ganzer Tisch voller Geschenke: Bücher, Malbücher und -stifte, Spiele und Bastelarbeiten und eine wundervolle Torte, die Trudi gebacken und ich mit bunten Liebesperlen verziert hatte, prangten da, wieder viel zu viel für einen Kriegs-Geburtstag. Am Nachmittag, grad' als wir beim Kaffee saßen, klopfte es an die Tür und Frau Hoffmann vom Chiemsee kam uns zu besuchen, was sehr nett war.[325] Wir saßen mit ihr zusammen oben in unserer gemütlichen Wohnstube, während Trudi Papa zur Stadt begleitete und ich mein warmes Kleid aus Papas altem Morgenrock fertig nähte. Abends kamen dann noch Kathi und Hansibubi, um Arno auch noch zu gratulieren.

Sonntag, 30. November 1941
[Zeichnung: Tannenzweig, Kerze.]
Da es noch immer verhältnismäßig warm ist, haben wir diese Woche nochmal wieder gewaschen, was immer recht nett ist, weil wir beide[326] uns dann ungestört unterhalten können. Auch des Abends, wenn wir uns nach einem gemütlichen Abend gegen 10 Uhr in unsere gemeinsame Kammer

---

325 Da Frau Hoffmann als Jüdin in „Mischehe" lebte, mußte sie den Judenstern nicht tragen und konnte auch – im Gegensatz zu den Blocks – das Polizeigebiet ihres Wohnortes verlassen. Elisabeth erwähnt allerdings keine weiteren Besuche von Frau Hoffmann.
326 Elisabeth und Regina („Regerl") Zielke.

verziehen, haben wir uns meist noch lange und eifrigst zu erzählen. Trotzdem man meinen möchte, daß es jetzt weniger mit der Arbeit würde, können sie mich in Benning doch kaum einen Tag entbehren, so daß ich also die ganze Woche nicht nach Haus' komme und ich dann den ganzen Sonntag mit meinen Arbeiten, wie Ausbessern, Nähen und Schreiben und Stricken, vollauf beschäftigt bin. So habe ich mir jetzt aus dem übrigen Rest von meiner Jacke ein Paar wunderbar warme Arbeitsfäustlinge gestrickt und für Trudi aus einem ihr viel zu kleinen Hängekleid und einem alten dunkelblauen Rock ein schönes, warmes Hauskleid genäht. Nur komme ich nun leider gar nicht mehr zum Englisch und Spanisch üben und auch kaum zum Lesen. Überhaupt ist es sehr gefährlich – wenn man die ganze Woche nicht sich geistig beschäftigt – ,daß man nicht immer mehr und mehr den täglichen Dingen sich zuwendet, besonders auch bei mir, da ich sowieso mehr praktisch veranlagt bin.

Sonntag, 7. Dezember 1941
[Zeichnung: Tannenzweige.]
Da es wieder eine ganze Menge geschneit hat und man draußen nichts mehr tun kann, haben wir diese Woche hauptsächlich genäht und geflickt, während die Männer Getreide geputzt haben und im Wald Holz gemacht haben. Nun ist es schon sehr gemütlich in der warmen Stube und erinnert uns daran, daß es nur noch drei Wochen bis Weihnachten sind. Freitag abend kam der Nikolaus (Regerl mit Werchbart,[327] schwarzer Filzmütze, grauem Mantel, Schaftstiefeln, Sack und Rute) zum Marei[328] und brachte ihr Guttel und Nüsse. Und ich hatte ihr am Vorabend aus Apfel und Nuß mit weißem Wattebart und einer Kerze am Arm einen süßen Nikolaus gemacht, worüber sie ganz entzückt war. Mir hat es wirklich selber Spaß gemacht, und sie ist wirklich ein recht nettes Kind, ich mag sie sehr gern leiden mit ihren roten Bäckchen, strahlenden braunen Augen und blonden Mauseschwänzchen; oft bringe ich ihr jetzt ein lustiges Buch zum Anschauen mit, worüber sich dann die ganze Familie amüsiert, wie: „O, diese Kinder" oder von Wilhelm Busch usw.
Heute ist der Janker (Weste) für den Hans fertig geworden und sitzt tadellos, er ist sehr befriedigt und ich bin recht stolz, daß er so schön gelungen ist; nun stricke ich des Abends an einem Pullover für Papa (dunkelblau), der zu Weihnachten fertig werden soll. Für Mutti habe ich heute ganz heimlich ein Sofakissen mit bunter Trachtenborte genäht. Gestern abend

---
327 Bayerisch für Flachs.
328 Maria, die jüngste Schwester von Regina Zielke, geb. 1936.

haben wir Guttel gebacken und vorigen Montag war ich auch daheim, um Trudi dabei zu helfen. Morgen werde ich auch bis zum Nachmittag daheim bleiben und dann mit Regerl, die zu Christl kommt, runter nach Benning fahren.

Sonntag, 14. Dezember 1941
[Zeichnung: Zwei Tannenzweige und Kerzen.]
Die vergangene Woche war recht anstrengend, da wir nämlich Dienstag, Mittwoch, Donnerstag und Freitag Hafer und Gerste gedroschen haben und nun für dies' Jahr mit Dreschen fertig sind. Außer Trudi und Arno waren noch zwei bis drei fremde Leute da und man kann sich denken, daß es recht lebhaft zuging. Ich war meistens im Strohstock mit Trudi zusammen, auch mal hinter der Maschine, wo es aber ziemlich staubt und ich am Abend richtig Staubfieber bekam und wir uns deshalb schnell ins Bett verzogen.
Heute nun bin ich wieder daheim und habe den ganzen Nachmittag mit Weihnachtsbasteleien (Telefonblock für Tante Alice Pfleiderer) zugebracht, was ich ja immer zu gerne mache. Gestern abend haben wir noch von dem mitgebrachten Honig aus Benning Lebkuchen gebacken.

Sonntag, 21. Dezember 1941
[Zeichnung: Drei Tannenzweige und Kerzen.]
Als ich gestern abend heimkam, war zu meiner großen Freude Papa schon da, der nun schon seit Arnos Geburtstag nicht mehr da war. Da war der Abend noch einmal so gemütlich, die ganze Familie beisammen lesend, bastelnd und ich schon wieder an einem neuen Pullover aus Schafwolle [strickend] für eine Nachbarin aus Benning, deren Sohn im Feldlazarett in Rußland sie um warme Sachen gebeten hat. Nun stricken Regerl und ich mit Bombeneifer an dem Pullover. Heute habe ich für Arno einen Kalender geklebt: Auf dunkler Pappe bunte, lustige, ausgeschnittene Bilder und mit weißer Tinte links und rechts davon das Datum. Er ist sehr gut gelungen und hat sogar mir viel Freude gemacht. Da es ja in der ganzen Stadt kaum einen Kalender aufzutreiben gibt, ist es recht ein passendes Geschenk. Überhaupt muß man scheinbar viel Glück und Geschicktheit aufbringen und Ausdauer, um einige hübsche Sachen fürs Fest zu ergattern, da es bei jedem zweiten Ding heißt: Gibt es nicht mehr, wird nicht mehr hergestellt. Nicht nur Textilwaren, sondern auch Bücher, Geschirr, Spielwaren, Kerzen, Fotoartikel usw. sind nur mit größter Mühe zu ergattern.

Montag und Dienstag, den 22. und 23. Dezember, war ich auch noch mal in Benning, da mich die Bäurin extra gebeten hatte, denn Regerl ist jetzt doch nicht mehr so kräftig, und [da] es die letzten Tage vor den Feiertagen allerhand zu putzen und in Ordnung zu bringen gibt, obwohl wir die letzte Woche nochmal zwei Tage gewaschen haben, dann schon an die 22 Fenster (Stall und Stube und Küche) geputzt haben und auch die oberen Schlafzimmer. Es ist nur gut, daß es noch nicht so arg kalt ist. Ja, vorige Woche war es sogar ganz entzückendes Wetter ohne Schnee, voller Sonne und strahlend blauem Himmel. An mehreren Abenden der letzten Woche haben Regerl und ich mit viel Spaß und Eifer Puppenkleider für zwei neu „beköpfte" Puppen fürs Marei[329] genäht, und der Bauer hat auf unseren dringenden Wunsch eine Puppenwiege gebastelt, wozu wir noch schnell die Kissen genäht haben.

Als ich dann am Abend heimfuhr, war ich, wie fast jedesmal, richtig aufgepackt, beinahe wie's Christkindl selbst: Die Bäurin hat mir zu meiner größten Überraschung ein undenkbar schönes und in heutiger Zeit ungemein wertvolles Weihnachtsgeschenk gemacht: Einen wunderschönen, warmen, leuchtend blau-, weiß- und schwarzkarierten Kleiderstoff und eine wunderbare, warme Hose, was ich alles beides so gut gebrauchen kann, dann brachte sie mir noch eine Schürze voll der schönsten Weihnachtsäpfel, schönes, weißes Mehl und Eier zum Backen und ganz was Besonderes, eine Flasche Milch, da wir daheim nur noch 1/4 Liter täglich Vollmilch und 1 1/2 Liter Magermilch bekommen. Die Bäurin ist wirklich immer zu nett und anscheinend recht zufrieden mit mir, da sie jedesmal sagt, ich solle nur ja wieder kommen, und daß sie mich so notwendig braucht. – Von der anderen Bäurin, für die wir den Pullover strickten, mußte ich auch partout ein wunderbares Stück Fleisch, Mehl und Eier nehmen, worüber sich Mutti – besonders für die Feiertage – recht freut, und wir dann von dem Überfluß auch an die Berliner und Hannoveraner schicken können.

Weihnachten, 24. Dezember 1941
[Zeichnung: Weihnachtskerzen, Tannenzweige.]
Der Vormittag verging rasch mit den letzten Vorbereitungen, wie Verpacken der Sächelchen in buntes Weihnachtspapier, Bügeln usw. Am Nachmittag nun, während Trudi und Arno kleine Packerl mit Büchern, Malstiften und -büchern, Abziehbildern usw. an die Kinder im Ort brach-

---

329 Siehe Anm. 328.

ten, wie alle Jahre, machten Papa und ich uns an das Werk, den Weihnachtsbaum aufzuputzen, und später Papa allein, die Geschenke aufzubauen. Gegen 1/2 6 Uhr war dann alles vorbereitet und wir durften in die strahlende Wohnküche rein. Wie alle Jahre, so sangen wir auch dies' Jahr erst ein paar Weihnachtslieder, wobei man den Lichterglanz und alles ringsum so schön in sich aufnehmen kann und sich klarmachen kann, wovor man steht. Dann sucht ein jedes seinen Platz und bewundert, bestaunt und erfreut sich seiner Geschenke. Mich begeistert am meisten eine mächtige, richtige Schneiderschere. Zwei Bücher, „Klim" (Bauernleben in Rußland),[330] „Tage einer Greisin" von Becker,[331] von Trudi eine reizende, gemalte neue Bekleidung für meinen Papierkorb, von Arno ein neues Tagebuch und von Mutti rührenderweise einen schönen, warmen Unterrock aus einem alten Morgenrock genäht, außerdem einen wunderschönen Blumenkalender, zwei Filme und Blitzlichtpackung und noch andere niedliche Kleinigkeiten. Was auch mich recht gefreut hat, ist ein reizendes Kaffeegeschirr für täglich, das Papa noch aufgetrieben hat, einige schöne Obstschalen, Kännchen und Vasen, eine schöne Zeitungsmappe aus Pergament mit Farnkraut verziert, die Trudi besorgt hatte, mehrere praktische Gegenstände für Küche und Haushalt und sogar wunderbare Handschuhe und braune Wolle kamen von Muttis Freundin, Frau Dr. Haag,[332] die immer ganz besonders liebevoll alles zusammenpackt. Trudi hat Mutti ein feines Stilleben geschenkt, rote Vase mit Föhrenzweigen vor einer orangebraunen Wand und vor der Vase ein schwarzes Schüsselchen, aus dem rote und blaue Kordeln auf den mahagonifarbenen Tisch gleiten. Für Papa hat sie auch eins gemalt in Pastell: Eine Schüssel mit Äpfel, daneben ein brauner Steingutnapf, aus dem Zitronen und grüner Porree lugen, alles auf einem faltigen, leuchtend blauen Tuch vor einer warmen rosa Wand aufgebaut. Trudi hat jetzt ganz gewaltige Fortschritte in der Malerei gemacht und auch im Zitherspielen. Arno hat für Mutti ein reizendes Staubtuchkästchen, für Papa einen Kammkasten, für Trudi einen entzückenden Weihnachtsleuchter, für Kathi eine hübsche Zeitungsmappe und für Hansibubi ein prachtvolles Krokodil auf vier Rädern ausgesägt, worin er sich gewaltig verbessert hat, wenn er nur nicht bei der geringsten Schwierigkeit die Flinte ins Korn werfen würde und somit Mutti vielen Kummer und Sorgen machte.

---

330 Gorki, Maxim (1868–1936): Klim Samings Leben (1929).
331 Becker, Michel (1895–1948): Tage der Greisin (1940).
332 Siehe S. 98 und Anm. 66.

25. Dezember [1941]
Von großer Wichtigkeit ist bei mir jetzt immer, daß ich an den freien Tagen und besonders an Sonn- und Feiertagen recht lange schlafen kann und hernach womöglich noch ein halbes Stündchen im Bett lesen darf, was ich denn an beiden Feiertagen recht tüchtig ausnützte. Erst gegen 10 Uhr tranken wir Kaffee und ich half dann Mutti in der Küche. Am Nachmittag machten wir, Mutti, Arno und ich, einen kurzen, aber sehr netten Besuch bei Kathi, wo wir Hansibubis wunderbare und zahlreichen Geschenke und Spielsachen bewundern mußten, ebenso auch Paulas und Kathis. Und da sagte mir Paula zu meiner herzlichen Freude, daß sie trotz der vielen anderen großen Geschenke, die sie bekommen hatte, doch am meisten sich mit einem kleinen Armreif, den ich damals von Gertrud bekommen hatte und ihr zu Weihnachten geschenkt hatte, da ich ja wenig für solche Dinge schwärme, gefreut hätte. Ich kann gar nicht sagen, wie mich wiederum dies' Geständnis erfreute, denn nichts kann mich mehr freuen, als wenn die geschenkten Sachen dem Beschenkten wahre Freude machen.

26. Dezember [1941]
Während gestern ein wilder Sturmwind graues Gewölk am Himmel umherjagte und den ganzen Schnee aufgefressen hatte, war heute über Nacht die Erde wie mit Zucker bestreut worden und ein blaßblauer, bewölkter Himmel ließ des öftern die Sonne durchblicken. Dies' Wetter benützte ich, um mit Papas Hilfe die kleine, reizende, pummelige Gina-Maus, – das kleine Nichtchen und Christels Pflegekind,[333] die wir alle schrecklich gern haben, – zu fotografieren. Auch hatten wir gestern abend eine Blitzlichtaufnahme im Wohnzimmer gemacht. Gemütlich lesend, schreibend usw. verging der zweite Weihnachtstag fast zu schnell. Am Abend holten wir uns die kleine Gina, zündeten die Kerzen am Baum an und sangen zweistimmig altbekannte Weihnachtslieder, hernach, während wir strickten, las Papa eine Weihnachtsgeschichte vor.

27. Dezember [1941]
Wie schön, daß ich heute auch noch daheim bin, da kann ich den ganzen Tag für mich nähen und meine Sachen in Ordnung bringen. Auch ist es so schön, wenn die ganze Familie wieder beisammen ist, besonders Mutti genießt das ganz besonders. Draußen ist ein gräuliches Wetter: Ein ungeheu-

---

333 Siehe Anm. 310.

rer Nordwest tobt über die Felder, wirbelt den Schnee auf und rüttelt an Fenstern und Türen. Da sitzt man so geborgen im warmen Zimmer.

Sonntag, 28. Dezember 1941
Der Sturm hat sich gelegt, worüber ich recht froh bin, da ich ja morgen wieder nach Benning fahre, worauf ich mich schon freue. Heute will ich „Bedanke-mich"-Briefe schreiben und einen Schnitt für mein neues Kleid raus suchen.
Am Sylvestertag kam ich schon gegen 1/2 5 Uhr abends von Benning heim, wo ich wie immer mit viel Freude empfangen wurde und einem Kuß von Mutti. Den letzten Abend des Jahres verbrachten wir recht behaglich mit Spielen, Vorlesen und Glühweintrinken, doch verzog ich mich kurz vor 1/2 12 Uhr in die Klappe, während Mutti und Papa mit Trudi und Arno tatsächlich bis 12 Uhr aufblieben.

1. Januar 1942
Heute nachmittag besuchten Trudi und ich durch hohen Schnee, aber milder Luft, Kathi, um ihr ein „Guats neis Jahr" zu wünschen, was recht nett war, wir hatten Spiele mitgebracht und spielten mit Hansibubi und seinen Weihnachtsgeschenken.

11. Januar [1942]
Heute hatte ich wieder einen recht schönen, gemütlichen Sonntag daheim, auf den ich mich wieder sehr gefreut habe, schon die ganzen letzten Tage gefreut habe. Schon der Samstagabend, wo ich so gegen 1/2 7 Uhr ganz beschneit und müde von der schwierigen Fahrt durch den hohen Schnee heimkam, war so köstlich: In der sauberen Wohnstube mit all den hübschen Sachen und schönen Bildern saßen wir gemütlich strickend (ich an Übersöckchen aus Schafwolle), während Mutti aus einem lustigen Buch von Ludwig Thoma vorlas, wobei wir herzlich lachten. Heute nun habe ich vor allem lange geschlafen und dann mein neues Kleid fertig genäht, was nun, nach aller Aussage, sehr gut sitzt und mir anscheinend auch ausgezeichnet steht, und, da ich es gefüttert habe, wunderschön warm ist. Außerdem habe ich mir noch einen warmen Unterrock genäht aus einem alten Morgenrock von Trudi, den mir eigentlich Mutti schon rührenderweise angefangen und zu Weihnachten geschenkt hat. Am Abend las Mutti „Die schöne Lau" von Mörike vor,[334] es ist ganz wunderhübsch.

---

334 Mörike, Eduard (1804–1875): Historie von der schönen Lau (in: Stuttgarter Hutzelmännlein, 1852).

Wir hatten diese Woche viel geflickt, waren auch paarmal nachmittags draußen beim Taxenhacken,[335] und am 6. Januar, dem „Heilig Drei Königtag", war Feiertag, da waren nur Regerl und ich daheim, da haben wir eifrig Babyhemdchen usw. genäht, weil es doch nun auch schon ziemlich an der Zeit ist, da Regerl mit Ende Januar rechnet. Dann war Mittwoch Mutti und Arno am Nachmittag zu Besuch in Benning, was wirklich sehr nett war.

18. Januar 1942
Als ich gestern nach einer sehr kalten Fahrt durch die circa zwanzig Grad kalte, beißende Luft heim kam, war zu meiner großen Freude und Überraschung auch Papa daheim. Wie genossen wir alle das Beisammensein! Heute nachmittag ist nun Papa wieder weg gefahren, und Trudi hat ihn noch bis zur Bahn gebracht.

Nächsten Sonntag werde ich wohl kaum heim kommen. Da es diese Woche wirklich sehr kalt war (20 bis 27 Grad), haben wir uns fast ausschließlich im Haus beschäftigt, wo es ja immer Arbeit gibt: Zwei Tage haben Regerl und ich im Stall gewaschen, die übrigen Tage haben wir geflickt und genäht, und gestern habe ich draußen den Männern beim Aufrichten der Holzscheite an der Scheunenwand bis unters Dach geholfen.

Sonntag, 8. März 1942
Nun bin ich schon sieben Wochen nicht mehr zum Tagebuchschreiben gekommen, eine lange Zeit, und was hat sich inzwischen alles ereignet! Das wichtigste und größte Ereignis wird wohl die Geburt der kleinen Friedi am Mittwoch, *den 28. Januar,* sein! Das war ein entsetzlich aufregender Tag. Von abends 10 Uhr bis nachmittags 4 Uhr hat der harte Kampf gedauert, dann war endlich ein dickes, schwarzhaariges, munteres Mädelchen da. Am Freitag, bei fürchterlichem Schneegestöber und hohem Schnee, wurde das kleine Butzerl dann dick eingemummelt zur Taufe getragen. Dazu war Christl als Taufpatin erschienen. Zur großen Überraschung und Freude kam am Nachmittag, grade recht zum Taufschmaus, Mutti, um sich nach dem Ergehen von Mutter und Kindchen zu erkundigen, da war nun die Bäurin ganz gerührt, daß sich Mutti bei solchem Wetter und zwei Stunden Marsch da herunter wagt, aber ich hab' mich schon sehr gefreut, mich mal wieder aussprechen zu können.[336]

---

335 Taxen / Daxen: bayerisch für Fichten- oder Tannenzweige.
336 Frau Block ging Ende Februar nochmals zu Fuß nach Vogtareuth, um Regina Zielke im Krankenhaus zu besuchen. HdBG, Gespräche, S. 144 ff.

Die ganze Zeit bis 22. Februar hat es beinahe jeden Tag geschneit, so daß wir an die 3/4 Meter Schnee hatten und dabei 16 bis 20 Grad, und sogar eine Woche 35 Grad Kälte. Meine tägliche Arbeit besteht nun im Waschen, Flicken und Stopfen. Morgens stehen die Bäurin [und ich] um 3/4 7 Uhr auf und melken unsere neun Kühe, neulich habe ich sogar sieben allein gemolken, und sind um 1/2 9 Uhr mit der Stallarbeit fertig. Drei Kälbchen haben wir jetzt aufgestellt und haben nun 24 Stück Vieh. Nach der Brotzeit, um 10 Uhr, wenn Stube und Flur und Küche sauber aufgeräumt sind, wasche ich, nach dem Mittagessen um 1/2 1 Uhr gehe ich wieder in den Stall zum Ausmisten und Wassereinlassen. Hernach wird geflickt, und um 6 Uhr wieder in den Stall gegangen. Das ist der täglich' Lauf, dazu kommt noch am Samstag das Putzen sämtlicher Kühe und Kälber und Scheuern des ganzen Hauses.

Vom 18. Januar bis 2. Februar war ich nicht mehr daheim, da machte es sich grade so passend, daß ich schnell auf einige Stunden mit dem Schlitten, mit dem Christl und Gina-Maus heimgefahren wurden, mitfahren konnte, weil auch zugleich ein Bauernfeiertag war.[337] Das machte mir richtig Spaß, und ich kam mir vor wie aus einem Buch und einer Wintererzählung, so durch das winterliche Land auf einem reizenden Pferdeschlitten, dick eingemummelt, und erst daheim, welche Überraschung, Papa war daheim, er hatte sich seine Finger erfroren und hatte grad' Urlaub, das paßte wirklich fabelhaft. Wir tranken alle zusammen Kaffee, und dann ging's wieder los, aber froh war ich auch wieder, als ich in die warme Stube kam, da ich vollständig ausgefroren angekommen war.

---

337 Lichtmeß am 2. Februar.

Lektüre- und Bücherliste

Die Lektüreliste, die am Ende des 3. Tagebuchs steht (rechte Spalte), wurde durchgehend bearbeitet, mit Lebensdaten der Autoren und dem Erscheinungsjahr der Werke ergänzt (linke Spalte). Einige Titel konnten bislang noch nicht nachgewiesen werden.

Gelesene Bücher v. 1937 – [19]40

Sydow, Anna von: Gabriele von Bülow, Tochter Wilhelm von Humboldts (1892), Gabriele von Bülows Töchter (1929)	Gabriele v. Bülow Gabr. v. Bülows Töchter
Wasmann, Friedrich (1805–1886): Friedrich Wasmann. Ein deutsches Künstlerleben, von ihm selbst geschildert (hg. v. B. Grönvold 1896)	Fr. Wasmann, Ein Künstl. Leben
Felix Mendelssohn Bartholdi [?]	Felix Mendelsohn Bartholdi
Voigt-Diederichs, Helene (1875–1961): Auf Marienhoff (1925)	H. Vogt-Dietrich, Auf Marienhof
Langewiesche, Wolfgang: Das amerikanische Abenteuer. Deutscher Werkstudent in USA (1933)	Amerikanisches Abenteuer
Sell, Sophie Charlotte von (1864–1943): Weggenossen (1911)	Weggenossen, Sell
Huch, Ricarda (1864–1947): Der Mondreigen von Schlaraffis (1896)	Mondreigen in Schlaraffis, R. Huch
Hauff, Wilhelm (1802–1827): Lichtenstein (1826)	Lichtenstein, Hauff

Hamsun, Marie (1881–1969): Die Langerudkinder im Sommer (1924, dt. 1928), Die Langerudkinder im Winter (1926, dt. 1929), Ola Langerud in der Stadt (1928, dt. 1930)	Die Langerudkinder, M. Hamsun Die Langerudkinder im Winter, M. Hamsun Ola in der Stadt, M. Hamsun
Keller, Paul (1873–1932): Heimat (1903)	Heimat, P. Keller
Ganghofer, Ludwig (1855–1920): Das Schweigen im Walde (1899), Der Jäger von Fall (1883)	Das Schweigen im Walde, [gestr.:] Ganghofer Der Jäger v. Fall, Ganghofer
Auf Treue warten, Ronen [?]	Auf Treue warten, Ronen
Lessing, Gotthold Ephraim (1729–1781): Minna von Barnhelm (1767)	Minna v. Barnhelm, Lessing
Raabe, Wilhelm (1831–1910): Die schwarze Galeere (1861)	Die schwarze Galeere
Rosegger, Peter (1843–1918): Heidepeters Gabriel (1882)	P. Rosegger, Heidepeters Gabriel
Löns, Hermann (1866–1914): Mein buntes Buch (1913)	Das Bunte Buch, H. Löns
Jacobsen, Jens Peter (1847–1885): Frau Marie Grubbe (1876)	Frau Marie Grubbe
Day, Clarence, (1874–1935): Unser Herr Vater (Life with Father 1935, dt. von Hans Fallada)	Unser Herr Vater, Clarence Day
Petersen, Elly und Carl Olof (1874–1965, 1881–1939): Die Moosschwaige (1932)	Die Moosschweige, Elli Petersen
Vielleicht Zahn, Ernst (1867–1952): Die Mutter (1907, 1906 unter dem Titel Firnwind) oder Finckenstein, Ottfried Graf: Die Mutter (1938)	Die Mutter
Marryat, Frederick (1792–1848): Sigismund Rüstig (1841)	Sigismund Rüstig

Ammers-Küller, Jo van (1884–1966): Die Frauen der Coornvelts (1925), Frauenkreuzzug (1930), Eva und der Apfel (1932)	I. Die Frauen der Coornvelts, Jo van Ammersküller II. Der Frauenkreuzzug, III. Eva u. der Apfel
Die Smaragde des Pharao [?]	Die Smaragde des Pharao
Tolstoi, Lew Nikolajewitsch (1828–1910): Krieg und Frieden (6 Bde., 1868/69)	I. Krieg u. Frieden, Tollstoy II. Krieg u. Frieden, Tollstoy
Habberton, John (1842–1921): Helenes Kinderchen und Anderer Leute Kinder (1876/77, dt. 1885/86, zahlreiche Ausgaben)	I. Helenes Kinderchen, Habberton II. Andrer Leute Kinder
Zahn, Ernst (1867–1952): Frau Sixta (1926)	Frau Sixta, E. Zahn
Goethe, Johann Wolfgang von (1749–1832): Hermann und Dorothea (1797)	Hermann + Dorothea, Goethe
Fontane, Theodor (1819–1898): Irrungen, Wirrungen (1888), Frau Jenny Treibel (1892)	Fontane: Irrungen Wirrungen, Frau Jenny Treibel
Thoma, Ludwig (1867–1921): Kaspar Lorinser (1922)	Hans Thoma, Kaspar Lorinser
Ganghofer, Ludwig (1855–1920): Der Edelweißkönig (1886)	Ganghofer, „Edelweißkönig"
Broehl-Dehlaes, Christel (1904–1943): Gestern abend wußten wir noch nichts [?]	Ch. Broehl-Dehlas, „Gestern abend wußten wir noch nichts"
Hoechstetter, Sophie (1873–1943): Wahrscheinlich: Schön ist die Jugend (1923)	„Ein Stück Jugend", S. Hoechstetter
Bulwer-Lytton, Edward George (1803–1873): Die letzten Tage von Pompeji (The Last Days of Pompeii, 3 Bde., 1843, dt. 1843, 1930)	„Die letzten Tage v. Pompeji"

Lagerlöf, Selma (1858–1940): Die schönsten Geschichten der Lagerlöf. München 1935	„Die schönsten Geschichten" v. Selma Lagerlöff
Kaltenbach, Anton (1883–1966): Saitok, der Eskimo. Abenteuer im kanadischen Eismeer (1939)	Saitok der Eskimo von
Schnack, Friedrich (1888–1977): Sibylle und die Feldblumen (1937)	Sibylle u. d. Feldblumen v. Fr. Schnack
Modersohn-Becker, Paula (1876–1907): Briefe und Tagebuchblätter (1917)	Paula Modersohn-Becker, Briefe u. Tagebuchblätter
Vielleicht Grundmann, Emil: Wanderungen mit Goethe. Leipzig, o. J. [1940]	Goethe wandert
Goethe, Johann Wolfgang von (1749–1832): Aus meinem Leben. Dichtung und Wahrheit (1811/14)	Dichtung u. Wahrheit, Goethe
Dominik, Hans (1872–1945): John Workman, Der Zeitungsboy (1925)	„John Workmann" v. H. Dominik
Nordström, Ludvig (1882–1942): Aufruhr des Herzens [?]	„Aufruhr des Herzens" v. Nordström
Vielleicht Hoechstetter, Sophie (1873–1943): Das Herz. Arabesken um die Existenz des George Rosenkreutz (1912)	„Das Herz" v.
Nebel über dem See, v. Eberhart [?]	„Nebel über dem See" v. Eberhart
Vielleicht Kirstein, G.: Das Leben Menzels (1920) oder Scheffler, K.: Adolph Menzel, der Mensch, das Werk (1922, 1938)	„Adolph Menzel's Leben" v.
Farga, Franz (1873–1950): Salieri und Mozart. Musikgeschichtlicher Roman (1937)	„Salierie u. Mozart" v. Fargo

Curie, Eve: Marie Curie, Leben und Wirken (1937)	„Madame Curie" v. Eve Curie
Ganghofer, Ludwig (1855–1920): Der hohe Schein (1904), Schloß Hubertus (1895)	„Der Hohe Schein", Schloß Hubertus, Ganghofer

Juni – August 1940

Lagerlöf, Selma (1858–1940): Eine Herrenhofsage (1899, dt. 1903)	Eine Herrenhofsage v. Selma Lagerlöf
Christ, Lena (1881–1920): Die Rumplhanni (1916)	Die Rumpelhanni v. Lena Christ
Eyth, Max von (1836–1906): Der Kampf um die Cheopspyramide (2 Bde., 1902)	Der Kampf um die Cheopspyramide v. Max Eyth
Galsworthy, John (1867–1933): Jenseits (Beyond, 1917, dt. 1926)	Jenseits v. Galsworthy
Boy Ed, Ida (1852–1928): Erschlossene Pforten (1917)	Eröffnete Pforten v. Ida boy Ed
Ganghofer, Ludwig (1855–1920): Der Mann im Salz (1906)	Der Mann im Salz v. Ganghofer

August bis Dezember [1940]

Corti, Egon Caesar Conte (1886–1953): Unter Zaren und gekrönten Frauen (1936)	Unter Zaren u. Gekr. Frauen v. E. C. C. Corti
Federer, Heinrich (1866–1928): Papst und Kaiser im Dorf (1924)	Papst u. Kaiser im Dorf v. Federer
Day, Clarence (1874–1935): Unsere Frau Mama (1937, dt. von Hans Fallada, 1938)	Unsere Frau Mama, Clarence Day
Scheffel, Joseph Victor von (1826–1886): Ekkehard (1855)	Ekkehard, Scheffel

Gunnarson, Gunnar (1889–1975): Die Leute auf Borg (4 Bde., 1912–1914)

Die Leute v. Borg, Gunnar Gunnarsohn

Freytag, Gustav (1816–1895): Die Brüder vom deutschen Hause (aus dem Romanzyklus: Die Ahnen, 6 Bde., 1873–1881)

Die Brüder v. Deutschen Haus, G. Freytag

Burbank, Luther (1849–1926) und Hall, Wilbur: Lebensernte (1929)

Lebens Ernte, Luther Burbank

Jensen, Wilhelm (1837–1911): Karin von Schweden (1878, erstmals in: Nordlicht, 1872)

Karin v. Schweden, Jensen

Januar 1941

Seidel, Heinrich (1842–1906): Ausgaben, z. B.: Gesammelte Werke (5 Bde., 1925), Gesammelte Schriften (9 Bde., 1913), Gesammelte Schriften (20 Bde., 1907 f.), Gesammelte Schriften (8 Bde., 1888–1890)

Seidels Werke

Heer, Jakob Christoph (1859–1925): Der König der Bernina (1900)

König der Bernina, Heer

Zahn, Ernst (1867–1952): Lukas Hochstraßers Haus (1907)

Lukas Hochstrassers Haus, E. Zahn

Kinkel, Gottfried (1814–1882): Rheinische Erzählungen (hg. v. H. Klische, 1921)

Rheinische Novellen, Kinkel

Freytag, Gustav (1816–1895): Ingo und Ingraban (aus dem Romanzyklus: Die Ahnen, 6 Bde., 1872–1881)

Ingo u. Ingraban, G. Freytag

Ey, Julius Adolf (1844–1934): Bekenntnis eines alten Schulmeisters (1913)	Bekenntnis eines alten Schulmeisters, Adolf Ey
Böhlau, Helene (1859–1940): Ratsmädelgeschichten (1888)	Ratsmädel Geschichten, Helen Böhlau
Björnson, Björnstjerne (1832–1910): Bauern Geschichten (1925, 1937)	Bauern Geschichten, Björnson
Kraft, Zdenko von (1886–1979): Ein Meter siebenundneunzig (1933)	Einmetersiebenundneunzig, Zdenko v. Kraft
Goltz, Joachim von der (1892–1972): Die Marcellusflut (1939)	Die Marzellusflut, Joachim v. d. Golz

Februar 1941

Francois, Marie Louise von (1817–1893): Die letzte Reckenburgerin (1871)	Die letzte Reckenburgerin 2x, L. v. Francois
Stifter, Adalbert (1805–1868): Witiko (1865–1867)	Wittiko, Stiffter
Speckmann, Diedrich (1872–1938): Heidjers Heimkehr (1904)	Heidjersheimkehr, Speckmann
Grautoff, Erna (1888–1949): Aurore. Geliebte, Mutter, Dichterin (1937)	Aurore, Erna Grautoff
Ammers-Küller, Jo van (1884–1966): Der stille Kampf (1928)	Der stille Kampf, Jo van Amersküller
Freytag, Gustav (1816–1895): Die Ahnen (6 Bde., 1873–1881)	Die Ahnen, G. Freytag

	März [1941]
Carossa, Hans (1878–1956): Rumänisches Tagebuch (1924)	Rumänisches Tagebuch, H. Carossa
Camenzind, Josef Maria (1904–1984): Jugend am See. Erzählungen aus der Innerschweiz II (1940)	Jugend am See
Ring, Barbra (1870–1955): Die junge Barbra (1928, dt. 1939)	Junge Barbra, Barbra Ring
	Mai [1941]
Huch, Friedrich (1873–1913): Wandlungen (1904)	Wandlungen, Friedr. Huch
Hoechstetter, Sophie (1873–1943): Im Tauwind (1941, Roman aus den deutschen Freiheitskriegen)	Im Tauwind, Maria Hoechstetter
Rosas y Negros [?]	Rosas y Negros
Renker, Gustav (1889–1967): Heilige Berge. Ein Alpenroman (1921)	Heilige Berge
Flierl, Resi: Das verliebte Ehepaar (1944, frühere Ausgabe nicht nachweisbar)	Das verliebte Ehepar, Resi Flierl
Schuk, Pankraz (1877–1951): Um Ehre und Heimat (1927)	Um Ehre + Heimat, Pankraz Schuck
Zahn, Ernst (1867–1952): Der Weg hinauf (1935)	„Der Weg hinauf", E. Zahn
Ammers-Küller, Jo van (1884–1966): Die Treue der Tavelincks (1938)	Die treue Tavelinks, Jo v. Amersküller
Ahnen und Enkel. Beiträge zur Sippenforschung, Heimatkunde und Erblehre. Hg. v. Heinrich Edmund Wamser (1934)	Ahnen u. Enkel
Das unruhige Dorf [?]	Das unruhige Dorf

Die folgende Bücherliste wurde nicht von Elisabeth Block, sondern – aufgrund des Schriftbildes – wahrscheinlich von ihrer Mutter angelegt. Autorennamen, die in der Auflistung durch „Gänsefüßchen" wiederholt werden, sind hier nur einmal aufgeführt.

Ausgaben: z. B. Albrecht Altdorfer. 1 farb. u. 12 Tiefdrucktafeln, mit erläuterndem Text von Hans Thoma (1938), Albrecht Altdorfer. 60 Bilder. Mit einleitendem Text von Karl von Lorck (1939), Albrecht Altdorfer. Ausgewählte Handzeichnungen. Mit einer Einleitung von Max J. Friedländer (1926)	Albrecht Altdorfer
Sick, Ingeborg Maria (1858–1951): Jungfrau Else (1905, dt. 1906), Der Hochlandspfarrer (1902, dt. 1908), Großmutter Ursulas Garten (1909, dt. 1910), Das schlafende Haus (1909, dt. 1919)	Ingeborg M. Sick, Jungfrau Else, Hochlandspfarrer, Großmutter Ursulas Garten, Das schlafende Haus
Villinger, Hermine (1849–1917): Binchen Bimber (1902)	Villinger, Binchen Bimber
Huch, Ricarda (1864–1947): Aus der Triumphgasse (1902)	Ricarda Huch, Aus d. Triumphgasse
Huch, Friedrich (1873–1913): Pitt und Fox (1909)	Friedrich Huch, Pit u. Fox
Ebner-Eschenbach, Marie von (1830–1916): Das Gemeindekind (1887), Lotti, die Uhrmacherin (1879), Die Freiherrn von Gemperlein (1881), Erzählungen (1875)	Ebner Eschenbach, Gemeindekind, Lotti, die Uhrmacherin, Freiherrn v. Gemperlein, Erzählungen
Francois, Marie Louise von (1817–1893): Fräulein Muthchen und ihr Hausmaier (1859, 1929 ff.), Die letzte Reckenburgerin (1871)	L. v. Francois, Frl. Mutchen, d. letzte Reckenburgerin

Münchhausen, Börries Freiherr von (1874–1945): Juda (1900), Gedichte (1897)	Münchhausen, Juda u. Gedichte
Raabe, Wilhelm (1831–1910): Der Hungerpastor (1864), Der Schüdderump (1870), Abu Telfan (1867), Halb Mähr, halb mehr (1859), Die Chronik der Sperlingsgasse (1857)	Raabe, Hungerpastor, Schüdderump, Abu Telfan, Halb Mähr, halb mehr, Chronik d. Sperlingsgasse
Jacobsen, Jens Peter (1847–1885): Ausgaben z. B.: Novellen. Von Toni Schwabe aus dem Dänischen übertragen (1912), Die Novellen. Übertragen durch E. L. Schellenberg (1925), Sechs Novellen. Übertragen aus dem Dänischen von M. v. Borch (1925), Nils Lyhne (1880)	Jakobsen, Novellen, Nils Lyhne
Wilde, Oscar (1854–1900): Das Bildnis des Dorian Gray (1891)	Wilde, Das Bildnis d. Dorian Gray
Dickens, Charles (1812–1870): David Copperfield (1850)	Dickens, David Copperfield
Mark Twain (1835–1910): Abenteuer und Fahrten des Huckleberry Finn (1884), Die Abenteuer Tom Sawyers (1876), „Reiseskizzen I, II", wahrscheinlich: The Innocents Abroad (1869, dt. Die Arglosen auf Reisen, 1874) und A Tramp Abroad (1880, dt. Bummel durch Europa, 1922),The Prince and the Pauper, 1882 (dt. Der Prinz und der Betteljunge, 1890, Prinz und Bettelknabe, 1905)	Twain, Hukleberry Finn, Tom Sawia, Reiseskizzen I, II, Prinz u. Bettler
Andersens Märchen	Andersens Märchen
Kügelgen, Wilhelm von (1802–1867): Jugenderinnerungen eines alten Mannes (1870)	Kügelgen, Jugenderinnerungen

Grimm, Jakob (1785–1863) und Grimm, Wilhelm (1786–1859): Hans im Glück (Ausg. z. B. 1937, illustriert)	Andersen, Hans im Glück
Sein oder Nichtsein [?]	Sein oder Nichtsein
Bölsche, Wilhelm (1861–1939): Der Mensch der Vorzeit (1911, 32. Aufl. 1935)	Bölsche, Der Mensch der Vorzeit
Ludwig, Otto (1813–1865): Die Heiterethei (1854), Der Erbförster (1853), Maria (1843)	Ludwig, Heiterethei, Erbförster, Maria
Skowronnek, Richard (1862–1932): Schweigen im Walde (2 Bde., 1908)	Skowroneck, das Schweigen im Walde
Lienhard, Friedrich (1865–1929): Oberlin (1910)	Lienhard, Oberlin
Ernst, Otto (eigentlich Otto Ernst Schmidt, 1862–1926): Asmus Sempers Jugendland (1905), Semper der Jüngling (1908), Laßt Sonne herein (1911)	Ernst, Asmus Semper I, II, Lasst Sonne herein
Seidel, Heinrich (1842–1906): Heimatgeschichten (1902, Gesamtausgabe), Leberecht Hühnchen (1882)	Seidel, Heimatgeschichten, Lebrecht Hünchen
Eyth, Max von (1836–1906): Hinter Pflug und Schraubstock (1899), Der Schneider von Ulm (1906)	Eyth, Hinter Pflug u. Schraubstock, Schneider v. Ulm
Auburtin, Victor (1870–1928): Die Onyxschale (1911)	V. Aubertin, die Onyxschale
Zangwill, Israel (1864–1926): Kinder des Ghetto (1892 f., dt. 1897)	Zangwill, Kinder des Gettho
Alexis, Willibald (eigentl. Wilhelm Häring, 1798–1871): Die Hosen des Herrn von Bredow (1846), Der Werwolf (1848)	Alexis, die Hosen des Herrn v. Bredow, der Werwolf

Falke, Gustav (1853–1916): Ausgaben: Die Auswahl. Gedichte (1910, 1921), Ausgewählte Gedichte (1905), Das Büchlein Immergrün. Eine Auswahl deutscher Lyrik für junge Mädchen (1905), Mit dem Leben. Neue Gedichte (1899), Neue Fahrt. Gedichte (1897, 1933), Frohe Fracht. Neue Gedichte (1907)

Falke, Gedichte

Ibsen, Henrik (1828–1906): Hedda Gabler (1890), Stützen der Gesellschaft (1877), Nora oder Ein Puppenheim (1879)

Ibsen, Hedda Gabler, die Stützen d. Gesellschaft, Nora

Strindberg, August (1849–1912): Das rote Zimmer (1879), Die Leute auf Hemsö (1918)

Strindberg, Das rote Zimmer, Die Leute v. Hemsö

Bielschowsky, Albert (1847–1902): Goethe (volkstümliche Biographie, 2 Bde., 1895–1904, zu Ende geführt von Th. Ziegler, neu bearbeitet von W. Linden, 1928)

Bielschowski, Goethe

Huch, Friedrich (1873–1913): Pitt und Fox (1909), Geschwister (1903), Wandlungen (1904)

Huch, [gestr.:] Pitt u. Fox, Geschwister, Wandlungen

Speckmann, Diedrich (1872–1938): Heidjers Heimkehr (275.–279. Tsd. 1941), Das goldene Tor (1907), Heidehof Lohe (1906), Geschwister Rosenbrock (1911)

Speckmann, Heidjers Heimkehr, Goldne Tor, Heidehof Lohe, Geschwister Rosenbrook

Krüger, Hermann Anders (1871–1945): Gottfried Kämpfer (2 Bde., 1904/05)

Krüger, Gottfried Kämpfer

Popert, Hermann M. (1871–1932) Helmut Harringa (1910)

Popert, Hellmut Harringa

Hoffmann, Es ging ein Säemann [?]

Hoffmann, Es ging ein Säemann

Stratz, Rudolf (1864–1936): Du Schwert an meiner Linken (1912)	Stratz, Du Schwert an meiner Linken
De Coster, Charles (1827–1879): Tyll Ulenspiegel und Lamm Goedzak... (1867)	De Coster, Tyl Ulenspiegel
Multatuli (eigentlich Eduard Douwes Dekker, 1820–1887): Die Abenteuer des kleinen Walter (2 Bde., 1888, dt. 1901)	Multatuli, kl. Walter
Swift, Jonathan (1667–1745): Gullivers sämtliche Reisen (1726)	Swift, Gulivers Reisen
Emerson, Ralph Waldo (1803–1882): Essays (1841 und 1844)	Emerson, Essays
Scheffel, Joseph Victor von (1826–1886): Ekkehard (1855)	Scheffel, Ekkehard
Freytag, Gustav (1816–1895): Soll und Haben (3 Bde., 1855), Die Ahnen (6 Bde., 1873–81), Erinnerungen aus meinem Leben (1887)	Freytag, Soll und Haben, Die Ahnen, Aus meinem Leben
Fontane, Theodor (1819–1898): Effi Briest (1895), Der Stechlin (1899), Cécile (1887), L'Adultera (1882), Meine Kinderjahre (1894), Frau Jenny Treibel (1892)	Fontane, Effi Briest, Stechlin, Cecile, L'Adultera, Aus meiner Kindheit, Frau Jenny Treibel
Franzos, Karl Emil (1848–1904): Der Pojaz (postum 1905)	Franzos, Der Pojaz
Schieber, Anna (1867–1945): Sonnenhunger (1903), Alle guten Geister (1905)	Anna Schieber, Sonnenhung., Alle guten Geister

Storm, Theodor (1817–1888): Ausgaben z. B.: Werke, hg. v. Christian Christiansen (2 Bde., 1925), Werke, hg. v. Willi Koch (1935), Werke, hg. v. Melanie Ebhardt und Raimund Steinert (4 Bde., 1919), Werke, hg. v. Karl Lindner (4 Bde., 1919), Sämtliche Werke (5 Bde., 1912)	Storms Werke
Stifter, Adalbert (1805–1868): Ausgaben z. B.: Werke (3 Bde., 1938), Werke [Volks-Stifter] (3 Bde., 1934). Werke in sechs Teilen, hg. v. Rudolf Fürst (1922), Ausgewählte Werke, Volks-Ausgabe in 3 Bänden (1897), Ausgewählte Werke. Volksausgabe in einem Bande mit einer Schilderung über des Dichters Lebensgang v. Rudolf Holzer (1899), Gesammelte Werke (5 Bde., 1923)	Stifters Werke
Keller, Gottfried (1819–1890): Sinngedicht (1881), Sieben Legenden (1872), Die Leute von Seldwyla (1856, 1874), Das Fähnlein der sieben Aufrechten (2. Teil der Züricher Novellen, 1878)	Keller, Sinngedicht, sieben Legenden, Die Leute von Seldwyla, Das Fähnlein der sieben Aufrechten
Meyer, Conrad Ferdinand (1825–1898): Die Richterin (1885), Das Leiden eines Knaben (1883), Jürg Jenatsch (1876), Angela Borgia (1891), Gedichte (1882)	C. F. Meyer, Die Richterin, Die Leiden eines Knaben, Jürg Jenatsch, Lucrezia Borgia, Gedichte
Rosegger, Peter (1843–1918): Das ewige Licht (1897), Die Schriften des Waldschulmeisters (1875)	Rosseger, das ewige Licht, Die Schriften eines Waldsch.
Ganghofer, Ludwig (1855–1920): Gewitter im Mai (1903 – irrtümlich Rosegger zugeordnet).	Gewitter im Mai

Hoffmann, Ernst Theodor Amadeus (1776–1822): Die Lebensansichten des Katers Murr (1820/22), Die Elixiere des Teufels (1815/16), Das Fräulein von Scuderi (1819/21)

E. T. A. Hoffmann, Kater Murr, Die Elixiere des Teufels, Das Fräulein v. Scuderi

Heer, Jakob Christoph (1859–1925): An heiligen Wassern (1898), Joggeli (1902), Laubgewind (1908), Der König der Bernina (1900)

Heer, An heiligen Wassern, Joggeli, Laubgewind, König der Bernina

Merezkovskij, Dimitrij Sergeevic [Mereschkowski, Dimitri Sergejewitsch] (1865–1941): Leonardo da Vinci (1903, Bd. 2 der Trilogie „Christ und Antichrist" / „Hristos i Antihrist")

Mereschkowski, Leonardo da Vinci

Ganghofer, Ludwig (1855–1920): Buch der Jugend (1910, 2. Teil der Autobiographie „Lebenslauf eines Optimisten", 1909–11), Der Mann im Salz (1904), Schloß Hubertus (1895)

Ganghofer, D. Buch der Jugend, Mann im Salz, Schloß Hubertus

Heimburg, Wilhelmine (eigentlich Berta Behrens, 1850–1912): Heimburg's Werke. Gesammelte Romane und Novellen (10 Bde., 1890–1893, Neue Folge, 5 Bde., 1896–98, 3. Folge, 5 Bde., 1904–1906)

Heimburgs Werke

Hardt, Ernst (1876–1947): Tantris der Narr (1907)

Tantris der Narr, Hardt

Hebbel, Christian Friedrich (1813–1863): Die Nibelungen (2 Bde., 1862)

Nibelungen, Hebbel

Vesper, Will (1882–1962): Tristan (1911), Parzival (1911)

Tristan, Parzival, Will Vesper

Hoechstetter, Sophie (1873–1941): Passion (1911)

Passion, Hoechstätter

Eulenberg, Herbert (1876–1949): Leidenschaft (1901)	Leidenschaft, Eulenberg
Kellermann, Bernhard (1879–1951): Yester und Li (1904), Der Tunnel (1913), Das Meer (1910)	Jester u. Li, Kellermann, Der Tunnel, Das Meer,
Bartsch, Rudolf Hans (1873–1952) Bittersüße Liebesgeschichten (1910), Elisabeth Kött (1909), Vom sterbenden Rokoko (1909), Zwölf aus der Steiermark (1908)	Bittersüße Liebesgeschichten, Bartsch, Elisabeth Kött, Vom sterbenden Rokoko, Zwölf aus der Steiermark
Lagerlöf, Selma (1858–1940): Unsichtbare Bande (1894, dt. 1905), Gösta Berling (1891), Liljekronas Heimat (1911, dt. 1911), Die Königinnen von Kungahälla (1899, dt. 1903), Wunderbare Reise des kleinen Nils Holgerson mit den Wildgänsen (3 Bde., 1906/07, dt. 1907/08), Jerusalem I, II (1901/02, dt. 1902/03)	Unsich[t]bare Bande, Lagerlöf, Gösta Berling, Liljecronas Heimat, Die Königinnen v. Kungahälla, Reisen d. kl. Nils Holgerson, Jerusalem I, II
Tolstoi, Lew Nikolajewitsch (1828–1910): Krieg und Frieden (6 Bde., 1868/69), Anna Karenina (1878), Ausgaben z. B.: Erzählungen (4 Bde., 1924), Erzählungen für Kinder (1931), Ausgewählte Erzählungen (1924, 1930), Die besten Erzählungen (1919), Lebens-Stufen. Kindheit, Knabenalter, Jünglingsjahre (1897, 2. Aufl.), Auferstehung (1899)	Krieg u. Frieden, Tolstoi, Anna Karenina, Erzählungen, Lebensstufen I, Auferstehung
Gorki, Maxim (1868–1936): Ausgaben z. B.: Erzählungen (1931), Erzählungen (6 Bde., 1901 f.), Ausgewählte Erzählungen (7 Bde., 1901 f.), Ausgewählte Erzählungen (1929)	Erzählungen, Gorki

Hebbel, Christian Friedrich (1813–1963): Agnes Bernauer (1855)	Agnes Bernauerin, Hebbel
Schnitzler, Arthur (1862–1931): Liebelei (1896), Anatol (1893), Komtesse Mizzi oder Der Familientag (1909), Der tapfere Cassian (1910, Puppenspiel, Marionetten 1906), Der Weg ins Freie (1908), Lieutenant Gustl (1901), Der Schauspiel-Direktor [?]	Liebelei, Schnitzler, Anatole, Comtesse Mizzi, Der tapfere Cassian, Der Schauspiel-Direktor, Weg ins Freie, Leutnant Gustl
Hauptmann, Gerhart (1862–1946): Hanneles Himmelfahrt (1896)	Hanneles Himmelfahrt, Hauptmann
Hofmannsthal, Hugo von (1874–1929): Der Tod des Tizian (1892)	Tod d. Tizian, Hoffmansthal
Binding, Rudolf G. (1867–1938): Der Opfergang (1912)	D. Opfergang, Binding
Die Ernte I, II [?]	D. Ernte I., II.
Hesse, Hermann (1877–1962): Peter Camenzind (1904), Unterm Rad (1906), Diesseits (1907)	Peter Camenzind, Hesse, Unterm Rad, Diesseits
Mann, Thomas (1875–1955): Königliche Hoheit (1909), Buddenbrooks (1901), Der kleine Herr Friedemann (1898)	Königliche Hoheit, Mann Buddenbrooks, Mann, Der kleine Herr Friedemann
Hermann, Georg (= Borchardt, G. H., 1871–1943): Jettchen Gebert (1906), Henriette Jacoby (1908)	Jettchen Gebert, Hermann, Henriette Jakobi
Frenssen, Gustav (1863–1945): Die Sandgräfin (1896), Hilligenlei (1905), Jörn Uhl (1901), Peter Moors Fahrt nach Südwest (1906), Klaus Hinrich Baas (1909)	Sandgräfin, Frenssen, Hilligenlei, Jörn Uhl, Peter Moor, Klaus Heinrich Baas
Sudermann, Hermann (1857–1928): Frau Sorge (1887)	Frau Sorge, Sudermann

Feuerbach, Anselm (1829–1880): Ein Vermächtnis (1885, hg. v. Henriette Feuerbach, weitere Auflagen 1911, 1924, 1926)

Feuerbach, Vermächtniss

Wildenbruch, Ernst von (1845–1909): Neid (1900), Kindertränen (1884), Vize-Mama (1902), Das edle Blut (1892), Das Orakel (in: Tiefe Wasser, 5 Erzählungen, 1897), Die Danaide, Das Riechbüchschen (in: Neue Novellen, 1885)

Wildenbruch, Neid,
Kindertränen,
Vicemama,
Das edle Blut,
D. Orakel,
D. Danaide, d. Riechbuechschen

Jensen, Wilhelm (1837–1911): Karin von Schweden (1878, erstmals in: Nordlicht, 1872)

Karin v. Schweden, Jensen

Herzog, Rudolf (1869–1943): Die Wiskottens (1905), Hanseaten (1909), Die vom Niederrhein (1903), Die Burgkinder (1911), Nur eine Schauspielerin (1897), Komödien des Lebens (o. J.)

Herzog, Wiskottens,
Hanseaten,
D. v. Niederrhein,
Burgkinder,
Nur eine Schauspielerin,
Komödien des Lebens

[Der folgende Eintrag steht „auf dem Kopf" und stammt ebenfalls von Elisabeths Mutter.]

den 30. März 1912
Glücklich vorwärts
Liebend seitwärts
Dankbar rückwärts

Entlassung
Vom
28. März 1912
Klassenkaffee
der „ersten Lyzeistinnen"

Mitschülerinnen:
Ilse Beckmann, Marga Bretschneider,
D. Grete Dargel, Fanni

Gedichte von Gertrud Block

Deutschland! Du!
In Deiner Schönheit,
Deiner Pracht
Wie hat Gott Dich
Doch so schön gemacht!!!

IV. 1940

Gewidmet der geliebten Mutter

Lieb' Mütterlein ich danke Dir
Für alle Deine Gaben,
Die ich und die Geschwister mein
Von Dir empfangen haben!

18. 5. 38

Der Frühling ist wieder gekommen,
Er kam vom nahen Wald,
Er segnet Fluren und Länder,
Er segnet das weit[e] Land.

29. 4. 1937

[Zeichnung: Blumen.]

Die Flocken wirbeln hernieder,
Das Wetter ist gräulich und naß,
Man meint schon der Winter kehrt wieder
Und machet dem Frühling nicht Platz.

4. 40

[Zeichnung: Haus und Garten, Schneeflocken.]

Blühender Mai,
Selige Zeit,
Bläue des Himmels,
Soweit, soweit!
Grünender Wald,
Vogelgesang,
Lustiges Zwitschern
Immer erklang.

Rosige Wolken,
Goldene Sonn',
Föhn sie begleiten,
O Maien-Wonn.
Blumen vorm Fenster,
Blumen im Tal,
Glückliche Menschen
Und Widerhall.

30. 4. 1940

[Zeichnung: Mädchen vor einem Fenster mit Blumen.]

Blaue Luft,
Blumen-Duft,
Wiesen werden grün,
Das kann man jetzt sehen.

Sonnen-Glanz,
Elfen-Tanz,
Wolken-Spiel,
Dessen gibt es viel.

Wellen-Klang,
Vogelsang,
Bäume blüh'n,
Werden grün.

Wenig Zeit,
Manche Freud',
Viel zu tun,
Wenig ruh'n.

Ostern 1940

[Zeichnung: Landschaft.]

Die grünenden, blühenden Eichen,
Umsummt von Bienen voll Fleiß,
Die Winde sie säuselnd umstreichen
Und drunter, da fließet der Schweiß.

4. 5. 1940

[Zeichnung: Baum, pflügender Bauer.]

Menschenhände, die mühen
Vom Anfang sich bis zum End'.
Die Kinder ihnen blühen
Und dann, ziehn's hinaus in die Fremd'.

4. 5. 1940

[Zeichnung: Berge, Abschiedsszene vor einem Haus mit Baum.]

Lan[g]sam sinkt die Sonne
Ihrem Meere zu.
Jenes rauschet leise:
Ihr ein Lied zur Ruh.

1. 8. 1940

[Zeichnung: Sonne, Meer, Segelschiff.]

Rötliche Flamme
Über Meer und Land,
Über dem Damme
Und über dem Sand.

Züngelt in Wellen
und züngelt im Moor,
Züngelt an allen Stellen,
Züngelt die rötliche Flamme hervor.

Kommt aus den Wolken,
Kommt von der Sonn'.
Läuten die Glocken,
Läuten aus Wonn'.

5. 40

[Zeichnung: Glocke.]

Die glitzernden Sterne
Am Himmel stehn:
So hoch! So hoch!
Ich hab sie so gern,
Sie sind doch so schön!
Immer noch! Immer noch.

Der silberne Mond
Am Himmel geht:
So mild! So mild!
Der Abend sich lohnt
Und der Wind, der weht,
So lind! So lind!

[Zeichnung: Mond, Bäume.]

Ein milder Abend,
Den Müden erlabend,
Den Kranken erfrischend,
Den Matten erquickend,
So soll er sein.
Und so soll er blei'm.[338]

Ein goldener Morgen,
Zu vergessen die Sorgen,
Zu lieben das Leben,
Zu beten den Segen,
So soll er sein,
Und so soll er blei'm.

[Zeichnung: Knieende Frauengestalt, Mond, Sonne.]

---

338 Bayerisch für bleiben.

Nebel steigen empor
Aus dem düsteren Moor,
Die Frösche singen ihr Lied.
Über dem Moor liegt der Fried.

Die Mücklein tanzen zusamm',
Drüben liegt nächtlich der Tann,
Die Blümlein nicken zur Ruh,
Geh' auch schlafen nun Du.

Die Wölklein am Himmel ziehn,
Der Mond geht langsam dahin,
Die Bäume wie Schatten stehn,
Wie ist der Abend so schön.

20. 5. 40

[Zeichnung: Landschaft, zwei Menschen.]

Evening is time for the bed,
My dear child do not fret,
Sleep and are a good child,
The moon gives you his light,
The stars twinkle for you
And tomorrow the sun get up for you.

7. 6. 40

[Zeichnung: Sterne, Bett.]

Der Nebel steigt,
Der Himmel ist enthüllet,
Es ist so schön!
Mein Herz ist ganz erfüllet!

Es ist so frisch!
Die Sonn' ist längst gegangen,
Im Westen Nacht wirds
Und die Tropfen hangen.

Die Bäume stehen,
Silhouetten gleich,
Der Mond sich hebet,
Die Sterne sind gesät so reich.

Es ist so schön!
So schön ist es nur heute.
Leicht fallen Tropfen
Und fern verschwommen ist Geläut.

5. 7. 1940

Die wallenden Nebel zerteilen sich,
Die Sonne zeigt ihr fröhlich Gesicht,
Die Häuser leuchten im Sonnenstrahl,
In dem schattenumwobenen Tal.

Der Tau fällt von den Bäumen herab,
Die Gräser, die schütteln ihn wieder ab,
Das Korn wogt leicht im Windeshauch
Und die goldene Sonne scheint darauf.

Nun leuchtet schon das ganze Tal,
Es ward so licht mit einem Mal.
Die Nebel sind vergangen,
Die dieses ganz verhangen!!!

[Zeichnung: Haus im Nebel, Sonne.]

Wallende Nebelmassen ziehen durch das Tal,
Glitzernde Wolkengassen am Himmel zumal.

Riesige Berghäupter schauen herab
Drohend ins Nebelmeer wie in das Grab.

Leise ein Wildschütz schleicht über die Felsen,
Bald er sein Ziel erreicht dort bei den Gemsen.

Auf kracht sein Büchsenschuß hin zu den Wolken,
Das war sein letzter Schuß, niemals i[h]m läuten die Glocken.

[Zeichnung: Berg, Wildschütz, Gemsen.]

Oho du sonnige Weite!
Oho du glänzende Fern!
Gibt uns der Fluß das Geleite,
Geh ich doch gar nicht so gern.

Oho ihr sonnigen Berge!
Oho du glänzender Schnee!
Jubelt doch um uns die Lerche,
Wann wohl euch wieder ich seh?

Oho du sonniger Himmel!
Oho du glänzendes Feld!
Ist in der Welt ein G'wimmel,
Ruhe dich immer erhellt!

Oho du sonnige Wiese!
Oho du glänzend Gefild!
Wenn ich auf dich doch jetzt säße!
Trüget doch immer das Bild!

[Zeichnung: Landschaft, Haus.]

Ade nun du Heimat,
Wo der Wald fast widerhallt
Von der Vöglein süßem Gesang.
Ich bin von dir geschieden auf einen weiten Gang.

Ade nun du Heimat,
Wo der See so lieblich rauscht.
Ich bin in den Zug gestiegen,
Der an allem vorüber saust.

Ade nun du Heimat,
Ihr Äcker voll goldenem Gut.
Seit ich von euch gegangen
Wallt lauter im Herz mir das Blut.

Ade nun du Heimat,
Wo alles grünet und blüht.
Euch vergisset man nimmer,
Wenn man euch auch nie mehr sieht.

19. 1. 1940

[Zeichnung: Landschaft, Zug.]

Es ladet so freundlich
Die Quelle
Mich hier zum trinken ein,
Ich sitze dort
Im weichen Moose
Im Abenddämmerschein.

Es ladet so freundlich
Die Beere
Zu laben meinen Mund
Und hält mich fest
Zu zehren
Wohl eine ganze Stund.

[Zeichnung: Bäume, Beeren, Figur.]

Goldener Sonnenschein,
Wonne ins Herz hinein
Gießt du doch immer.

3. 5. 40

[Zeichnung: Traurige Figur, die in den ausgestreckten Armen eine Figur mit herzförmigem Kopf hält, aus dem zwei Glockenblumen wachsen, und die ihre Arme der Sonne zustreckt.]

Deutschland! Du!
In Deiner Schönhei[t],
Deiner Pracht,
Wie hat Gott Dich
Doch so schön gemacht!!!

IV. 1940

[Zeichnung: Landschaft, Dorf.]

Dunkle, schwere Wolken hangen
An dem weiten Himmelszelt,
Schauen düster drohend nieder
Auf die gottvergess'ne Welt.

3. 5. 40

[Zeichnung: Leere Landschaft, Striche.]

Der Wind weht,
Die Angeln knarren,
Großer Gebäude schweres Tor.
Der Wind weht milde
Aus seiner Berge
Versteck hervor.

[Zeichnung: Wind blasende Figur, Berge, Dorf.]

Schwankende Wagen
Mit der Ernte beladen
Bringen den Segen
Auf bewachsenen Wegen
Heim in das schützende Haus.

11. 8. 39

[Zeichnung: Erntewagen, von Pferden gezogen, Scheunentor.]

Die goldenen Wolkenschiffe
Eilen dahin so geschwind,
Getrieben von kleinen
Händen,
Getrieben vom milden Wind.

3. 5. 40

[Zeichnung: Zwei „wolkenschiebende" Engel.]

Blinkender Hans

Tosender, brausender,
Gebend und nehmender,
Blinkender Hans.

Land[e], die nimmst Du Dir,
Lande auch gibst Du her,
Blinkender Hans.

Wellen smaragdengrün
Wirfst Du ans Ufer hin,
Blinkender Hans.

Sonne bescheinet Dich,
Wolken verschleiern Dich,
Blinkender Hans.

Nordwind, der peitschet Dich,
Schiffer, die meiden Dich, o
Blinkender Hans.

Nordsee Dein Name ist,
Den Du wohl nie vergißt,
Blinkender Hans.

Zu der Erzählung: Das jüngste Kind
der Nordsee von Gustav Frenssen.[339]

25. 6. 40

[Zeichnung: Wellen.]

---

[339] Frenssen, Gustav (1863–1945) war von 1890 bis 1902 evangelischer Pastor. 1932 schloß er sich dem Nationalsozialismus an, ohne in die Partei einzutreten, ab 1933 gehörte er der Akademie der Deutschen Dichtung an, 1933 erhielt er den Wilhelm-Raabe-Preis, 1938 die Goethe-Medaille für Kunst und Wissenschaft.

Ein leises Wogen durchs Ährenfeld,
Gleich einem linden Küssen,
Eine kleine Schwalbe dazu gesellt,
Sollt' man nicht glücklich sein müssen?

Ein feines Schwingen in Licht und Luft,
Von hellem Gezwitscher durchdrungen
Und mildes Wehen von Blumen-Duft,
Ist oft schon von Menschen besungen.

Und Alles ruhig und regungslos,
Voll Frieden und voll Ruhe,
Eine kleine Schwalbe vorüber schoß,
Ein Falter taumelt zur Blume.

Und leises Summen
Und leiser Gesang
Und fröhliches Tummeln
Und weltlicher Klang

Das regungslos vielmals bewegte Sein,
Durchdrungen von Frohsinn und Freude,
Beweget in Tiefe so glücklich und rein
Wie es mich heute bewegte.

7. 7. 41

[Zeichnung: Blumen, Falter, Wolken.]

Hell leuchtet die Sonne
Am Himmelsgewölb,
Die Wolken, sie ziehen vorüber,
Die Stunden sind für uns gezählt,
Die Arme sind uns in Kraft gestählt,
Nun tuet das Werk gemeinsam, ihr Brüder.

13. 2. 41

Friedlich ist der Regenbogen
Und beglückend nach dem Sturm
Und in aller Leiden Wogen
Ist uns Gott ein fester Turm.

Fröhlich in die Welt geschaut,
Fröhlich auch auf Gott vertraut
Und ans Werk gegangen,
Und mit hellem, leichtem Blut
Laßt uns es vollbringen.

13. 2. 41

Golden ist der Wolken Schwelle,
Grau ist dann ihr Mittelstück,
Und das Dunkle grenzt ans Grelle,
So ist auch des Menschen Glück.

13. 2. 41

Meine Heimat ist der Wunder voll,
Da ist nur allein des Donners Groll,
Der dröhnt von den Bergen gleich Hammerschlag.
Dann ist der Iris halbes Rad,
Es leuchtet uns oft in doppeltem Reif.
Und der Tau in des Morgens Sonne Gleiß
Und das Früh- und Abendrot
An manchem Tag gleich Feuersbrunst loht.
Dann sind der Berge hohe Reih'n,
Die glänzen im März im Sonnenschein.
Die Schrofen leuchten aus Schnee hervor
Und drunten ist längst schon befreit das Moor.
Und die Wiesen und Felder erglänzen schon grün
Und Blumen und Sträucher mochten voreilig blüh'n,
Und alles ist fleißig das Jahr entlang,

Man macht so manchen heitern Schwang.
Und gemütlich ist Bayerns Volk und Land
Und sind es auch am fremden Strand.

14. 2. 41

Wia hoabs i do sche
An Dag mei Arbat,
Auf d'Nacht mei Rua,
Bei da Nacht a Tramal
Und an Schlaf dazua.

I hab mei Kammal
Und hob mei Bett
Und dazua mei Kramal
Und Buidl recht nett.

I hab mei Musi
Und hob mei Freid,
Bin alleweil lusti
Und a recht a z'friedns Leid.

29. 5. 41

Ein Wallen, ein Rauschen,
Ein Krachen und ein Sausen,
Und wieder alles still.
So geht das Arg und Böse,
So geht das Gut und Schöne
Machtvoll oh'n Menschenwill.

4. 7. 41

Deutsche Flieger über allen Ländern der Welt.
Manches Mädel aus dem Süd und Norden euch gefällt.
Zwanzig Stunden zwischen Tod und Leben,
Eine dann für Lieb und Mädel hingegeben.
Deutsche Flieger über jedem Land der Welt.

Deutsche Flieger über allen Ländern der Welt.
Viele Stunden unterm Sterngezelt,
Viele Stunden zwischen Sturm und Meer
Fliegt ihr in dem tausendfältigen Heer.
Deutsche Flieger über jedem Land der Welt.

Deutsche Flieger über allen Ländern der Welt.
Manche Stunde hat Äquatorsonne euch gequält,
Doch ihr haltet aus in Eis und Sonnenglut,
Denn daheim ist euch ja noch ein Mädel gut.
Deutsche Flieger über jedem Land der Welt.

In treuer, fester Einigkeit
Wollen wir Deutschland erhalten.
In treuer, fester Einigkeit
Wollen wir Deutschland gestalten.
In treuer, fester Einigkeit
Wollen wir Deutschland lieben.
In treuer, fester Einigkeit
Wollen wir für Deutschland siegen.

8. 8. 40

Wie schön das Gold der Reben,
Der Neckar schlingt sich durch
Und von den fernen Bergen
Der Winzer Jodelruf.

Wie schön das Blau der Trauben,
Der rot[e] Saft fließt aus,
Dem Wein mußt du glauben
Und jodeln hell und laut.

Wie schön das Grün des Neckar
In aller Pracht und Glut,
Und drunten her vom Neckar
Dringt laut der Jodelruf.

15. 8. 40

Ein leiser Schrei aus den Wellen tönt
Und wieder brausend ans Ufer dröhnt
Des Wassers wilder Schlag.

Und noch einmal sich das Händlein reckt,
Und noch einmal es das Köpflein streckt
Aus des Wassers grausigem Tod.

Die Mutter hörte die leise Klag,
Sie eilte hernieder den steinigen Haag
Und nur die dröhnende Welle schlägt.

Und suchend eilt sie das Ufer entlang
Und lauter tönt in den Ohren der Sang
Und grausig der Welle Lied.

16. 2. 41

Glocken tönen friedlich über Tal und Feld,
Ruhiger Abendfrieden wiegt die Welt.
Langsam steigen Stern und Mond am Himmel auf,
Nehmen still und hell ihren Weg dann auf.

Breiten milden Schein über Meer und Land,
Bringen schnell hinweg die Seele aus dem Weltenbrand,
Zeigen hell und klar in des Traumes Bild
Ihr das selig helle Paradiesgefild.

17. 2. 41

Helle Augen bewahren,
Mit klaren Augen seh'n,
Daß sie uns alles laren.
Was sie am Wege seh'n.

Mit offenen Ohren schreiten,
Mit klugen Ohren hör'n,
Alles einwärts leiten,
Daß man das Gute lern'.

Mit klugen Lippen verschweigen
Und nicht über Höflichkeit sag'n.
Nicht über andere geigen
Und alles inwendig trag'n.

[Die folgenden Textentwürfe sind auf kleine, lose beigelegte Zettel geschrieben.]

Immortellen

Einfach, schmucklos, schlicht
In der Pracht des Sommers
beachtet man euch nicht
Rücket [gestr.: dann] schwer und dunkel
Dann der Winter ein,
schmücken Immortellen helle unser Heim.

[gestr.: Einzig Ihre Blüte
Einzig nur ihr Blatt]

Eine kleine Sonne
Und ein kleiner Sch[m]uck
Bringst uns Sommer-Wonne,
Kleine Immortelle, Du zurück.

Leise fallen die Flocken,
Alles ist tief verschneit.
Leise tönen die Glocken
Entgegen der seligen Zeit.

Dunkel stehen die Tannen,
Schweigend ist alles ringsrum.
Hoch droben die Sterne flammen,
Alles ist lautlos und stumm.

Alles ist harrend und sehnend,
Alles erwartungsvoll,
Alles des Segen erflehend,
Den's Christkindlein bringen soll.

Drum kommet dann der Winter her,
Und grauet dir vor ihm,
So denke fröhlich, hinterher
Der Frühling folget ihm.

Und nur, weil der Winter grausig ist,
Der Frühling ist so schön,
Und man im Frühling wieder trifft,
Es bringet uns der Föhn.

[gestr.: Drum] Und darum wohlgemut heraus,
Der Frühling kehrt ja alle Jahr'
Zurück und her vor unser Haus,
Und mit ihm kommet dann der Star.

6. 3. 41 G. B.

Die erste Blume fand ich heut',
Und heut' das erste Blatt.
Die hat der Frühling uns gestreut,
Daß man doch Hoffnung hat.

Den ersten Star, den hört ich heut',
Und auch der Spatzen Schar,
Und allen dies der Frühling beut
Und dieses jedes Jahr.

Goldne Sterne ... [Rest der Zeile fehlt]
an dem hohen Himmelszelt,
seid gegrüßet viele Male
von den Menschen dieser Welt.

Friede ist doch euch beschieden,
den wir niemals noch geseh'n.
Bei uns ist nur Tod im Siegen
Oder nur ein Untergeh'n.

Ewig werdet ihr best[eh]en,
Wir vergehen über Nacht.
Land und Völker sicher flehen
Sich des Friedens hohe Macht.

6. 3. 41 G. B.

O Frühling, o Frühling,
Du schönste Zeit im Jahr,
Da jubeln die Vögel,
Da pfeife der Star,
Da schwebet das Herz mir so froh in der Brust,
Ich lache und weine in lauterer Lust.

O frohe Zeit nach langer Not,
O heller Sang nach halbem Tod,
O fröhliches Erwachen,
Nach langer Zeit
Zum erstenmal wir einmal wieder lachen.

6. 3. 41 G B

Gedi[e]gen Gold ist noch
kein Filigran, doch ist es
schön und auch begehrenswert.

Weiter Himmel voller Sterne [gestr.: er],
Weite Stille ringsumher.
Weiß verschleiert ist die Ferne,
Über mir das Weltenmeer.

Briefe von Mirjam Block

Niedernburg, den 17. November 1938

Mein geliebtes Elslin,[340]
Du weißt ja durch deine Gespräche mit Mutter von uns, und daß hier alles in Ordnung ist. Die Kinder gehen nicht mehr zur Schule, wir unterrichten sie nun mal selbst. Fritz ist gut am Sonntag von seiner Reise zurück gekommen.[341] Daß wenigstens Deine Ruth bei Dir ist.[342] Nun lernt man Geduld haben und warten. Heute habe ich im Doos[343] das ganze Haus um 1/2 6 geweckt in der Idee, es wäre schon 1/2 7. Die anderen haben sich wieder hingelegt. Lisi und ich schreiben. Sie ist so sehr verständig und mitfühlend, dabei so bemüht mich abzulenken, und ging gestern so tapfer zur Schule, um zu hören, ob sie noch bleiben könnte, alle waren so freundlich zu ihr, und der Abschied fiel ihr sehr schwer, aber sie ist froh, daß sie ihn nun hinter sich hat.[344] Mein Elslin, Du wirst hoffentlich so viel zum Ordnen haben, daß Du gar nicht zum Denken kommst. Man kann ja nichts ändern, den Sinn nicht finden und so ist das Denken ganz umsonst, das Denken über das Allernächste hinaus. Man kann nur hoffen, und Du sollst nur wissen, wie sehr, sehr ich Dich lieb habe.

Deine Mirjam

Ich würde es sehr gut finden, Mutter ginge zu Iska,[345] außer, Du könntest zu ihr gehen.

---

340 Mirjam Block schreibt an ihre Schwester Else Levy in Bad Polzin, deren Mann, Dr. Leo Levy, am 9./10. November während der sogenannten „Reichskristallnacht" in seiner Wohnung von SA-Männern ermordet wurde.
341 Elisabeth Block erwähnt nichts von der Reise ihres Vaters. Der Sonntag, an dem Fritz Block zurückkehrte, war wahrscheinlich der 13. November 1938.
342 Ruth ist die jüngste Tochter von Else Levy.
343 Wahrscheinlich abgeleitet von „dösen".
344 Siehe die Einträge von Elisabeth Block vom 16. und 17. November 1938, S. 161 f.
345 „Iska" geb. Frensdorff, eine Schwester von Mirjam Block, verh. mit Willy Redelmeier, die wahrscheinlich schon 1938, spätestens jedoch 1939 im kanadischen Toronto lebte. Die Mutter, Hulda Frensdorff, lebte in Hannover und ging im Februar 1939 mit ihrer Tochter Else Levy nach Palästina. Mitteilung von Dr. Klaus E. Hinrichsen, London. HdBG, Materialien.

den 1. Januar [1940]³⁴⁶

Liebes Gretchen Guttmann!³⁴⁷

Ihr lieber Brief hat mich ganz besonders erfreut, und auch *sehr* Mutters und Elses Grüße,³⁴⁸ wenn ich auch nicht ganz verstehe, wieso Mutter klagt, daß sie solange nichts von mir gehört hat, denn ich bekomme ganz regelmäßig Mutters Post, die letzte von Anf[ang] Dezember, zuvor vom 25. November, und in jedem Brief bestätigt Mutter mir meine Briefe, die ich regelmäßig jeden Donnerstag an sie abschicke, natürlich geht jetzt alles langsamer, und so kommen größere und kleinere Pausen. Ich habe mich ganz besonders gefreut, nach so langer Zeit, von Ihnen, Lieschen, Emmchen³⁴⁹ ihren Mädels zu hören. Bei uns geht alles sehr gut. Wie sie vielleicht wissen, habe ich drei Kinder: Elisabeth, fast 17 Jahre alt, meist Lisi genannt, Trudi, 12 Jahre alt und Arno, 11 Jahre alt. Alle sind gesund und munter, genießen den vielen Schnee, Ski laufend, und freuen sich, daß noch Ferien sind, die aber übermorgen ein Ende haben. Mein Mann unterrichtet die drei selbst und ich gebe ihnen noch Sprachstunden, Englisch und Spanisch. Letzteres lerne ich auch erst seit dem Sommer auf eigne Faust, oder vielmehr mit meinem Mann zusammen, aber wir kommen ganz gut voran und haben viel Spaß dran. Wir leben sehr still und ruhig hier draußen, sind viel im Freien, im Winter spazierend, und im Sommer hatten wir ja immer sehr viel mit dem drei Morgen großen Garten zu tun, nächstes Jahr haben wir noch ein kleines Stück zum eignen Gebrauch, da der Besitzer das übrige selbst bebaut. Von allen hiesigen Verwandten habe ich verhältnismäßig gute Nachrichten, ebenso von Erich und Iska.³⁵⁰ Ihr lieber Brief zauberte mir gleich wieder die schönen Osterferien in P. vor die Augen, da kann man wirklich sagen „oh wie liegst so weit!" Nun seien Sie und alle lieben Freunde, besonders Emmchen, Mutter und Else herzlich gegrüßt, das „Lieschen" nicht zu vergessen, von Ihrer M. Block, die sich sehr freuen würde, wieder von Ihnen zu hören.

---

346 Irrtümlich datiert „39".
347 „Gretchen Guttmann" lebte in Palästina und war mit Mirjam Blocks Mutter und ihrer Schwester Else Levy befreundet.
348 Mirjam Blocks Mutter, Hulda Frensdorff, ihre Schwester Else Levy mit deren Tochter Ruth sowie ihre Schwägerin Anne mit ihren Söhnen Justus und Reinhold emigrierten im Februar 1939 nach Palästina. Siehe Eintrag vom 13./16. Februar 1939, S. 172.
349 „Emmchen" ist Frau Hammerschlag aus Hannover, offenbar eine Bekannte. Mitteilung von Dr. Klaus E. Hinrichsen, London. HdBG, Materialien.
350 Erich Frensdorff arbeitete bereits in Buenos Aires als Ingenieur, Iska Redelmeier lebte mit ihrer Familie entweder noch in Amsterdam oder bereits in Toronto. Mitteilung von Dr. Klaus E. Hinrichsen, London. HdBG, Materialien.

den 24. Februar 1940

Liebe Hete!³⁵¹

Meine geliebte Schwester, Dein wunderschöner, lieber Brief kam heute Abend und freut mich so unglaublich, daß ich mich gleich hinsetze, Dir aus Dieser glücklichen Stimmung heraus zu antworten. Im letzten Brief an Mutter hatte ich grade geschrieben, daß ich Deine Grüße so *sehr* vermißte, und nun kommt, wie auf diesen Wunsch, sofort dieser ausführliche und nahe Brief. Sicher, sicher, Liebes, hilft mir Dein Leo, und Bruder Fritz und Vater,³⁵² alle die schon auf der „andern Seite" sind, sind dabei uns allen zu helfen, auch die ganz Kleinen, die so früh von uns gegangen sind; und nun, wo sie so ganz im Klaren sind, wieviel besser können sie uns da helfen, wo es für uns am nötigsten ist. Die räumliche Trennung ist ja nicht so schwer, oft ist das ganz dicht beieinander Sein ja viel schwieriger, und ich denke immer so viel an Euch und denke mir aus, was Du und Deine Mädels und Anne und ihre Jungens und Mutter,³⁵³ was jedes sich jetzt wohl wünscht, und das wünsche ich mir dann für Euch mit. Natürlich für alle die anderen Lieben auch.

Für mich habe ich jetzt merkwürdig wenig zu wünschen, weil ich nicht weiß, was das Richtige ist, oder vielmehr nur, daß das, was von selbst kommt, mir dann auch freundlich und erfreulich erscheint, und dieses sich so wenig das zu Wünschende vorstellen zu können, ist mir eine ganze Zeit merkwürdig unbehaglich gewesen, aber nun habe ich mich auch daran gewöhnt. Und nun bin ich immer ganz glücklich, wenn Du und Bennos und Tante Ester mir schreiben,³⁵⁴ daß sie richtig Freude von meinen ruhigen Briefen haben. Du kannst wirklich überzeugt sein, daß ich wirklich innerlich auch so bin, wie ich schreibe. Noch alle Sorgen haben sich wieder zerstreut oder als keineswegs so schlimm erwiesen, als sie im Herankommen erschienen.

---

351 „Hete" war Frau Lehmann, eine Verwandte, die in der Schweiz lebte und als Tarnadresse diente. Sie sandte den Brief, der für Else Levy bestimmt war, am 3. März 1940 weiter nach Palästina. Mitteilung von Dr. Klaus E. Hinrichsen, London. HdBG, Materialien.
352 „Leo" ist der ermordete Ehemann von Else Levy, „Fritz" ist der Kinderarzt Dr. Fritz Frensdorff, der sich das Leben genommen hatte, „Vater" ist der früh verstorbene Julius Frensdorff.
353 „Du und deine Mädels": Drei Töchter waren mit Else Levy in Palästina; mit „Anne und ihre Jungens" sind Anne Frensdorff gemeint, die Witwe von Fritz Frensdorff, und ihre Söhne Reinhold (Ascher) und Justus.
354 Guste und Benno Packscher, ein Bruder von Hulda Frensdorff. Bislang ist unklar, wer „Tante Ester" ist.

Wir sind alle gesund und die Kinder sehr munter und reißen mich dadurch auch mit, Fritz lernt täglich mit mir, was mir ganz unglaublich Spaß macht, ich kann noch ebenso leicht auswendiglernen wie vor 30 Jahren.
Lisi näht jetzt viel, das heißt sie ändert Trudis und ihre Sommersachen und macht sich jetzt aus einer großen Dirndlschürze von Helme einen Spencer, und ist ebenso stolz und glücklich über ihre Erfolge, wie das selige Fräulein Eichenberg, und trotz oder vielleicht wegen der wenigen Abwechslung ist sie immer bei guter Laune.
Trudi ist sehr ähnlich wie ich war, nur daß sie zum Glück so viel Bewegung in frischer Luft hat, sie zeichnet nett, spielt nett Zither, lernt nett, alles nicht aufregend, aber doch leicht auffassend und dabei das Phlegma wie bei mir: Ich höre ordentlich Mutter sagen: „Man muß nur sehen, wie sich das Mädchen dreht." Bei uns sagt so was aber eher Lisi. Lesen tut Trudi auch möglichst jeden Tag ein Buch, und dabei fast den gleichen Geschmack, wie ich. Sehr gut spielt sie Schach für ihr Alter.
Arno ist ein ganzes Kapitel für sich, und ich muß schon sagen, daß Jungens ja wesentlich schwieriger als Mädels sind. Begabt ist er wohl hauptsächlich fürs „Schrauben", anders kann ich mich nicht ausdrücken, denn weder Lesen noch Lernen interessiert ihn, nur so zusammengesetzte und zusammengebastelte Sachen, und dann mag er gern draußen sein, er läuft, so wie er Zeit hat, Ski und kommt klitschnaß heim. Vorlesen hören abends ist seine ganze Wonne, aber zum selbst Lesen muß man ihn trietzen. Meine Sprachstunden mit ihm sind jedesmal ein Theater, von Lernen oder Konzentrieren hat er gar keine Ahnung, wenn etwas hängen bleibt, ist es ein reiner Glückszufall.
Von Bennos[355] kam heute mit dem Deinen ein lieber Brief, die armen Leutchen leiden recht unter der langen Abwesenheit ihres Fräuleins und der Kälte, und so ist es doppelt erfreulich, daß jetzt wieder Tauwetter ist.
Auch von Tante Lene und Frau S. kam heute [ein] Brief,[356] den ich Mutter direkt schicken will. Sehr danke ich Dir für Deine Worte für Dr. B.,[357] die ich ihm nachher gleich schicken will, und mich mit Walter L.[358] in Verbindung setzen. Ein lieber Brief von Er. kam auch diese Woche, von H[elme]

---

355 Benno und Guste Packscher in Berlin.
356 Helene Frensdorff, die mit Berthold Frensdorff, dem Bruder von Julius, verheiratet war. „Frau S." ist bislang unklar, vielleicht Frau Schragenheim in Hannover.
357 Dr. „B." ist Dr. Bölling, Rechtsanwalt in Berlin, der als Vermögensverwalter für die ausgewanderte Else Levy tätig war. Mitteilung von Dr. Klaus E. Hinrichsen, London. HdBG, Materialien.
358 „Walter L." ist Walter Levy (kein Verwandter), der in der Firma von Dr. Leo Levy angestellt war. Mitteilung von Dr. Klaus E. Hinrichsen, London. HdBG, Materialien.

mehrere Pakete, die Arme hats mit den vielen schwierigen Entscheidungen nicht einfach, man kann ihr ja aber nur mit ein bißchen freundlich Schreiben helfen.

In unsrer Sache ist noch gar nichts zu übersehen, es ist so viel nicht angekommen, an und von uns, auch an W. und von unsrer Cousine in V[enezuela], daß es wirklich ganz von der Vorsehung abhängt, wie sich alles entwickelt, und der muß man sich ja jedenfalls fügen.

Von Arthurs[359] kommen häufig ganz gute Nachrichten, besonders Onkel schickte neulich einen ganz reizenden, zufriedenen Brief, ihn und Onkel Bennchen[360] und beide Frauen muß man wirklich bewundern. Von I.s[361] höre ich nur noch durch Mutter und E.[362]

Liebe Hete, wie hast Du Dich dort eingelebt? Sollte Dich die Bekanntschaft unsrer Cousine Frau Prof. Fischer dort interessieren, so würde ich Dir gern ihre Adr[esse] schicken und ihr deswegen schreiben, soviel ich weiß, wohnt ihre Mutter, Frau Amtsger[ichts]r[at] Seckels,[363] auch bei ihr. Ab und zu berichtet mir Tante Guste von Dir,[364] mit der ich jetzt in regerem Briefwechsel stehe als früher, und alles interessiert mich immer sehr. Sollten Dich die Nachrichten von uns interessieren, so schicke ich Dir gern auch mal Fotos von den Kindern. Lisi hast Du ja mit drei Jahren gesehen, und sie behauptet, sich noch gut an alles bei Euch erinnern zu können, besonders an Onkel Mumpumpel und den großen Schokoladenvogel, den Du ihr geschenkt hast. Inzwischen ist sie ja ein 17jähr[iges] Mädel geworden.

Nach diesem endlosen Brief grüße ich Euch alle herzlich und danke Euch innig für den wunderschönen Brief. Dir, liebe Hete, gute Besserung für Deine inzwischen schon hoffentlich beigelegte Grippe, dem Elslin einen festen Kuß von Eurer
Mimi.

Liebe Tante Else! Nimm auch von mir viele herzliche Grüße. Über die Berichte über die Mädels habe ich mich sehr gefreut und würde mich auch mal wieder über ein paar Zeilen von ihnen freuen. Seid alle zusammen innigst gegrüßt von Eurer Lisi.

---

359 Arthur und Grete Packscher in Berlin.
360 Benno Packscher.
361 Iska Redelmeier.
362 Erich Frensdorff.
363 Ruth Fischer, Tochter von Gertrud Seckels, lebte später in den USA. Mitteilung von Walter (Seew) Block, Israel, Juli 1991. HdBG, Materialien.
364 Guste Packscher.

3. 3. 1940

Liebe Else! Auch ich sende Dir und allen Lieben tausend Grüße, mit dem Wunsche, daß Ihr alle wohlauf seid.
Deine H[ete] L[ehmann]

den 14. März [1940]

Liebe Hete, liebes Elslin! [365]
Ich freue mich immer so sehr, Gutes von Euch zu hören, und kann auch von uns und den Kindern nur Ordentliches berichten. Das schöne sonnige Wetter läßt alles freundlicher erscheinen. Daß Du, liebes Elslin, jetzt so tüchtig zu tun hast, habe ich mit Freude gehört, so mit jungen Menschen in Berührung zu kommen, muß doch richtig belebend wirken, ich merke es so sehr, wie die Kinder mich immer wieder aufrappeln, wenn ich mal den Kopf hängen lasse.
Annes Mutter, der es ganz gut geht, schickte mir neulich A[nne]s Briefe, so bin ich wieder etwas mehr im Bilde; die ruhige Zeit wird ihr doch sicher zum Lernen und zum Kräftesammeln gut tun. Daß Mutters Briefe jetzt so viel angeregter und zufriedener klingen, ist ja wirklich wunderschön.
Bei Bennos und Arthurs sieht es ordentlich aus,[366] H[elme] hat's jetzt ja ziemlich schwer, besonders, weil sie alle Entscheidungen der Jungens wegen so furchtbar schwer nimmt.[367] Ich schreibe ihr oft, das ist ja das Wenige, womit ich ihr helfen kann. Von Martchen[368] bekam ich gestern abend einen Brief, sie hatte wieder eine Karte von Annerle, sie sind alle gesund, das ist ja die Hauptsache, A[nnerle][369] bittet um *Bürsten, Waschlappen, Schnürbänder, und die alten Sachen,* es ist ja gut, daß wir ihr damit etwas helfen können, ich habe ihr gestern abend geschrieben, direkt habe ich noch nichts von ihr gehört, sie hat mich aber durch Martchen bitten lassen, Dich, Mutter und Betty sehr zu grüßen. Martchen geht es ordentlich,

---

365 Der Brief ist für Hete Lehmann und Else Levy bestimmt.
366 Benno und Guste Packscher, Arthur und Grete Packscher in Berlin.
367 Helme Frensdorff, die mit ihren Söhnen Klaus und Peter 1940 ihrem Mann Erich nach Argentinien folgte.
368 Martha Rosenfeld in Hannover.
369 Anne Lewy, die am 12./13. Februar 1940 von Stettin nach Polen deportiert worden war. Siehe S. 44, 208 f., 233.

sie hat zwar noch immer keine Nachricht von dem Jungen, aber I.s Freundin hat ihr versprochen, sich um ihn zu kümmern und nach ihm umzuhören. Zum 1. Mai wird sie wohl eine neue Anschrift haben, auch Max, sie freut sich übrigens sehr mit dem ihr nun bewilligten Zuschuß. Vielleicht kann A[nnerle] auch so etwas bekommen, deren Adresse ist bei B. Berschling, Piaski über Lublin, Polen, Koscielna.
Von Alice[370] hatte ich ja vor drei Wochen gute Nachrichten, sie sind alle gesund. Tante Lene hat noch immer mit dem Fuß zu tun,[371] fängt aber an, wieder auszugehen, sie schr[ieb] immer sehr zufrieden, ganz besonders auch Onkel Arthur,[372] der jetzt sieben Vorleser bzw. Schüler hat und damit ausgefüllt und angeregt ist.
Ich lerne sehr eifrig, kann jetzt mich schriftlich schon ganz gut spanisch ausdrücken, ob nun die Aussprache richtig ist, habe ich natürlich keine Ahnung, wir haben uns ja alles selbst beigebracht.
Liebe Hete, mich würde riesig freuen, wenn Du mir mal von Deinem Leben ein bißchen erzählen würdest, lebst Du allein? Liest Du viel? Jetzt sieht es sicher auch bei Euch wundervoll aus, wir haben vorgestern die allerersten Blümchen geholt, eine große Freude.
In Liebe Eure Mimi.

[Quer am Rand auf Seite 1:]
3.3. Euch L[ieben] allen auch meine herzlichen Grüße, Eure H[ete] L[ehmann].

                                                              den 5. Mai [1940]
Liebe Else, liebe Hete,[373]
ich hätte Deinen so sehr lieben Brief schon längst beantwortet, wenn nicht grade in der letzten Zeit so sehr viel Schreiberei zusammengekommen wäre. Nun danke ich Dir ganz besonders herzlich dafür. Sage bitte Erich,[374] wie wir ihm das auch schon direkt mitgeteilt haben, daß ich Fritz[375] nicht dazu bewegen kann, irgend einen Schritt zu tun, ehe er endgültige Nachricht aus Caracas hat. Daß es also das Beste wäre, wenn sich,

---

370 Alice Pfleiderer.
371 Helene Frensdorff in Hannover.
372 Arthur Packscher in Berlin.
373 Der Brief ist wieder in die Schweiz adressiert und für Hete Lehmann und Else Levy bestimmt.
374 Erich Frensdorff.
375 Fritz Block, ihr Ehemann.

wider Erwarten, dort in C[aracas] die Sache ungünstig entwickelte, uns *durch unsre Kusine* baldmöglichst davon in Kenntnis zu setzen.

Bei uns geht alles recht gut, wir hatten mehrere trockene schöne Wochen, in denen wir unseren Gartenanteil bebaut haben, Kartoffeln gelegt und an allen Sonn- und Feiertagen wunderschöne Wanderungen gemacht haben. Heute regnet es seit langem zum ersten Mal, was meinen Briefschulden zugute kommt.

Von Bennchen kamen zwei liebe ausführliche Briefe,[376] Helme wird nun inzwischen mit der „Vulcania" abgereist sein, der Abschied ist beiden Teilen nicht leicht geworden,[377] auch Tante Grete[378] schrieb zufrieden und schickte ein reizendes Päckchen für die Kinder. Dann kam ein sehr glücklicher Brief von Martchen, die mehrere höchst vergnügte Briefe von ihrem Ludwig hatte, der es sehr gut getroffen hat.

Annchens ausführliche Berichte, sie scheint wieder ganz hergestellt zu sein, schreibt mir Martchen[379] auch immer getreulich ab. Tante Lene geht es gut,[380] Frau Ida lebt sich schwer ein, freut sich aber an dem herrlichen Park und der schönen Umgebung.

Herr Walter L[evy][381] schickte mir eine ganze Menge geschäftliche Mitteilungen, die Dich interessieren, Elslin, ich schicke sie Dir mal gesondert. Annchens wegen habe ich mich jetzt an Mo. Fr. gewendet, vielleicht kann er ihr helfen. Daß ich von Annes Mutter einen reizenden Brief hatte, schrieb ich wohl schon. Wie leid es mir tut, daß die Jungen immer wieder mit Angina zu tun haben! Anne[382] muß ihnen notwendig die Mandeln kappen lassen, das hat bei mir sehr geholfen, und ihnen ruhig erzählen, daß man es bekommt, wenn man Angst oder Kummer hat, bei unseren Kindern hilft das sehr, wir haben wenig damit zu tun, trotz vieler nasser Füße. Auch von Arthur Sp., Mutter und Schwester hatte Tante Guste gute Nachrichten und ich bin glücklich über Mutters lieben Brief an Onkel Benno. Nun will ich noch ein bißchen von unsrer letzten schönen Wanderung am Himmelfahrtstag berichten. Wir hatten eigentlich gar nicht vor gehabt, schon wieder fortzugehen, weil wir erst am Sonntag eine weite Fahrt gemacht hatten, aber das Wetter war so verlockend, daß wir uns schnell fertig machten, in großem Bogen durch den Wald und dann weit

---

376 Benno Packscher.
377 Helme Frensdorff mit ihren Söhnen Klaus und Peter.
378 Grete Packscher, die Frau von Arthur Packscher, in Berlin.
379 Martha Rosenfeld. „Annchen" ist Anne Lewy. Siehe Anm. 369.
380 Helene Frensdorff in Hannover.
381 Siehe Anm. 368.
382 Anne Frensdorff.

stromabwärts gingen; in dem Auwald am sandigen Ufer machten wir Rast, hielten Mittagsmahlzeit, plantschten im schon warmen Altwasser, lasen, schliefen, malten, Arno und Fritz bauten eine Brücke über einen kleinen Wasserlauf. Wir wurden alle von der schönen Frühlingssonne ganz braun gebrannt, worauf ja besonders die Mädels großen Wert legen. Dann gingen wir einen anderen Weg im Tal, der auch sehr schön war, zurück und haben nur bedauert, daß wir kein Badezeug mit hatten.
Meine Zahnbehandlung ist nun auch beendet, worüber ich ganz froh bin, ich war drei Mal dort. Habe ich eigentlich erzählt, daß wir neulich unser größeres Schlafzimmer als Wohnzimmer eingerichtet haben, und auch das nun kleinere Schlafzimmer ist sehr hübsch geworden. Eben jetzt sitze ich, da es regnet, sonst bin ich auf der Altane, in dem wirklich gemütlichen Wohnzimmer und sehe auf die blühenden Apfelbäume des Obstgartens, neben mir kraspelt Arnos geliebter, mit Kastanienlaub gefütterter Maikäfer in einer Schachtel und Trudi fragt mich nach allen Verwandten. Eben kommt auch Lisi herein, die in ihrem Zimmer gelesen hat, und nun soll ich herzlich von beiden grüßen und werde lieber aufhören, da jetzt Rätsel geraten werden, wo ich helfen muß. Seid alle innig gegrüßt
von Eurer Mimi.

Euch Lieben allen viele herzliche Grüße
Eure H[ete] L[ehmann]

Briefe und Gedichte von Fritz Block

Für Lisi
22. 7. 40
Liebes Lisl,
Daß ich Dich nun wieder fast ganz genesen fand,[383] hat mich sehr gefreut. Die Zeit der Ruhe hat Dir sehr wohlgetan. Der Mensch soll sich nie zuviel auf einmal vornehmen, und die unfreiwillige Muße hat Dir einen guten Dienst getan. „Eile mit Weile" heißt der Spruch und er führt tatsächlich – aufmerksam befolgt – zur Vervollkommnung, wie das Gegenteil durch das Sprichwort bezeichnet wird: Blinder Eifer schadet nur. Oder wie die Bayern sagen „Lassens's sich doch nit so pressieren".
Zur Beobachtung der kleinsten Dinge, wie sie der Maler und Naturliebhaber pflegt, gehört auch ein gewisses mäßiges und ruhiges Tempo, das dem Menschen so gedeihlich ist.
Und dann bleibe nur aufmerksam und heiterer Sinnesart, es ist der Schlüssel zu mancher Türe, die dem Menschen seine gute Fee weist.
Herzlichst
Dein Vater

10. Februar 1941

Meine liebe Elisabeth,
Nimm meinen herzlichen Dank für Deinen englischen Gruß. Da nun der Schnee so schnell gewichen ist, bin ich am Mittwoch nicht in Niedernburg. Doch dies soll für Dich sein Gutes haben, denn nun kann ich Dir schriftlich meine Glückwünsche zu Deinem Geburtstag sagen und da sind sie dann ausführlicher, gleichsam werden die Gedanken zu Worten und wenn ein Menschenkind die ersten 17 Jahre vollendet hat und in das 18. eintritt, so ist das ein frohes und schönes Ereignis. Und so will ich mich einmal mit Dir allein unterhalten an diesem Tage, wie einer, der Deinem Leben zugeschaut hat und sich immer gefreut oder doch immer Anteil genommen hat an dem, was Du getan hast. Die Kinderjahre hinter sich zu haben und die Zeit gut genutzt zu haben, um aus einem kleinen Menschenkind

---

383 Elisabeth Block hatte eine langwierige Fußverletzung, siehe die Einträge ab 13. Juni 1940, S. 216 ff.

zu einem vernünftigen und tüchtigen, gesunden und frohen Menschen zu werden, das ist ein beglückender Gedanke. Nicht gern sprechen wir von diesen Dingen, die uns so innerlichst angehen, aber es ist doch so, daß alles von der Güte und Gnade Gottes abhängt, und daß die schönsten Anlagen, Keim[e] und Sprossen oft nur gedeihen, wachsen und blühen, wenn Gottes Wille und Segen es fügt.

Bei den Griechen, die uns neueren Menschen in vieler Hinsicht Vorbild geworden sind, scheint es oft, als walte das Schicksal über den Sterblichen und viele Gottheiten fügen Wohl und Wehe der Schutzbefohlenen und Lieblinge, doch ist dies meist bildlich und mit den Augen des Dichters und Künstlers geschaut und erklärt, um das höhere Walten zu deuten, während gerade in der späteren Zeit der Reife und der Höhe griechischer Kultur der Glaube an *eine* göttliche Macht, die das Leben der Menschen leitet, mehr und mehr hervortritt und den Übergang zu der Religion des Orientes vorbereitet. Selbst einen Glauben zu finden und sich in seinem Inneren zu bilden und aus dem Inneren heraus zu formen, zu entwickeln und zu festigen, ist ein wünschenswertes Ziel, während man auf der Lebensbahn dahin gehend den äußeren und innern Erlebnissen zusieht und gleichsam Subjekt und Objekt seiner Selbst ist.

Diese Gedanken sollen meine Geburtstagsgabe in diesem Jahr sein.

Wenn ich dann am 14. oder 15. heimkomme, habe ich noch einige Geschenke für Dich, die Dir, wie ich meine, Vergnügen machen.

Mit herzlichem Gruß und Kuß
  bin ich
    Dein
      Vater Fritz.

27. April 1941

Meine liebe Elisabeth

Glücklich hierher zurückgekehrt, habe ich das Verlangen, Dir noch einmal zu schreiben, was wir neulich besprachen anläßlich der Pläne für die Zukunft.[384]

Was Du beginnen magst, immer liegt der Sinn und die Bedeutung in dem, wie Du es tust. Es ist so sehr die Stimmung, in der man eine Sache vollbringt, daß daneben die Tätigkeit selbst gar nicht mehr so wichtig ist. Natürlich empfindet man für das eine gerade mehr Lust als für ein anderes.

---

384 Fritz Block bezieht sich wohl auf die gescheiterten Ausreisebemühungen. Siehe den Eintrag von Elisabeth Block vom 27. April 1941, S. 240.

Aber das ist oft ein Vorurteil, eine vorübergehende „subjektive" Empfindung, die durch irgendwelche Nebenumstände hervorgerufen sein kann. Oft wird eine solche Abneigung einen von der betreffenden Arbeit ablenken und abhalten. Und nur äußerer Zwang und eine dringende Notwendigkeit bringen einen dann zu solchen unangenehmen Arbeiten. So geht es Dir seltener, um so öfter bisher dem Arno. – Du hast eine glücklichere und stetigere Veranlagung, eine kräftige Gesundheit und gute Entwicklung helfen einem und erleichtern einem die Aufgaben, denen man sich gegenübersieht.

Und nun kommen wir wieder zum „wie", wie wir uns der Arbeit unterziehen, wie wir sie in der freudigen Stimmung beginnen, die das glückliche Gelingen verbürgt. Und da ist es denn der gute Wille, mit dem Dir, gottlob, schon manches in Deinen Jahren gelungen ist. Hat man nun eine Sache oft gemacht, so soll sie einem drum nicht langweilig erscheinen, gerade wenn man sie nun mit gleicher Aufmerksamkeit ausführt, könnte man wohl neue Gesichtspunkte dabei entdecken. Dieses Betrachten und sich Vertiefen ist sehr lehrreich und der Quell vieler Freuden. – Bei der Gartenarbeit, in der Betrachtung des Pflanzenwachstums ist es ja ganz besonders einleuchtend. Aber auch in der Küche kommt man ja hinter die Geheimnisse des Gelingens nur durch Erfahrung und Beobachtung und so überall. – Eigentlich wollte ich noch auf etwas anderes hinaus. Aber das geht Dir vielleicht selbst einmal auf.

Und heute erwähne ich nur noch, wie mich Deine Fortschritte im Spanischen erfreuen. Lern' nur fleissig weiter mit Deiner Mutter. Und dann seid guten Mutes. Ein Tag bei der Arbeit hat mir wieder die beste Stimmung gebracht. Heimgekommen bin ich ganz pünktlich. – Donnerstag bleibe ich in Igling[385] und Umgegend und Sonntag macht einen Ausflug oder schon am 1. Mai.

Die Marken sende ich mit nächstem Schreiben.

P.
Schicke mir bitte die schwarzen benagelten Arbeits-Schuhe.
Herzliche Grüße an Mutti und Euch drei,
    Herzlichst
        Fritz.
Meine Hausfrau hätte Interesse für die 42er Halbschuhe, sind sie noch vorhanden?

---

385 Igling nordwestlich von Landsberg, Kaufering.

Mittwoch, 22. Oktober 1941

Liebes Lisl,

Mit großer Freude hörte ich durch Muttis Brief, daß Du wieder ganz gesund bist und die Schwäche vorüber ist:[386] „Drei Tage war das Fröschlein krank, nun hüpft es wieder, Gott sei Dank", hieß es bei einem Würfelspiel, das wir als Kinder hatten, und so sagte man zu mir oft, wenn ich eine Erkältung überstanden hatte, oder eine Magenverstimmung und nachdem ich mich genügend bemitleidet, kam mir solch ein Trost sehr willkommen. Der kleine Fritz war sehr empfindlich, und die Gesundheit ging ihm immer voran.

Nun hatten wir heute wieder einen kühlen, aber farbenprächtigen Tag, in dem die Sonne sich in den wechselvollsten Wundern am Himmel zeigte, unter Mittag und in den Nachmittagsstunden die weidenden Kuhherden mit Wärme belebte, so daß ihr graubraunes Fell im vollen Licht glänzte und die geschmiedeten und gegossenen Glocken fröhlich zusammenklangen, zuweilen untermischt vom dröhnenden Klang der Kirchenuhr.

Ich bleibe nun vorläufig in Buchloe mit zwei Kameraden und den Italienern, während der Haupttrupp auf die andere Arbeitsstelle gekommen ist.

Heute will ich Dir noch meine Anerkennung sagen, für die große Arbeit, die Du Diesen Sommer auf Dich genommen und mit Erfolg durchgeführt hast.

Nachdem Du im Haushalt und im Garten gute Kenntnisse erworben hattest, weißt Du nun, wie es in der Bauernwirtschaft zugeht und die meisten Arbeiten kannst Du nun schon selbst verrichten. Das ist immer ein Gewinn, wenngleich ich wünsche, daß Du es wieder leichter und nicht so auf das allerkörperlichste in deiner künftigen Tätigkeit finden mögest.

Doch Hölderlins Leitspruch möge über Deinem Tun stehen:

„Alles prüfe der Mensch, sagen die Himmlischen, daß er kräftig genährt danken für alles lern' und er verstehe die Freiheit aufzubrechen, wohin er will!"

Leb wohl!
und seid herzlichst gegrüßt
von Deinem Vater.

---

[386] Wenige Tage zuvor hatte die Familie durch Gertrud Michelsohn die Nachricht vom Freitod entfernter Verwandter erhalten. Siehe den Eintrag vom 19./20. Oktober 1941, S. 255 f.

Die Blätter mit den Entwürfen und der Reinschrift der Gedichte sowie zwei kleinere Blätter im Postkartenformat mit Bleistiftzeichnungen von Fritz Block befanden sich in dem Gedichtband „Der Stern des Bundes" von Stefan George, 2. Aufl. Berlin 1914.[387]

ELISABETH BARETT
− BROWNING + FLORENZ

UND es geschah mir einst an THEOKRIT
zu DENKEN der von jenen süssen JAHREN
gesungen hat und wie sie gütig waren
und gebend und geneigt bei jedem schritt
− und wie ich sass antikischem gedicht
nachsinnend sah ich durch mein weinen leise
die süssen jahre wie sie sich im kreise
aufstellten traurig diese von verzicht
lichtlosen jahre: meine jahre.
       Da
stand plötzlich jemand hinter mir und riss
aus diesem weinen mich an meinem haar.

Und eine stimme rief die furchtbar war
Rate wer hält dich so − „Der tod gewiss"
„Die Liebe" − klang es wieder sanft und nah.

I.

tu rumbo in fino
curso interno
inferior:

Tu per siempre principio nos fin y centro
De tu camino ahi Senor, de Wenda
Nuestro precio penetra a tu estrella ariba
Caía larga tiniebla sobre la tierra
Tambaleaba el templo y del enterno llama
Ya no para nos ascendía en alto debilitados
otro de fibra cuyos de padres al de Alegros

---

387 Siehe S. 27.

Fuertes Ligeros tronos nunca logrados
Mientras que chupa nos sangre mejor mania a lejos
Nos encontrabas aquí nacido de propio origen
Bello mas cualquier imagen que te abraza
Nada ensueno en el desnudo esplendor de dios:
Ahi goteaba de manos sacradas cumplimiento
Calliando todos anhelos alboreaba.

II.

No sabèis quien esté solo escuchad esto
Aun no inicié en tierra voz y acción
Lo que me hace al hombre... Ea el año acerca
En qual destino mi forma nueva
Me mudaré tambien guardando ser mio mismo
Estaré nunca como rosotros ya elejido
Traed las ramas derotas y las coronas
De flores de color violeta y de mortales
Y llevad la limpia llama adios!
Ya el paso e echo al circulo otro
Ya soy lo que quiero Vos queda el don
Dando el que separa quien es como yo
Mi soplo que viva vuestro rigor y valor
Mi beso que queme vos honde en almas.

III.

Quien es tu Dios? Del todo mi sueño anhelo noble
El próximo al mi imagen él noble, hermoso
Qué daba la fuerza de nuestros vastagos obcuros
Que nos genaba del ante valor y grandeza –
Del misterio fuente, el fuego del interior:
A donde halló mi clorisimo visto atu el esté
El que primero al uno fuera desolvador y cargador
enronas funde nuevo hervor [?] detrás cera vena.
[Darunter 2 Zeilen radiert.]

35. [Entwurf]

Mes de germén keim monat
Resignado estoy [gestr.: a poder del enigma] apie del enigma ~ poder
como el es mi niño yo soi niño de el..
comó es su leya que de materia terrestre
Nasze ce Alto y antes que [gestr.: echo lo leso / alqui] lo hiere acción
[gestr.: el] con dolor y sonrisa el vuelve a [gestr.: se] casa...
como esté su leya que se [gestr.: el] cumpla [gestr.: el qual]
el qual se [gestr.: que] dé a si mismo y [gestr.: al] todos al sacrificio
[gestr.: entonas / darunter: y pues] Con su muerte [gestr.: haciendo] nasce
accion.
La más forofonda raiz *descanse* en noche eterna [darunter: = se esconde]
Vos me seguentes y preguntando me rodea(n)do [darüber: en el me rodear] [darunter: a mit redeor]
Más no interpretéis [darunter: interpretéis no más] Me teneis soltanto por el!
Estaba caido [in eckiger Klammer:] en que / quando / osi que [gestr.: me] prosperaba nuevo [darunter: [gestr.: yo] nacia] de nuevo prosperé [darunter: – prosperé de nuevo]
Dejad nublado
Dejad que [?] esta nublado Doblad la testa con mi[go] [darunter: la testa bajemos]
O salvador en el viento – del [gestr.: oscuro] tenebroso horror.

El tu deslatando nos del dolor de dualidad traigas

[Entwurf für I.]
Tu per siempre.
Siempre Tu todavia principio para nosotros
y fin y centro
De tu camino ahi Senor de Wenda
nuestro precio penetra hacia [darüber: al la] estrella tuya:
caian [darüber gestr.: Penetra] largas sombras oscuras sobre la tierra
tambaleaba el templo y del entero llama ya no para nos
aun no (se levantaba) [darüber: Ueró [?] en alto] para nosotros / [darüber:] no mas ascendia en alto / encendia en alto
tambien debilitados de otra fibra como [darüber: quella] della
de padres: albos [gestr.: hacia] de Alegros Fuertes ligeros tronos
nunca logrados mientras que [gestr.: nos] chupa nos sangre

mejor la manía a lejos....
Entonces andabas tu nasciente de nuestro propio origen
bello mas qualquier imagen que te abraza
como nada ensueño
En el desnudo esplendor de Dios:
Ahi goteaba de manos sacradas cumplimiento
[gestr.: Entonces] Calliando todo anhelo alboreaba
[gestr.: se calliando cado / Estaba la luz / callientó todo anhelo / Aqui Albereaba / calliando cada anhelo]

[Entwurf für II.]
No sabenis quien [gestr.: como] estoy solo escuchad esto:
Aun yo no imició [gestr.: cominzía] en tierra voz y acción
Lo que me hace al hombre.. ea el año acerca
En qual mi forma nueva destino.
Me mudo aré tambien guardando ser mio mismo
Estaré nunca como rosotros ya elejido.
Traed las ramas devotas y las coronas
De flores de color violeta y de mortales.
Y llevad la limpia llama adios!

Ya el paso e echo al circulo otro
Ya soy loque quiero [darüber: [gestr.:] para vos [gestr.: bras / el don / vosotros] Queda el don
[gestr.: el don] Dando el que separa quien es como yo:
Mi soplo (animando nuestro poder valor)
que viva vuestro vigor y valor
Mi beso que queme vos honde en almas.

Fotografien und Dokumente

1 Fritz Block in der Uniform eines Unteroffiziers der Preußischen Fliegertruppen, um 1916. Er trägt das Flugzeugführerabzeichen und das Eiserne Kreuz II. Klasse.

> 4 Gertrud, Elisabeth und Arno Block am Kellerberg bei Wasserburg am Inn. Die Aufnahme könnte während des Schulausflugs am 16. Mai 1935 entstanden sein.

v 2 Elisabeth lebte von August 1928 bis Januar 1929 bei ihren Verwandten Else und Dr. Leo Levy in Pommern. Die Aufnahme entstand im Alpengarten des Kurparks von Bad Polzin am 1. Oktober 1928 und zeigt Elisabeth (r.) mit ihren Cousinen Hanna, Eva, Margarete und Ruth Levy (v.l.n.r.) und dem Kindermädchen „Fräulein Lena".

3 Das Haus der Familie Block in Niedernburg, um 1933.

5 Elisabeth Block, fotografiert von ihrer Cousine Eva Levy, die im Mai und Juni 1935 zu Besuch in Niedernburg war.

6 Elisabeth Block, wahrscheinlich 1936.

7 Klaus Frensdorff (l. im Vordergrund) verbrachte im Juli 1936 acht Tage in Niedernburg bei Mirjam, Fritz, Elisabeth, Arno und Gertrud Block (v.l.n.r.).

8 Klassenausflug zur Mitteralm am Wendelstein am 25. Mai 1937: Auf dem Schoß von Elisabeth (2. Reihe r.) Erna Schulz (Kreuzpaintner), rechts M. Bonifatia Scherl.

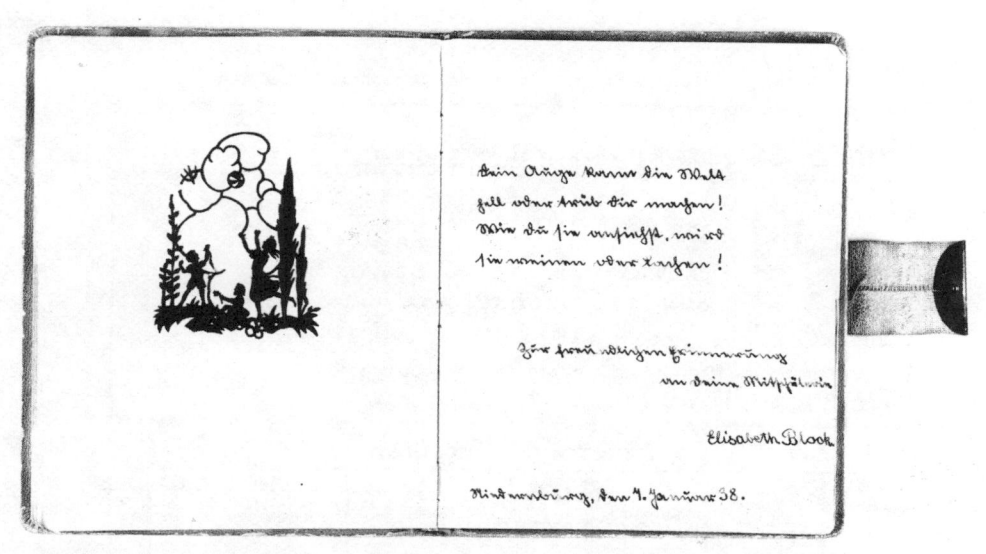

9 Eintrag von Elisabeth Block in das Poesiealbum von Ruth Lentner vom 7. Januar 1938.

10 Elisabeth Block mit ihrer langjährigen besten Freundin Elisabeth Weiß (Stilke) vor dem Haus der Familie Block, März 1938.

1938/39

Städtische Hauswirtschafts- und Handelsschule Rosenheim

Jahresbogen der Schülerin _Bloch Elisabeth_, Klasse _2 b_

geboren _12. II. 1923_ zu _Windsbach_ B.-A. _Rosenheim_	
Bekenntnis _jüd._	besuchte zuletzt: (Schule) _Hauswirtschaftsschule_ Klasse: _1 b_
Name und Stand der Eltern _Friedrich Bloch, Landwirt_	
Wohnort (Straße, Nr.) _Windsbach, Moosburgerstr. 125½_	
Etwaige Privatwohnung der Schülerin:	
Tag des Eintritts in die Städt. Hauswirtschafts- und Handelsschule Rosenheim _12. April 1934_	
Wiederholt heuer die Klasse? _—_ Wiederholte früher die Klasse? Rückt heuer vor?	

Noten und Zensuren.

Lehrfächer	Sommerzeugnis				Winterzeugnis				Jahreszeugnis			
	Schul-Aufgaben	Haus-Aufgaben	Mündlich	Fort-gang	Schul-Aufgaben	Haus-Aufgaben	Mündlich	Fort-gang	Schul-Aufgaben	Haus-Aufgaben	Mündlich	Fort-gang
Religion				—								
Deutsch	2	2	2	2	_ausgetreten!_							
Gesch.				1-2								
Erdkunde mit Wirtschaftsg.				1-2								
Biologie				1								
Rechnen				1								
Buchführung				2	_Jüdin!_							
Handelskunde mit Schriftverkehr												
Maschinenschreiben				2								
Kurzschrift												
Haushaltkunde												
Erziehungslehre												
Schulküch.				2								
Wäschebehandlung				2								
Weibliche Handarbeit				1/2								
Werkunterricht												
Kleidermachen												
Turnen				2								
Singen				2								
Weißnähen												
Englisch												
Zierschrift												
Chorgesang												

1 = sehr gut, 2 = gut, 3 = genügend, 4 = nicht genügend / Fleiß u. Betrag.: sehr lobenswert, lobensw., noch entsprech., nicht genügend.

11 Jahresbogen der Haustöchterschule Rosenheim.

12 Elisabeth Block mit einer Katze vor dem Haus der Familie Block, wahrscheinlich Juni oder Juli 1939.

13 Am 1. September 1940 wanderte Elisabeth Block zusammen mit Paula und Hans Bauer, der auch das Gipfelfoto machte, auf die Kampenwand.

14 Elisabeth (r.) und Gertrud Block, fotografiert von Regina Zielke, wahrscheinlich 1940.

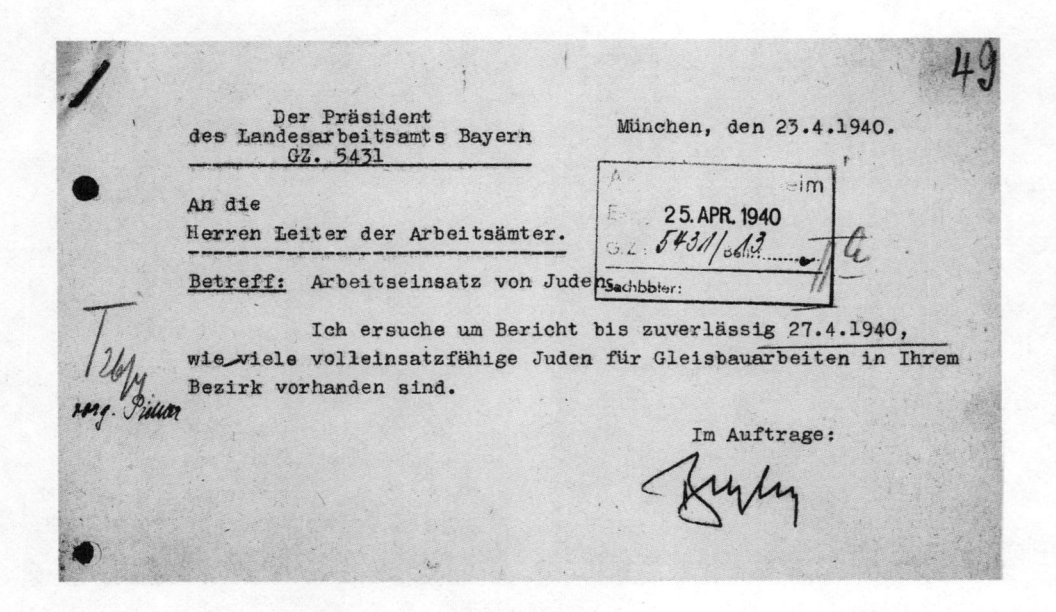

Der Präsident
des Landesarbeitsamts Bayern   München, den 23.4.1940.
GZ. 5431

An die
Herren Leiter der Arbeitsämter.

Betreff: Arbeitseinsatz von Juden.

Ich ersuche um Bericht bis zuverlässig 27.4.1940,
wie viele volleinsatzfähige Juden für Gleisbauarbeiten in Ihrem
Bezirk vorhanden sind.

Im Auftrage:

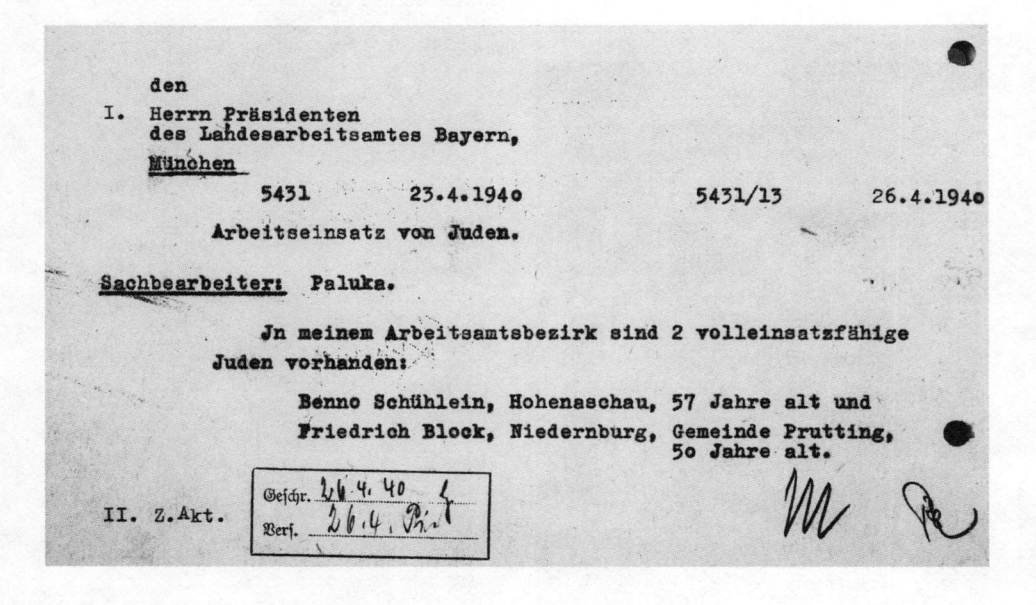

---

den
I. Herrn Präsidenten
des Landesarbeitsamtes Bayern,
München

5431   23.4.1940   5431/13   26.4.1940

Arbeitseinsatz von Juden.

Sachbearbeiter: Paluka.

In meinem Arbeitsamtsbezirk sind 2 volleinsatzfähige
Juden vorhanden:

Benno Schühlein, Hohenaschau, 57 Jahre alt und
Friedrich Block, Niedernburg, Gemeinde Prutting,
50 Jahre alt.

II. Z.Akt.

---

15 Gezielt wurde der „Arbeitseinsatz von Juden" vorbereitet. Fritz Block wurde ab dem 27. Mai 1940 zu Gleisbauarbeiten verpflichtet: Anfrage des Landesarbeitsamts Bayern und Antwort des Arbeitsamts Rosenheim.

Abschrift

Geheime Staatspolizei
Staatspolizeileitstelle
München

München, 2.November 1940.
Briennerstr.50

B.Nr. 32 675/40 II E Do.

Vertraulich!

An den
Herrn Leiter des Landesarbeitsamts
Bayern

München

Betrifft: Arbeitseinsatz der Juden.
Vorgang: Ohne.

        Es ist beabsichtigt, die zur Zeit noch beschäftigungslosen aber voll arbeitsfähigen Juden und Jüdinnen im Alter von 18 bis 55 Jahren für den geschlossenen Arbeitseinsatz vorzuschlagen. Gedacht ist hierbei, die männlichen Juden bei Bodenverbesserungs-Gleis- Oberbau-Arbeiten der deutschen Reichsbahn und vor allem an den Reichsautobahnen, die weiblichen Juden in Fabriken einzusetzen.

        Um zunächst einen Überblick darüber zu bekommen, in welchem Umfange noch Juden bezw. Jüdinnen hierfür zur Verfügung stehen, hat das Reichssicherheitshauptamt Berlin mit Erlass vom 31.10.40 die Staatspolizeileitstellen angewiesen, für ihren Bereich durch Rückfrage bei den Landesarbeitsämtern festzustellen

    a) welche Anzahl Juden und Jüdinnen – je getrennt – sind bereits aus dem dort.Dienstbereich durch Vermittlung der Arbeitsämter zur Arbeitsleistung herangezogen worden und

    b) wieviele beschäftigungslose aber voll arbeitsfähige Juden und Jüdinnen im Alter von 18 – 55 Jahren stehen noch für einen etwaigen geschlossenen Arbeitseinsatz zur Verfügung. Hierbei sind Ehefrauen, die einen Haushalt zu versehen haben und demnach als voll beschäftigt gelten, sowie in Mischehe lebende Juden und Jüdinnen ausser Betracht zu lassen.

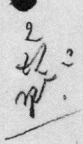

./.

16 Der „Arbeitseinsatz von Juden" wurde systematisch erweitert und verschärft: Anfrage der Gestapo-Leitstelle München und Anwort des Landesarbeitsamts Bayern.

Der Bereich der Staatspolizeileitstelle München umschliesst das Gebiet des Reg.Bez.Oberbayern. Ich bitte hiernach, mir die notwendigen Angaben zukommen zu lassen. Da ich bis zum 15.11.40 berichten muss, wäre ich für ehestmöglich Mitteilung dankbar.

I.A.
gez.Schmäling

Für die Richtigkeit:
L.S.
gez.Unterschrift
B.A.

> Arb.Amt Rosenheim
> Eing. - 8. NOV. 1940
> G.Z. 5431/16
> Sachb.

GZ. 5431
An die
Herren Leiter der Arbeitsämter

München, Holzkirchen, Weilheim, Traunstein, Mühldorf, Rosenheim, Ingolstadt, Freising

mit der Bitte um Bericht im Sinne des Absatzes 2 Ziffer a und b. Termin 13.11.1940.

München, 7.November 1940
Der Präsident
des Landesarbeitsamts Bayern
Im Auftrag

I.   den
      Herrn Präsidenten
      des Landesarbeitsamtes Bayern,
      München

                                                         5431/16/   11.11.1940
                                                          II A

Arbeitseinsatz der Juden.

Vorgang: Randentschliessung vom 7.11.1940 - 5431 -.

Sachbearbeiter: Reg. Jnsp. Knäulein.

     Aus dem Bereich des Arbeitsamtes Rosenheim sind 2 Juden und zwar

                1 in München und
                1 in Kempten

zum Arbeitseinsatz herangezogen worden.
     Beschäftigungslose Juden oder Jüdinnen, die für einen Arbeitseinsatz noch in Betracht kommen könnten, sind nicht vorhanden.

II. Z.Akt

Fritz Block

Mirjam Block

17–21: Ende 1939 versuchte die Familie Block zu emigrieren. Die Paßfotos entstanden wahrscheinlich Mitte April 1941, als aus Argentinien eine Erlaubnis für die Einreise vorlag und Bilder für das Visum benötigt wurden, das die Familie jedoch nicht mehr erhielt.

Arno Block

Elisabeth Block

Gertrud Block

22 Elisabeth Block arbeitete auf dem Hof der Familie Loy in Benning. V.l.n.r.: Christina Hochstetter, dahinter eine Magd, Walburga („Wallei") Hochstetter, Heinrich Hochstetter, die Bäuerin Regina Loy und Maria („Marei"), Walburga und Hans Loy, Regina („Regerl") Zielke und der Bauer Wolfgang Loy. Das Bild entstand 1938.

23 Das letzte Familienbild entstand wahrscheinlich am 26. Dezember 1941; Fritz, Arno, Gertrud, Elisabeth und Mirjam Block feiern Weihnachten im Wohnzimmer ihres früheren Hauses.

24 Der Weg in den Tod: Die Familie Block mußte sich im März 1942 in das Sammellager München-Milbertshofen begeben; am 3. April 1942 wurde sie nach Piaski im Distrikt Lublin deportiert. Der Eintrag in der Meldekarte lautet schönfärberisch: „Judensiedlung Milbertshofen in München, Knorrstr. 148, am 16. März 1942."

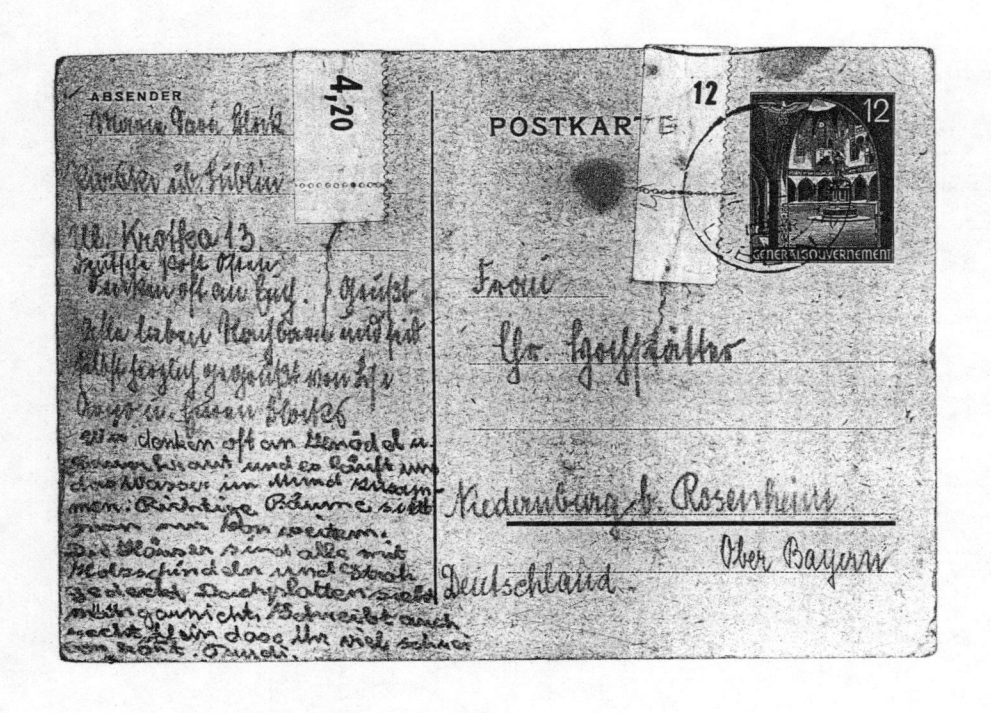

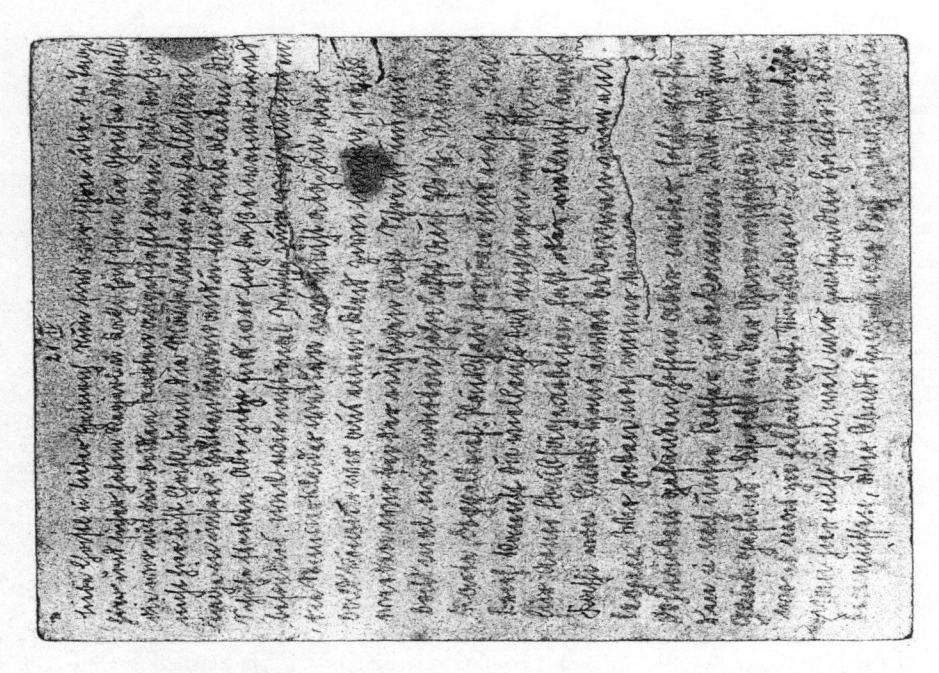

25 Das letzte Lebenszeichen: eine Postkarte aus Piaski (Transkription siehe S. 49 f.).

Nr.4064 d 20.   Abdruck   München, den 12.Dezember 1947
An
alle Regierungen.

Betreff: Standesämter; hier: Listen der 1938 noch in Bayern an-
        sässigen Juden.

Das Bayer. Staatsministerium des Innern benötigt raschestmöglich eine vollständige Übersicht sämtlicher bis einschliesslich 1938 in Bayern ansässig gewesenen Juden.
Die Standesämter wollen daher unverzüglich veranlasst werden, Listen der in ihren Zuständigkeitsbereich fallenden Juden, soweit diese 1938 noch in Bayern ansässig waren, zu erstellen und der Regierung einzureichen. Auf Grund der seinerzeit vorgeschriebenen Zwangsvornamen dürften nennenswerte Hindernisse der Erstellung der Listen nicht entgegenstehen. Die Regierung wolle diese Listen nach Überprüfung und übersichtlicher Ordnung anher (Sachgebiet 2a) übermitteln.

                    gez. Dr.Ankermüller
                    Staatsminister.

Nr. I 1 55/47.
Abdruck an
        die Landratsämter des Regierungsbezirks und
        die Stadträte München, Freising, Ingolstadt und Rosenheim
zur sofortigen Verständigung der Standesämter und zur alsbaldigen Vorlage der Listen.
                München, den 15.März 1948
                Regierung von Oberbayern.
                  Im Auftrag:
                  (Detlev Oswald).

26 Staatliche Nachforschungen nach 1945: Anfrage des Bayerischen Innenministeriums vom 12. Dezember 1947 und Meldung des Landratsamtes Rosenheim über die 1938 ansässigen Juden.

Gemeinderat Prutting

Kreis: Rosenheim / OB.

Prutting, den 7.4.48

Eingelaufen am
12.4.48
V₂ 1649/IV

An den
L a n d r a t
R o s e n h e i m

Zu Auftrag Nr. 1649/IV

Nachstehend erhalten Sie Verzeichnis der im Jahre 1938 in der Gemeinde ansässigen Juden:

B l o c k Friedrich, geb. 12.3.92 in Hannover, Wohnort Niederburg 125½
B l o c k Myriam geb. Frensdorff, geb. 28.7.96 in Hannover, Wohnort Niederburg "
B l o c k Elisabeth, geb. 12.2.23 in Niederburg, Wohnort "
B l o c k Gertrud, geb. 28.10.27 in Niederburg, " "
B l o c k Johannes Arno, geb. 23.11.28, " " "

Gemeinderat
Prutting

Verl. Benno & Alois Eckert, Heideck, Reg Nr. S 10. 47 500

Nr. 1649/IV
Landratsamt

Rosenheim, den 26. April 1948.

I. An die
Regierung von Oberbayern
in M ü n c h e n .

Betreff: Standesämter; hier: Listen der 1938 noch in Bayern ansässigen Juden.
Bezug: Reg.Entschl. vom 15.3.1948 - I 1 55/47 -.
Beilagen: 1 Liste.

Beigefügt wird die aufgegliederte Liste über die 1938 noch im Zuständigkeitsbereich der Standesämter des Landkreises Rosenheim ansässigen Juden in Vorlage gebracht.

(Habruner)

II. z.A.
ab. Str. Aug. 29.4.48

Liste

der 1938 noch im Zuständigkeitsbereich der nachstehend aufgeführten
Standesämter des Landkreises R o s e n h e i m ansässigen
Juden.

B r a n n e n b u r g :

W o l f Berthold, geb.12.8.1876 in München,
W o l f Wally, geb.Figdor, geb.27.12.1886 in Frankfurt/Main
W o l f Gottfried, geb.4.3.1922 in München,
F i g d o r Amalie, geb.15.1.1898 in Frankfurt/M.
  Genannte Personen sind am 8.4.1938 von München nach
Brannenburg übergesiedelt und haben sich am 17.4.1939 von Brannenburg
nach München abgemeldet (München, Trogerstraße Nr. 17/I.).

D e g e r n d o r f :

Dr. M i n t z Maximilian, Patentanwalt, geb.9.7.1867 in Jassy (Rumänien)
  röm.kath.
  Genannter war seit 1.4.1930 in Weidach/Gde.Degerndorf wohnhaft und starb am 23.2.1940 in Weidach/Gde.Degerndorf. Die Witwe (keine
(Jüdin) wohnt noch in der Gemeinde.

N i e d e r a s c h a u :

M e y e r Jonas, Heinrich, Kaufmann, geb.3.9.1882 in Kiel, ohne Religion;
  Vater: Jonas Jonny, Kaufmann, gest.in Kiel
  Mutter: Minna Jonas, geb.Süßmann, gest.in Köln.
  Zugezogen am 7.10.1932 von Frasdorf und am 27.6.1938 verzogen
nach Vachendorf/Kreis Traunstein.

J o n a s Rosina, geb.Resele, Hausfrau, geb.2.8.1888 in Buxheim, röm.kath.
  Vater: Resele Josef, Landwirt, gest.in Buxheim
  Mutter: Rosina Resele, geb.Mayer, gest.in Buxheim
  Zugezogen am 7.10.1932 von Frasdorf, weggezogen am 27.6.38
  nach Vachendorf/Kreis Traunstein.

J o n a s Walter, ohne Beruf, geb.5.1.1931 in Stuttgart, röm.kath.
  Vater: Jonas Michael, Kaufmann, wohnhaft in Stuttgart
  Mutter: Jonas Maria, geb.Bäuerle, wohnhaft in Stuttgart
  Zugezogen am 1.10.36 von Stuttgart und am 29.3.37 nach Stuttgart, Yorkstr.Nr.83 verzogen. Alle 3 Personen waren wohnhaft
  in Haindorf Nr.111, Gde.Niederaschau.

./.

Oberaudorf:

D e m h a r t e r Regina, geb.Mayerson, geb.4.12.1867 in Berlin, evang.verh.
        seit 30.6.1909; Eheschliessung erfolgte in München, kinderlos;
        seit 1.4.1919 in Oberaudorf wohnhaft gewesen; vor 1.4.1919 in
        München wohnhaft, am 1.6.47 in Oberaudorf verstorben (Freitod).

P r u t t i n g :

B l o c k Friedrich, geb.12.3.1892 in Hannover, Wohnort Niedernburg 125 1/2

B l o c k Myriam, geb.Frensdorff, geb.28.7.1896 in Hannover, Wohnort Niedernbg.125 1

B l o c k Elisabeth, geb.12.2.23 in Niedernburg Nr, Wohnort Niedernburg 125 1/2

B l o c k Gertrud, geb.28.10.27 in Niedernburg, Wohnort: Niedernburg 125 1/2

B l o c k Johannes Arno, geb.23.11.28 in Niedernburg, Wohnort: Niedernburg 125 1/2

R i m s t i n g :

Z i e g l e r Benno, geb.8.1.1887 in München, wohnhaft in Rimsting, Otterking 45 b

H o f f m a n n Elsbeth, Frau. geb.2.5.93 in Emden, wohnhaft in Rimsting, Hochstätt
        Nr.66 a.

S a c h r a n g :

B o d m e r Ludolf, kgl.Opernsänger, geb.8.10.1878 in Stuttgart,
        Wohnort: seit 1931 Einöde Löch, Gde.Sachrang,
        Eheschliessung erfolgte am 14.6.1906 in Badenweiler
        mit Else Deininger, gest.2.12.1943 in Prien.

HANS BLOCK
RECHTSANWALT u. NOTAR
BUREAU GEÖFFNET: 9—1, UND 3½—7 UHR
SPRECHSTUNDEN: NACHM. 4½—7 UHR
MITTW. u. SONNAB. BUROSCHLUSS 2 UHR
FERNSPRECHER 29865
POSTSCHECKKONTO
HANNOVER 2674

HANNOVER, den .... 193...
GEORGSTR. 14

An
die Gemeindeverwaltung
  Niedernburg b/Rosenheim
   Oberbayern.

aus Niedernburg

Jm Jahre 1941 wurden mein Bruder Friedrich Block, seine Frau und seine Kinder Elisabeth, Gertrud und Arno nach Polen deportiert. Jch bitte um Mitteilung, ob seitdem irgend welche Nachricht über sie in Niedernburg eingetroffen ist.

        Ergebenst

Kvuzath Maajan-Zvi
Sichron-Jaakov P.O.B.4
Israel.

27.6.1951

---

10. Juli 1951

Herrn
Hans B l o c k
Kvuzath Maajan-Zvi
Sichron-Jaakov P.O.B.4
Israel.

Betr.: Familie B l o c k in Niedernburg.

Auf Ihr Ersuchen teilen wir Ihnen mit, daß die Familie Block wenige Wochen oder Monate nach der Deportierung nach Polen nochmals nach Niedernburg geschrieben hat, seither wurde jedoch von der Familie Block nichts mehr bekannt.

27 Hans Block, der mit seiner Familie im Februar 1939 nach Palästina ausgewandert war, erkundigte sich im Juli 1951 nach dem Schicksal der Familie seines jüngeren Bruders.

345

Heilbronn, d. 8. Okt. 51

An das Bürgermeisteramt Niedernburg.

Ich beabsichtige beim Amtsgericht Rosenheim die Todeserklärung meiner Cousine Frau Mirjam Mimi Block und Familie zu beantragen u. wäre Ihnen dankbar, wenn Sie mir zur Vorlage beim Gericht einen Familienregisterauszug oder wenigstens die Geburtsdaten von Herrn u. Frau Block u. ihren Kindern: Elisabeth, Gertrud u. Arno mitteilen würden. Befinden sich bei Ihnen ev. auch amtliche Hinweise (Urkunden u. dgl.) aus denen hervorgeht, wann die Familie Block nach dem Osten deportiert worden ist. Für baldige Antwort wäre ich Ihnen dankbar. Hochachtungsvoll

Frau Alice Pfleiderer
Heilbronn a/N. Hundsbergstr. 41

12. Oktober 1951

Frau
Alice Pfleiderer
H e i l b r o n n /Neckar
Hundsbergstraße 41

Betr.: Ihre Zuschrift vom 8.10.51;
hier Personalien der Familie B l o c k .

Block Friedrich, geboren am 12. März 1892 in Hannover, Sohn des Wolfgang Block und der Rebeka Block, geb. Pardo.

Block Mirjam, geborene Frensdorff, geb. 28. Juli 1896 in Hannover, Tochter des Kaufmannes Julius Frensdorff und der Hulda Frensdorf, geborene Packscher.

Kinder:

    Block Elisabeth, geb. 12. Februar 1923 in Niedernburg
    Block Gertrud,   "   28. Oktober 1927 in Niedernburg
    Block Johannes Arno, 23.November 1928 in Niedernburg

Amtliche Hinweise über die Deportierung nach dem Osten liegen hier nicht vor. Lt. Aufzeichnung in der Einwohnerkartei hat sich die Familie Block am 16. März 1942 nach München, Knorrstraße 148, abgemeldet.

Geburtsurkunden der Kinder legen wir bei.
Sämtliche vorstehende Angaben wurden der Einwohnerkartei entnommen.

28 Alice Pfleiderer, eine Verwandte aus Heilbronn, erhielt im Oktober 1951 eine bürokratisch vorsichtig formulierte, die Tatsachen verschleiernde Antwort auf ihre Frage, wann die Familie Block aus Niedernburg deportiert worden war.

Quellen und Literatur

1. Quellen

Ungedruckte Quellen
Niedersächsisches Hauptstaatsarchiv Hannover:
Hann. 146 A Acc. 7/67 (Matrikelbücher der Universität Hannover)
Hann. 146 A Acc. 134/81 Nr. 1 (Matrikelbücher der Universität Hannover)

Staatsarchiv für Oberbayern, München:
Arbeitsämter 1246 (Arbeitseinsatz von Juden 1935–1944)
LRA 55 415 (Staatliche Nachforschungen nach 1945 über die in Bayern lebenden Juden)
NSDAP 244 (Statistik des NSDAP-Kreises Rosenheim)
NSDAP 983 (Tätigkeits- und Stimmungsberichte der Gauwaltung und der Kreiswaltungen des NSLB, 1937–1940)

Haus der Bayerischen Geschichte, Augsburg:
Die Tagebücher der Elisabeth Block. Materialien.
Die Tagebücher der Elisabeth Block. Gespräche mit Zeitzeugen. Unveröffentlichtes Manuskript.

Stadtarchiv Hannover:
Einwohnermeldekartei jüdischer Bürger

Stadtarchiv Rosenheim:
Protokolle B/N 1515 (Entnazifizierung / Verzeichnis der Beamten des Stadtkreises Rosenheim)
Zeitungskartei

Gemeindearchiv Prutting:
Einwohnermeldekartei (Meldekarte der Familie Block)
Akt 150 (Anfragen zum Schicksal der Familie Block)
Verzeichnis der zu vorübergehendem Aufenthalt in der Gemeinde Prutting gemeldeten Personen, 1919–1935

Städtische Realschule für Mädchen, Rosenheim:
Stundenplan der Klasse 1b, Schuljahr 1937/38

Schulversäumnis-Liste der Klasse 1b, Schuljahr 1937/38
Schülerinnen-Verzeichnis der Klasse 1b, Schuljahr 1937/38
Verzeichnis der Jahresnoten der Klasse 1b, Schuljahr 1937/38
Jahresbogen für Elisabeth Block, Klasse 2b, Schuljahr 1938/39
Verzeichnis der Jahresnoten der Klasse 2b, Schuljahr 1938/39

Sonstige Archive:
Archiv der Technischen Universität München: Akt Friedrich Block (ohne Signatur).
Bundesarchiv – Krankenbuchlager Berlin

Gedruckte Quellen
Gedenkbuch. Opfer der Verfolgung der Juden unter der nationalsozialistischen Gewaltherrschaft in Deutschland 1933–1945, bearb. vom Bundesarchiv, Koblenz, und dem Internationalen Suchdienst, Arolsen. Koblenz 1987.
Domarus, Max: Hitler – Reden und Proklamationen 1932–1945. 2 Bde., Neustadt a. d. Aisch 1962.

Gesetze, Amtsblätter, Verzeichnisse
Adreßbuch für das Bezirksamt Rosenheim 1934, umfassend 56 Gemeinden nach den amtlichen Einwohnerlisten. München o. J. [1934]
Einwohnerbuch für das Bezirksamt Rosenheim 1937, umfassend 56 Gemeinden nach den amtlichen Einwohnerlisten. 2. Ausg. München 1937.
Gesetz zur Verhütung erbkranken Nachwuchses vom 14. Juli 1933 nebst Ausführungsverordnungen. Bearbeitet und erläutert von Arthur Gütt, Ernst Rüdin, Falk Ruttke. Mit medizinischen Beiträgen von Erich Lexer und Heinrich Eymer. 2. Aufl., München 1936.
Gesetz- und Verordnungs-Blatt für den Freistaat Bayern (GVBl)
Reichsarbeitsblatt
Reichsgesetzblatt (RGBl)

Zeitungen
Abendzeitung München
Die Zeit
Hannoverscher Anzeiger
Oberbayerisches Volksblatt
Rosenheimer Anzeiger
Süddeutsche Zeitung
Völkischer Beobachter

2. Literatur

Bibliographien

Bibliographie zur Zeitgeschichte. Beilage der Vierteljahreshefte für Zeitgeschichte.

Huber, Lorenz: Schrifttum über Rosenheim. In: BIO 19 (1934), S. 81–106 und BIO 20 (1935), S. 71–116.

Stalla, Gerhard: Bibliographie der Stadt Rosenheim. In: BIO 36 (1970), S. 107–229.

Wiesemann, Falk: Bibliographie zur Geschichte der Juden in Bayern. (Bibliographien zur deutsch-jüdischen Geschichte, 1) München, New York, London, Paris 1989.

Hilfsmittel und Nachschlagewerke

Deutsches Literatur-Lexikon. Biographisches und bibliographisches Handbuch. Begründet von Wilhelm Kosch. 3. Aufl., hg. v. Bruno Berger und Heinz Rupp. Bern, München 1968 ff.

Enzyklopädie des Holocaust. Die Verfolgung und Ermordung der europäischen Juden. Hg. von Israel Gutmann. Dt. Ausgabe hg. von Eberhard Jäckel, Peter Longerich und Julius H. Schoeps. Berlin 1993.

Gesamtverzeichnis des deutschsprachigen Schrifttums 1700–1910 / 1911–1965

Grotefend, H.: Taschenbuch der Zeitrechnung des deutschen Mittelalters und der Neuzeit. Hannover 1960.

Handwörterbuch des deutschen Aberglaubens. Hg. von Hanns Bächtold-Stäubli. 20 Bde., Nachdruck Berlin, New York 1987.

Lennartz, Franz: Die Dichter unserer Zeit. Stuttgart 1938.

Literatur-Brockhaus. Hg. von Werner Habicht u.a. 3 Bde., Mannheim 1988.

Ploetz. Das Dritte Reich. Ursprünge, Ereignisse, Wirkungen. Hg. von Martin Broszat und Norbert Frei in Verbindung mit dem IfZ München. Freiburg, Würzburg 1983.

Wahrig, Gerhard (Hg.): Deutsches Wörterbuch. Neuausgabe 1985.

Wilpert, Gero von (Hg.): Lexikon der Weltliteratur. Biographisch-bibliographisches Handwörterbuch. Stuttgart 1963.

Primärliteratur / Anthologien

Conrady, Karl Otto (Hg.): Das große deutsche Gedichtbuch. Königstein 1978.

Damit uns Erde zur Heimat wird. Eine Gedichtsammlung. Ausgewählt von Fritz Färber, Wolfgang Koller, Wilhelm Schindler, Karl Voraus. München 1959.

Goethes Gedichte in zeitlicher Folge. Hg. von Heinz Nicolai. Frankfurt am Main 1982.

Reiners, Ludwig (Hg.): Der ewige Brunnen. München 1956.

Darstellungen

Barkai, Avraham: Vom Boykott zur "Entjudung". Der wirtschaftliche Existenzkampf der Juden im Dritten Reich 1933 – 1943. Frankfurt am Main 1988.

Bayern in der NS-Zeit. Hg. von Martin Broszat, Elke Fröhlich, Anton Grossmann, Hartmut Mehringer und Falk Wiesemann. 5 Bde., München, Wien 1977–1983.

Benz, Wolfgang (Hg.): Das Tagebuch der Hertha Nathorff. Berlin – New York. Aufzeichnungen 1933 bis 1945. München 1987. (Schriftenreihe der Vierteljahreshefte für Zeitgeschichte, 54)

Benz, Wolfgang (Hg.): Die Juden in Deutschland 1933 – 1945. Leben unter nationalsozialistischer Herrschaft. München 1989.

Benz, Wolfgang: Herrschaft und Gesellschaft im nationalsozialistischen Staat. Studien zur Struktur- und Mentalitätsgeschichte. Frankfurt am Main 1990.

Buchholz, Marlies: Die hannoverschen Judenhäuser. Zur Situation der Juden in der Zeit der Ghettoisierung und Verfolgung 1941 bis 1945. (Quellen und Darstellungen zur Geschichte Niedersachsens, 101) Hildesheim 1987.

Die jüdische Emigration aus Deutschland 1933 – 1941. Die Geschichte einer Austreibung. Eine Ausstellung der Deutschen Bibliothek, Frankfurt am Main, unter Mitwirkung des Leo Baeck Instituts, New York. Frankfurt am Main 1985.

Festschrift Städtische Realschule für Mädchen Rosenheim, hg. vom Direktorat. Rosenheim o. J. [1991].

Geschichte und Kultur der Juden in Bayern. Aufsätze. Hg. von Manfred Treml, und Josef Kirmeier unter Mitarbeit von Evamaria Brockhoff. (Veröffentlichungen zur Bayerischen Kultur und Geschichte, 17) München 1988.

Glaser, Horst Albert (Hg.): Deutsche Literatur. Eine Sozialgeschichte. Bd. 9: Weimarer Republik–Drittes Reich: Avantgardismus, Parteilichkeit, Exil, 1918–1945. Reinbek 1983.

Graml, Hermann: Reichskristallnacht. Antisemitismus und Judenverfolgung im Dritten Reich. München 1988.

Heyn, Hans: Süddeutsche Malerei aus dem bayerischen Hochland. Rosenheim o. J. [1979].

Hilberg, Raul: Die Vernichtung der europäischen Juden. Frankfurt am Main 1991 (Taschenbuchausgabe in 3 Bänden).

Hoffmann, Friedrich G. und Rösch, Herbert: Grundlagen, Stile, Gestalten der deutschen Literatur. Frankfurt am Main 1980.

Homeyer, Friedel (Bearb.): Beitrag zur Geschichte der Gartenbauschule Ahlem, 1893–1979. Hg. vom Landkreis Hannover in Zusammenarbeit mit der Landwirtschaftskammer Hannover.

Jäckel, Eberhard: Hitlers Herrschaft. Vollzug einer Weltanschauung. Darmstadt 1991.

Krausnick, Helmut: Judenverfolgung. Anatomie des SS-Staates, Bd. 2, 5. Aufl. München 1989, S. 235–366.

Lowenthal, E. G.: Das Experiment Ahlem. Ein kurzer Überblick über die Jüdische Gartenbauschule. Dt. Übersetzung von: The Ahlem Experiment. A Brief Survey of the "Jüdische Gartenbauschule" in: Year Book XIV des Leo-Baeck-Insituts, London 1969, S. 163–179. [Hannover o. J.]

Martini, Fritz: Deutsche Literaturgeschichte. Stuttgart 1978.

Moser, Hans und Feldhütter, Wilfried: Der Bauernshakespeare von Kiefersfelden. In: Unbekanntes Bayern Bd. 6, Nachdr. München 1976.

Ophir, Baruch Zvi und Wiesemann, Falk (Hg.): Die jüdischen Gemeinden in Bayern 1918 – 1945. Geschichte und Zerstörung. München 1979.

Reichskristallnacht in Hannover. Hg. vom Historischen Museum am Hohen Ufer Hannover. Hannover 1978.

Richarz, Monika (Hg.): Jüdisches Leben in Deutschland. 3 Bde. Stuttgart 1976–1982. Bd. 3: Selbstzeugnisse zur Sozialgeschichte 1918 – 1945 Stuttgart 1982.

Rosenfeld, Else / Luckner, Gertrud (Hg.): Lebenszeichen aus Piaski. Briefe Deportierter aus dem Distrikt Lublin 1940–1943. München 1968.

Rosenheim im Dritten Reich. Beiträge zur Stadtgeschichte. Hg. vom Kulturamt der Stadt Rosenheim, Redaktion Walter Leicht und Peter Miesbeck. Rosenheim 1989.

Schulze, Peter: Juden in Hannover. Beiträge zur Geschichte und Kultur einer Minderheit. Hannover 1989.

Schwarz, Gudrun: Die nationalsozialistischen Lager. Frankfurt am Main, New York 1990.

Stapf, Heribert: Chronik des Karolinen-Gymnasiums 1890–1969. Rosenheim [1969].

Walk, Joseph (Hg.): Das Sonderrecht für die Juden im NS-Staat. Eine Sammlung der gesetzlichen Maßnahmen und Richtlinien – Inhalt und Bedeutung. Heidelberg 1981.

Wulf, Joseph: Theater und Film im Dritten Reich. Eine Dokumentation. Frankfurt am Main u.a. 1983.

Abkürzungen

BAK	Bundesarchiv Koblenz
BIO	Das bayerische Inn-Oberland, hg. vom Historischen Verein Rosenheim
GVBl	Gesetz- und Verordnungs-Blatt für den Freistaat Bayern
HdBG	Haus der Bayerischen Geschichte, Augsburg
Hg.	Herausgeber, herausgegeben
IfZ	Institut für Zeitgeschichte, München
LRA	Landratsamt
NSLB	Nationalsozialistischer Lehrerbund
OVB	Oberbayerisches Volksblatt
RA	Rosenheimer Anzeiger
RGBl	Reichsgesetzblatt
StadtA Ro	Stadtarchiv Rosenheim
StAM	Staatsarchiv München
VfZ	Vierteljahreshefte für Zeitgeschichte

Bildnachweis

Paula Bauer, Vogtareuth 13, 21, 23
Prof. Dr. Asher Frensdorff, Tel Aviv 5
Dr. Klaus E. Hinrichsen, London 1, 2, 3, 4, 6, 7, 12
Ruth Lentner, Rosenheim 8, 9
Elisabeth Stilke, München 10
Regina Voringer, Niedernburg 25
Regina Zielke, Niedernburg 14, 22
Staatsarchiv für Oberbayern, München 15, 16, 26
Gemeindearchiv Prutting 24, 27, 28
Städtische Realschule für Mädchen, Rosenheim 11

Personen- und Ortsregister

1. Personenregister

Verwandte

Arndt, Konrad 81, Anm. 37, 295
Arndt, Marie 36, 81, 113, 145, 198, 203, 238, Anm. 37, 42, 79, 229, 295, Einführung Anm. 5
Arndt, Paul 36, Anm. 37, 79, 295
Bein, Anna 203, Anm. 234
Bein, Arthur 203, Anm. 234
Betty 312
Block, Dr. in München 121, 186, Anm. 107, 189
Block, Dr. Wolf 18, Anm. 90, Einführung Anm. 5
Block, Ernst 206, Anm. 242, Einführung Anm. 5
Block, Gertrud Anm. 88, 96, 177
Block, Hanna 117, 119 f., Anm. 88, 177
Block, Hans Josef („Blocks") 19 f., 36, 38, 51, 116 f., 119 f., 171 Anm. 88, 90, 96, 101, 177, 184, 290, Einführung Anm. 5, Abb. 27
Block, Pauline („Pine") 18, 115–119, 173, 176, Anm. 88, 177, 184
Block, Pauline (Frau von Dr. Wolf Block) 18
Block, Rebekka 18, 20, 202, 204, 206, Anm. 241
Block, Ruth 117, 119 f., Anm. 88, 177
Block, Walter 115, 117, Anm. 88, 177
Brinkmann, Peter 115
Cousine in Caracas 37, 311, 313 f.
Eichenberg, Fräulein 310
Fischer, Ruth („Frau Prof. Fischer") 311, Anm. 363
Frau Ida 314
Frensdorff, Anne 36, 115 f., 119, 131, 172, 184, 309, 312, 314, Anm. 88, 93, 181, 199, 348, 353, 382
 ihre Mutter 312, 314
Frensdorff, Berthold Anm. 95, 104, 269, 291, 356

Frensdorff, Dr. Fritz („Frensdorffs") 36, 115, 117, 119–121, 131 f., 146 f., 309, Anm. 88, 122, 140, 181, 352 f., Einführung Anm. 6
Inge, das Dienstmädchen 120
Frensdorff, Erich 24, 36 f., 61, 72, 74–76, 111, 153, 155, 203, 238, 240, 311, 313, Anm. 20, 33, 75, 157, 198, 233, 248, 294 f., 350, 362, 367, 374, Einführung Anm. 6
Frensdorff, Helene 38, 117, 119 f., 224, 310, 313 f., Anm. 95, 104, 269, 291, 356, 371, 380
Frensdorff, Helme 24, 28, 36 f., 72, 74 f., 77, 81, 95, 111, 114, 153, 180, 183–186, 189, 198, 203, 209, 310, 312, 314, Anm. 20, 33, 60, 75, 157, 194, 198, 233, 248, 367, 377
Frensdorff, Hulda („Großmutter") 23, 25, 36, 48, 51, 85, 103, 107, 111, 115–120, 132, 146, 172, 198, 202, 234, 307–312, 314, Anm. 52, 71, 88, 148, 158, 181, 200, 227, 265, 345, 347 f., 354, Einführung Anm. 7, 137
Frensdorff, Julius 18, 309, Anm. 95, 352, 356, Einführung Anm. 7
Frensdorff, Justus („die Jungens") 36, 115, 119 f., 131 f., 172, 309, 314, Anm. 88, 181, 199, 348, 353
Frensdorff, Klaus („Jungens") 72 f., 75, 95, 111, 153, 180, 183–185, 202 f., 312, Anm. 33, 60, 75, 157, 194, 198, 233, 248, 367, 377, Abb. 7
Frensdorff, Peter („Jungens") 72 f., 75, 95, 111, 153, 155, 180, 183, 184 f., 202 f., 312, Anm. 33, 60, 157, 194, 198, 233, 248, 367, 377
Frensdorff, Prof. Dr. Asher (Reinhold, „die Jungens") 9 f., 36, 115, 119 f., 131 f., 172, 309, 314, Anm. 88, 122, 181, 199, 348, 353
Frensdorff, Dr. Salomon Einführung Anm. 7
Hinrichsen, Dr. Klaus E. Anm. 5, 345, 349–352, 357 f., 363, Einführung Anm. 18

Hinrichsen, Margarete (geb. Levy) 11 f., 138, 309, 311, Anm. 130, 236, Abb. 2
Lehmann, Hete 22, 36, 309, 311–313, 315, Anm. 72, 227, 351, 365, 373
Levy, Dr. Leo 25, 32, 36, 59, 138 f., 162, 204, 309, Anm. 5, 11, 51, 65, 130, 167, 181, 237, 275, 340, 352, 358, Einführung Anm. 6
Levy, Else 22, 36 f., 59, 81, 120, 127, 138 f., 157, 166, 172, 203, 307–309, 311–314, Anm. 5, 11, 39, 51, 65, 106, 130, 162, 167 f., 174, 179, 181, 236, 340, 342, 345, 347 f., 351–353, 357, 365, 373, Einführung Anm. 6
   Kinderfräulein Butta 202
Levy, Eva („die Mädels") 85–87, 89, 90, 98, 138, 157, 309, 311, Anm. 51, 65, 130, 162, 285, Abb. 2, 5
Levy, Hanna („die Mädels") 56, 60, 138, 309, 311, Anm. 5, 16, 130, Abb. 2
Levy, Lotte 40, 228 f., 233, 235, Anm. 284, 289
Levy, Margarete („die Mädels") siehe Hinrichsen, Margarete
Levy, Paul 40, 228 f., 233, Anm. 275, 284, 289
Levy, Ruth („die Mädels") 36, 138, 172, 307, 309, 311, Anm. 130, 181, 342, 348, Abb. 2
Lewy, Annchen 44, 208, 233, 256, 312–314, Anm. 247, 369, 379
   ihr Mann 208
   ihre Tochter 208
Michelsohn, Frieda Anm. 269
Michelsohn, Gertrud s. Sonnenberg, Gertrud
Packscher, Arthur („Arthurs") 184 f., 233, 235, 311–314, Anm. 200 f., 203, 281, 359, 366, 372, 378
Packscher, Benno („Bennos") 151, 184, 186, 192, 228, 233 f., 309–312, 314, Anm. 148, 158, 200, 212, 265, 274, 282, 354 f., 360, 366, 376
Packscher, Grete 184, 314, Anm. 201, 203, 281, 359, 366, 378
Packscher, Guste 151, 311, 314, Anm. 148, 158, 200, 212, 265, 274, 282, 354 f., 364, 366
Pfleiderer, Alice 40, 51, 155–157, 219 f., 235, 260, 313, Anm. 292, 370, Abb. 28
   ihre Mutter Emma 219 f., 222, 224, 235, Anm. 266, 292

Pfleiderer, Hans 40, 155–157, 219 f., Anm. 158, 265
Redelmeier, Franz Anm. 232
Redelmeier, Henny („Redelmeiers") 36, 96 f., 101, 165, Anm. 63, 173
Redelmeier, Ilse 95 f., 101, Anm. 63
Redelmeier, Iska 36, 81, 138 f., 202, 307, 311, Anm. 40, 63, 131, 232, 345, 350, 361, Einführung Anm. 6
   ihre Freundin 313
Redelmeier, Lily 101, Anm. 63
Redelmeier, Max („Redelmeiers") 36, 96 f., 165, Anm. 63, 173
Redelmeier, Meta 95–97, 101, Anm. 62 f.
Redelmeier, Rosalie 95, 101, Anm. 63
Redelmeier, Ruth 95–97, 101, Anm. 63
Redelmeier, Willy 36, Anm. 40, 63, 345, Einführung Anm. 6
Redlmeier, Ernst Anm. 232
Rosenfeld, Friedrich 38, Anm. 324
Rosenfeld, Martha 38 f., 117, 235, 312, 314, Anm. 291, 324, 368, 379
   ihr Junge 313
   ihr Ludwig 314
Rosental, Berthold Anm. 231
Rosental, Elisabeth Anm. 231, Einführung Anm. 5
Rosental, Marianne („Cousine Nanne") 202, Anm. 231, Einführung Anm. 5
Schwarz, Familie („Schwarzens") 116, Anm. 94
Seckels, Gertrud 311, Anm. 363
Seligmann, Johanna 38 f., 117, 235, Anm. 96, 104, 177, 290
Seligmann, Louis Anm. 96
Sonnenberg, Gertrud (geb. Michelsohn) 39, 45, 223–227, 233, 248 f., 251 f., 256, 263, Anm. 268–270, 283, 324, 386, Einführung Anm. 95, 121
   ihre Schwester 45, 256
   Verwandte in Elberfeld 45, 256
„Tante Ester" 309, Anm. 354
„Tante Fränzchen" aus München 178
„Tante Paulchen" 178, Anm. 232

Freunde, Bekannte, Lehrer und sonstige Personen

„alte Lehrer" 239
Altmann, Josef („Expositus") 25, 70, 84, 100, Anm. 32, 67
Annemie, Trudis Freundin 252, 257
Anni 61
Antretter, Hanna 126, 236
Arbeitsdienstler aus Wien 248
Armand, französischer Kriegsgefangener 44, 242–244, 246, 258, Anm. 305
Arme Schulschwestern 30, Anm. 145
Arzt in Vogtareuth 113
Bastianelli, August 40
Bauer, Hans („Herr Bauer") 182, 195, 221 f., Anm. 183, Abb. 13
Bauer, Hans–Erich („Hansibubi", „Buali") 173, 182, 190 f., 193, 195 f., 212, 231, 235, 237, 240, 258, 262–264, Anm. 196
Bauer, Paula (geb. Zeller) 20, 22 f., 47, 49, 69 f., 77 f., 80 f., 84, 99–102, 104, 113, 122, 144, 172 f., 178 f., 182, 191, 193, 195 f., 221 f., 263, Anm. 31, 180, 183, 196, Einführung Anm. 19
Beckmann, Ilse 285
Berger, Anni 82, 203, Anm. 43, 235
Berger, Josef Anm. 235
Berger, Siegfried 203, 204, Anm. 235, 240
Bernrieder, Josef 30, Anm. 36
Betty 60, Anm. 15
Bippen, Frau von 58, Anm. 9
Bippen, Kurt Oskar von Anm. 9
Tochter „Rehlein" 58
Bölling, Dr. 310, Anm. 357
Bretschneider, Marga 285
Bruckmoser, Alois Anm. 125
Bruckmoser, Gisela 134, 136, 152, Anm. 125
„Dame, die schon zwanzig Jahre in Buenos Aires lebte" 252
Dargel, D. 285
David, Frau 97
David, Lea 97, Anm. 64
ihr Bruder 97
Ellinger 157, Anm. 159
Elters, Resel (geb. Liegl) 133 f., Anm. 3, 123, 193
Emmchen 308
Engelmaier, Frau und Herr 60, 83
Engelmeier, Matthias Anm. 17, 235

Evchen, Besuch bei Redelmeiers 96
„Expositus" siehe Altmann, Josef
Fanni 285
Fasbender, Lisa 166
Feldhofer, Marianne 99, 104, 106
Fischbacher, Georg 61, 78, Anm. 18
„Franzose Armand" siehe Armand
Friedl, Fini 55, 230
Friedl, Marie 67, 68, 87
Friedl, Peter Anm. 28
Furtner, Marianne 126
Gabler 126
Gals, Marianne 100
Gaßner, Marianne (Kerer) 65, 82 f., 99, 104, Anm. 24, 43
Gaßner, Peter Anm. 24
Geidobler, Kathi 34, 44, 47–49, 51, 102, 111, 122, 143, 149, 163–165, 167, 172–174, 178, 180, 182, 186, 189 f., 194 f., 199, 208, 210, 229, 231, 234 f., 237 f., 240, 258, 262–264, Anm. 31, 77, 180, Einführung Anm. 19, 137
ihr Mann 236
„Geidoblers" 69, 113, 190, 222
Georg V., König von England 88
Gerstner 126
Gmelch, Johann 43, Einführung Anm. 114
Goebbels, Joseph 28, 68
Graf, Felix 30, 154, 160 f., Anm. 153, Einführung Anm. 61
seine Braut 153
Graßer, Heinrich („Hauptlehrer") 23, 67, 70, 83 f., 86, 91, 99, 105, 107, 142, 205, Anm. 27, 58
Grete (Mitschülerin von Mirjam Block) 285
Grete (in Sondershausen) 97
Grünspan, Herschel Anm. 167
Gusti, Dienstmädchen bei Familie Weiß 71, 112, 137, 148, 152, 160, 165, 216, 230 f.
Guttmann, Gretchen 308, Anm. 347
Haag, Frau Dr. 98, 262, Anm. 66
Haas, Dr. Adam 30, Einführung Anm. 60
Hagdorn, Ruth siehe Lentner, Ruth
Hagen, der Gepäckträger in Sondershausen 97
Hammerschlag, Frau Anm. 349
„Handarbeitsschwester" 142
„Hauptlehrer" siehe Graßer, Heinrich
„Hausl", Senne der Winterstubn–Alm 135, 136

Hebensberger, Frau 210, Anm. 250
Hell 68, Anm. 29
Herfurter, Anna 66
Herfurter, Modest Anm. 25
Heydrich, Reinhard Anm. 320
Hindenburg, Paul von 27, 66, 83, Anm. 29
Hitler, Adolf 24, 27 f., 39, 66, 68, 88, 226, Anm. 29, 270, Einführung Anm. 97
Hochstetter, Christina („Christel") 34 f., 44, 49, 191, 215, 217, 219 f., 231, 238, 241 f., 244 f., 248, 260, 263, 265 f., Anm. 299, 301, 304, 307, 309 f., 321, Abb. 22, 25
   ihr „anderer Bruder" 248
   ihr Bruder 244
   ihre Schwester, die Krämerin 34, 242
   deren Tochter Regina („Gina", verh. Voringer) 263, 266, Anm. 310
   ihre Tochter Walburga („Walli") 34, 44, 231, 242, 247, Anm. 307, Abb. 22
Hochstetter, Heinrich 33, 49, 219 f., 237, 248, 308, Anm. 188, 301
   die neuen Hausbesitzer („Hausleute") 42, 49, 51, 190, 216, Abb. 22
Hoffmann, Elsbeth („Hoffmanns") 84, 139, 156, 173, 215, 218, 225, 236, 247, 258, Anm. 50, 258, 325
Hoffmann, Rudolf („Hoffmanns") 139 f., 139, 156, 173, 215, 218, 225, 247, Anm. 50, 258, 325
Höß, Georg 61, Anm. 19
Kiesmüller Einführung Anm. 59
Kittel, Frau 186, 197, Anm. 204
Kleinert, Herr 74
Lechner, Annemarie 83
Leichtentritt, Frau Dr. 185
Lentner, Ruth 126, Anm. 117, 118, 138, Einführung Anm. 58, Abb. 9
M. Leoberta („Singschwester") 141
Levy, Walter 310, 314, Anm. 358
Liegl, Marie 205 f., Anm. 114, 245
   ihre Mutter 205 f.
Liegl, Resel siehe Elters, Resel
Lily 95
Loy, Hans („der Bruder vom Bauer") 35, 44, 49, 242, 253, 258 f., Anm. 303, 319, Abb. 22
Loy, Melchior (Schmid) Anm. 300
Loy, Regina („die Bäuerin") 35, 44, 46, 242, 254–256, 261, 265, Abb. 22
Loy, Walburga („die alte Mutter") 44, 242, 245, Anm. 306, 312, Abb. 22
Loy, Wolfgang („der Bauer") 26, 42–44, 242, 248, 255, Anm. 300–302, Abb. 22
   „die andere Bäuerin" und deren Sohn 260 f.
   „die neue Magd" 242–244
Ludwig II. von Bayern 226, Anm. 271
Mahler, Frau („Mahlers") 95, 98, 108, Anm. 61
Mahler, Herr 109
Mahler, Ruth 98, 108
Mahler, Sofie 95, 97 f., 101, 105 f., 108–110, Anm. 61
   ihre Großmutter 108
Marile aus München 60
Maul, Hans 204, Anm. 239
Maximilian I. von Bayern Anm. 271
Münchner Dame mit ihrer zehnjährigen Tochter Marga 98
Mussolini, Benito 39, Anm. 270, Einführung Anm. 97
Nanni 178, 180 f.
Napoleon, Bonaparte 45, 253
Osterholzer, Josef Einführung Anm. 15
Peteranderl, Rosa 126, Anm. 142
Rath, Ernst vom Anm. 167
Rauchöder 78
Resei 58
Riehl, Hedwig 126, 147 f., Anm. 142
M. Immolata Rödel („Klassenschwester") 30, 125, 142, 146, Anm. 117 f., Einführung Anm. 58
Rottmüller, Maria („Seppen Marie") 47, 102, 121, 124, 127, 131, 135, 137, 139, 141, 148, 158 f., 162, 206, Anm. 19, 70, 108, 121, 126, 243, Einführung Anm. 132
   ihr Bruder Fritzel 124
Rottmüller, Rosel 55, 57, 60, Anm. 3, 6, 15
Schemm, Hans 83
„Scherzer" siehe Fischbacher, Georg
M. Bonifatia Scherl („Turnschwester") 125, Anm. 118
Schlatterer, Marianne 124 f., 205 f.
Schöpf, Paula 161, Anm. 166
Schragenheim, Frau 116, 310, Anm. 356
Schühlein, Benno Anm. 256, Abb. 15
Schulz, Erna (Kreuzpaintner) Abb. 8
Seider 126
„Seppen Marie" siehe Rottmüller, Maria
Simon, Moritz Anm. 99

Spanrad, Amalie 126, 177
Staber, Georg 234, Anm. 54, 285
Sterzer, Paul („Sterzers") 66, Anm. 26
Stilke, Elisabeth („Liesel Weiß") 22–25, 29, 50 f., 60–65, 69, 71, 78, 82, 90, 99–102, 104, 112–114, 123, 135–137, 148, 152, 160, 165, 178 f., 189, 193 f., 216, 230, 239, 244, Anm. 13, 129, 190, 260, 296, Einführung Anm. 23, Abb. 10
   ihr Bruder 160
   ihr Mann aus Holland 231
   ihr Vater 137, 148
   ihre Patin 29, 216
   ihre Schwägerin 160
   Gusti, das Dienstmädchen 71, 112, 137, 148, 152, 160, 165, 216, 230 f.
Syrup, Friedrich 40
Tammern, Alois 99
Traudl M. 133
Ursel, von Muttis Freundin die Tochter 69, Anm. 30
Vogt, Fräulein 160
Wagner, Adolf Anm. 128
Wagner, Albert 21–23, 28, 47, 191, 194, Anm. 45, 219, Einführung Anm. 20, 132
Wagner, Hans 83, Anm. 45
Wagner, Karussellbesitzer 60
Wagner, Maria 126
Wagner, Sofie 217
Weichselbaumer, Alois Anm. 24
Weichselbaumer, Rosa 65, Anm. 24
„Weiß, Liesel" siehe Stilke, Elisabeth
Wimmer, Johann („Hansel") 204, Anm. 24
Wimmer, „Lisei" (Teichner) 64 f., 82, 104, 191 f., Anm. 24, 43
Wimmer, Rosi (Dangl) 58, 82, 90, 204, 206, Anm. 24, 43, 238, 244
Windstoßer–Maier, Maria 55, 57, 59 f., 62–64, 77, 171, 173, 180, Anm. 2 f., 6, 15
   ihr „Bübchen Pepi" 171
   ihr Mann 171
   ihre Mutter 62, Anm. 2
„Wirtsmarie" siehe Liegl, Marie
Wiser, Annemarie 126
Zahnarzt 178, 179, 180, 191, 192
Zanker, Engelbert Anm. 24
Zanker, Marile 65, 68, 82, 90, 99, 104, Anm. 24, 43
Zentha 60
Zielke, Regina („Regerl", geb. Freiberger) 22 f., 27, 35, 43 f., 46, 47, 49, 241–246, 248 f., 251, 253–256, 259–261, 265, Anm. 301, 326, 328, 336, Einführung Anm. 29, 132, Abb. 14, 22
Ellmann, Anton („Bauernknecht") 254, Anm. 322
   ihre Schwester Maria („Marei") 44, 242, 259, 261, Anm. 308, 328, Abb. 22
   ihre Tante 254
   ihre Tochter „Friedi" 46, 265

Autoren, Künstler

Adam, Adolphe Charles 108
Aichbichler, Thea Anm. 109
Alexis, Willibald 277
Altdorfer, Albrecht 275
Ammers–Küller, Jo van 26, 269, 273 f.
Andersen 276
Arndt, Ernst Moritz 196, Anm. 222
Auburtin, Victor 277
Aulinger, Elise Anm. 136
Baetz, Walter Anm. 21
Bartsch, Rudolf Hans 282
Baudelaire, Charles 27, Einführung Anm. 44
Bayer, Josef Anm. 91
Becker, Michel 262, Anm. 331
Behrens, Berta 281
Bielschowsky, Albert 278
Binding, Rudolf G. 283
Birgel, Willy Anm. 134
Björnson, Björnstjerne 273
Böhlau, Helene 273, Anm. 316
Boles, John Anm. 89
Bölsche, Wilhelm 277
Bolvary, Geza von Anm. 105
Borchardt, G. H. 283
Boy Ed, Ida 271
Brehm, Beppo Anm. 136
Broehl–Dehlaes, Christel 269
Bulwer–Lytton, Edward George 269, Anm. 218
Burbank, Luther 272
Busch, Wilhelm 259
Camenzind, Josef Maria 235, 274, Anm. 293
Carl, Rudolf 108
Carossa, Hans 26, 274
Christ, Lena 26, 271
Cooledge, Cecilia 124

Corti, Egon Caesar Conte   271
Curie, Eve   271
Danegger   Anm. 161
Dante Alighieri   27, Einführung Anm. 44
Day, Clarence   268, 271
De Coster, Charles   279
Dekker, Douwes Eduard   279
Dickens, Charles   26, 276
Döderlein, Fred   Anm. 163
Dominik, Hans   26, 270
Ebner–Eschenbach, Marie von   275
Ehrhardt, Hermann   Anm. 133
Eichberger, Willy   108
Eichheim, Josef   Anm. 109, 136
Emerson, Ralph Waldo   279
Englisch, Lucie   108
Ernst, Adolf   114, Anm. 82
Ernst, Otto   277, Anm. 202
Eulenberg, Herbert   282
Ey, Julius Adolf   273
Eyth, Max von   271, 277
Falckenberg, Gina   Anm. 105
Falke, Gustav   278
Fallada, Hans   271
Farga, Franz   270
Federer, Heinrich   271
Feuerbach, Anselm   284
Finckenstein, Ottfried Graf   268
Finkenzeller, Heli   Anm. 136, 161
Flierl, Resi   274
Fontane, Theodor   26, 269, 279
Forst, Willi   Anm. 161
Francois, Marie Louise von   273, 275
Frank, Anne   17, Einführung Anm. 2
Franzos, Karl Emil   26, 279
Frenssen, Gustav   26, 283, 297, Anm. 339
Freytag, Gustav   26, 229, 235, 272 f., 279, Anm. 276, 288
Friedländer, Max J.   275
Führlbeck, Peter   Anm. 21
Fürbringer, Fritz   Anm. 112
Galsworthy, John   233, 271, Anm. 279
Ganghofer, Ludwig   26, 121, 194, 268 f., 271, 280 f., Anm. 133, 216
Geibel, Emanuel   Anm. 246, 251
George, Stefan   27, 320, Einführung Anm. 44
Gerock, Friedrich Karl von   Anm. 175
Goethe, Johann Wolfgang von   95, 129, 197, 269 f., 278, Anm. 59, 119, 223
Goltz, Joachim von der   273, Anm. 110

Gorki, Maxim   26, 282, Anm. 330
Grautoff, Erna   273
Grimm, Jakob   208, 277
Grimm, Wilhelm   208, 277
Grundmann, Emil   270, Anm. 223
Gstettenbauer, Gustl   Anm. 109
Gunnarson, Gunnar   272
Habberton, John   269, Anm. 191
Hall, Wilbur   272
Halmay, Tibor von   Anm. 126
Hamsun, Marie   268
Hardt, Ernst   281
Harvey, Lilian   141, Anm. 134
Hauff, Wilhelm   267
Hauptmann, Gerhart   26, 283
Häußler, Richard   Anm. 136
Hebbel, Christian Friedrich   281, 283
Hebel, Johann Peter   Anm. 22
Heer, Jakob Christoph   26, 194, 230 f., 272, 281, Anm. 215, 277
Heimburg, Wilhelmine   281
Hermann, Georg   283
Hertel, Ingeborg   Anm. 163
Herzog, Rudolf   194, 284, Anm. 217
Hesse, Hermann   26, 114, 283, Anm. 85
Hoechstetter, Sophie   269 f., 274, 281
Hoffmann, Ernst Theodor Amadeus   26, 281
Hoffmann, Paul   Anm. 134
Hofmannsthal, Hugo von   26, 283
Höhn, Carola   Anm. 161, 163
Holl, Giorgia   Anm. 109
Holt, Jack   Anm. 89
Hörbiger, Attila   Anm. 105
Hörbiger, Paul   Anm. 98, 161
Horn, Camilla   135, Anm. 126
Huch, Friedrich   274 f., 278
Huch, Ricarda   267, 275
Humperdinck, Engelbert   Anm. 91
Ibsen, Henrik   26, 278
Jacobsen, Jens Peter   268, 276
Javor, Paul   Anm. 126
Jensen, Wilhelm   272, 284
Kaltenbach, Anton   270, Anm. 225
Kampers, Fritz   Anm. 136, 144
Keller, Gottfried   26, 280
Keller, Paul   114, 119, 268, Anm. 87, 102
Kellermann, Bernhard   282
Kerscher, Ludwig   Anm. 136
Kinkel, Gottfried   272
Kirstein, G.   270

Knotek, Hansi   141, Anm. 133
Kraft, Zdenko von   273
Krüger, Hermann Anders   278
Kügelgen, Wilhelm von   172, 192, 276, Anm. 178, 213
La Jana   Anm. 112
Lagerlöf, Selma   26, 114, 119, 198, 270 f., 282, Anm. 83, 103, 226
Lamac, Karl   108
Langewiesche, Wolfgang   267
Lazzarini   76
Leibelt, H.   Anm. 161
Lenx, Leo   Anm. 112
Lessing, Gotthold Ephraim   268
Lienhard, Friedrich   277
Löns, Hermann   268
Loon, Hendrik Willem van   233, Anm. 278
Loos, Theodor   Anm. 163
Lorck, Karl von   275
Ludwig, Otto   277
Madsen, Harald   Anm. 35
Mann, Thomas   26 f., 283, Anm. 272
Mark Twain   26, 276
Marlen, Trude   Anm. 98
Marryat, Frederick   268
Mendelsohn, Bartholdi Felix   267
Menzel, Adolph   270
Merezkovskij, Dimitrij Sergeevic   281
Merk, Käthe   Anm. 133
Meyer, Conrad Ferdinand   26, 114, 189, 280, Anm. 86
Michelangelo   184
Modersohn–Becker, Paula   198, 270, Anm. 228
Moebius, Rolf   141, 148, Anm. 134, 144
Mörike, Eduard   264, Anm. 334
Mozart, Wolfgang Amadeus   222, 270
Müller, Theodelinde   Anm. 136
Multatuli   279
Münchhausen, Börries Freiherr von   276
Nathorff, Hertha   17
Nordström, Ludvig   270
Oertzen, Jaspar von   Anm. 163
Ostermayr, Peter   Anm. 109
Paul, Heinz   Anm. 163
Pauli, Erika   Anm. 136
Petersen, Carl Olof   268
Petersen, Elly   268
Pinegger, Rolf   Anm. 109, 133
Popert, Hermann M.   278
Raabe, Wilhelm   26, 114, 268, 276, Anm. 81

Radspieler, Charlotte   Anm. 136
Raffael (Raffaelo Santi)   184
Rahl, Mady   Anm. 112
Renker, Gustav   274
Richter, Hans   Anm. 98
Richter, Ludwig   211, Anm. 253
Richter, Paul   Anm. 109, 133
Riefenstahl, Leni   Anm. 55, 150, 151
Ring, Barbra   235, 274, Anm. 287
Rosegger, Peter   268, 280
Rösner, Willy   Anm. 109
Runge, Philipp Otto   24, 55, Anm. 1
Salieri, Antonio   270
Sand, George   235
Scheffel, Joseph Victor von   271, 279
Scheffler, K.   270
Schenström, Carl   Anm. 35
Schieber, Anna   279
Schiller, Friedrich von   196
Schmalz, Josef   Anm. 10
Schmid–Wildy, Ludwig   Anm. 57
Schnack, Friedrich   270, Anm. 224
Schnitzler, Arthur   26, 283
Schrader   Anm. 161
Schuk, Pankraz   274
Schumacher, Tony von   81, Anm. 41
Schwanneke   Anm. 161
Sedlmayr, Betty   Anm. 109
Seidel, Heinrich   272, 277
Sell, Sophie Charlotte von   267
Serda, Julie   Anm. 126
Sick, Ingeborg Maria   275
Sieber, Josef   Anm. 163
Sima   Anm. 161
Skowronnek, Richard   277
Söhner, Hans   Anm. 112
Somlay, Arthur   Anm. 105
Speckmann, Diedrich   235, 273, 278, Anm. 286
Spyri, Johanna   64, 81, Anm. 23, 38
Stark–Gsettenbauer, Gustl   Anm. 133
Stelzer, Hannes   Anm. 112
Slezak, Leo   108
Stifter, Adalbert   26, 273, 280
Stöckel, Joe   Anm. 136
Stolz, Hilde von   Anm. 126
Storm, Theodor   26, 208, 280
Stradner, Rose   108
Stratz, Rudolf   279
Streckfuß, Karl   Anm. 315
Strindberg, August   26, 278

Sudermann, Hermann   283
Svéd, Alexander   Anm. 126
Swift, Jonathan   279
Sydow, Anna von   163, 267, Anm. 169
Temple, Shirley   115, Anm. 89
Theck, Ingeborg   Anm. 144
Theokrit   320
Thoma, Hans   211, 275, Anm. 253
Thoma, Ludwig   264, 269
Tizian (Tiziano Vecelli)   76, 184
Tolstoi, Lew Nikolajewitsch   26, 269, 282
Treßler, Otto   Anm. 126
Uhland, Ludwig   211, Anm. 252
Ulmer, Friedrich   Anm. 133
Vesper, Will   281
Villinger, Hermine   275
Voggenauer, Josef   Anm. 136
Voigt–Diederichs, Helene   267
Wagner, Paul   Anm. 163
Wagner, Richard   183
Walter von der Vogelweide   76
Wamser, Heinrich Edmund   274
Wasmann, Friedrich   163, 267, Anm. 170
Webelhorst, Melanie   Anm. 136
Weichand, Philipp   Anm. 136
Weih, Rolf   Anm. 163
Welzel, Heinz   Anm. 144
Werkmeister, L.   Anm. 144
Wessely, Paula   120, Anm. 105
Wilde, Oskar   26, 276
Wildenbruch, Ernst von   284
Witt, Wastl   Anm. 136
Zahn, Ernst   26, 176, 252, 268 f., 272, 274, Anm. 187, 317
Zangwill, Israel   26, 277
Zöberlein, Hans   Anm. 57
Zumbusch, Ludwig von   216, Anm. 259

2. Ortsregister

Achenmühle   129
Afrika   186
Aign   Anm. 3, 19, 24, 28, 123
Aiterbach   Anm. 259
Allgäu   214
 Allgäuer Berge   148
Altenhohenau   86, 200
Altenmarkt   149
Altötting   150
Amerang   160
Amerika   137, 160, Anm. 129
Ammersee   228
Amsterdam   Anm. 40, 131, 350
Anderten   119, Anm. 100
Ansbach   115
Antwort   210
Apfelkam   109
Arabba   76
Argentinien   22, 36–38, 238, 240, Anm. 37, 198, 242, 248, 294 f., 367, Einführung Anm. 5, 6
Aschau   72, 159, 178, 218, 221, 224, Anm. 57, 190
Aschbach   84
Asten   151
Attel, Kloster   140, 152
Au bei Bad Aibling   162
Augsburg   98, 115, 215
Auschwitz   Anm. 99
Bad Aibling   40, 57, 59, 84, 139, 155 f., 193, 216, 219, Anm. 260
 Fliegerhorst   193, Anm. 260
 Hotel Lindner   59
 Kurpark   59
 Marmorfabrik   59
Bad Polzin   25, 203 f., Anm. 5, 11, 51, 65, 106, 130, 162, 167, 174, 179, 181, 237, 340, Einführung Anm. 6, Abb. 2
Bad Reichenhall   132, 148, 164
Bad Tölz   121, 158 f., 182
Bamberg   98
Bayerisch Gmain   132
Bayern   196
Bayreuth   183
Bayrischer Wald   183
Bayrischzell   89 f., Anm. 15
Bebrach   115
Belzec   50, Einführung Anm. 141
Benediktenwand   182

361

Benning 21, 35, 42 f., 45–47, 241, 244–246, 248, 252, 254, 257–261, 264–266, Anm. 300 f., 307, 312, Einführung Anm. 29, Abb. 22
Berchtesgaden 132, 148
Berlin 24, 28, 35 f., 40, 45, 68, 111, 155, 183–186, 197, 203, 228, Anm. 20, 29, 33, 37, 42, 60, 68, 75, 79, 139, 185, 194, 198, 248, 281 f., 355, 357, 359, 366, 372, 378, Einführung Anm. 5, 6
   Avus 184
   Cafe Kienicke 184
   Dahlem 186
   Friedrich–Museum 184
   Grunewald 185
   Kurfürstendamm 184 f.
   Luftschiffhafen 185
   Lustgarten 68, Anm. 29
   Siegesengel 184
   Spree 184
   Stadtbahn 184 f.
   Teufelssee 185
   Wannsee 184
Bernau 72, 132, 152, 189
Bichl 158
Bichlersee 151, 160
Bodensee 41, 258
Boesee 74
Böhmerwald 183
Bozen 76
Brannenburg 77, 88, 110 f., 130 f., 145, 151, 174, 211, 213, 251 f., Anm. 15
Braunau Anm. 141
Breitenstein 60
Brenner 39, 72, Anm. 270, Einführung Anm. 97
Bruckmühl 161
Brunnico 72
Brünnstein 153, 160
Buch 61, 78, 200
Buchloe 319
Buenos Aires 198, 206, 209, 238 f., 252, Anm. 350
Burghausen 24, 58, 150
Campolongo Paß 74–76
Canazei 76
Caracas 37, 313
Certosa Anm. 48, Einführung Anm. 44
Chiemsee 87, 99, 132, 139 f., 149, 152, 156 f., 163 f., 189, 205, 215, 218 f., 221, 225, 236, 246 f., 258, Anm. 50, 259

Fraueninsel 87, 140, 243 f.
Herreninsel 87, 140, 205, 225 f.
Ciampatsch See 75
Cirspitzen 76
Civetta 76
Coburg 98
Col Alt 75
Col di Lana 76
Colfosko 73–76, Anm. 34
Corvara 74–76
Dachstein 223
Deutschland 28, 36, 38, 147, 150, 186, 196, 295, 301, Anm. 71, 122, 167, 242
Dolomiten 24, 73
   Arabba 76
   Boesee 74
   Brunnico 72
   Cafe Luna 77
   Campolongo Paß 74–76
   Canazei 76
   Ciampatsch See 75
   Cirspitzen 76
   Civetta 76
   Col Alt 75
   Col di Lana 76
   Colfosko 73–76
   Corvara 74–76
   Fünffingerspitzen 73, 76
   Grödnerjoch 73, 76
   Grödnerpaß 76
   Hotel Posta Zirm 75
   Karer See 76
   Karer-Paß 76
   La Villa 74
   Langkofel 73, 76
   Latemar 76
   Marmolata 73 f., 76
   Mt. Pelmo 76
   Ortisei 76
   Passo di Gardena 74
   Pescosta 76
   Pieve di Livinalongo 76
   Plun de Gralba 76
   Pordoi-Joch 76
   Rodella 73, 76
   Rosengarten 76
   Sella 76
   Selva 76
   Vajolet-Türme 76
Donau 95
Donauwörth 95, 98

Dresden 203
Dünkirchen Anm. 261
Düsseldorf 133, Anm. 123
Ebbs 160
Eggental 76
Elberfeld 45, 256
Emden Anm. 50
Endorf 87, 99, 132, 134, 149, 152, 163, 206, Anm. 125
Erfurt 95, 97
Erl 160, 205
Erlangen 98
Etschtal 76
Falkenstein 111
Feilnbach 152, 155
Felden am Chiemsee 152
Feldkirchen 84
Fichtelgebirge 183
Fischbach 111 f.
Flintsbach 131, 134
    Falkenstein 111
    Petersberg 111
Florenz 320
Forchheim 98
Frabertsham 160
Frankreich Anm. 261
Franzensfeste 72
Frasdorf 109, 129, 135 f., 152, 160, 246
Fraueninsel 87, 140, 243
Frau Hitt 246
Friedrichshafen Anm. 296
Fünffingerspitzen 73, 76
Fürstenfeldbruck Anm. 44
Fürth 95, 98
Gaisberg 222
Garmisch-Partenkirchen 24, 158, Anm. 126
Geislingen 108
Geitau 90
Gmünden 115
Grainbach 160
Grassau 132, 152, 189
Griesstätt 86, 148
Grimmental 98
Grödnerjoch 73, 76, Anm. 34
Grödnerpaß 76
Grödnertal 76
Großbritannien Anm. 227, Einführung Anm. 84
Großglockner 73
Großkarolinenfeld 71

Großvenediger 73
Grub 84
Gstadt 139, 140, 157
Hahnenklee 202
Haifa 173, Anm. 234
Halbe 19 f.
Halfing 57, 71 f., 132
Hamburg 20
Hannover 18, 24 f., 32, 35 f., 38, 45, 114–118, 120 f., 123, 131, 146, 224, 227, 256, Anm. 52, 68, 88 f., 98 f., 104 f., 167, 177, 234, 247, 283, 290 f., 324, 345, 349, 356, 368, 371, 380, Einführung Anm. 4–8
    Ahlem 25, 38, 118, Anm. 96, 99, 104, Einführung Anm. 41
    Anzeiger Hochhaus 116, Anm. 92
    Eilen-Riede 115
    Flugplatz 115
    Gellertstraße 116, Anm. 90
    Goethe-Gymnasium 18
    Herrenhäuser Allee 117
    jüdisches Altersheim 25, 38, 117, Anm. 96, 104
    jüdisches Waisenhaus 25, 119, Anm. 101, Einführung Anm. 5
    Langen Laube 120
    Leibniz-Fabrik 116
    Leine 116
    Markthalle 116
    Maschsee 116, 120
    Maschteich 116
    Museum 120
    Oper 116, Anm. 91
    Rathaus 116
    Tiergarten 117
    Welfengarten 117
    Zoo 117
Harthausen 59
Hartmannsberg 156 f., 161, 163, Anm. 159
Harz 202
Hausham 162
Hechtsee 58
Hefele Kar 246
Heilbronn 40, 51, 155
Herreninsel 87, 140, 205, 225 f.
Herzogstand 158
Heuberg 87, 131–134, Anm. 123
    Daffner–Almen 134
Hildburghausen 98
Hintersteinersee 181
Hintertux 153

Hochfelln 132
Hochgern 132
Hochries 135 f., 160, 246
   Winterstubn-Alm 135 f.
Hochstätt 139 f., 156, Anm. 50
Hochstättersee 56
Hofau 214
Hofleiten 109, 214
Hofstätt Anm. 26, 70
Hofstätter See („unser See") 23, 92, 102,
   105, 109, 124 f., 127, 133, 137, 162 f.,
   165 f., 177, 180, 189, 215, 224, 245, 247
Hohen Peißenberg 228
Hohenaschau Anm. 256
Höhensteig 60, 64
Holland 36
Holzhausen 86
Holzkirchen 158
Holzleiten 56, 174
Igels 158
Igling 41, 318, Anm. 385
Immelberg 211
Inn 86, 88, 112, 129, 134, 138, 149 f., 172
   f., 183, 191 f., 196 f., 200, 211, 214 f.,
   224, 234 f., 237 f., 240, 246
Innleiten 201, 214 f.
Innsbruck 24, 222, 245 f., Anm. 270, Ein-
   führung Anm. 97
Inntal 87, 112, 153, 160, 213, 244 f.
Inzell 132
Irschenberg 161
Isar 159, 182
Israel (siehe auch Palästina) 52
Italien 72, 84, 157, 196, Anm. 162, 261
Jugoslawien 186
Kaisergebirge 181, 187
Kampenwand 206, 218, 221, Abb. 13
Kanada 36, Anm. 40
Karer-Paß 76
Karwendelgebirge 159
Kaufering 41, Anm. 385
Kempten 41, 214 f.
Kiefersfelden 58, Anm. 9 f.
   Häusern Anm. 9
   Hechtsee 58
Kirchdorf 84
Kitzbühl 158
Klais 159
Köbel 211
Kochel 158, 159
Kochelsee 158

Kolbermoor 55, 60, 62, 64, 84, Anm. 2
Köln 45, 256
Königssee 132, 147 f., Anm. 126
Kraiburg 150
Krakau 50
Kranzhorn 157
Kreuzstraße 84
Krottenmühl 56, 107, 127, 174, 210
Krün 159
Kufstein 39, 72, 158, 176, 181, 206, 226,
   248 f.
Hinterbärenbad 176
Hintersteinersee 181
Kaisertal 176
Landsberg 41, Anm. 385
Langkofel 73, 76
Latemar 76
Lauterbach 109, 210
Leipzig 184
Leitzachtal 162
Lenggries 182
   Schloß Hohenburg 182
Leonhardspfunzen 110, 206, 215, 244,
   Anm. 24
Lichtenfels 95, 98
Lindau 41, 258
Lochen 166
Loferer Steinberge 132
London 52
Lublin 18, 48, 50, 313, Anm. 247, Einfüh-
   rung Anm. 141
Luisenbad 204
Magdeburg 203
Main 115
Mangfalltal Anm. 46
Marktbreit 115
Marmolata 73 f., 76
Marquartstein 132
Mauthäusl 147, 164
Maxlrain 59, 139
Melk Anm. 141
Mexiko 186
Miesbach 159
Mt. Pelmo 76
Mühldorf 150
Mühltal 66, 105, Anm. 24
München 19, 26, 46, 48, 51, 60, 90, 95,
   98, 103, 108, 115, 121, 124, 139, 149,
   154, 165, 172, 178, 183, 186, 197, 205,
   215, 217, 226 f., Anm. 61, 107, 155, 189
   Armeemuseum 226

Bahnhof 227
Bavaria 154
Botanischer Garten 226
Englischer Garten 108, 226
Feldherrnhalle 98
Frauenkirche 98, 154, 226
Haus der Deutschen Kunst 226
Hellabrunn 154
Hofbräuhaus 226
Hofgarten 108, 226 f.
Ludwigsbrücke 149
Marienplatz 98, 226
Maximilianeum 149
Milbertshofen 46, 48, 51, Einführung Anm. 135, Abb. 24
Rathaus 98, 226
Schloß Nymphenburg 226, Anm. 271
Siegestor 98
Stachus 98, 108
Uhlfelder 98
Viktualienmarkt 155, 226
Naumburg 183 f.
Neckar 302
Neubeuern 72, 87, 129, 131, 138 f., 145, 156, 201, 211, 244, 252, Anm. 57
Niederaudorf 160, 187
Niederseeon 99
Norddeutschland 248
Nürnberg 88, 95, 98, 183, Anm. 55
Nußdorf 87, 133, 134, 153, 211, 234, Anm. 136, 285
Oberaudorf 58, 89, 149, 153, 160, 174, 187, 226, Anm. 160
    Hotel „Grafenburg" 156, Anm. 160
    Laurenziusquelle 149
    Luegsteinsee 156, Anm. 160
Oberbayern 137
Obernburg 225
Oberwössen 132
Obing 29, 148, 152, 160, 216
Ochsenfurt 115
Öd 66, Anm. 25
Ortisei 76
Österreich 28, 72, 146 f., Anm. 141, 144
    „Deutschösterreich" 150
    österreichische Berge 141
Otterfing Anm. 67
Paderborn Anm. 96
Palästina 19, 22, 25, 36 f., 48, 103, 165, 171 f., Anm. 71 f., 227, 345, 347 f., 351, 353, Einführung Anm. 7, 84

Passo di Gardena 74
Pendling 226
Pescosta 76
Petersberg 111 f.
Pfaffenhofen an der Ilm 183
Pfraundorf 34, 191, 242
Piaski 18, 48 f., 313, Anm. 247, Einführung Anm. 141, Abb. 25
Pieve di Livinalongo 76
Plun de Gralba 76
Polen 28, 44 f., 51, 186, 208, 233, 256, 313, Anm. 247, 369
Pommern 25, Anm. 5, 11, 51, 106, Einführung Anm. 6
Pordoi-Joch 76
Potsdam 184, 185
    Caputh 184
    Dom 185
    Ferch 184
    Friedenskirche 185
    Friedrich des Großen Gruft 185
    Garnisonkirche 185
    Historische Mühle 185
    Mausoleum 185
    Sanssouci 185
    Schwielow See 184
Prien 71 f., 87, 152, 225, 243
    Stock 87, 225, 243
Prutting 48, 51, 56, 72, 87, 99, 107, 127, 132, 136, 149, 174, 188, 190, 193, Anm. 256
Regau 160
Reit im Winkl 132
Riedering 71 f., 109, 130, 152, 211
Riga 38 f., Anm. 99, 324
Rimsting 140, 173, 210, 215, 218, 225, 236, 247, Anm. 50
    Hochstätt 140, 156, Anm. 50
    Stettner Weiher 140, 247
    Urfahrn 225
Rinssee 196, 215
Rodella 73, 76
Rohrdorf 69, 87, 129
Rosengarten 76
Rosengasse 60
Rosenheim („die Stadt") 18, 20, 28–30, 32, 35–37, 40, 43, 56, 58–60, 62, 65, 67, 69, 71 f., 77–79, 82, 84, 89, 90, 98 f., 101, 106–108, 110, 112–115, 121 f., 124 f., 130 f., 135–139, 146 f., 151 f., 155, 157 f., 160 f., 164 f., 171 f., 174,

178, 180–182, 186 f., 189–193, 195, 197–199, 201, 204, 206, 211, 214 f., 219, 223, 225 f., 230, 234–236, 239 f., 244 f., 252, 258, 260, Anm. 14, 21, 35, 44, 50, 55, 108 f., 112, 116, 126, 128, 133 f., 136, 141, 144, 147, 150–152, 161, 163, 167
Arbeitsamt   Anm. 256
Bahnhof   36, 138, 157, 160, 165, 171, 204, 219
Cafe Papagei   151
Evangelische Kirche   71
Flötzinger-Saal   82, Anm. 44
Gärtnerei Fischer   113
Grüner Markt   60
Haustöchterschule   29, 37, 114, 123, 125 f., 141 f., 145–147, 150–154, 159–162, 230, 239, 307, Anm. 80, 116, 125, 145, Einführung Anm. 59–61, Abb. 11
Heimatmuseum   58
Herbstfest   59, 77 f., 96, 99, 112 f., 135, 137, 157
Hofbräusaal   79, 158, Anm. 36
Hotel Wendelstein   107, Anm. 74
Innbrücke   110, 214
Kriegerdenkmal   71, Anm. 44
Landkreis   Anm. 50, 116
Loretowiese   67, 71
Ludwigsplatz   Anm. 14
Mädchenvolksschule   125, Anm. 116
Mangfallbrücke   214
Max Josefs Platz   60, Anm. 141
Mittertor   82
Nähschule   29, 114, 121–123, Anm. 80
Rathaussaal   Anm. 128
Riedergarten   58
Salingarten   110
Städtische Galerie   Anm. 128
Stadtpfarrkirche   71
Stadtsee   121
Rott am Inn   86, 183, 200
Rotwand   89
Ruhpolding   132, 164
Rumänien   124
Rußland   29, 197, 254, 260
Saalfeld   95
Salzach   150, 222 f.
Salzachtal   149
Salzburg   24, 215, 222 f.
  Burg   222 f.
  Dom   222
  Franz Josefs Park   223
  Kapitelplatz   222
  Katakomben   222 f.
  Mariensäule   222
  Mönchsberg   222 f.
  Mozartplatz   222
  Neutor   222
  Richterhöhe   223
  Schloß Mirabell   222
  St. Peters-Friedhof   222
Salzburger Berge   141, 150
Samerberg   244
Sankt Bartholomä   148
Schellenberg-Alm   89
Schliersee   90, 162
Schloß Lang   98
Schloßberg   61, 64, 69, 72, 77, 99 f., 127, 129, 132, 136, 163, 174, 187, 214 f.
  Hofau   214
  Hofleiten   109, 214
  Innleiten   201, 214 f.
  Pleßkeller   109
  Schloßwirt   215
  Sims   87
  Ziegelberg   61, 109, 129, 210
Schonstett   90, 160
Schweiz   22, 36, 104, Anm. 227, 351, 373
Schwelm   Anm. 96
„See", „unser See"   siehe Hofstätter See
Seebruck   149, 163
Seeon   99, 160
  Kloster   99, 160
Sella   76
Selva   76
Siegsdorf   132, 147, 164
Simbach   Anm. 141
Sims   87
Simssee   56 f., 107, 110, 127, 140, 209, 211, 215, 221, 225, 245
Sobibor   50, Einführung Anm. 141
Söchtenau   57, 72
Sollach   83 f.
Söllhuben   130, Anm. 322
Sondershausen   24, 36, 95–97, 101 f., Anm. 63, 173
  Frauenberg   96
  Kyffhäuserturm   97
  Possen   97
  „Wilder Mann"   97
Sowjetunion   29
Spanien   196
St. Margarethen   130, 132, 213

Staffelstein 98
Stein an der Traun 149
Steinernes Meer 223
Steinkirchen 244
Stephanskirchen 72, 87, 109, 127, 210 f., 243
Stettin 44, 208, Anm. 247, 369
Stimmersee 226
Straßkirchen 57
Südamerika 175, 192, 208
Sudetenland 161
Sulmaring 86, 200, 211
Sunkenroth 86
Tatzelwurm 60, 89, 151, 174, Anm. 15
Tegernsee 161
Teisendorf 164
Tennengebirge 222
Tetschen in Böhmen 114
Thalkirchen 210
Thansau 72, 129
Theresienstadt 38, Anm. 96, 99, 104, 177, Einführung Anm. 92
Thüringen 95
Tirol 153, 158, 206, 221
Tittmoning 149 f.
Toronto Anm. 345, 350
Törwang 72, 109, 244, Anm. 136
Traunstein 149, 163 f., 222
　　Landkreis Anm. 116
Trawniki Einführung Anm. 141
Treuchtlingen 115
Trostberg 149
Übersee am Chiemsee 189
Untermühl 86, 201
Untersberg 222 f.
Unterwössen 132
USA Anm. 363
Vajolet-Türme 76
Venezuela 20, 37, 311, Anm. 262
Vierzehnheiligen 95, 98
Vogtareuth 43, 85 f., 91, 113, 132, 191, 199, 201, Anm. 57, 300, 336
　　Aign Anm. 3, 19, 24, 28, 123
　　Badeanstalt 90
　　Buch 61, 78, 200
　　Kapellenberg 199

Lochen 166
Mühltal 66, 105, Anm. 24
Öd 66, Anm. 25
Straßkirchen 57
Sulmaring 86, 200, 211
Sunkenroth 86
Untermühl 86, 201
Weikering 86, 200
Vogtleiten 35, 42, 47, Anm. 301
Waginger See 160
Walchensee 159
Walchsee 187
Wallgau 159
Wasserburg 56, 85 f., 140, 150, 152, 180, 215, 240, 252, Abb. 4
　　Kellerberg 85 f., 240, Abb. 4
　　Landkreis Anm. 116
Watzmann 222
Waxen-Stein 158
Weiden Anm. 117
Weikering 86, 200
Weilheim 48
Wendelstein 89, 110, 130, 180, 213, 251
　　Mitteralm 110, 130, 213, 251, Abb. 8
　　Zahnradbahn 110, 251
Wettersteingebirge 158, 159
Weyarn Anm. 46
Wickrath Anm. 148
Wien 120, 248
Wildenwart 129
Wilder Kaiser 131, 160, 176
Windshausen 157
Wolfratshausen 60
Würzburg 97, 115
Zahmer Kaiser 131, 160, 176
Zaisering 23, 25, 27, 35, 70, 78–80, 84, 86, 88, 105, 112, 123, 160, 189, 193, 199, 206, 225, 244, Anm. 18, 67, 238
　　Gasthaus Hofmiller 71, 92, 107, Anm. 67
　　Kriegerdenkmal 79
　　Schule 27, 29, 64, 66 f., 83, 88, 99, 103, 105 f., 204–206
Ziegelberg 61, 109, 129, 210
Zillertaler Alpen 73